민족의 이름으로
현대 러시아의 민족주의와 정치

SLAVICA 슬라비카총서 04

In the Name of the Nation : Nationalism and Politics in Contemporary Russia
written by Marlène Laruelle © 2009 by Palgrave Macmillan
First Published in English by Palgrave Macmillan, a division of St.Martin's Press, LLC, under the title *In the Name of the Nation* by Marlène Laruelle. This edition has been translated and published under licence from Palgrave Macmillan. The author has asserted her right to be identified as the author of this Work.

Korean translation copyright © 2012 by Greenbee Publishing Company. This edition is published by arrangement with Palgrave Macmillan through Shinwon Agency Co.

슬라비카 총서 04
민족의 이름으로 : 현대 러시아의 민족주의와 정치

초판 1쇄 인쇄 _ 2012년 11월 25일
초판 1쇄 발행 _ 2012년 12월 5일

지은이 · 마를렌 라뤼엘 | 옮긴이 · 김태연

펴낸이 · 유재건
편집 · 박태하 | 마케팅 · 한진용 | 영업관리팀 · 노수준, 이상원, 윤애리
펴낸곳 · (주)그린비출판사 | 등록번호 · 제313-1990-32호
주소 · 서울시 마포구 동교동 201-18 달리빌딩 2층 | 전화 · 702-2717 | 팩스 · 703-0272

ISBN 978-89-7682-766-1 93340

이 도서의 국립중앙도서관 출판시도서목록(CIP)은 e-CIP 홈페이지(http://www.nl.go.kr/ecip)와 국가자료공동목록시스템(http://www.nl.go.kr/kolisnet)에서 이용하실 수 있습니다. (CIP제어번호:CIP2012005425)

이 책의 한국어판 저작권은 신원에이전시를 통해 Palgrave Macmillan과 독점 계약한 (주)그린비출판사에 있습니다.
저작권법에 의하여 한국 내에서 보호를 받는 저작물이므로 무단전재와 무단복제를 금합니다.
책값은 뒤표지에 있습니다. 잘못 만들어진 책은 서점에서 바꿔 드립니다.

그린비출판사 나를 바꾸는 책, 세상을 바꾸는 책
홈페이지 · www.greenbee.co.kr | 전자우편 · editor@greenbee.co.kr

민족의 이름으로

현대 러시아의 민족주의와 정치

마를렌 라뤼엘 지음 | 김태연 옮김

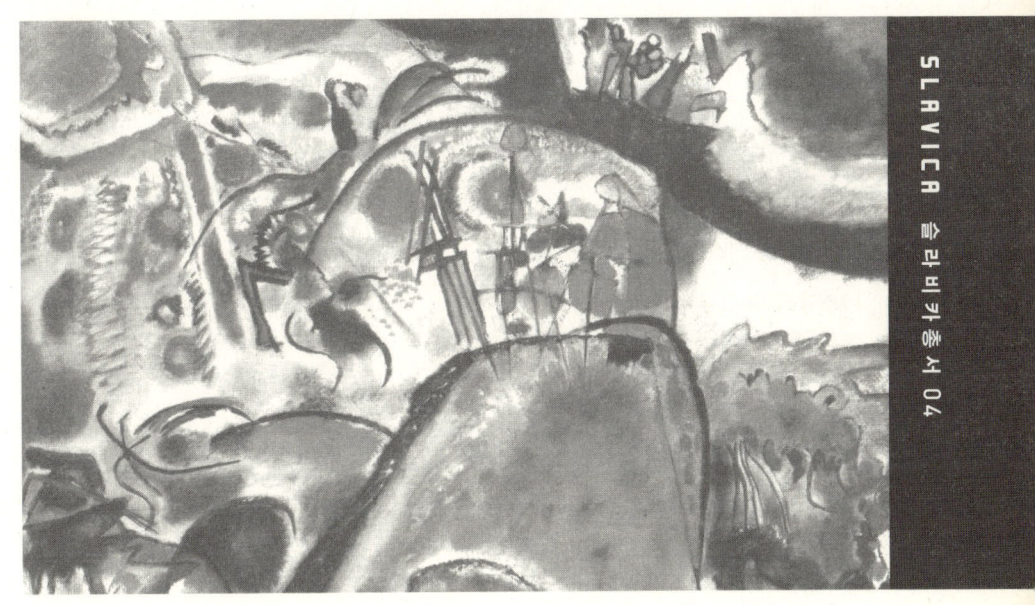

SLAVICA 슬라비카총서 04

그린비

차례

서문 7

1장 · 민족주의: 도전을 받아들이는 방식? 26

특정한 역사적 맥락: 1991년 이후의 러시아 27

1990년대 러시아의 복잡한 정치적 의제 29 | 블라디미르 푸틴과 소위 국가의 부활 35 | 모순적인 논리의 운영: 카리스마적 지도자 혹은 정당의 정당성? 43 | 러시아 외교정책의 변동 54

외국인혐오증: 러시아의 대중적 현상 65

민족주의적 극단주의에 대한 대중적 지지의 평가 68 | 상승세를 타고 있는 사회학적 기정사실 74 | 정치적·사회적 환경에서의 외국인혐오증 81 | 외국인혐오적 감성의 경제적·상징적 문제 87

2장 · 반대 세력으로서의 민족주의: 원외 진영 92

소위 극우파: 다면적인 현실 94

첫번째 포스트소비에트 화해의 기구들 95 | 1990년대의 이데올로기 지형 분포 98 | 주요 정치적 급진주의 운동단체: 러시아민족통합과 민족볼셰비키당 102 | 2000년대 원외 민족주의의 재편성 108

사회적 동원을 찾아서: 스킨헤드 현상 112

스킨헤드 운동의 탄생, 구조화, 정치화 113 | 스킨헤드 환경에 대한 사회학적 접근 118 | 2000년대 폭력의 급진화 121 | 정치 권력층의 모호한 태도 124 | 사법적 대응의 부재 127

이주자 반대: 오랫동안 기다린 이데올로기적 합의? 131

크렘린의 민족볼셰비키와의 집요한 싸움 132 | 새로운 전략의 정립: 불법이주반대운동 136 | 화해의 구현? 러시아행진 현상 144

3장 · 포퓰리즘으로서의 민족주의: 이의 제기 정당들 152

'건설적 반대파': 공산당과 자민당 154

공산당의 재탄생, 구조, 그리고 약화 155 | '신공산주의' 건설의 어려움 161 | 공산당의 이데올로기 모체: 국가와 정교회의 조화 166 | 자민당: 포퓰리즘적인 항의의 범위와 한계 172 | 지리노프스키 혹은 가짜 제국주의? 176

'조국': 올바른 생각을 지닌 민족주의의 새로운 얼굴 182

복잡한 정치적 여정: 충성 혹은 반대? 183 | '조국'의 만화경 같은 이데올로기와 많은 하위 집단들 191 | '조국'의 강령 담화와 의회 활동 200

4장 · 보수적 중도주의로서의 민족주의: 통합러시아 209

크렘린의 비호 아래 애국주의의 재탄생 211

1994~1995년: 정치적 양극화의 감소 211 | 1996년: 새로운 민족 이데올로기에 대한 첫번째 요구 215 | 알렉산드르 레베드: '제3의 길'의 인물? 219 | 1996~1999년: 애국주의적 중도주의의 선구자들의 출현 223 | 1999~2000년 선거와 패권 정당의 건설 229

이데올로기를 찾고 있는 대통령 정당? 235

소련공산당의 유산: 모든 국가 수단의 통제 238 | 선전 도구: 예브로파 출판사 243 | 대통령의 담론에서 애국주의 대 민족주의 249 | 블라디슬라프 수르코프: 주권민주주의 이념의 아버지 253 | 정체성 문제에서 원칙의 부재? 259

5장 · 사회적 합의로서의 민족주의: 애국주의 브랜드 268

애국주의를 통한 민족적 자부심의 공식화 270

차르 체제 및 소비에트 상징의 복원 271 | 기념을 통한 합의 275

상징자원의 고취: 도구로서의 정교회 281

총대주교구: 이데올로기적으로 분열된 기구 283 | 러시아정교회와 국가 간의 지난한 관계 291 | 정교회, 군대, 학교 간의 기능하지 않는 애국주의 연합 299

민족의 은유로서의 군대 308

애국주의 교육을 위한 국가 프로그램 311 | 군사화된 애국주의의 주력 기관 316 | 국방부와 안보기관의 출판물 319 | 군사화된 애국주의를 고취하는 문화적 방식 324 | 제2차 세계대전에 대한 대중적 관심과 스탈린의 복권 330

결론 337

참고문헌 355
옮긴이 후기 389
찾아보기 392

| 일러두기 |

1 이 책은 Marlène Laruelle, *In the Name of the Nation: Nationalism and Politics in Contemporary Russia*, Palgrave Macmillan, 2009를 완역한 것이다.

2 본문의 주석은 모두 각주로 표시되어 있다. 옮긴이 주는 끝에 '──옮긴이'라고 표시했으며, 표시가 없는 것은 모두 지은이 주이다.

3 본문 중 인용부(인용단락 및 큰따옴표 안)에 쓰인 대괄호([ ])는 지은이가 사용한 것이고, 서술부에 쓰인 대괄호는 옮긴이가 독자의 편의를 위해 추가한 것이다.

4 단행본·정기간행물은 겹낫표(『 』)로, 논문·신문기사·논설·텔레비전 프로그램 등의 제목은 낫표(「 」)로 표시했다.

5 각주에 등장하는 러시아어 문헌은 권말의 '참고문헌'에 번역어를 병기해 두었다.

6 외국어 고유명사는 2002년에 국립국어원에서 펴낸 외래어 표기법을 따르는 것을 원칙으로 하되, 러시아어의 현지 발음과 국내에서 관례적으로 통용되는 표기를 고려하여 폭넓게 예외를 두었다.

7 키릴문자는 라틴 알파벳으로 전사하여 썼다. 이 경우 미국도서관협회/미국국회도서관 제정 표기법(ALA-LC)을 따르되, 고유명사의 경우 폭넓게 예외를 인정하였다.

서문

1990년대 초 서구 언론에서 러시아는 시장경제로의 체제 전환으로 인해 사회적 대변동을 겪고 있는 나라로 묘사되었다. 그러한 이미지 중의 하나는 불행으로 망가져 부패, 성매매, 마약 남용으로 손상된, 그리고 아이들과 노인들을 포기한 사회를 희생시켜 가면서 부유해지고 있는 마피아 사업가와 올리가르히oligarch[1]였다. 21세기의 첫 10년간 더 이상 동정의 대상이 아닌 러시아의 이미지는 여전히 단순화되고 있다. 예컨대 석유와 가스를 무기처럼 휘두르고, 인종주의자 스킨헤드의 폭력이 난무하며, 국가보안위원회KGB, Komitet gosudarstvennoi bezopasnosti의 뒤를 이은 안보기관의 영향력이 증가하고 있고, 냉전 시기로 되돌아간 나라로서 말이다.[2] 개별적으로 살펴볼 때 이러한 이미지들이 잘못된 것은 아니지만, 그럼에도 불구하고 완전한 것은 아니다. 게다가 이처럼 대립되는 이

---

[1] 구소련 해체 이후 러시아 국유자산의 사유화 과정에서 등장한 신흥 과두 재벌 세력. 법과 제도가 미비했던 러시아 초기의 혼란한 상황에서 정경유착과 각종 편법 및 탈법으로 막대한 부를 손에 넣었고, 이러한 경제력을 바탕으로 1990년대에는 강력한 정치적 영향력을 행사하기까지 하였다. ― 옮긴이
[2] 냉전에 대해서는 R. E. Kanet(ed.), *Russia: Re-emerging Great Power* (Houndmills: Palgrave Macmillan, 2007); E. Lukas, *The New Cold War: How the Kremlin Menaces both Russia and the West* (London: Bloomsbury, 2008) 참조.

미지의 배치는 자의적이고, 지난 20년간 러시아 사회의 발전에 대한 정확한 이해를 고려하지 않은 것이다. 서구 언론이 러시아를 낡은 제국주의의 망령과 씨름하고 있는 나라로 그리고 있는 가운데 정치 현실에서의 민족주의 문제를 다시 한번 자세하게 살펴보는 것은 가치 있는 일이 될 것이다.

소련공산당KPSS, Kommunisticheskaia partiia Sovetskogo Soiuza 前前 서기장 미하일 고르바초프가 한때 호소했던 의회 민주주의와 유럽식 모델은, 푸틴 시기 이후로 장기적인 관점에서가 아니었다면 권위주의로 각인되었을 역사적 '장기 지속'longue durée에서 그저 하나의 우연한 사건으로 평가절하된 듯이 보인다. 체제 전환 패러다임과 그 목적론적 원칙이 실패함에 따라 러시아인들은 수세기에 걸쳐 서구적 개념과는 완전히 이질적인 문화적 전통에 젖어 들어 있어서 아직 민주주의에 대한 '준비'가 되어 있지 않다는 문화주의적 설명이 다시 유행하게 되었다. 그러나 이러한 종류의 담론은 아시아에서부터 아프리카에서까지 찬사를 받고 있는 이른바 '문화적 예외'의 이름으로 자기 자신의 특정한 이익을 유지하려는 지도자들에게만 유리할 뿐이다. 어떤 사람들은 시간을 초월하여 권위주의 체제를 받아들이기 쉬운 성향이 있다는 관념도, 민주주의와 러시아 전통 간의 양립 불가능성에 관한 고찰도, 어떤 수준에서건 러시아에서 전개되고 있는 정치적 역동성을 읽어 내기 위한 적절한 틀을 제공하지 못한다. 동양에서처럼 서구에서도 정치체제는 결코 불변의 정해진 것이 아니라 끊임없이 재조정될 수 있는 변화하는 구조이다.

러시아 사회는 지난 20년간 중대한 변화를 겪었다. 드미트리 트레닌Dmitri Trenin은, 최근에 크렘린이 고립을 원한다는 인상을 주고 있음에도 불구하고 러시아가 지금처럼 서구와 여타 세계에 대해 개방적이었던 적은 없었다고 주장한다.³ 실제로 교육과 근면을 통해 자신이 정당하게 돈을 벌었다고 생각하고, 여가 시간을 이용해 소비하고, 해외로 휴가를 떠나고, 신기술 제품을 구매하기를 열망하는 새로운 러시아 중간계급이 등장했다.⁴ 이들은 자신들의 지위를 자랑스럽게 지니기를 원하며, '정상'normal 국가에 사는 것에 관심을 갖는다. 이러한 정상 상태에 대한 관심은 사회학 연구에서도 나타난다. 러시아 시민들은 법을 집행하는 정부의 능력이라는 의미에서 정치적 질서의 확대, 사회적 지위의 획득과 유지를 위한 치안의 확대야말로 현재 국가가 필요로 하는 것이라고 주장한다. 최근 몇 년간 사회가 어느 정도 정상적으로 되었다고 생각하는 러시아인들의 비율이 증가하고 있다. 지배적인 정서는 낙관주의라고 할 수 있다. 즉, 러시아인의 대다수는 2015년의 러시아가 지금보다 경제적으로 발전할 것이고 보다 민주적인 국가가 될 것이라고 말하고 있는 것이다. 과거와 민족 전통의 중압감 때문에 러시아가 변화하지 못할 것이라고 여기는 사람들은 갈수록 줄어들고 있다.⁵

다른 이들과 같아지기를 원하면서도 동시에 자신만의 차별성을 드러내기를 원한다는 명백한 역설에도 불구하고 이러한 '정상성'의 추구는 러시아에서 자리를 잡은 민족주의적 열풍에서 중심적인 요인이다. 러시아 민족주의를 다룬 대부분의 연구에서 주장하는 것과는 반대로, 이 책에서 나는 러시아 민족주의란 단순히 극단주의, 주변화, 급진주

---

3 D. Trenin, *Getting Russia Right* (Washington, D.C.: Carnegie Endowment for International Peace, 2007).
4 B. Dubin, *Zhit' v Rossii na rubezhe stoletii. Sotsiologicheskie ocherki i razrabotki* (Moscow: Progress/Traditsiia, 2007).
5 R. Rose, "Is Russia Becoming a Normal Society?", *Demokratizatsiya*, vol.15, no.4 (2007), pp.75~86.

의, 혹은 권력에 대한 반대를 뜻하는 것이 아니라, 실제로는 사회적·정치적·문화적·감정적 정상성으로의 복귀를 나타내는 것이라는 점을 증명하려는 시도를 할 것이다. 상호작용으로서의 민족주의는 중대한 분열의 시기에 사회적 응집력을 보장해 주는 동시에 시민들을 통합시키고 엘리트의 권력을 정당화하는 기능을 한다. 이러한 가설을 출발점으로 하여 이 책은 페레스트로이카와 1990년대 초반의 개혁으로 발생한 심각한 균열 이후 민족적 화해를 이루기 위한 수단으로서 러시아 민족주의를 분석하면서 러시아의 정치적 삶에서 러시아 민족주의가 차지하는 위치를 고찰하고자 한다. 정치 권력층뿐만 아니라 시민들도 요구하는 바로서의 국가의 정상화를 위해서는 어떠한 합의가 이루어질 필요가 있고, 이를 이룰 수 있는 것은 조국rodina이라는 개념뿐이다. 다른 어떤 상징도 모든 균열을 횡단하면서 민족처럼 광범위한 결합물을 생성할 수는 없기 때문이다.

연구 대상으로서의 러시아 민족주의

러시아 민족주의를 연구하기 위해서 특별한 이론적 도구를 구성할 필요가 있는 것은 아니지만, 민족주의를 모든 국가들이 공유하는 패러다임이면서 동시에 각국만의 독특한 경험이 되게 하는 역사적·정치적·이념적 계기들을 고찰할 필요는 있다. 러시아는 자기 자신의 '특수한 길' Sonderweg을 추구했다고 주장하는 18세기 이후의 담론과는 반대로, 러시아의 길은 근대화 및 세계화의 길이었고, 그 과정에 대해 러시아는 세계의 다른 나라들과 다르지 않은 방식으로 대응해 왔다.[6] 러시아 민족주의의 예외적 속성을 가정하게 되면, 모든 문화는 외부인은 공감 외에는 할 수 있는 것이 없는 자신만의 내재적이고 유기체적인 속성을 갖는다는 일종의 러시아적 전통의 논리에 빠지게 될 뿐이다.

민족주의를 고려할 때에는 언제나 관찰의 대상이 되는 그 현상에 대한 정의定義를 내릴 필요가 있다. 이때 민족주의가 모호하고 복잡한 것으로 지속적으로 특징지어지고 있다는 점은 정밀한 분석 도구가 없다는 것을 말해 준다. 인종주의처럼 민족주의에서도 그 이름으로 만들어진 정책과 논의의 다양함과 다수성이 두드러진다.[7] 존 홀John Hall과 같은 몇몇 연구자들은 민족주의의 완전한 이질성 때문에 이에 대한 이론의 수립이 불가능하다고 주장한다.[8] 그렇지만 민족주의는 "설명적 이론이라기보다는 일련의 설명적 가설을 해석하기 위해 사용되는 보편적이고 규범적인 개념이다".[9] 이를 근거로 하여 나는 정의란 도구일 뿐이며, 민족주의에 대한 사전적이고 지나치게 제한적인 모든 정의는 연구 대상이 되는 현상의 유기체적인 속성을 미리 가정하는 일이 될 뿐이라는 전제로부터 출발할 것이다.[10]

이 책은 민족국가의 발생과 발전을 이해하는 데 주로 초점을 맞추는 '민족건설'nation-building 학파에 참여하지 않는다.[11] 칼 도이치Karl Deutsch,

---

6 예를 들어 C. Jaffrelot, *The Hindu Nationalist Movement and Indian Politics* (New York: Columbia University Press, London: Hurst, 1996) 참조. 유럽의 경우에 대해서는 A.-M. Thiesse, *La création des identités nationales: Europe XVIIIe-XXe siècle* (Paris: Seuil, 1999) 참조.
7 D. Colas, *Races et racismes de Platon à Derrida* (Paris: Plon, 2004).
8 J. A. Hall, "Nationalisms: Classified and Explained", *Daedalus*, no.122 (1993), p.1.
9 U. Backes, "L'extrême droite: Les multiples facettes d'une catégorie d'analyse", in P. Perrineau (ed.), *Les croisés de la sociéte ferme*é. *L'Europe des exrêmes droites* (Paris: Aube ed., 2001), p.24.
10 P. A. Taguieff, *L'illusion populiste. De l'archaïque au médiatique* (Paris: Berg International, 2002), pp.77~106.
11 M. Guibernau and J. Hutchinson (eds.), *Understanding Nationalism* (Cambridge: Polity Press, 2001); T. Kuzio, "'Nationalising States' or Nation Building? A Critical Review of the Theoretical Literature and Empirical Evidence", *Nations and Nationalism*, vol.7, no.2 (2001), pp.135~154.

어니스트 겔너Ernest Gellner, 에릭 홉스봄Eric Hobsbawm, 그리고 보다 최근의 인물로는 베네딕트 앤더슨Benedict Anderson 같은 학자들의 이론적 공헌[12]을 고려하는 가운데 나의 강조점은 국가에 의한 민족의식의 구성과도, 근대적 경제나 교육·통신 기술의 전파와 같은 민족감정의 발생에 관한 설명과도 관련되지 않는다. 이 책은 민족감정이 아니라, 로이드 폴러Lloyd Faller가 "일련의 구성된 신념과 가치를 확립하고 수호하는 데 적극적인 역할을 하는 문화의 일부"로 정의한 의미에서의 민족주의[13]에 초점을 맞춘다. 민족주의는 몇몇 모순된 충성심 가운데에서 결정을 내리는 근거를 제공하고 이들 중 어느 하나에 우선순위를 부여함으로써 이들을 위계화하는 작용을 한다. 이러한 방식으로 나는 민족주의를 그 정치적·문화적 산물의 측면에서, 그리고 서로 알 수 있는 행위자들의 이데올로기적 실천으로서 개념화하고자 한다.[14]

이해관계의 충돌로 태어난 민족주의는 경제적·사회적·물질적 쟁점에 국한되지 않는다. 또한 새로운 민족 엘리트의 사회적 지위 상승이 민족주의를 설명하는 데 있어서 중요한 요인이기는 하지만, 민족주의를 자신들의 개인적 이해관계를 위해 대중을 동원하려고 하는 마키아벨리주의적 엘리트들이 고안한 책략으로만 해석할 수도 없다. 그리고 클리퍼드 거츠Clifford Geertz가 말하는 바대로, 이 '상징전략'symbolic strategy[15]

---

12 B. Anderson, *Imagined Communities: Reflections on the Origin and Spread of Nationalism* (New York: Verso, 1983); K. Deutsch, *Nationalism and Social Communication. An Inquiry into the Foundation of Nationality* (Cambridge: MIT press, 1953); E. Gellner, *Nations and Nationalism* (Ithaca: Cornell University Press, 1983); E. Hobsbawm, *Nations and Nationalism since 1780: Programme, Myth, Reality* (Cambridge: Cambridge University Press, 1992).
13 L. A. Faller, "Ideology and Culture in Ugandan Nationalism", *American Anthropologist*, vol.3, no.4 (1991), pp.677~678.
14 C. Jaffrelot, "Pour une théorie du nationalisme", in A. Dieckhoff and C. Jaffrelot (eds.), *Repenser le nationalisme. Théories et pratiques* (Paris: Presses de Sciences Po, 2006).

을 논의가 발생한 나라로부터 이를 받아들이거나 모방하는 나라로 일방적으로 이전된 것이라고 분석할 수도 없다. 민족주의는 서구로부터 수입된 기계적인 장치가 아니라, 타자와의 충돌이라고 넓게 정의할 수 있는 초기 사건과 상징적 경쟁 관계로의 진입 이후 현지 엘리트가 만들어 낸 그 어떤 것이다. 앤서니 스미스Anthony Smith가 설명하듯이, 식민지 국가든 그렇지 않든 근대국가의 압력과 전통문화 간에 발생한 긴장 관계를 처리해 나가는 데 있어서 인텔리는 몇 가지 자유로운 선택의 여지를 갖는다. 예컨대 근대성을 거부(전통주의)하거나 이를 전면적으로 수용하거나, 아니면 이 둘을 결합하여 사회적 전환과 자기 개혁을 통한 저항을 옹호할 수 있는 것이다.[16]

존 플라메나츠John Plamenatz가 설명하듯이, 민족주의는 "근본적으로 모방적이고 경쟁적이다".[17] 민족주의는 소위 민족적 가치를 증진시키고 과거로의 명백한 회귀를 옹호함으로써 자신이 거부하는 시스템에 필적하고자 한다. 이러한 모방의 욕구 때문에 분노는 민족주의의 핵심적인 원동력이 되고, 이로 인해 민족주의는 마르크 앙주노Marc Angenot가 말한 '분노의 이데올로기'ideologies of resentment의 일부가 된다.[18] 실제로 열등감이야말로 가치가 변질되는 과정을 자극하는데, 실재 세계에서 타자의 후천적인 우월성은 그 내재적 저열함을 말해 주는 것일 수 있고, 이에 상응하여 희생자 민족의 위대한 정신을 가리키는 것일 수 있기 때문

---

15 C. Geertz, *The Interpretation of Culture* (New York: Basic Books, 1973), p.230.
16 A. D. Smith, *Theories of Nationalism* (London: Gerard Duckworth, 1971).
17 C. Jaffrelot, "Les modèles explicatifs de l'origine des nations et du nationalisme. Revue critique", in G. Delannoi and P. A. Taguieff(eds.), *Les théories du nationalisme. Nation, nationalité, ethnicité* (Paris: Kimé, 1991), p.167에서 재인용.
18 M. Angenot, *Les idéologies du ressentiment* (Montreal: XYZ, 1997).

이다. 민족에게서 정체성을 빼앗는 타자의 개념과 민족적 통일성을 단절시키는 외부인에 대한 공포는, 언어·종교·영토·역사·민속을 포함하여 가까이에 있는 문화적 자원을 재강조할 것을 요구한다. 자존심을 유지하기 위한 목적에서 이러한 자원이나 목록은 선별적으로 재조직되어 담론을 형성하고 정체성을 구성한다.[19] 따라서 이러한 과정은 원초주의적 용어로 개념화될 수 없다. 즉, 정체성이란 정해진 것이 아니라 끊임없이 재가공되는 것이고, 시간의 흐름에 따라 변화하는 다양한 상징적 구성 요인을 채택하는 것이다.

러시아 민족주의에 관한 연구들이 이를 사회적·문화적 개혁의 측면에서 혹은 고도로 상징적이고 감정적인 이해관계의 충돌에 의미를 부여하는 전략으로 생각하는 경우는 극히 드물다.[20] 좀처럼 세계의 이론적 혹은 비교적 맥락에 놓이지 않는 러시아 민족주의는 여전히 러시아 역사의 내재적인 원인으로부터 비롯되는 특수한 현상으로 주로 묘사된다. 이러한 점에서 러시아 민족주의 연구는 여타 정치학으로부터 분리된 영역을 이루는 듯이 보인다. 이로 인해 러시아의 정치적 발전에 관한 논쟁에 참여하는 사람들 가운데 극우파 전문가들은 소수에 불과하게 되었고, 반면에 러시아의 정치적 삶에 관한 많은 저서들이 민족 정체성의 문제를 무시하는 상황이 초래되었다. 게다가 러시아 민족주의에 관한 대다수의 연구는 이 현상에 대한 치우침 없는 지식을 제공하는 데 대체로 기여하지 못하고 있다. "반박하고자 하는 명제에 대한 비판적 검토

---

19 A.-M. Thiesse, "Les identités nationales, un paradigme transnational", in A. Dieckhoff and C. Jaffrelot(eds.), *Repenser le nationalisme. Théories et pratiques*, p.196.
20 M. Gabowitsch, *Le spectre du fascisme. Le nationalisme russe et ses adversaires, 1987-2007* (Ph.D., Paris: EHESS, 2007).

는 언제나 단순한 의도에 기반한 판단이나 악마화하는 비난을 수반하기 마련"이라는 견해를 수긍하는 것은 중요한 의미를 갖는다.[21] 민족주의를 사회가 예방접종을 맞아야 하거나 치료제를 구해야 하는 질병 혹은 비이성적 반응으로 그리는 것은 이 현상에 대한 과학적인 분석에 도움이 되지 않는다. 민족주의에 대한 우려를 조장하는 평가 또한 거부되어야 한다. 왜냐하면 이로부터 독자는 극단주의자들이 정권을 장악할 것이라는 예상도, 러시아 극우파에 관한 많은 연구를 관통하는 주제인, 포스트소비에트 러시아와 바이마르 독일 간의 유사성을 모델로 하여 만들어진 재앙적인 시나리오에 대한 설명도 발견할 수 없을 것이기 때문이다.[22] 최근에 나는 민족주의란 근대의 산물이라고 확신하게 되었는데, 이러한 분석이 민족주의를 수치스럽고 해묵은 유물로 표현하는 탈민족적 혹은 초민족적 견해를 지지하는 것은 아니다.[23]

정치적으로 편향된 성격을 갖는 몇몇 서구적 분석은 소비에트 통치의 종말과 함께 사라진 것이 아니라 그저 초점을 이동시키기만 했다. 최근의 연구는 대체로 '적갈'red-brown 위협,[24] '파시즘'의 기하급수적인 증가,[25] 심지어는 포스트소비에트 러시아의 '나치화'[26]를 밝히는 데 초점을

---

21 P. A. Taguieff, *Sur la nouvelle droite. Jalons d'une analyse critique* (Paris: Descartes & Cie, 1994), p.vii.
22 이 주제에 대해서는 『포스트소비에트 어페어스』 지면상에서 벌어진 스티븐 핸슨, 제프리 콥스타인, 스티븐 셴필드 간의 논쟁을 참조하라. S. E. Hanson and J. S. Kopstein, "The Weimar/Russia Comparison", *Post-Soviet Affairs*, no.3 (1997), pp.252~283; S. Shenfield, "The Weimar/Russia Comparison: Reflections on Hanson and Kopstein", *Post-Soviet Affairs*, no.4 (1998), pp.355~368; S. E. Hanson and J. S. Kopstein, "Paths to Uncivil Societies and Anti-Liberal States: A Reply to Shenfield", *Post-Soviet Affairs*, no.4 (1998), pp.369~375.
23 G. Delannoi, *Sociologie de la nation: Fondements théoriques et expériences historiques* (Paris: Armand Colin, 1999); P. Birnbaum, *Sociologie des nationalisme* (Paris: PUF, 1997).
24 T. Parland, *The Extreme Nationalism Threat in Russia: The Growing Influence of Western Rightist Ideas* (London & New York: Routledge Curzon, 2004).

맞추고 있는 것으로 보인다. 그렇지만 이러한 개념들은 초민족주의ultra-nationalism로 불리는 존재가 사회와 국가의 정치적 발전으로부터 독립된 존재론적 실재성을 갖는다는 것을 전제로 하고 있다. 이러한 설명들은 역사적 맥락을 고려하지 못하고, 민족주의를 페레스트로이카 시기로부터 푸틴 시기에 이르기까지 불변 요소로 묘사하는 유형적 정의와 분류에 주로 기초해 있다. 지난 20년간 러시아의 전 지구적 역사에서 일어난 발전을 무시함으로써 이러한 설명들은 계속해서 '급진적' 민족주의와 '비급진적' 민족주의를 분리하고 있으며, 이에 따라 사회 내에서의 이들의 상호작용에 관련된 중심적인 쟁점을 놓칠 위험을 갖는다. 반파시즘 운동단체나 인권단체pravozashchitniki 관련 인물들이 러시아어로 집필하여 출판한 많은 연구에서도 유사한 경향이 나타난다. 러시아의 최근 정치 상황에서 외국인혐오증의 증가에 맞서 싸우거나 정치적 이견의 권리를 주장함으로써 국가에 반대하는 용기를 지닌 사람들은 칭송받아 마땅하다. 그럼에도 불구하고 민족주의 현상에 대한 이들의 분석은 종종 경험적 문제 해결에 도움이 되지 않는다. 이들은 민족주의를 연구하는 것과 같은 방식으로 이에 맞서 싸우고, 이에 따라 민족주의를 단지 수량화할 수 있는 폭력의 표현(스킨헤드의 활동, 인종주의적 공격, 증오 발언)과만 동일시하는 경향을 가짐으로써 극단주의 단체를 보다 전 세계적인 문화적 맥락으로부터 다시 인위적으로 고립시킨다.[27]

---

25 S. D. Shenfield, *Russian Fascism: Traditions, Tendencies, Movements* (New York-London: M. E. Sharpe, 2001).

26 S. Reznik, *The Nazification of Russia: Antisemitism in the Post-Soviet Era* (Washington, D.C.: Challenge Publications, 1996).

27 예를 들어 모스크바민족학·인류학연구소의 빅토르 슈니렐만(Victor Shnirelman), 상트페테르부르크 유럽대학의 미하일 소콜로프(Mikhail Sokolov)와 드미트리 두브로프스키(Dmitri Dubrovski), 상트페테르부르크 독립사회연구센터의 빅토르 보론코프(Viktor Voronkov)와 옥사나 카르펜코

정치적·사회적 규범으로서의 러시아 민족주의

이 책에서 나는 러시아 민족주의와 극우파의 동일화를 해체하고자 한다. 실제로 민족주의는 러시아 곳곳에 퍼져 있으며, 사회의 주변부에 국한된 현상으로 볼 수 없기 때문이다. 뿐만 아니라 나는 크렘린의 지원을 받는 애국주의를 단순히 정치 권력층과 극우파 간의 화해와 관련된 파시즘적 경향으로 바라보는 해석을 거부한다. 공존하는 이 두 현상에 대한 단순화된 분석은 사회적 합의에 관한, 그리고 민족 정체성과 시민권 간의 고유한 관계에 관한 근본적인 문제를 해결하지 못한다. 그 대신 나는 외국인혐오증, 민족주의, 혹은 애국주의로 분류되는 다양한 사회·정치 현상들에 대한 용어 사용, 이 현상들의 상호 중복, 이 현상들이 조합되어 나타나는 사회적 영향력을 분석함으로써 이들의 교차성을 강조하고자 한다. 민족주의 스펙트럼에서 가장 기이하고 주변적인 흐름에 과도하게 초점을 맞추면 전 사회에 널리 확산된 외국인혐오증과 정치 현실에서 출현한 애국주의적 중도주의라는 두 가지 형태로 주로 표현되는 이 현상에 대해 전체론적인 조망을 할 수 없다.

민족주의에 관한 연구는 종종 이 현상에는 본래부터 두 가지 측면이 있다는 가설에 기초해 있다. 한편으로는 어떤 사람이 정치적 건설 과정에 참여함으로써 프랑스인이 된다는 정치적 민족주의 모델이 프랑스 혁명에 의해 발전되었다는 가정이 있다. 다른 한편으로는 통일된 국가의 부재에 대한 보상으로 민족이 유기체적으로 정의되는 문화적 민족

(Oksana Karpenko), 모스크바학문연구소 철학부의 블라디미르 말라호프(Vladimir Malakhov) 등 자신의 분석을 보다 통일된 이론에 예리하게 입각하려는 몇몇 예외적 학자들을 주목할 만하다.

주의를 독일이 발생시켰다고 가정한다. 그러나 이러한 구분이 이론적·실용적 수준에서 정확한 것은 아니다. 독일 모델이라고 정치적 요인이 결여된 것은 아니며, 현재 독일에서 입헌적 애국주의 개념이 정교화된 것은 이를 확인시켜 준다. 그리고 프랑스 모델도 왕조적 전통에 기반하여 오랜 역사를 갖는 문화와의 모든 연관성을 지워 없애는 데 성공한 것은 결코 아니다. 그렇다면 이러한 두 가지 개념은 상반되지 않으며, 확실히 민족주의자 그 자신들의 견해를 나타내지 않는다. 또한 이러한 구분은, 정치적 민족주의는 서유럽에 특정한 것이고, 문화적 민족주의는 중·동부 유럽, 사실상 때로는 동구 전체에 특정한 것이라는 지리적 분리로 전환되기도 하지만,[28] 이러한 분석은 오히려 도움이 되지 않는다.

오늘날 이러한 이원적 구분은 시민적civic 민족주의와 에스닉ethnic 민족주의라는 반대되는 개념 속에 끈질기게 살아 있다. 그러나 알랭 디코프Alain Dieckhoff가 지적하는 바와 같이, 어떠한 민족주의도, 심지어는 플랑드르 민족주의나 카탈루냐 민족주의조차도 엄밀하게 에스닉 민족주의라고 정의될 수 없기 때문에 형용사를 덧붙이는 것은 이러한 구분의 논리를 명확하게 하기보다는 오히려 복잡하게 만든다.[29] 게다가 모든 민족주의는, 심지어 프랑스나 미국의 소위 가장 정치적인 민족주의까지도, 모든 시민이 자신의 권리를 행사하기 위해서 공유해야 하는 공통의 문화에 대한 최소한의 언급을 한다. 정치적 기획은 언제나 일종의 정체성을 동원하며, 특정한 문화적 상징에 대한 언급 없이는 어떠한 정치적 목표도 성취될 수 없다. 따라서 여기에서 문제가 되는 것은, 시민적

---

28 H. Kohn, *Nationalism, Its Meaning and History* (Princeton: D. van Nostrand Company, 1955).
29 A. Dieckhoff, "Nationalisme politique contre nationalisme culturel?", in A. Dieckhoff and C. Jaffrelot(eds.), *Repenser le nationalisme*, p.111.

민족주의와 에스닉 민족주의 간의 이러한 구분을 두 가지 정반대되는 전형으로서가 아니라, 이 두 측면이 역사적 시대와 정치적 상황에 따라서 달라지면서 언제나 어느 정도는 존재하게 되는 역동적 과정으로서 탐구하는 것이다.

민족주의라는 용어는 거의 끝이 없는 논쟁을 야기한다. 하지만 이 책은 러시아 민족주의의 **본질**이나 절대적 속성을 포착하려 하지 않고, 그보다는 특정한 역사적·정치적 맥락, 즉 포스트소비에트 러시아의 맥락에서 민족주의의 **역동성**에 초점을 맞춘다. 연구의 목적은, 민족주의의 다양한 표현을 체계적으로 분류하여 아주 흔하게 에스닉 혹은 에스노문화적 주장과 시민적 언급을 결합시키는 것도, 러시아에는 적실하지 않은 좌우라는 정치적 축에 따라 민족주의를 명확하게 서술하는 것도 아니다.[30] 마찬가지로 나는 현재 러시아에서 유행하고 있는 민족주의/애국주의 이원론이 의미 있는 방식으로 정의될 수 있다는 개념을 거부한다. 명확한 경계를 가진 두 가지 개별적인 현상을 상정하는 이러한 자의적인 구분은 사실상, '좋은 것', 즉 소위 애국주의적 민족주의는 자신의 것이라고 하면서 '나쁜 것', 즉 반대 세력의 극단주의적 민족주의는 비난하는 크렘린의 손에 들어가 있는 도구이다. 대통령 행정실이 옹호하는 애국주의는 사실상 러시아의 전통적인 국가 민족주의의 독특한 형태이다. 즉, 이는 러시아의 다민족적 성격을 지적한다는 점에서 에스닉적이지도 않고, 그 주체들에게 스스로를 시민으로 생각하라고 권장하지 않는다는 점에서 시민적이지도 않다. 그보다 이는 직간접적으로

---

30 S. G. Simonsen, "Nationalism and the Russian Political Spectrum: Locating and Evaluating the Extremes", *Journal of Political Ideologies*, vol.6, no.3 (2001), pp.262~288.

러시아를 무엇보다도 **국가**로 정의하는 역할을 하는 역사적·문화적 표지를 강조하려 한다. 따라서 민족주의가 현대 러시아를 연구하는 데 있어서 적절한 틀을 제공해 주는 조작적 범주라는 것을 증명하고 싶다면, 그 이질성·혼종성·유동성·변동성의 관점에서 이해되어야만 한다.

최근에 러시아에서 일어난 민족주의의 변화는 흔히 어둠으로부터 빛으로의 이동이라고 표현된다. 소비에트 시기에는 지하 반체제 운동으로 묘사되었던 민족주의가 1990년대에는 옐친의 자유주의에 대한 정치적 반대 세력의 일부로서 중앙 무대로 이동했고, 그 이후 푸틴 치하에서는 관료사회의 일부로서 등장했다고 일반적으로 여겨지고 있다. 하지만 이러한 분석에는 중대한 결함이 있다. 민족주의자들과 권력층의 관계는 포스트소비에트 러시아에서 그러한 것처럼 소련에서도 매우 모호했다. 게다가 민족주의자들은 언제나 크렘린과의 몇몇 연결선을 유지해 왔다. 1990년대에 널리 사용된 '민족주의자들'과 '서구주의자들' 간의 대립은 사실상 이른바 19세기의 '서구주의자들'과 '슬라브주의자들' 간의 구분만큼이나 타당성이 결여된 정치적 분리를 전제로 하고 있다. 소비에트 시대에 민족주의자들은 사회주의 질서에 훨씬 더 위험하다고 여겨졌던 자유주의자들에 맞서 싸우기 위해 도구화되었다. 1990년대에 옐친은 선거에 거의 의욕을 느끼지 못한 러시아 국민들을 동원하려는 시도로 '과거로 돌아가는 것'의 위험성을 의식적으로 과장했다. 마찬가지로 그는 자신의 정책에 대한 서구의 동의를 얻기 위해 '적갈' 위협의 북을 울렸다. 2000년대에 푸틴의 크렘린 역시 스킨헤드 폭력에 관한 여러 언론 방송을 제작하면서 반복적으로 '극단주의'의 공포를 부채질하려고 했는데, 그 목적은 정치적 자유와 단체에 관한 자유를 제한하는, 보다 엄격한 법률을 통과시키는 것이었다.

이러한 대립 쌍들은 제한적이어야 하지만, 용어상의 문제의 중요성을 고려하는 것은 필수적이다. 개념은 행위자가 자신의 자아의식을 창조하기 위해 사용하는 전략적 도구이기 때문에 순수하게 이론적인 영향이 아니라 인식적이고 규범적인 영향을 미친다. 따라서 어휘의 조작은 민족주의 수사의 논리 확립에서 핵심적인 부분이 된다. 페레스트로이카 시기 동안 지식인 사회의 지배적인 특징은 소비에트 과거와 '러시아 이념'russkaia ideia의 재발견에 대한 기념비적인 논쟁이었는데, 이는 환경에 대한 관심과 더불어 여론의 등장에 있어서 핵심적인 역할을 했다. 전통적으로 러시아 이념은 19세기 말 및 20세기 초 러시아 지식인 세계의 논쟁을 가리키는데, 이 논쟁은 러시아 민족의 본질은 메시아주의, 정교회 영성, 조화 의식 혹은 공동체 의식sobornost'을 포함하는 어떤 영원한 특징으로 표현될 수 있다는 관념을 중심으로 하는 것이었다. 하지만 러시아 이념이라는 개념은 점차 정체성에 관한 논쟁을 모두 포함하는 것으로 확대되어 1830년대 초 1세대 슬라브주의자들 사이의 논쟁에서부터 어떻게 민족이 사명감을 다시 가질 수 있을 것인가에 관한 현대적 원칙에까지 이르게 되었다.[31]

또한 러시아 민족주의의 어휘에는 서유럽에서 차용된 표현의 흔적이 새겨져 있다. 예를 들어 슬라브어에서 포퓰리즘이라는 용어는 19세기의 대중운동(인민주의narodnichestvo)을 가리키는 데 반해, 그 현대적인 현상은 서구 언어로부터 차용된 용어(포퓰리즘popiulizm)로 언급된다. 애국주의에 대해서도 유사한 일이 일어난다. 독일어나 영어처럼 러시아

---

31 '러시아 이념'에 관한 현대의 텍스트에 대해서는 W. Helleman(ed.), *The Russian Idea: In Search of a New Identity* (Bloomington: Slavica Publishers, 2004) 참조.

어도 '조국/고국'motherland/fatherland을 의미하는 두 개의 단어, 즉 로디나 rodina와 오테체스트보otechestvo를 가지고 있음에도 불구하고,[32] 가장 널리 사용되는 것은 애국주의patriotizm라는 라틴어 용어이다. 이 용어는 1990년대에 스스로를 '애국주의 진영'이라고 밝혔던 의회 밖의 소위 급진주의자들과 크렘린이 정치적 올바름의 상징으로서 확립한 공식적 애국주의를 모두 언급하는 데 사용되고 있다. 러시아어에서는 흔히 쓰이지 않는 민족natsiia이라는 용어는 최근까지도 대체로 소위 급진적인 단체들의 손아귀에 있었다. 러시아 민중russkii narod이라는 전통적인 용어에 반대되는 개념으로서 러시아 민족russkaia natsiia이라고 말한다는 것은 에스닉적인 혹은 인종적인 견해를 의미하는 것이었다. 또한 현재 '민족'은 시민적 의무감을 의미하는 것으로도 사용될 수 있기 때문에 서구 어법의 차용은 용어상의 혼란을 가중시키면서 상황을 한층 더 변화시킨다. 또 다른 중요한 용어상의 문제는 루스키russkii와 로시스키rossiiskii 개념의 사용에 관련된다. 첫번째 개념은 문화, 언어, 혹은 민족ethnicity으로써 러시아 정체성을 존재론적으로 정의하는 반면에, 두번째 개념은 민족nationality(혹은 에스닉 출신)에 관계없이 모든 국민은 러시아 국가의 시민적 구성원 자격을 가진다는 것을 의미한다. 1990년대에 장려되었던 두번째 용어가 최근에는 점점 사용되지 않고 있는 데 반해, 첫번째 용어는 다방면에 걸친 문화적·정치적 중요성을 다시 획득하고 있다. 이러한 담론 경쟁은 러시아에서 최근에 벌어지고 있는 논쟁의 본질적인 부분이기 때문에 이 책 곳곳에서 마주치게 될 것이다.

이 책의 목적은 오늘날 러시아의 정치적 삶에서 분명하게 나타나

---

[32] 로디나는 '출생지'의 의미가, 오테체스트보는 '부계 관계'의 의미가 강하다 ― 옮긴이

는 민족주의가 위치해 있는 다양한 이데올로기적·사회적 현실을 분석하는 것이다. 우선 1991년 소련의 소멸 이후로 러시아가 밟아 온 정치적 과정을 되짚어 볼 것이다. 러시아 민족주의는 정치적·경제적이면서도 영토적·정서적인 트라우마의 맥락, 20년이 지나서도 여전히 커다란 무게감을 갖는 맥락의 일부이다. 다음으로는 러시아 정치체제의 변화와 러시아인의 분노가 구체화되는 데 있어서 외교정책의 중요성을 간략히 소개한 후 외국인혐오증의 증가로 형성된 의미 있는 사회적 배경을 깊이 파고들 것이다. 실제로 외국인혐오증이라는 테마를 중심으로 일종의 사회적 합의가 출현했다고 할 수 있다면, 이는 외국인혐오증이 비옥한 토양을 제공해 주고 바로 사회 곳곳에 걸쳐 만연해 있기 때문이다. 러시아에서 이주자, 특히 카프카스나 중앙아시아 출신 이주자에 대한 공포는 타자성을 규정하게 되었고, 이러한 점에서 최근에 일어나고 있는 화해의 과정에서 주요한 초점이다. 외국인혐오증은 사람들을 사회계급, 이데올로기적 영향력, 문화 집단으로 분열시키기는커녕 통합을 창출하고 있다.

이러한 맥락에서 민족주의는 정치 스펙트럼 전체를 지배하게 되었고 정치적 올바름의 공통분모를 이루고 있다. 정치 공간에는 민족주의가 가득 배어 있고, 공적 인사들은 민족의 최우선적인 이익이라는 관점에서 자신들의 선택을 정당화하지 않는다면 직분이 무엇이든 정당성을 획득할 수 없다. 민족주의는 내가 원외extra-parliamentary라고 정의하고자 하는 소위 극단주의 운동단체들의 배후에 놓인 원동력이면서 또한 러시아연방공산당KPRF, Kommunisticheskaia partiia Rossiiskoi Federatsii, 블라디미르 지리노프스키Vladimir Zhirinovski의 정당, 과거의 '조국'Rodina 당에 의해 형성된 포퓰리스트 항의 정당들의 원동력이기도 하다. 더욱이 민족주의는

1990년대 후반 크렘린과 대통령 행정실이 시작한, 민족 담화를 전유하는 과정을 계속하고 있는 대통령 정당 통합러시아Edinaia Rossiia의 이데올로기적 모체이다. 정치 권력층이 민족이라는 테마를 자기 자신의 것으로 하면 할수록 반대주의적 형태의 민족주의는 더욱 자신의 논쟁의 힘을 빼앗기게 된다. 따라서 소위 민족주의의 본질이라는 것이 마찬가지로 인위적인 민주주의의 본질과 양립할 수 없는 것으로 드러난다는 의미에서가 아니라,[33] 민족주의가 권력층에게 정치적 정당성을 허용해 주기 때문에, 민족주의적 테마의 확산은 정치 스펙트럼에 대한 제한과 정비례하는 것으로 나타난다. 크렘린은 민족에 대한 담론을 전유함으로써 내가 애국주의적 중도주의라고 일컫는 것, 다시 말하면 대통령 정당이라는 독특한 기치 아래에 민족의 통합과 이에 따른 그 정치적 대표의 통합을 위치시키는, 정치적 소속 스펙트럼에 대한 헤게모니를 발전시킬 수 있었다.

마지막으로, 나는 민족주의를 권력층이 사회에 제안한 새로운 사회계약으로 간주한다. 정치적·경제적·문화적 지배를 확립하기 위해서 크렘린은 1990년대의 격렬한 파편화와 러시아 국민들 사이에서 생활양식의 다양화가 일어난 이후 합의의 구축을 필요로 하고 있다. 자신에게 유리하도록 국민들을 동원하지 않고는 장기적인 정치적 프로젝트가 성공할 수 없다는 것을 잘 아는 크렘린은 사회를 비정치화하면서도 동시에 재정치화하면서 사회와 재접속하려는 노력을 필사적으로 하고 있다. 이러한 화해는 상징적이고 문화적인 보고寶庫를 활용해야만 한다. 민

---

33 G. Gill, "Nationalism and the Transition to Democracy: the Post-Soviet Experience", *Demokratizatsiya*, vol.14, no.4 (2006), pp.613~626.

족이라는 주제는 일체화를 위한 유용한 기준과 도구를 만들어 내며 러시아 사회의 정치적·이데올로기적 구분을 넘어서는 국민적 대표를 구성한다. 소비에트 노스탤지어, 차르 체제 과거, 정교회, 군대, 세계적 리더십, 러시아 이념에 관한 담론뿐만 아니라 페레스트로이카 이후로 러시아가 경험한 변화의 수용과 세계화라는 테마 등 이용할 수 있는 모든 문화적 자원을 재전유함으로써 정권은 사회의 다양한 부분들과 이들의 모순적인 기억을 화해시키고 싶어 한다. 화해의 이름으로 애국주의를 복원하는 것이 원칙, 즉 진실하다고 가르치고 정당하다고 인식되는 이념 체계의 정립이라는 결과를 낳아 새로운 교화에 이르게 될지, 아니면 다른 경쟁적인 민족 담화가 출현하면서 곧 사라져 버릴지는 두고 보아야 알 수 있을 것이다.

1장

민족주의

도전을 받아들이는 방식?

러시아의 사례는 '민족의 죽음'이라는 가정을 재고할 것을 역설한다. 즉, 오늘날 민족국가는 이질적인 국민들에게 어떤 정치문화 공동체의 이름으로 위험을 상호 간에 나누고 최소한의 연대를 구축할 것을 제안하는 여전히 유일한 힘인 것이다. 러시아에서는 민족이 통합의 슬로건을 이루고 있기 때문에 이를 시대에 뒤떨어진 실체라고 말하기는 어려울 듯하다. 요컨대 민족주의는 스킨헤드의 인종주의적 폭력과 국민의 대중적이지만 모호한 외국인혐오증으로부터 문화적·물질적 만족에 대한 엘리트의 지지와 더 나은 미래에 대한 중간계층의 믿음에 이르기까지 폭넓은 사회적 스펙트럼에 걸쳐 있다. 제국의 상실, 국경의 축소, 정치체제 전환, 대규모 사회적 변환, 세계로의 개방 등 러시아가 지난 20년간 전례 없는 급진적 변화에 직면하게 됨에 따라 민족을 재창조하는 과정은 그만큼 더 본질적인 것이 되었다. 따라서 민족 담화는 러시아가 권위주의 체제로부터 벗어나는 것과 세계화에 문을 여는 과정을 결합시키고, 이는 다시 이 담론이 국가 영토와 역사에 뿌리를 내릴 동기를 제공한다. 이 때문에 러시아에 널리 퍼진 특별한 문명에의 소속감은 현대의 문화주의 이론이나 반反세계화 혹은 대안세계화에 대한 정당화로서 민족의 권리에 관한 담론과 쉽게 들어맞는다. 장-프랑수아 바야르 Jean-François Bayart가 지적하는 바와 같이, 이러한 시점에서 '정체성주의적 환상'the identitarian illusion[1]은 세계화에 대응하는 특권적 방식들 중 하나를 이루며, 이는 러시아가 보다 전 세계적인 성격을 갖고 결코 러시아에 특유하지 않은 현상의 일부라는 것을 의미하게 된다.

특정한 역사적 맥락: 1991년 이후의 러시아

민족주의 테마가 어떻게 표출되는지에 상관없이, 현대 러시아에서 나타나는 이 테마의 강력한 역할을 이해하기 위해서는 그것이 형성된 정치적·경제적·사회적·상징적 맥락을 상기하는 것이 무엇보다도 중요하다. 고르바초프의 서구와의 화해 및 소련의 소멸 이후로 러시아가 겪은 굴욕감과 환멸감은 대단히 중요한 의미를 가지며 종종 오해를 불러일으키는 원인이 된다. 1990년대의 서구 담론에서 발견되는 이행론적인 확신(공산주의 체제로부터 민주주의 체제로의 전환 과정)에는 감춰진 동기가 없지 않았고, 이는 거의 완벽한 '민주주의 모델'이 존재하며 유럽이나 북미의 의회제가 이를 구현한다는 확고부동한 신념에서 비롯된 것이었다.[2] 그럼에도 불구하고 이러한 신화적인 생각에는 의문이 제기되어야 한다. 즉, 이는 수많은 현대적 흐름은 말할 것도 없고 오래된 여

---

1 J.-F. Bayart, *L'illusion identitaire* (Paris: Fayard, 1996).
2 S. Hanson, "Sovietology, Post-Sovietology, and the Study of Postcommunist Democratization", *Demokratizatsiya*, vol.11, no.1 (2003), pp.142~149.

러 역사적 과정을 그럴듯하게 얼버무리는 것이자, 또한 보다 '참여적인' 형태의 민주주의를 건설함으로써 의회제를 넘어서려는 것에 관한 현재의 논의를 무시하는 것이다.

이러한 도식에서 러시아는 이 유명한 '모델'을 자기 자신의 것으로 만들지 못하는 반복되는 무능력으로 서구를 화나게 하는 국가들 범주, 아니면 단지 시간적인 장벽에 의해서만 서구로부터 분리되어 따라잡는 과정 중에 있는 국가들 범주에 위치하게 된다. 이러한 두 장애 요인은 서로 마찰을 빚는다. 즉, 한편으로는 러시아는 원칙적으로 서구의 가치를 받아들일 수 없다는 본질주의적 접근법과, 다른 한편으로는 독특하면서도 시간을 초월한 것으로 여겨지는 사회 모델을 발전시키는 데 있어서 러시아가 그저 **뒤처져** 지체되어 있는 것은 시간문제에 불과하다는 선형적 접근법이 존재하는 것이다. 여기서 문제는 소련 붕괴 이후로 러시아의 정치적 삶에서 나타난 어려움이나 특수성을 부정하려는 시도도, 역사의 무게감에 대한 고찰을 회피하려는 시도도 아니다. 지극히 정당한 것으로서 지적할 수 있는 것은, 서유럽 모델의 첫번째 산물은 중세로 거슬러 올라가고, 중세적 **자유**들로부터 정치적 **자유**로 요구를 전환하는 데 있어서 도시 부르주아가 주요한 역할을 했으며, 서구식 봉건제를 실제로 경험한 적이 없는 러시아는 언제나 전제적인 정치체제하에서 살고 있었다는 점이다. 마찬가지로 타당한 것으로서 상기할 것은, 19세기 이후로 러시아 철학은 전체의 바깥에 있다고 여겨진 개인과, 유기적인 집단체와의 공동체성sobornost' 내에서만 실현되는 인격lichnost'을 구별했다는 점이다. 그렇지만 이러한 설명 요인들이 러시아에서 '민주주의 이슈'가 제기된 역사적 맥락의 중요성과 러시아 개혁정책의 사회경제적 영향을 가릴 수 있는 것은 아니다.

1990년대 러시아의 복잡한 정치적 의제

1990년대 초기에 정체성 추구는 **정상** 국가의 수립을 지지하는 러시아의 주변적 담론의 일부였다. 이러한 노력은 서유럽을 모델로 삼음으로써 지체라고 여겨진 것을 '따라잡고' 소연방의 특수한 발전 경로를 중지시키려는 시도를 수반했다. 3일 동안 고르바초프의 직위를 해제한 1991년 8월 19일의 보수 쿠데타[3]는 국민의 동의를 얻지 못했고 소련의 현상 유지를 지지하는 이들의 권위를 크게 실추시켰다. 당시의 친서구적 협주곡의 분위기 속에서 두 가지 반대의 목소리만이 자신의 의사를 들려주고자 애썼는데, 이는 과거 소련공산당의 잔해로부터 출현한 러시아연방공산당, 그리고 러시아 문명의 특수성이라고 여겨지는 것에 대한 성찰을 촉구한 모스크바 총대주교구였다. 그렇지만 1992~1993년에 이르러 이중의 서구화 — 시장경제 도입과 의회제 수립 — 에 대한 광범위한 대중적 지지는 이미 급격히 감소했다. 경제상황은 재앙과도 같아서, 국민 대다수는 빈곤에 빠졌지만 국가는 개혁의 사회적 영향을 완화시킬 예산을 더 이상 가지고 있지 않았다. 물가 급등, 소비에트 시기에 모은 저축의 소실, 생활수준의 하락, 공장과 사업체의 대규모 폐업, 빈곤층, 특히 연금 생활자에 대한 사회보장 혜택의 폐지, 국가 공무원 임금 미지불, 이 모든 것이 친서구적 합의를 무너뜨리는 작용을 했다.

이처럼 가혹할 정도로 빈곤해진 사회를 맞아 실시된 주요 산업체의 사유화로 인해 정부와 가까운 특권적 기업인 계급, 즉 올리가르히와 지하경제에 대한 통제를 기반으로 하는 경제 집단이 생겨났다. 이들의 부

---

[3] 모두 권력 부처에 직위를 갖고 있던 이 보수적 공산당원들은 민족공화국들에 상당한 특권을 부여하는 신연방조약을 거부했다.

의 과시는 획일적인 삶에 익숙한 국민들에게 깊은 충격을 주었다. 이러한 전례 없는 변화의 결과로 '민주주의자'라는 용어는 점차 부정적인, 심지어는 모욕적인 함의를 띠게 되었고 국가 자산의 약탈을 인정하려 하지 않는 부류의 정치인을 의미하게 되었다. 또한 국가의 '탈이데올로기화'의 필요성에 관한 담론도 모순으로 여겨졌다. 즉, 서구의 지원자들이 존재함으로 인해서 경제개혁은 서구의 명령에 의한 것이고 자유주의는 억지로 강요된 새로운 이데올로기인 것처럼 보이게 된 것이다. 게다가 중·동부 유럽에서처럼 시장경제로의 이행의 주요 행위자는 공산당원 노멘클라투라 nomenklatura였다. 포스트소비에트 정치 무대에서 과거의 반체제 인사는 전혀 존재하지 않았던 반면에, 이전의 공산당원들은 사유화의 혜택을 거둬들였는데, 이에 따라 소련의 소멸은 소비에트 체제의 평등주의적 이상을 배반한 엘리트에 의해 계획·모의된 것이라는 정서가 야기되었다. 따라서 준거점으로서의 유럽의 의미는 부분적으로 지워져 버렸고, 민주주의는 자본주의의 폐해 및 지배 엘리트의 도둑정치 cleptocracy와 동일시되었으며, 정치적 권리는 개인적 생존이라는 시련에 비하면 부차적인 것이라고 여겨지게 되었다.

    보리스 옐친이 개혁정책을 계속하기 위한 국민투표에서 간신히 승리한 뒤(그는 58%의 득표율을 얻었지만, 국민의 53%만이 선거에 참여했다) 1993년 가을에 신생 러시아의 정치체제를 약화시킨 첫번째 정치적 충격이 찾아왔다. 대통령이 헌법 초안을 제출했는데, 당시 공산당이 지배하던 의회가 이를 거부한 것이다. 옐친은 의회를 해산하기로 결정했고, 의회는 이에 대한 대응으로 대통령 탄핵 투표를 실시했다. 9월 24일에 비상사태가 선포되었고, 10월 4일에 대통령에게 충성하는 부대가 의회를 급습하여 150명 이상이 사망하는 결과가 빚어졌다.[4] 이러한 유혈 사태는 포스트소비에트 러시아의 기억에서 중요한 역할을 한다. 당시의 많은 시민들에게 러시아는 금방이라도 내전으로 치달을 듯한 상태에 있다고 여겨졌다. 민주화 프로젝트는 무력 투쟁 및 체제의 급속한 대통령화로 귀결되었다. 서구 국가들의 지원을 받은 러시아의 '민주주의자들'과 '자유주의자들'은 옐친의 행정 권력 투쟁을 부추겼고, 반대파인 공산당을 악마화하려고 했으며, 러시아가 서구 쪽으로 나아가고자 한다면 대중적 지지를 거의 받지 못하는 권위주의 체제에 의존할 수밖에 없다는 생각을 유포시켰다.

엄밀한 의미에서 정치가 아니라 독립국가의 건설과 관련된 두번째 충격은 소비에트 공간의 정체성 상실, 그리고 신생 러시아도 소수민족들의 요구로부터 압력을 받아 소련과 마찬가지로 원심력적 운명을 맞게 될지도 모른다는 두려움에 기인한 것이었다.[5] 러시아의 지역화 및 모스크바와 민족공화국, 특히 타타르스탄과의 협상으로 인해 1992~1994년에 비대칭적 연방이 야기되었고, 러시아 국가의 미래에 대한 우려의 골이 파였는데, 이는 체첸에서의 상황으로 인해 한층 고조되었다. 소련 붕괴 이후 북카프카스에 위치한 이 작은 공화국은 독립을 요구했고, 연방 중앙의 무관심을 이용하여 1994년까지 사실상 모스크바와는 별도로 운영되면서 체첸 경제는 거대한 체첸 내부 경쟁 관계로 얼룩진 범죄화(폭행, 납치 등)의 과정에 빠져 있었다. 1994년에 주로 크렘린 내부의 세력 균형과 관련된 이유로 인해 러시아는 체첸에 대한 군사적 침공에 착수하기로 결정했다.[6] 1979년 아프가니스탄 개입 이래로 모스크바가 조

---

4 F. Daucé, *La Russie postsoviétique* (Paris: Repères, 2008), pp.25~29.
5 J. M. Godzimirski, "Putin and Post-Soviet Identity. Building Blocks and Buzz Words", *Problems of Post-Communism*, vol.55, no.5 (2008), pp.14~27.

직한 최대의 군사작전이었던 이 전쟁은 군사적·인도주의적 패배이자 러시아 군대의 수렁이 되고 말았다. 이츠케리아 이슬람 공화국으로 명칭을 바꾼 체첸은 1996년 하사뷰르트 평화협정에 따라서 독립 논의를 유보한다는 약속의 대가로 사실상의 자치를 획득할 수 있었다.[7] 러시아에서 이 평화협정은 극심한 굴욕으로 인식되었고, 체첸은 특히 소련 해체의 재연에 대한 러시아의 두려움의 진앙이 되었다. 이때 이후로 위험에 처한 국가적 통합이라는 화두는 권력층의 핵심적인 주제가 되었다.

세번째 전환점은 1998년에 발생했다. 동남아시아에서의 위기에 이어 러시아 경제가 몇 주 동안에 몰락하여 중간계층을 안정시키려는 첫번째 시도가 좌절되었다. 신생 러시아의 경제가 실제로는 눈속임이었다는 정서가 국민들 사이에서 빠르게 유포되었고, 이러한 감정은 옐친과 가까운 은행 올리가르히(7대 은행가semibankirshchina)[8]의 부유함과 전능함에 대한 격렬한 비판으로 더욱 격화되었다. 1999년에 국내 상황은 다시 체첸에 집중되었다. 8월에 체첸 반군 지도자들이 다게스탄에 이슬람 국가를 수립하겠다는 의사를 발표했다. 며칠 뒤에 모스크바에서 일어난 수차례의 아파트 건물 테러 공격은 — 크렘린은 이를 분리주의자들의 책임으로 돌리지만 그 실제 후원자는 아직까지 알려져 있지 않다 — 300명 이상의 사망자를 낳았고 모스크바가 2차 체첸전을 시작

---

6 A. Lieven, *Chechnya: Tombstone of Russian Power* (New Haven: Yale University Press, 1999); J. Dunlop, *Russia Confronts Chechnya: Roots of a Separatist Conflict* (Cambridge-London: Cambridge University Press, 1998).

7 A. Le Huérou, A. Merlin, A. Regamey and S. Serrano, *Tchétchénie: une affaire intérieure?* (Paris: Autrement/CERI, 2005).

8 이 집단에는 보리스 베레조프스키(Boris Berezovsky), 블라디미르 구신스키(Vladimir Gusinski), 알렉산드르 스몰렌스키(Alexander Smolenski), 블라디미르 포타닌(Vladimir Potanin), 미하일 호도르코프스키(Mikhail Khodorkovski), 표트르 아벤(Petr Aven), 미하일 프리드만(Mikhail Fridman)이 포함되었다.

하는 구실이 되었다. 안보 담론이 공적 영역을 지배하기 시작하여 외국인혐오증, 횡행하는 이슬람혐오증, '테러와의 전쟁'이 공적 행위의 동력으로 전환되었다. 이러한 상황은 정치계급 사이에서 국내적 합의를 이끌어 내어 극단적인 자유주의자와 공산당원 모두를 주변화시켰다.[9] 심지어는 우파연합SPS, Soiuz pravykh sil조차 2차 체첸전을 지지하여 1차 체첸전에 대해 매우 비판적이었던 자신의 전신 '러시아의 민주선택'DVR, Demokraticheskii vybor Rossii과 뚜렷한 대조를 보였다.

1999년 의회 선거에서 특수한 발전 경로를 취하는 것에 대한 광범위한 정치적 합의가 처음으로 나타났다. 심지어는 친서구적이라고 여겨진 정당들조차 개혁의 필요성이 아니라 질서의 필요성에 중점을 두었다. 러시아가 막다른 길 아래로 곤두박질치는 것을 막기 위해서 모두가 '애국주의적 반등'을 요구했다. 심지어는 '자유주의자들'조차 마찬가지로 비판적인 시각으로 옐친의 두번째 임기 말 국가의 상황을 바라보았다. 국내적으로 1998년 경제위기는 러시아 자본주의의 건실함에 대한 의문을 제기했고 복지국가 개념을 부활시켰다. 신뢰를 크게 잃은 러시아 국가는 더 이상 공적인 일res publica의 조정자가 아니라 지배 엘리트에 봉사하는 약탈자로 인식되었다. 병약한 대통령과 통치력이 무능한 총리(1996~1999년 사이에 서로 다른 5명이 총리직을 맡았다)로 구현된 중앙정부는 나약했다. 중앙의 권위는 사실상 존재하지 않았고 법은 공공연히 무시되었던 것이다. 갈수록 더 중앙보다 강력하다고 느끼게 된 지역 주지사들은 자신만의 진정한 영지를 건설하여 연방의 통일성에 위

---

9 S. Ipsa-Landa, "Russia's Preferred Self-Image and the Two Chechen Wars", *Demokratizatsiya*, vol.11, no.2 (2003), pp.305~319.

협이 되었다. 이로 인해 모든 정당들은 러시아가 국제 무대에서 목소리를 내길 원한다면 강한 러시아가 필요하다는 점을 재확인하게 되었다.

1990년대에 등장한 것과 같은 소위 '민주적' 러시아라고 하는 것은 세 가지 사항에서 실패했다고 할 수 있다. 첫째로, 국민들은 체제가 점진적으로 변화하기를 진심으로 바랐지만 소비에트 국가가 사라지기를 원하지는 않았다. 소련의 내부 붕괴와 새로운 국가들의 출현은 내외부 모두로부터 강요된 그 어떤 것으로 경험되었다. 러시아 엘리트의 대부분은 주저하지 않고 이러한 사건을 강대국 러시아에 반대하여 기획된 음모라고 표현했다. 이들은 소련의 붕괴 및 그 과정에서의 자신들의 역할에 대한 합리적인 해석을 제공하는 대신 점진적인 변화에 반대하는 이들의 손아귀에 놀아나고 말았다. 둘째로, 옐친의 엘리트는 몇 년간 급진적 자유주의의 원칙을 위해 필사적으로 싸웠는데, 이는 국민의 대규모 빈곤화를 낳았다. 이러한 상황의 결말은 민주주의가 여전히 시장경제와 동일한 것으로서 부정적으로 여겨지고 있다는 것이다. 셋째로, 서구 국가들의 지원을 받은 러시아 정권은 주저하지 않고 보통 사람의 사회적 관심사를 공공연하게 경멸했고 거듭해서 노골적으로 반민주적인 방식으로 행동함으로써 여론에서 민주주의자라는 용어가 신뢰를 상실하는 데 기여했다. 체첸이든, 경제든, 정치적 '내전'이든, 1990년대의 트라우마는 현재의 상황에도 지속적인 영향을 미치고 있다. 이는 심지어 오늘날에도 소위 민주적·자유주의적 정당들이 신뢰를 얻지 못하는 한 원인이 되고 있다. 즉, 야블로코Yabloko나 우파연합은 여전히 1990년대의 위기에서 자신들이 맡은 역할에 대한 잘못을 인정하지 않았다는 비난을 받고 있는 것이다.

블라디미르 푸틴과 소위 국가의 부활

민주주의가 그 원칙에 충실하지 않고 민주주의에 유리한 점도 거의 없는 상황에 직면한 푸틴은 동료 시민들이 보기에는 권위주의적 권력 장악, 러시아의 경제적 부활, 최소한의 사회적 안정으로의 복귀를 결합해 내는 놀라운 솜씨를 발휘하고 있다. 이러한 연관이 거의 전적으로 석유 및 가스 가격 상승에 기반한 것이기 때문에 실제로는 착각이라고 판명된다고 하더라도 말이다. 1999년 12월 푸틴을 지지한 첫번째 투표는 혁명과 개혁의 시기의 종말에 대한 상징이었다. 주안점은 안정화, 회복, 국가 효율성으로 옮겨졌고, '권력의 수직화'와 '법의 독재'라는 두 가지 슬로건에 맞춰졌다. 2002년 10월 모스크바의 두브로프카 극장 인질 사태[10]와 2004년 9월 베슬란 학교에서의 인질 위기[11]로 체첸 신드롬이 격화되자, 대통령 정당은 신속하게 국가 전 영토에 헌정 질서를 회복할 필요성에 관한 성명서를 발표했다.

푸틴의 첫번째 임기(2000~2004년)는 안정화 이슈를 중심으로 조직되었다. 러시아의 첫 두 대통령은 서로 다른 논리에 기초한 전략을 개발했다. 옐친은 두마에 다수 의석을 가진 대통령 정당을 구성하려 하지 않았고, 1995년 당시 직접·보통 선거로 선출되어 연방회의 Sovet Federatsii에 참석할 권리를 가졌던 지역 주지사들과 직접 협상에 임함으로써 의회를 우회했다. 이렇듯 크렘린은 의원들과 행정부 고위 관료들 간의 개인적인 협상 체계를 통해 법안 투표를 처리했다. 이러한 관계는 끊임없이

---

10 이 인질 납치는 보안군이 개입하여 끝났다. 테러리스트 전원이 죽고 100명 이상의 희생자가 발생했지만, 러시아 국가는 이처럼 유혈 사태로 종결된 데 있어 자신이 수행한 역할을 부인하고 있다.
11 인질이 납치된 이 3일 동안 약 1,000명의 아이들과 교사들이 체첸 분리주의자들에게 억류되어 있었다. 다시 한번 논쟁의 대상이 된 러시아 군대의 개입은 300명의 사망자를 낳으면서 끝이 났다.

재협상되어야 했고 언제나 불확실했으며 중앙정부의 권력을 축소시켰다. 부분적으로 소련공산당 모델에 영감을 받은 푸틴은 나름대로 내부로부터 의회 기구를 통제하기 위해, 그리고 우연성에 좌우되기 쉬운 상황과 자신이 통제할 수 없는 관계에 의해 법안이 결정되지 않게 하기 위해 조직을 갖춘 위계적 정당 기구를 설립하는 것을 선호했다.

다른 그 무엇보다도 크렘린은 1990년대에 등장한 비대칭적 연방제를 폐지함으로써 국가를 재중앙집권화하려고 했다. 자신의 지역 영지에서 정치적·경제적 이득의 대가로 자신의 지지표를 팔아 버린 주지사들을 처리하기 위해[12] 2000년에 당국은 7개의 대형 관구를 설립했다. 대통령 전권 대표들이 군사 지역과 교차하는 이 관구들을 이끌었는데, 이 관구들은 ('주체'라고 불린) 연방 행정단위 위에 겹쳐졌고[13] 지역에 대한 모스크바의 우위를 재확인시켜 주었다. 2001년에 연방회의(의회의 상원)의 자율성을 제한하기로 결정되었다. 즉, 연방회의에 참석할 권리를 가졌던 지방정부 수반(주지사)과 지방의회 의장을 그 자리에서 해임시키고 이들을 임명된 행정 대표로 대신한 것이다. 2002년에는 연방주체에게 주어졌던 광범위한 자치권을 폐지하기 위해서 공화국 헌장과 헌법 등이 개정되었다.

또한 정당 등록에 대해서도 제한이 가해졌다. 너무 많다고 여겨진

---

[12] 연방회의에 대해서는 N. Petrov and D. Slider, "Putin and the Regions", in D. H. Herspring(ed.), *Putin's Russia. Past Imperfect, Future Uncertain* (Lanham, MD: Rowman & Littlefield Publishers, 2005), pp.237~258; T. F. Remington, "Majorities without Mandates: The Russian Federation Council since 2000", *Europe-Asia Studies*, vol.55, no.5 (2003), pp.667~691.
[13] 2000년 당시 러시아연방은 21개 공화국, 10개 자치관구, 1개 자치주, 49개 주, 6개 변강, 2개 연방시 등 총 89개 연방주체로 구성되어 있었다. 2000년 5월 푸틴은 지방의 효율적인 관리와 감독을 위해 이러한 연방주체들을 존속시키는 가운데 7개의 대형 연방관구를 추가로 설치하여 89개 연방주체가 지역별로 7개의 연방관구에 편입되도록 연방제를 개편하였다. 현재 러시아의 연방주체 수는 통폐합 과정을 거쳐 83개로 축소되었고, 반면 연방관구의 수는 8개로 증가되었다. ─ 옮긴이

정당의 수(100개 이상)를 감소시킬 목적으로 2001년 법안은 정당 요건을 변경했다. 2002년에 개정된 문서는 정당이 선거에 참여하기 위해서는 5만 명 이상의 당원과 45개 이상의 지부를 갖춰야 한다고 규정했는데, 이로써 지역에 기반한 정당들을 배제시켰다.[14] 또한 크렘린은 새로운 게임의 규칙을 받아들이는 것을 내키지 않아 하는 올리가르히에 대한 공세에 착수했다. 실질적인 정치적 무기인 언론은 대통령 측근의 통제하에 들어왔고, 대통령에게 해를 입힐 수 있는 반대 의사를 모호하게라도 표현하는 이들의 제국은 해체되었다. 보리스 베레조프스키Boris Berezovsky와 블라디미르 구신스키Vladimir Gusinski는 망명을 떠났고, 미하일 호도르코프스키Mikhail Khodorkovski는 2003년에 체포되었다.

유럽안보협력기구OSCE, Organization for Security and Cooperation in Europe가 "자유롭지만 공정하지는 않다"라고 발표한 2003년 12월 의회 선거에서 대통령 정당은 자신의 우위를 확인했다. 즉 통합러시아당이 공산당, 러시아자유민주당LDPR, Liberal'no-demokraticheskaia partiia Rossii, '조국'보다 훨씬 앞서면서 37.6%의 득표율과 450석 두마에서 222석을 얻은 것이다. 자유주의자들은 5% 최소 요건을 넘지 못해서 탈락했다.[15] 그렇긴 하지만 통합러시아의 결과는 제한적인 것이라 할 수 있다. 대통령 정당을 지지하는 언론의 집중적인 홍보에도 불구하고 통합러시아는 1999년 '통합'Edinstvo 및 '고국-전소러시아'Otechestvo-Vsia Rossiia 연합의 합산 성적보다 약간 더 좋은 성적을 거뒀을 뿐이다. 따라서 두마에서 다수 의석을 얻기 위해서

---

14 I. Logvinenko, *The Politics of Electoral Reform in the Russian State Duma, 1993-2005* (Thesis, Villanova University, 2007).
15 D. White, "Victims of a Managed Democracy? Explaining the Electoral Decline of the Yabloko Party", *Demokratizatsiya*, vol.15, no.2 (2007), pp.209~229.

통합러시아는 단일 의원 선거구에서 선출된 의원들이나 몇몇 소규모 포섭된 정당들의 지원을 필요로 했다.[16] 2004년 3월에 푸틴은 자신의 높은 인기에 힘입어 1차 투표에서 71%의 득표율을 얻어 주가노프Gennadi Ziuganov, 지리노프스키, 야블린스키Grigori Yavlinski 등 국가의 주요 지도자들이 참여하지 않은 것으로 특기할 만한 선거에서 재선에 성공했는데, 이들이 출마하지 않기로 결정하면서 현직 대통령에 맞서는 인물로는 대단치 않은 이들만이 남게 되었다.[17]

푸틴의 두번째 임기(2004~2008년)는 보다 공세를 취하는 것을 목표로 삼았다. 선별적인 강압과 반대 세력에 대한 협박이 대중매체에 대한 통제의 증가와 사회단체 및 시민사회에 대한 광범위한 조종에 수반되었다. 2001년에 크렘린은 전반적인 사회적 동원의 해체를 비난하면서 약 4,000개의 포섭된 비정부기구로 이루어진 시민 포럼을 주최했다.[18] 인권, 환경, 병사들의 권리를 보호하는 반대 단체들은 국가가 협조적인 NGO에 대해서만 재정적·제도적 지원을 제공해야 한다고 규정하는 이러한 계획을 거부했다. 크렘린과 사회단체 간의 '권력의 수직화' 도입은 2005년 3월 공공회의소Obshchestvennaia palata라는 세번째 회의소를 창립하기로 한 연방법으로 뒷받침되었는데, 이 공공회의소의 역할은 사회가 정치에 접근하는 적절한 방식을 결정하는 것이다. 정책 결정권이 전혀 없는 공공회의소는 완전히 종속적인 관료제 기구로서만 기

---

16 Yu. Levada, "What the Polls Tell Us", *Journal of Democracy*, vol.15, no.3 (2004), pp.43~51.
17 B. Kernen, "Putin and the Parliamentary Election in Russia: The Confluence (sliianie) of Russian Political Culture and Leadership", *East European Quarterly*, vol.38, no.1 (2004), pp.85~107.
18 A. Nikitin and J. Buchanan, "The Kremlin's Civic Forum: Cooperation or Co-optation for Civil Society in Russia?", *Demokratizatsiya*, vol.10, no.2 (2002), pp.147~165; M. A. Weigle, "On the Road to the Civic Forum: State and Civil Society from Yeltsin to Putin", *Demokratizatsiya*, vol.10, no.2 (2002), pp.117~146.

능할 뿐이다.[19] 공공회의소 회원들은 시민사회의 대표로 여겨지며 학자, 예술가, 회사 중역, 사회단체 대표 및 다양한 개인들을 포함한다. 이들은 대중적 담론의 초점을 다시 애국주의에 맞추는 데 있어서 중요한 역할을 하며, 애국주의를 위로부터 추동된 과정이라기보다는 아래로부터 발산되는 요구라고 표현한다.

또한 의회 기구의 주요 수단에 대한 통합러시아의 통제도 증가했다. 두마 회의에서 통합러시아의 일원이 아닌 의원은 세 명뿐이었다(자민당의 지리노프스키, 공산당의 발렌틴 쿠프초프Valentin Kuptsov, '조국'의 드미트리 로고진Dmitri Rogozin). 29개의 두마 위원회는 모두 통합러시아 의원들의 손에 들어갔다. 게다가 두마 의장이자 전직 내무부 장관이었던 보리스 그리즐로프Boris Gryzlov가 통합러시아 및 그 원내단체 의장으로 임명되었다. 또한 두마 부의장 뱌체슬라프 볼로딘Viacheslav Volodin도 통합러시아 간부회 의장이자 그 원내단체 부의장으로 임명되었다. 1990년대에 중앙 당국에 도전했던 지역 엘리트들이 대부분 볼로딘에게로 모여들어 2004년에는 통합러시아 가입 붐이 일어났다.[20]

두마를 통제하에 둔 대통령 정당은 지역 엘리트의 자율성을 약화시킬 뿐만 아니라 지역 유권자들에게서 지지자들을 확보할 목적으로 지역 엘리트, 특히 자신의 공화국에 대한 통제력을 가진 권위주의적 지도자들을 포섭하는 임무에 착수했다. 이러한 전략은 통합러시아를 지지하는 지역 투표자들에게 주지사나 자치공화국 대통령의 통제하에 있

---

19 푸틴이 42명의 회원을 지명하고, 이들이 사회단체의 추천을 받은 다른 42명을 선출한다. 그러고 나서 이 84명의 회원이 42명의 지역 사회단체 대표를 임명한다.
20 Z. Knox, P. Lentini and B. Williams, "Parties of Power and Russian Politics: A Victory of the State over Civil Society?", *Problems of Post-Communism*, vol.53, no.1 (2006), pp.3~14.

는 '행정 자원'administrative resource[21]에 접근할 수 있게 해주었기 때문에 이들을 지원해 주는 역할을 한다. 비록 통합러시아는 대통령 정당으로 형성되었지만 신속하게 주지사들의 정당이 되었다. 즉, 2003년 선거에서 약 30명의 지역 지도자들이 통합러시아 정당 명부 후보에 오른 것이다. 2004년 9월 베슬란 인질 납치 사건이 있은 지 며칠 뒤 대통령은 의회 선거에 관한 개정안을 발표했고, 그 이후로 모든 의원들은 비례대표제에 따라 선출되게 되었다(이로써 단일 의원 선거제가 폐지되었다).[22] 또한 푸틴은 주지사들의 권한을 또다시 축소시키기로 결정하여, 이때부터 이들은 보통선거에 의해서가 아니라 대통령의 추천을 받아야 하는 지방의회에서 선출되게 되었는데, 이에 따라 푸틴은 마음에 들지 않는 인물을 경질할 수 있게 되었다. 2006~2008년에 몇몇 연방주체가 합병되어 행정단위의 수가 89개에서 83개로 변하면서 이러한 대규모 행정적 재중앙집권화는 정점에 달했다.

또한 통합러시아는 소련공산당 중앙위원회 기구의 잔해로부터 설립되어 모스크바에서 약 2,000명, 그리고 지역에서 전권 대표 소속의 약 2,000명의 직원을 포함하는 대통령 행정실 권한의 확대를 이루어 낸다.[23] 이로써 선거라는 의식을 거칠 필요 없이 중요한 직위를 사적 부문이나 안보기관 같은 특수 분야 출신의 인사들에게 주는 것이 가능해진다. 이러한 방식으로 동일한 한 사람이 선출직(의원 면책특권 때문에 특

---

21 국가 혹은 지자체의 홍보 재정 지원, 공기업이 제공하는 상당한 재정적 혹은 물질적 수단 등 선거 운동 기간 동안 후보자가 이용할 수 있는 다양한 국가 관료기구와 사적 자원을 의미한다.
22 M. McFaul, "Political Parties", in M. McFaul, N. Petrov and A. Ryabov(eds.), *Between Dictatorship and Democracy. Russian Post-Communist Political Reform* (Washington, D.C.: Carnegie Endowment for International Peace, 2004), pp.105~134.
23 J.-R. Raviot, *Qui dirige la Russie?* (Paris: Lignes de repères, 2007), p.28.

히 의원직은 많은 사람이 원한다), 관료직(대통령 행정실 내에서 지위를 갖는다), 그리고 기업에서의 직위(주요 러시아 기업들의 운영위원회의 일원으로서)를 동시에 보유할 수 있다. 크렘린은 올리가르히에게 행정직을 제안함으로써 호의를 표시하여 이들을 중요 인물로 만들려 했는데, 이에 따라 대통령에 대한 이들의 충성과 자신들의 경제 제국의 유지 사이에 인과관계가 성립할 수 있게 되는 것이다. 마지막으로, 경제 부처 출신의 새로운 기술 관료 계급은 대기업을 장악하여 국가, 부문별 기업, 재정 영역 간의 연계를 강화하고 있다.[24]

이러한 공적 기능과 사적 영역 간의 결탁은 결코 러시아만의 특유한 것도, 러시아에 새로운 것도 아니다. 옐친이 대통령직에 있을 때 올리가르히는 흔히 '패밀리'라고 불린, 전직 대통령의 영향력 집단으로 통합되었는데, 여기에는 옐친의 딸 타티야나 디야첸코Tatiana Diachenko, 전직 대통령 행정실장 알렉산드르 볼로신Alexander Voloshin, 개혁가 아나톨리 추바이스Anatoli Chubais, 보리스 베레조프스키 같은 올리가르히가 포함되었다.[25] 공적인 이해관계와 사적인 이해관계, 기업의 이익과 세습재산 이익, 우정과 가족 관계, 이 모든 것이 뒤얽혀 있는 이러한 영향력 집단 혹은 핵심 그룹은 푸틴이 대통령직에 있을 때까지 지속된다. 그럼에도 불구하고 옐친은 집단 간의 경쟁 관계를 이용하려 한 데 반해, 푸틴은 모든 집단을 자신의 권위에 종속시키는 데 착수하여 장-로베르 라비오Jean-Robert Raviot가 사용한 용어에 따르면 '올리가르히의 시저리즘'으로부터 '관료제 시저리즘'으로의 이행이라는 특징을 나타냈다.[26] 이러한

---

[24] 이러한 새로운 기술 관료들의 전기에 대해선 J.-R. Raviot, *Qui dirige la Russie?*, pp.105~126 참조.
[25] H. H. Schröder, "Yeltsin and the Oligarchs: The Role of Financial Groups in Russian Politics between 1993 and July 1998", *Europe-Asia Studies*, vol.51, no.6 (1999), pp.957~988.

피라미드형 관계 개편에도 불구하고 크렘린은 통합러시아에 남아 현재 자신들에게 유리한 현상 유지를 주장하는 데 충분한 이해관계를 갖는 몇몇 무리로 나누어져 있다. 전직 KGB 요원이자 1998년부터 1999년까지 그 후신인 연방보안국FSB, Federal'naia sluzhba bezopasnosti 국장이었던 푸틴은 안보기관의 고위 공직 및 대기업 진입을 강화했는데, 이러한 상황으로 말미암아 일부 연구자들은 러시아 국가의 '연방보안국화'FSB-ization를 비난하기에 이른다.[27] 그렇지만 이러한 영향력 집단들의 차이점에도 불구하고 이들은 통합러시아의 일부로 남아 현상 유지가 자신들에게 유리한 한 현재 상태를 유지하는 데 충분한 관심을 보인다.

경제적인 차원에서 안정화가 달성되자 목표는 특히 점차적으로 '관리되는'administered 자본주의 혹은 '국가 자본주의'state capitalism에 의해 국가를 부활시키는 것이 되었다.[28] 석유 및 가스 수입으로 부양된 러시아 국가는 산업화로 회귀하고 1990년대에 사유화된 주요 기업의 통제권을 되찾아 오는 경제적 자발주의 전략을 발표했다. 이 전략은 공기업의 경우에는 국가의 재정 지원으로, 사기업의 경우에는 정치 당국의 암묵적인 동의하에 발전한 부문별 대기업(석유 및 가스, 원자력, 금속, 알루

---

26 라비오는 시저리즘을 카리스마적 지도자가 지배하는 강한 행정부와, 따라서 약하거나 심지어 거의 존재하지 않는 의회로 구성된 체제로 이해한다. J.-R. Raviot, "Comprendre le nouveau régime russe", *Strates*, no.12 (2006), http://strates.revues.org/document1662.html (accessed 2009.4.23).

27 A. Barnes, "Russia's New Business Groups and State Power", *Post-Soviet Affairs*, vol.19, no.2 (2003), pp.155~186; O. Kryshtanovskaya and S. White, "Putin's Militocracy", *Post-Soviet Affairs*, vol.19, no.4 (2003), pp.289~306; S. W. Rivera and D. W. Rivera, "The Russian Elite under Putin: Militocratic or Bourgeois?", *Post-Soviet Affairs*, vol.22, no.2 (2006), pp.125~144; N. Petrov, "Siloviki in Russian Regions: New Dogs, Old Tricks", *The Journal of Power Institutions in Post-Soviet Societies*, no.2 (2005), http://www.pipss.org/document331.html (accessed 2009.4.23).

28 J.-R. Raviot, *Qui dirige la Russie?*, p.68.

미늄, 전기, 교통, 통신, 군산복합체)의 출현을 장려했다. 올리가르히와 외국의 경제행위자가 자산을 훔치고 옐친 시기 국가의 약점을 이용하여 러시아 국민의 부를 강탈한 것을 비난한 신랄한 담론으로 경제의 재국유화가 보장되었다. 이러한 재중앙집권화는 러시아 경제의 전 세계적 호전으로 보다 용이해졌다. 2000년 이후로 러시아 경제는 매년 약 6%씩 성장했고, 2007년에는 국내총생산이 1990년 수준으로 다시 돌아온 것이다. 2002년에서 2007년 사이에 대외부채가 상환되면서 모스크바의 교육 지출은 두 배, 보건 지출은 세 배 증가했다. 재중앙집권화 덕택에 크렘린은 자신이 러시아의 천연자원을 통제하고 있고, 이를 개발하는 데 필요한 기업을 장악하고 있으며, 어려움에 처한 사회계층에게 복지를 제공할 수 있다는 것을 보여 줄 수 있게 되었다.

모순적인 논리의 운영: 카리스마적 지도자 혹은 정당의 정당성?

1990년대 동안 서구의 정치학자들은 거의 의도적으로 러시아의 투표를 친개혁주의 혹은 반개혁주의의 균열에 따라 분석했다. 하지만 이러한 구분은 다소 인위적이라고 할 수 있다. 가장 극단적인 형태의 개혁주의 담론은 이미 1990년대 중반에 끝이 났다. 게다가 이른바 정치적 삶과 시민사회의 반영으로서의 정당 형태에 과도한 중요성이 부여된 것은 러시아에 반드시 적절하지는 않은 서구의 프리즘을 통해 현실을 바라본 결과이다.[29] 1993년 헌법에서 대통령제가 강화됨에 따라 사실상 대의제 두마는 무의미해졌다. 선거 방식이 거대 정당에게 유리해지면서 대

---

29 H. E. Hale, *Why Not Parties in Russia: Democracy, Federalism, and the State* (Cambridge: Cambridge University Press, 2006).

의제가 일부 왜곡되었는데,[30] 이러한 경향은 2007년 12월 선거에서 실시된 선거 개혁 이후 한층 강화되었다. 1990년대가 이데올로기적 양극화의 시기로 표현될 수 있다면, 2000년대는 러시아 정치적 삶의 '탈파편화'의 시기라고 할 수 있다.[31] 대통령 정당을 중심으로 하는 정치 스펙트럼의 재중앙집권화와 국가기구에 의한 권력의 독점화는 푸틴 재임기의 가장 두드러진 두 가지 특성이다.[32]

러시아의 체제를 정의하고자 하는 여러 시도가 있었다. 서구의 정치학자들은 러시아 체제를 국가기구가 오로지 자신의 후보에게만 유리하도록 다양한 행정적·재정적·언론 자원을 이용하는 '관리 민주주의' managed democracy라고 해석했다. 다른 이들은 이를 의회의 반대파가 실제로는 크렘린에 충성하면서 불만을 전달하는 부속품으로서 기능하는 데 만족하는[33] '포템킨 민주주의' Potemkin democracy[34]라고 묘사한다. 또 다른 이들 가운데 몇몇은 이미 옐친의 두번째 임기 동안에 '선거 군주제' electoral monarchy, '헌정적 선거 독재' constitutional electoral autocracy,[35] '시저리즘',[36] '초대통령제' superpresidentialism[37] 같은 개념을 생각해 냈다. 민주적 정

---

30 R. Rose, N. Munro and S. White, "Voting in a Floating Party System: The 1999 Duma Election", *Europe-Asia Studies*, vol.53, no.3 (2001), pp.419~443.
31 Y. Abdurakhmanov, "Ideological Orientations of the Russian Electorate in State Duma Elections", *Perspectives of European Politics and Society*, vol.6, no.2 (2005), pp.209~235.
32 A. V. Ivanchenko and A. E. Liubarev, *Rossiiskie vybory ot perestroiki do suverennoi demokratii* (Moscow: Aspekt Press, 2007).
33 V. Gel'man, "Political Opposition in Russia, Is It Becoming Extinct?", *Russian Social Science Review*, vol.46, no.4 (2005), pp.5~30.
34 W. Clark, "Russia at the Polls, Potemkin Democracy", *Problems of Post-Communism*, vol.51, no.2 (2004), pp.22~29.
35 I. Kliamkin and L. Shevtsova, *Vnesistemnyi rezhim Borisa II: nekotorye osobennosti politicheskogo ravitiiia postsovetskoi Rossii* (Moscow: Carnegie Tsentr, 1999), pp.12, 51~52.
36 J.-R. Raviot, "Comprendre le nouveau régime russe".

당성과 권력의 비민주적 행사를 동시에 갖춘 지도자로서 푸틴의 성공은 '선거 독재에 몰려들기'rallying to an elective autocracy로서 설명된다.[38] '봉건제',[39] '차리즘',[40] 혹은 '복고'[41]의 이념에서 러시아 체제를 유추하면서 설명 요인을 역사 속에서 찾고 싶어 하는 이들도 있다. 또한 많은 연구자들은, 러시아 국가가 다양한 이해관계를 중재하고 그 균형을 이룰 목적으로 권위주의적이라고 여겨지는 관행을 실천한다는 점을 지적하려는 의도로 '비자유민주주의'illiberal democracy, '관리 다원주의'managed pluralism,[42] 나아가 심지어는 '경쟁적 권위주의'competitive authoritarianism[43] 개념을 지지하기도 한다. 그럼에도 불구하고 투표에 입각한 러시아 체제의 역동성은 독특한 경우가 아니고, 세계의 여러 다른 나라들도 이러한 과정을 겪었거나 겪고 있으며, 이는 서유럽이나 미국 등 소위 안정된 민주국가들에서도 명백하게 존재하고 있다는 점에 주목할 필요가 있다.[44]

대의제적이고 의회제적인 정치적 삶이 부재하다고 해서 이것이 대중적 정당성이 결여되어 있다는 것을 의미하는 것은 결코 아니다.[45] 푸

---

37 J. T. Ishiyama and R. Kennedy, "Superpresidentialism and Political Party Development in Russia, Ukraine, Armenia and Kyrgyzstan", *Europe-Asia Studies*, vol.53, no.8 (2001), pp.1177~1191.
38 "Introduction of section 'Où va la Russie de Poutine?'", *Le Débat*, no.130 (2004), p.44.
39 C. Fairbanks, "Russia under Putin. Comments on 'One Step Forward, Two Steps back.' The Feodal Analogy", *Journal of Democracy*, vol.11, no.3 (2000), pp.34~36.
40 A. Aslund, "Putin's Lurch toward Tsarism and Neo Imperialism: Why the United States Should Care", *Demokratizatsiya*, vol.16, no.4 (2008), pp.398~400.
41 A. Lukin, "Putin's Regime: Restauration or Revolution?", *Problems of Post-Communism*, vol.48, no.4 (2001), pp.38~48.
42 H. Balzer, "Managed Pluralism: Vladimir Putin's Emerging Regime", *Post-Soviet Affairs*, vol.19, no.3 (2003), pp.189~227.
43 S. Levitsky and L. A. Way, "The Rise of Competitive Authoritarianism", *Journal of Democracy*, vol.13, no.2 (2002), pp.51~65.
44 J.-R. Raviot, *Démocratie à la russe. Pouvoir et contre-pouvoir en Russie* (Paris: Ellipses, 2008).

틴보다 기술적으로 '민주적인' 방식으로 대통령에 선출된 옐친은 매우 약한 지지를 받은 반면에, 여론조사에서 나타난 그의 후계자에 대한 높은 지지율은 단지 언론 통제와 신뢰할 만한 야당의 부재에 의해서만이 아니라 진정한 대중적 지지의 존재에 의해서만 설명될 수 있다. 2000년 핵잠수함 쿠르스크 호의 침몰 때처럼 여론조사에서 이따금 푸틴의 인기가 다소 떨어지는 때가 있음에도 불구하고 그는 폭넓은 대중적 지지를 누린다. 국민의 60~80%는 대통령과 총리로서의 그의 행위에 동의한다고 말한다.[46] 이러한 좋은 결과가, 응답자들이 그의 특정한 결정을 지지한다거나 대통령이자 현재 총리인 그가 실제로 국가의 미래에 영향을 미치고 있다고 믿는다는 것을 의미하지는 않는다. 그와는 반대로 많은 이들이 정치인이나 제도에 대해서는 회의적이지만, 이들은 그것이 어떠한 것이든 결정을 내리는 푸틴의 능력을 지지하고, 결단력 있고 단호한 사람으로서의 그의 이미지를 높이 평가한다.[47]

정치적 성공으로 인식되어야 하는 것에 비추어 볼 때 유권자의 대표성 문제는 러시아 사회의 즉각적인 기대에 부응하지 않는 주변적인 사치로 여겨진다.[48] 국민의 대다수는 투표권을 기본권으로 간주하지 않으며 선거가 권력에 대한 영향력을 보장해 준다고는 전혀 믿지 않는다.

---

45 R. Sil and C. Chen, "State Legitimacy and the (In)significance of Democracy in Post-Communist Russia", *Europe-Asia Studies*, vol.56, no.3 (2004), pp.347~368; R. Rose, W. Mishler and N. Munro, *Russia Transformed: Developing Popular Support for a New Regime* (Cambridge: Cambridge University Press, 2006).

46 "Putin Approval Stands at 72 percent in Russia", *Angus Reid Global Scan: Polls and Research*, Levada Center, http://www.angus-reid.com/polls/index.cfm/fuseaction/viewItem/itemID/11551 (accessed 2009.4.3).

47 E. B. Shestopal, T. N. Pishcheva, E. M. Gikavyi and V. A. Zorin, "The Image of V. Putin in the Consciousness of Russia's Citizens", *Russian Social Science Review*, vol.46, no.1 (2005), pp.37~64.

48 E. V. Mikhailovskaia(ed.), *Rossiia Putina. Ruiny i rostki oppozitsii* (Moscow: Panorama, 2005).

러시아 국민은 제도에 대해 신뢰하지 않는다. 즉 푸틴하의 대통령직을 예외로 하면, 특히 의회·법원·경찰 등 다른 모든 권력의 상징은 엘리트의 개인적 이익에 봉사하는 도구라고 여겨진다. 정당 그 자체는 계속적으로 가장 낮은 순위를 차지한다. 사람들은 소비에트 시기보다 현재 정치에 대한 자신들의 영향력이 더 적다고 생각한다.[49] 흔히 민주적인 가치라고 여겨지는 것에 관해 실시된 사회학 조사는, 응답자들이 '주인' master 혹은 '관리자' manager 개념에는 상당히 호의적으로 반응하면서 민주적 가치들에 대해서는 매우 적은 지지를 보낸다는 것을 확인시켜 준다.[50] 여론조사에서 권력 같은 개념은 부정적으로 인식되는 반면에, 조국·국가·세력 개념은 긍정적인 함의를 지닌다. 정치 영역에서 권력은 당연히 개인화된 그 어떤 것으로 이해된다. 즉, 대통령의 의회 지배는 어떤 특별한 우려도 전혀 불러일으키지 않는 것이다.[51] 조사 대상자들은 더 이상 국가기구에 소위 '권력 부처'(국방부, 내무부, 안보기관) 출신 고위 관료들이 존재한다는 사실을 비난하지 않는다. 응답자들은 이들을 자기 자신의 이익을 수호하는 무리가 아니라 국가를 다시 일으켜 세울 능력을 갖춘 전문 간부가 될 주요 예비 인력 중의 하나로 간주한다.[52]

크렘린의 성공은 푸틴 자신의 개인적인 업적이다. 실제로 그는 가시적인 개인숭배를 갈수록 조장하고 있는데, 이는 국가수반의 사진, 초상화, 흉상이 널리 유포되고, 여론조사나 문학계에서 그가 국가의 아버

---

[49] S. White and I. McAllister, "Dimensions of Disengagement in Post-Communist Russia", *Journal of Communist Studies and Transition Politics*, vol.20, no.1 (2004), pp 81~94.
[50] N. Romanovich, "Democratic Values and Freedom 'Russian Style'", *Russian Social Science Review*, vol.45, no.1 (2004), pp.42~48.
[51] A. Levinson, "Que pensent et disent les Russes de leur pouvoir", in A. Merlin(ed.), *Où va la Russie?* (Bruxelles: Editions de l'Université de Bruxelles, 2007), p.154.
[52] Ibid., p.157.

지로서뿐만 아니라 이상적인 남편으로도 인정받는다는 점에서 특징적이다.[53] 사회학 조사에 따르면, 정당에 대한 지지와 달리 대통령에 대한 지지는 러시아 사회의 신뢰할 만한 반영이다. 푸틴의 지지자는 성별과 다양한 연령대에서 동일한 비율로 존재하고, 사회적 지위, 수입 및 교육 수준, 이전 체제에 대한 인식이 다양한 사람들이며, 과거의 소련공산당 당원이 아닐 공산이 크다.[54] 사실 안보기관에서의 과거 때문에 푸틴은 이전 체제의 관리 모델에 충실한 정치인으로 보일 수도 있다. 동시에 상트페테르부르크에서 아나톨리 소브차크Anatoli Sobchak의 자유주의적 행정부에서 근무한 적이 있는 그는 현대적인 인물이자 옐친이 마땅히 임명한 후계자로 여겨질 수도 있다. 유리 레바다Yuri Levada가 적절하게 지적한 바와 같이, 푸틴은 "공산당원이든 민주주의자든 누구나 자신이 보고 싶어 하고 기대하는 것을 보는 거울이다".[55]

권력의 개인화는 대통령의 인기와 국가의 인기에 대한 동일화를 조장하는 경향을 갖는다. 푸틴은 현대적 통신 기술의 사용을 기반으로 하여 국민과의 직접적인 관계를 구축했다.[56] 그의 개인 웹사이트는 그의 모든 연설, 그의 스케줄, 그의 여러 개인 활동을 담고 있다. 그는 수천 통의 편지를 받고 있으며, 취학 연령대 아이들을 위한 특별 섹션까지 갖고 있는 그의 웹사이트에 실리는 주간 칼럼[57]은 대통령의 장점과 러시아의

---

53 J. R. Millar, "Reading Putin in Russian and Soviet Literature", *Problems of Post-Communism*, vol.54, no.5 (2007), pp.52~56.
54 S. White and I. McAllister, "Putin and his Supporters", *Europe-Asia Studies*, vol.55, no.3 (2003), pp.383~399.
55 *Kommersant*, March 17, 2000, p.2.
56 매년 4월에 한 이러한 연방 연설에 대해서는 E. Mikhailovskaia, "Govoriashchii Putin: Informatsiia k razmyshleniiu", in A. M. Verkhovskii, E. V. Mikhailovskaia and V. V. Pribylovskii(eds.), *Rossiia Putina: pristrastnyi vzgliad* (Moscow: Panorama, 2003), pp.4~78.

위대함을 장난스러운 방식으로 표현한다.[58] 2001년 이후로 푸틴은 매년 몇 시간 동안 진행되는 텔레비전 생방송의 형태로 국민과의 만남을 연례적으로 개최했는데, 이 시간에 그는 러시아 전역으로부터 국민들이 제출하여 미리 준비된 질문에 대답을 한다. 2008년에 푸틴은 비록 총리였지만 드미트리 메드베데프Dmitri Medvedev를 대신하여 계속 이 의식을 실시했는데, 이를 통해 국가와 사회 간의 계약을 본인이 직접 실현하려는 그의 의지를 확인할 수 있다.

국제기구들이 러시아의 선거를 비민주적인 부정선거라고 간주할지라도, 선거는 여전히 정치적 권위의 정당성을 위해서는 필수적이다.[59] 2007~2008년 선거 주기 때 크렘린은 국가 정치기구에 대한 러시아 국민의 전통적인 불신을 완화시켜 통합러시아에게 국가수반의 개인적 인기에 부응하는 성적을 안겨 주고 싶어 했다. 따라서 대통령을 국가의 화신으로, 통합러시아를 대통령의 화신으로 묘사하면서 2007년 의회 선거 캠페인은 "푸틴의 계획을 실현하는 통합러시아"와 "푸틴의 계획은 러시아의 승리"라는 두 가지 슬로건을 근간으로 하여 진행되었다.[60] 언론 캠페인 어디에나 통합러시아가 존재했고 다른 정당들은 사실상 부재했는데도 불구하고 통합러시아가 거둔 64%의 득표율이라는 성적은 성공이라고 하기 힘들다. 당 지도부 스스로 70% 이상의 득표율을 기대했었다는 것을 인정했다.[61] 비록 2003년과 비교하여 통합러시아가 더 많

---

57 http://www.kremlin.ru/sdocs/ppmail.shtml (accessed 2009.4.23).
58 http://www.uznai-prezidenta.ru/ (accessed 2009.4.23).
59 M. McFaul and N. Petrov, "What the Elections Tell Us", Journal of Democracy, vol.15, no.3 (2004), pp.20~31.
60 2007년 11월 모스크바 선거 캠페인 때 배포된 선전 책자.
61 2007년 11월 모스크바 텔레비전 연설에서 통합러시아 주요 지도부가 행한 연설문.

은 두마 의석을 획득하긴 했지만, 실제로는 이전의 무소속 의원들과 선거법 변경 때문에 대통령 정당의 표지를 달고 출마해야 했던 의원들을 가입시켰을 뿐이다. 2007년 선거가 끝난 뒤에도 통합러시아는 여전히 '겨우' 의회의 3분의 2(450석 가운데 315석)만을 장악했다. 오랫동안 기다린 [권력의 유지를 결정·신임해 주는 제도로서의] 국민투표plebiscite는 일어나지 않았다.

게다가 속임수 및 부정 투표에 대한 비난과는 별도로 통합러시아의 성적은 대통령 정당의 득표율이 98~99%에 이른 북카프카스 및 볼가-우랄 지역 몇몇 공화국에서 '행정 자원'을 과도하게 사용한 것과 연루되었다. 이와는 반대로 모스크바와 상트페테르부르크에서 통합러시아의 결과가 나쁘게 나타난 것(약 50%의 득표율)은, 중간계층이 현재의 엘리트에게 국가의 발전을 올바르게 운영할 능력이 있다는 것을 확신하지 못하고 있다는 점을 말해 준다. 더욱이 푸틴이 세번째 연임을 거부하면서 헌법의 정신이 아니라 그 형식을 존중하려는 의지를 보인 것은 자신의 리더십을 유지하려는 통합러시아에게 중대한 도전이 되었다. 통합러시아가 더 이상 자신의 정당성의 근거를 대통령 정당이라는 슬로건에만 둘 수는 없었기 때문에 2008년에 푸틴이 대통령직을 떠날 가능성은 커다란 관심사였다. 2008년 3월 2일 대선에서 크렘린은 자신의 승리를 완벽하게 지휘했다. 푸틴의 공식적인 후계자 메드베데프가 70%를 넘는 득표율로 대통령에 선출되었다. 5월 7일 새로운 대통령이 취임했고, 다음 날 두마에서 푸틴은 반대표 56표(대부분 공산당 의원)와 찬성표 392표를 얻어 총리로 임명되었다.

이러한 예기치 못한 정치적 상황으로 인해 정당이 단지 대통령직뿐만이 아니라 정당 기구를 강화하는 것에 부여하던 중요성이 갑자기 부각되었다. 여전히 개인적·카리스마적 정당성이라는 테마를 강조하고 있음에도 불구하고 통합러시아는 더 이상 푸틴의 개성에 의기양양해할 수만은 없다. 따라서 푸틴이 총리가 된 것은 2000년대에 시작된, 정당을 기반으로 하는 정치체제를 강화하는 과정을 가속화했고, 이는 앞으로 다원주의의 확대를 낳을 수도 있다.[62] 그렇지만 정당에 부여된 중요성은 조건적일 필요가 있다. 안보회의Sovet bezopasnosti와 국가회의Gosudarstvennyi sovet를 추가로 신설하면서 대통령 행정실은 대통령이 마음대로 할 수 있는 일종의 제2의 공적 서비스를 이루게 되었다. 이는 대부분의 정부 특권에 상당하며 대통령이 정책 결정 과정에 직접적인 영향력을 행사할 수 있게 해준다.

이러한 전략은 리처드 사크와Richard Sakwa가 푸틴 정권의 유사 헌정주의para-constitutionalism라고 말한 것의 증거가 된다. 대통령 산하의 7개 연방관구, (연방회의에 필적하는) 국가회의, 공공회의소, (정부에 필적하는) 국가 프로젝트 실현을 위한 대통령위원회, 그리고 마지막으로 일부 행정 권력의 총리직으로의 이양으로 귀결된 메드베데프-푸틴 양두체제 등 지난 10년 동안의 이 모든 것이 헌법에 허용된 권력기관과 경쟁하는 새로운 권력기관이 창설되는 데 이바지했다.[63] 게다가 푸틴은 자신의 권위를 당과 함께 나누려 하지 않는다는 이유로 통합러시아 당원들의 비난을 받았고, 메드베데프 그 자신은 사실상 무소속으로 대통령직에 출마했다. 이에 더해 블라디미르 겔만Vladimir Gel'man이 지적하는 바와 같이,

---

62 V. Gel'man, "Party Politics in Russia: From Competition to Hierarchy", *Europe-Asia Studies*, vol.60, no.6 (2008), pp.913~930.
63 R. Sakwa, "Putin's Leadership: Character and Consequences", *Europe-Asia Studies*, vol.60, no.6 (2008), pp.879~897.

2000년대의 선거 경쟁에서 합법적인 행위자가 된 것은 정당이었고 주요 정치 인물은 모두 통합러시아 당원이라고 하더라도, "크렘린의 핵심 관료들은 전략적 정책 결정을 통제한 당외 지배자의 역할을 했다".[64]

이처럼 정치 영역 도처에 크렘린이 존재하는데도 불구하고 크렘린은 여전히 취약하고, 이와 함께 2000년대 초 이후로 크렘린이 건설한 체제 전체도 그러하다.[65] 통합러시아가 장기적으로 정치 스펙트럼을 장악할 수 있을지는 아직 확실하지 않다. 러시아 국민들이 푸틴에게 동의하고 통합러시아에 투표할 때조차도 이들은 여전히 러시아의 제도와 정치인들에 대해 크게 실망해 있는 상태이다.[66] 통합러시아가 언론과 전체 선거 과정을 통제하고 있는데도 기대했던 정치적 확신을 고취하는 데 진정으로 성공한 것은 아니다. 통합러시아는 근본적인 모순에 직면해 있다. 당은 한편으로는 관료적 정당성을 주장하면서 지배 정당의 논리에 따라 기능하고 있다. 그러나 다른 한편으로는 카리스마적 지도자라는 인물을 중심으로 돌아가는 개인화된 권력의 논리에 기반해 있기도 하다.[67] 통합러시아는 이러한 두 가지 정당성의 근원과 그 잠재적인 발전을 병행해서 유지하고자 한다. 하지만 이러한 균형은 불안정한 것

---

64 V. Gel'man, "From 'Feckless Pluralism' to 'Dominant Power Politics': The Transformation of Russia's Party Politics", *Demokratizatsiya*, vol.13, no.4 (2006), p.553.
65 S. Hanson, "Instrumental Democracy: The End of Ideology and the Decline of Russian Political Parties", in V. Hesli and W. Reisinger(eds.), *Elections, Parties, and the Future of Russia* (Cambridge: Cambridge University Press, 2003), pp.163~185.
66 R. Rose, N. Munro and W. Mishler, "Resigned Acceptance of an Incomplete Democracy: Russia's Political Equilibrium", *Post-Soviet Affairs*, vol.20, no.3 (2004), pp.195~218.
67 막스 베버(Max Weber)는 정당성의 세 가지 이념형, 즉 전통적 정당성, 관료적 정당성, 카리스마적 정당성을 구분한다. 레닌과 스탈린이 세번째 범주에 속한다면, 푸틴은 두번째 범주에 들어맞는다. 푸틴은 자신이 대표하는 제도로부터 정당성을 이끌어 낸다. 그는 모든 이에게 유효한 추상적인 규칙을 적용하는 최고의 공무원이다. 그럼에도 불구하고 러시아에서 푸틴의 대중적 이미지에는 사람들의 감정을 자극하는 특별한 자질을 갖춘 예외적인 인물이라는 생각도 존재한다.

이다. 양두체제(이중권력dvoevlastie)의 전통이 없는 러시아는 현재 정치권력의 중심이 두 개인 국가이다. 특히 국가의 두 실력자 간의 권력관계가 여전히 협상의 대상이기 때문에 이러한 쌍두체제는 위험한 도구가 될 수도 있다. 그리고 메드베데프가 여전히 푸틴에 대한 경의를 표하고 있긴 하지만, 그가 언제 전임자로부터 권력의 고삐를 빼앗으려 시도할지, 그리고 과연 그렇게 할지는 여전히 분명하지 않은 상태이다.

게다가 여러 신호들이 계속되는 국가의 허약함을 상기시켜 주는 역할을 하고 있다. 체첸 갈등에 대한 해결책이나 난국으로부터의 출구를 찾지 못하고 있는 크렘린은 이 작은 공화국이 이제는 "평화롭게 되었다"라고 주장하고 있다. 폭력을 통해 부과된 이러한 강압적 정상화는, 람잔 카디로프Ramzan Kadyrov가 이끄는 포섭된 마피아 정치 세력이 처벌받지 않을 것을 보장해 준다. 모스크바는 탈식민지화 전쟁을 북카프카스 인근 공화국들의 안정을 해치는 체첸 내부 분쟁으로 전환시켰다. 인구 문제에 있어서도 정부는 러시아의 몰락으로 제기된 도전에 대응하는 데 실패했다. 폭력으로 인한 사망자 수가 많다는 것은 러시아 국민들의 생명이 국가의 최우선순위에 있지 않다는 것을 말해 준다.[68] 남성 평균수명은 60세를 넘지 않으며, 2025년까지 러시아 인구는 약 1,700만 명이 감소하여 인구 성장의 둔화가 일어날 것이다. 사전 대비적인 이주 정책이 신속히 실행되지 않는다면 2050년까지 러시아 인구는 약 1억 내지 1억 1,000만 명으로 감소할지도 모른다.[69]

---

68 A. Blum, "Individu, famille et population en Russie", in M.-P. Rey, A. Blum, M. Mespoulet, A. de Tinguy and G. Wild(eds.), *Les Russes de Gorbatchev à Poutine* (Paris: Armand Colin, 2005), pp.157~158.
69 A. Vichnevski, "Une superpuissance sous-peuplée. La Russie en 2013", *Le Débat*, no.130 (2004), pp.63~77.

또한 경제 분야에서도 정상화의 환상이 분명하게 나타난다. 지난 20년간 누적되어 온 기술혁신에서의 지체를 만회하고 탄화수소 의존으로부터 벗어나기 위해 크렘린은 2020년까지 급속한 경제 발전을 이룰 전략을 수립했다. 그럼에도 불구하고 러시아 경제는 석유·가스·귀금속 가격 상승에 기반하고 있고, 이는 높은 수준의 부패, 고질적인 사회적 불평등, 다루기 힘든 인플레이션 등을 낳고 있다. 러시아 경제는 경제 다변화를 진척시키지도 못했고 다른 분야에 투자하지도 못함으로써 파이프라인 경제가 그 한계에 이르면 성장이 급격하게 하락할 것이라는 전망을 낳고 있다. 2008년의 세계 경제위기는 장기적으로 상황을 변화시킬 위험이 있다. 에너지 강대국이 되겠다는 러시아의 계획은 갑자기 중대한 차질을 겪었고, 상황은 사회적 안정을 위태롭게 할 수도 있다. 즉, 생활수준의 향상과 소비자 지출에 대한 대가로 권위주의 체제를 용인한 국민과 권력층의 계약은 곧바로 도전받을 수 있는 것이다. 국가의 근대화·회복·정상화의 엔진으로 여겨지는 현재의 정치체제가 사회의 요구 및 그 신흥 중간계급과 갈등을 빚게 된다면, 크렘린은 취약하고 불안정하다고 여겨질 위험이 있다. 이러한 맥락에서 민족주의 의제는 국가와 사회 간 계약의 본질적인 요인을 이루게 되었다.

러시아 외교정책의 변동

현대 러시아 민족주의의 구성에 있어서 외교정책의 중요성에 대해 간략하게 언급할 필요가 있겠다. 냉전 종식 이후로 국제 무대에서 러시아의 이해관계는 크게 달라졌다. 지난 20년은 세 단계로 구분될 수 있다. 소련의 몰락으로부터 1990년대 중반부에 이르는 첫번째 시기에 크렘린은 명확한 외교정책, 심지어는 여타 구소비에트 공간에 대한 외교정책조차 가지고 있지 않았다. 독립국가연합CIS, Commonwealth of Independent States 은 여타 구舊제국에 대한 러시아의 리더십을 유지하기 위한 수단이 아니라 '품위 있는 이혼'을 이루기 위한 기제로 이해되었다.[70] 러시아가 구소비에트 공간에 돌연 무관심하게 된 이유는 이데올로기적이면서 정치적이고 동시에 경제적인, 매우 복합적인 것이었다. 이데올로기적으로 예고르 가이다르Egor Gaidar와 빅토르 체르노미르딘Viktor Chernomyrdin의 행정부는 미국식 자유주의에 고무되었고 러시아의 전략적 이해관계가 서구의 그것과 동일하다고 여겼다. '유럽 공동의 집'European common house이라는 고르바초프의 이념을 여전히 간직하고 있던 많은 지배 엘리트는 유럽 공간으로의 신속한 통합, 시장경제로의 비교적 문제없는 이행, 서구식 민주주의 규범의 확립을 기대했다. 이들은 자신들이 보기에는 제국적 유산과 소비에트의 경험에 따라 러시아가 유럽적 노선으로부터 수세기 동안 '방향 전환'했다고 크게 비난했다.

이러한 논리에서 옐친은 고르바초프의 정당성을 박탈하는 것을 중심으로 자신의 정치적 정당성을 구축했다. 즉, 1990년에 선출된 이후 러시아의 첫번째 대통령은 반소비에트 정서를 심하게 이용한 것이다. 그는 경제적으로 '낙후되어' 있고 정치적으로 보수적이라고 여겨진 남부 공화국들에 대한 부담이 러시아의 근대화를 중단시켰다고 비난하면서 민족공화국들에게 '최대한의 주권'을 움켜쥘 것을 촉구했고, 소연방을 떠날 첫번째 나라는 러시아소비에트연방사회주의공화국RSFSR, Rossiiskaia Sovetskaia Federativnaia Sotsialisticheskaia Respublika이 되어야 한다고 제안했다. 게

---

70 R. Donaldson, *The Foreign Policy of Russia: Changing Systems, Enduring Interests* (Armonk, NY: M. E. Sharpe, 1998).

다가 신속하게 사유화된 대기업들은 더 이상 외교정책에서 구조적인 역할을 하지 않았기 때문에 러시아의 충격요법은 국가 경제력에 영향을 미쳤다. 또한 국민 대다수의 생활수준이 극심하게 하락했기 때문에 모스크바는 다른 공화국들에게 발전을 위한 보조금을 지급할 수도 없었다. 마지막으로, 러시아의 해외 개입주의는 중대한 차질을 겪었다. 즉, 아프가니스탄 침공의 충격적인 패배 이후 널리 퍼진 슬로건은 "다시는 안 돼"였던 것이다.[71] 이러한 신념은 구소비에트 공간에 대한 지배를 유지하려는 가능성 있는 바람을 완전히 부정하는 것이었다. 또한 모스크바는 소비에트 체제가 창출한 인적·문화적 잠재력을 개발하려고도 하지 않았다. 문화적인 차원에서 러시아는 무관심한 듯이 보였다. 러시아는 1989년에 거의 2,500만 명에 달했던, 구소련의 꽤 많은 러시아인 소수민족을 보호하지도 않았고,[72] 문화적 영향력을 유지하기 위해서는 매우 결정적인, 러시아어를 사용하는 기구(학교, 대학, 언론 등)에 투자하지도 않았다.[73]

　　러시아와 몇몇 구공화국들의 관계는 급속히 악화되기 시작했다. 러시아인 소수민족 차별 대우를 둘러싼 발트 국가들과의, 그리고 크림반도 문제를 둘러싼 우크라이나와의 잠재적 긴장 관계는 현지에서 충돌을 유발하지 않고 외교적 영역 내에서 성공적으로 유지되었다. 하지만 보다 멀리 남쪽에서의 상황은 보다 폭력적이었고, 모스크바가 독립

---

71 D. Trenin, "Southern Watch: Russia's Policy in Central Asia", *Journal of International Affairs*, vol.56, no.2 (2003), pp.119~131.
72 D. Laitin, *Identity in Formation: The Russian-speaking Populations in the Near Abroad* (Ithaca-London: Cornell University Press, 1998).
73 C. King and N. J. Melvin, *Nation Abroad: Diaspora Politics and International Relations in the Former Soviet Union* (Oxford: Westview Press, 2000).

공화국의 중앙 권력에 맞선 분리주의 소수민족을 공공연하게 지지한 트란스니스트리아(몰도바),[74] 남오세티야,[75] 압하지야,[76] 아자리야[77](조지아[78])에서 1992~1994년에 무력 충돌이 분출되었다. 그렇지만 모스크바가 서쪽의 구소비에트 공화국들에 대해서는 완력을 과시한 데 반해, 중앙아시아에서는 자신을 통합의 원동력으로 생각하지 않았다. 1994년에 러시아는, 공산주의에 대한 이데올로기적 언급 없이 높은 수준의 경제적 통합을 유지하기 위해 유라시아연합Evraziiskii soiuz을 창설하자는 누르술탄 나자르바예프Nursultan Nazarbaev의 제안을 거절했다. 또한 러시아는 구소비에트 공화국들을 포함시킨 북대서양조약기구NATO, North Atlantic Treaty Organization의 '평화를 위한 동반자 관계'Partnership for Peace에 거의 반응하지 않았다. 1995년 9월 14일이 되어서야 러시아는 마침내 독립국가연합이 "사활적 이해관계가 걸린 공간"이라고 선언했는데, 이는 모스크

---

74 트란스니스트리아는 몰도바 내의 드네스트르 강 동안(東岸) 지역으로 우크라이나와 인접해 있다. 소련 해체 이후 몰도바로부터 독립을 추구하여 1992년 몰도바 정부군과 내전을 치르기까지 했다. 러시아의 중재로 정전협정이 체결되었고 광범위한 자치권을 부여받았지만 국제사회에서 독립국가로 인정받고 있지는 않다. ── 옮긴이
75 남오세티야는 조지아 북부에 위치한 지역으로 러시아연방 내의 북오세티야 공화국과 인접해 있다. 조지아로부터 독립을 추구하여 1991~1992년 조지아와 전쟁을 치르기까지 했다. 아직까지도 계속되고 있는 조지아와의 갈등은 2008년 8월 러시아–조지아 전쟁의 빌미가 되기도 했다. 이 전쟁 이후 러시아는 남오세티야의 독립을 승인했지만, 조지아와 국제사회는 이를 인정하지 않고 있다. ── 옮긴이
76 압하지야는 흑해 연안에 위치한 조지아 북서부 지역의 자치공화국으로 러시아와 인접해 있다. 남오세티야처럼 분리주의 운동을 전개하여 1992~1993년 조지아와 전쟁을 치르기까지 했다. 1994년 러시아의 중재로 정전협정이 체결되었고, 2008년 러시아–조지아 전쟁 이후 러시아는 남오세티야와 함께 압하지야의 독립을 승인했다. ── 옮긴이
77 아자리야는 흑해 연안에 위치한 조지아 남서부 지역의 자치공화국으로 터키와 인접해 있다. 1990년대 초반 조지아 내전을 피해 사실상의 독립에 가까운 높은 수준의 자치권을 누렸으나, 2004년 조지아 중앙정부와 무력 충돌의 위기를 겪은 뒤 중앙정부의 통제하에 놓여졌다. ── 옮긴이
78 라틴문자로 'Georgia'를 쓰는 이 국가는 얼마 전까지도 러시아어 명칭에 따라 '그루지야'라고 표기되었으나, 반러시아 혹은 탈러시아적인 성향을 띠는 정부의 공식 요청에 따라 2010년 7월 한국정부는 국명 표기를 '조지아'로 변경하기로 결정했다. 수도는 트빌리시이다. ── 옮긴이

바가 구소련 외부 국경에 대한 감시권을 보유하고 싶어 한다는 것을 의미하는 것이었다.

1990년대 후반 러시아 국내 상황의 변화에 이어 러시아 외교정책의 두번째 국면이 시작되었다. 프리마코프 독트린에 따르면, 국제적 지위를 되찾으려는 러시아의 시도는 포스트소비에트 공간에 대한 영향력의 중심지로서의 역할 회복을 수반하는 것이었다. 그렇지만 이러한 전략의 수립은 모호한 상태에 있었는데, 왜냐하면 공식 담론은 러시아를 포함한 유로-대서양 연합의 창설을 계속해서 요구했기 때문이다. 게다가 모스크바의 귀환을 위한 수단이 부족했다. 첫째로, 대부분의 대기업이 사유화되었기 때문에 러시아 국가는 재원을 가지고 있지 않았다. 둘째로, 러시아는 경제위기로부터 빠져나와야 하는 문제를 안고 있었다. 셋째로, 러시아는 체첸전과 관련한 국내 문제를 해결할 능력이 없어 보였다. 또한 당시 나이가 들어 가면서 병약했던 대통령 주위에서 벌어지고 있던 올리가르히 무리의 계속되는 전쟁으로 러시아는 약화되어 가고 있었다. 마지막으로, 러시아 엘리트는 새로운 외교정책의 최종 목표를 놓고 의견이 갈려 있었다. 비록 강대국으로서의 러시아의 지위를 회복하는 것에 대해서는 모든 이들이 만장일치로 동의했지만, 많은 이들은 모스크바가 포스트소비에트 공간에 재투자를 할 필요 없이 그렇게 할 수 있을 것이라고 생각했다.

그럼에도 불구하고 크렘린은 국제적 변화에 대한 우려를 보다 많이 표명하기 시작하고 있었다. 코소보 위기에 대한 대응으로 유고슬라비아 전쟁 및 1999년 나토의 세르비아 폭격이 벌어지던 시기에 서구 국가들이 취한 태도로 인해 러시아 국민들의 분노가 확고해졌고, 그래서 이들은 세르비아와의 범슬라브적 혹은 범정교회적 연대를 추진했다.

심지어는 친서구주의자들조차 모스크바의 견해가 고려되지 않은 것에 큰 충격을 받았다. 미국과 유럽의 소위 일방주의는 과거의 세계 2위 강대국의 지정학적 상실감을 가중시켰다. 우크라이나와 조지아를 결합시킨 반러시아 축의 결성, 그리고 나토의 동쪽으로의 팽창으로 인해 포스트소비에트 공간에 대한 러시아의 영향력이 감소하는 것에 대한 오래된 모욕감이 한층 강화되었다. 국제 무대에서 존중받아야 한다는 필요성과 강대국으로서의 지위에 대한 재다짐이 반복적으로 제기되는 공식 테마가 되었다. 이러한 테마는 러시아 남부 국경에서의 상황 악화로 더욱 강화되었다. 1997년 타지키스탄 내전 종식에 관한 평화협정에도 불구하고 중앙아시아에서의 상황은 점점 더 취약해진 듯이 보였다. 1996년 북부동맹의 패배로 카불은 탈레반의 지배를 받게 되었고, 마약 밀매는 전 지역에 만연하게 되었으며, 1999~2000년에 우즈베키스탄과 키르기스스탄은 우즈베키스탄이슬람운동 O'zbekiston islomiy harakati의 직접적인 도전을 받게 되었다.[79]

포스트소비에트 공간에서 러시아가 맡을 '당연한'natural 역할에 관한 보다 집요한 담론이 출현하고 있었다고 하더라도, 모스크바로서는 여전히 이러한 정책을 실행할 수단이 부족했다. 제도적인 차원에서 보면 우호 및 협력 조약들 덕택에 러시아는 쌍무적인 수준에서 활동할 능력은 있었지만, 자유롭게 활용할 수 있는 효과적인 다자간 정책은 없었다. 또한 전략적 차원에서 집단적인 정치적 의지도 전혀 없었는데, 이 사실은 독립국가연합 회원국들이 이 조직 기구에 충분하지 않은 양의

---

[79] V. V. Naumkin, *Radical Islam in Central Asia: Between Pen and Rifle* (Lanham, MD: Rowman & Littelfield, 2005).

재정을 할당했다는 데서 확인된다. 크렘린이 과거의 자신의 영토에서 책략을 펼칠 수 있는 여지는 급격하게 줄어들었다. 미국이 분주하게 반러시아 축, 즉 GUAM(조지아-우크라이나-아제르바이잔-몰도바)의 수립을 부추기고 있었고, 바쿠-트빌리시-제이한 파이프라인BTC Pipeline[80]에 대한 재정 지원을 하고 있었으며, 우크라이나와 조지아를 러시아와의 대결에 있어서 서구 영향력의 교두보로서 내세우고 있었던 것이다. 또한 유럽연합도 발트 국가들의 통합에 동의함으로써 동쪽으로의 진로를 잡고 있었다. 마지막으로, 이 시기 동안 미국과 유럽연합뿐만 아니라 중국, 터키, 이란, 일본 등 여러 새로운 경제적 행위자들이 구소비에트 공간에 굳건하게 자리를 잡았고, 이에 따라 탄화수소 부문을 제외하고는 러시아 기업이 이 지역 시장에서 확고한 발판을 마련하기는 힘들게 되었다.

러시아 외교정책의 세번째 단계는 푸틴의 집권과 연관된다. 직무를 맡자 곧 러시아의 새로운 실력자는 러시아의 제한된 능력과 일정한 정도의 지정학적 양보를 할 필요성을 인정한 새로운 외교정책을 정립했다. 이는 CIS에 대한 러시아의 투자[81]와 인도·이란·중국 같은 전략적 동반자와 적극적인 외교 관계를 발전시키는 것[82]에 우선순위를 두었다. 몇 년 동안에 푸틴의 러시아는 카프카스와 중앙아시아에서 이슬람주의의

---

80 카스피 해 연안에 위치한 아제르바이잔의 수도 바쿠에서 조지아의 트빌리시를 거쳐 지중해 연안에 위치한 터키의 제이한으로 이어지는 송유관으로 2005년에 완공되었다. 이 파이프라인의 건설로 카스피해와 중앙아시아의 석유가 러시아 영토를 경유하지 않고 지중해로 직접 연결될 수 있게 되었다. 이에 따라 미국과 서구 국가들은 중동과 러시아가 아닌 다른 지역에서 안정적인 원유 공급지를 확보할 수 있게 되었다. ─ 옮긴이
81 K. Crane, D. J. Peterson and O. Oliker, "Russian Investment in the Commonwealth of Independent States", *Eurasian Geography and Economics*, vol.46, no.6 (2005), pp.405~444.
82 B. Lo, *Vladimir Putin and the Evolution of Russian Foreign Policy* (London: Chatham House Papers, 2003).

위협에 맞서기 위해 집단안보조약기구CSTO를 강화하고 이 지역 에너지 자원, 특히 카스피 해의 에너지 자원에 대한 통제력을 회복하는 데 성공했다.[83] 2001년 9월 11일의 사건은 중앙아시아에 대한 개입을 증대시키려는 모스크바의 바람을 크게 강화하는 효과를 낳았다. 사실상 중앙아시아의 시야로부터 사라졌던 러시아는 경제적 실용주의로 높게 평가받는, 합법적인 전략적·정치적 우방으로서 이 지역에 귀환했다.[84]

또한 모스크바는 포스트소비에트 공간에서 자신의 문화적 잠재력과 근외Near Abroad [러시아의 입장에서 구소련 공화국들을 일컫는 표현]의 러시아인으로 대표되는 인적 자원에 대한 인식을 발전시키기 시작했다. 그렇다고 하더라도 러시아는 경쟁하는 두 논리 사이에서 항상 갈피를 잡지 못하고 있다. 첫번째 외교정책 논리는 각국에 있는 '디아스포라들'이 역내에서 러시아의 영향력 수단 중 하나가 될 것이라는 희망에서 이들에 대한 지원을 요구한다. 두번째 논리는 이들 러시아인들이 한창 인구 위기를 겪고 있는 러시아연방으로 대규모로, 그리고 조직적으로 '귀환'할 것을 필요로 한다. 1990년대에는 오랫동안 민족주의 진영의 영역이었던 이 두번째 선택안이 최근에 지배 집단 내에서 목소리를 내게 된 듯이 보인다. 2006년 근외 러시아인의 귀환을 위한 첫번째 국가 프로그램을 통해 이러한 변화뿐만 아니라 러시아는 추가 노동력을 포기할 여유가 없다는 것을 크렘린이 인정했음을 확인할 수 있었다. 또한 2007년을 '러시아어의 해'로 선포한 법령은 포스트소비에트 국가들에서 러

---

83 J. Dunlop, "Reintegrating 'Post-Soviet Space'", *Journal of Democracy*, vol.11, no.3 (2000), pp.39~47.

84 V. Paramonov and A. Strokov, *The Evolution of Russia's Central Asian Policy* (Defence Academy of the United Kingdom: Central Asia Series, 2008); L. Jonson, *Vladimir Putin and Central Asia: The Shaping of Russian Foreign Policy* (London: I. B. Tauris, 2004).

시아어를 유지하는 것과 관련하여 호의적인 조치를 마련했는데, 이는 지금까지는 대체로 무시되었던, 러시아어가 대표하는 풍부한 문화적 영향력을 당국이 인식하게 되었다는 것을 의미한다.

그렇지만 푸틴의 두 번의 임기 동안 CIS는 지정학적 실체로서 존재하지 않게 되었다. 모스크바는 벨라루스 및 중앙아시아와, 부분적으로는 아르메니아와도 정치적·경제적 통합의 논리를 성공적으로 수립했지만, 우크라이나 및 조지아와의 관계는 난국에 빠졌다.[85] 압하지야 및 남오세티야 분리주의 지역에서 러시아 병력, 조지아군, 소수민족 민병대 간의 몇몇 국지적 충돌이 있은 뒤, 2006년 가을에 모스크바와 트빌리시 간의 관계가 급격하게 악화되었다. 이는 조지아 경제의 목을 죈, 이 작은 공화국의 모든 제품에 대한 금수 조치 및 러시아에 정착한 조지아인이나 조지아 출신 러시아 시민을 향한 전례 없는 수준의 정치적 혐의로 이어졌다.[86] 키예프와의 관계는 그 나름대로 우크라이나의 국내 정치 변동 및 빅토르 유셴코Viktor Yushchenko, 빅토르 야누코비치Viktor Yanukovich, 율리야 티모셴코Yulia Timoshenko 등 정치 세력 간의 연합 게임에 따라 동요했다. 이러한 어려움에도 불구하고 모스크바는 심지어 가장 친서구적인 우크라이나 정부와도 결코 협상을 결렬시키지는 않았고, 그 대신 군사적 충돌 없이 이 형제-적과의 긴밀한 관계를 보장해 주는 (가스 문제에 대한) 경제적 강압의 기제를 마련하려고 했다.[87]

---

85 D. Trenin, *The End of Eurasia: Russia on the Border Between Geopolitics and Globalization* (Washington, D.C.: Carnegie Endowment for International Peace, 2002); N. Jackson, *Russian Foreign Policy and the CIS: Theories, Debates and Actions* (London: Routledge, 2003).

86 G. W. Lapidus, "Between Assertiveness and Insecurity: Russian Elite Attitudes and the Russia-Georgia Crises", *Post-Soviet Affairs*, vol.23, no.2 (2007), pp.138~155.

87 M. Kramer, "Russian Policy Toward the Commonwealth of Independent States: Recent Trends and Future Prospects", *Problems of Post-Communism*, vol.55, no.6 (2008), pp.3~19.

러시아가 점차 국제 무대에서 다시 목소리를 내기 시작하자 모스크바와 서구 간의 긴장 관계가 고조되었다. 2001년 9월 11일 테러 공격 이후에 푸틴이 워싱턴에 제공한 지원에도 불구하고 2002년 이후 러미 관계는 다음과 같은 여러 이슈를 놓고 악화되기 시작했다. 즉, 1972년 탄도탄요격미사일ABM, Anti-Ballistic Missile 조약에 대한 미국의 탈퇴 선언, 발트 3국의 나토 통합, 모스크바가 보기에 러시아의 세력권에 대한 미국의 직접적인 개입이라고 해석되는, 트빌리시 및 키예프에서의 '색깔혁명'의 영향, 우크라이나 및 조지아의 나토 가입을 위한 워싱턴의 고압적인 로비 행위, 있을지도 모를 이란의 공격에 대비한 것이라고 하지만 러시아는 직접적으로 자신을 겨냥한 것이라고 생각하는, 폴란드 및 체코 공화국에서의 미사일 방어 체계 설치, 2008년 8월 남오세티야 지배권에 대한 러시아-조지아 분쟁 등이 그것이다. 또한 2006년과 뒤이은 2009년의 러시아-우크라이나 '가스 전쟁'으로 유럽연합과 러시아의 관계도 복잡해졌고,[88] 런던과 모스크바는 무엇보다도 리트비넨코 사건 때문에 장기적으로 사이가 틀어진 듯이 보인다.[89]

서구로부터 더욱 고립되는 상황에 직면한 크렘린은 신흥 강대국, 특히 상하이협력기구SCO의 틀 내에서 중국과 함께 공세적 다자주의 정책을 실행하고 있다.[90] 또한 이러한 정책은 중동의 보수적인 국가들(사우디아라비아)[91] 같은 새로운 무대에서나 과거 소비에트 외교정책의 요

---

88 A. Heinrich, "Under the Kremlin's Thumb: Does Increased State Control in the Russian Gas Sector Endanger European Energy Security?", *Europe-Asia Studies*, vol.60, no.9 (2008), pp.1539~1574.
89 러시아는 런던으로부터 전 KGB 요원 알렉산드르 리트비넨코(Alexander Litvinenko)를 폴로늄210으로 독살한 혐의를 받고 있는 안드레이 루고보이(Andrei Lugovoi)의 인도를 거부했다.
90 E. Wilson Rowe and S. Torjesen, *The Multilateral Dimension in Russian Foreign Policy* (London: Routledge, 2008).

새 지역에서 두드러지게 나타나고 있다. 예를 들어 모스크바는 인도와의 군사적·경제적 협력 강화 및 우고 차베스Hugo Chavez의 베네수엘라처럼 소위 미국 일극체제를 신랄하게 비판하는 국가들과의 우호 관계 발전을 추구하고 있는 것이다. 이처럼 푸틴은, 러시아가 권력을 되찾는 것에 동의하고 러시아가 미국의 이익에 반대할 때 취하는 냉정한 태도를 높이 평가하는 여러 국가들로부터 점점 더 지지를 이끌어 내는 데 성공했다.[92] 수년간 러시아의 지도자들은 유럽 및 미국의 파트너들에 대한 환멸과 실망을 공공연히 밝혀 왔고, 자신들이 더 이상 서구를 필요로 하지 않는다는 것을 주장하기 위해 세계 에너지 가격 상승으로부터 힘을 얻어 왔다.[93] 2007년부터 푸틴과 메드베데프는 러시아가 열등감 콤플렉스에서 벗어났으며 이제 전 세계적 정책 결정 과정의 일원인 강대국으로서 여겨지고자 하는 의도를 갖고 있다는 주장을 보다 줄기차게 밀어 붙이고 있다.[94]

러시아 외교정책에 관한 서구의 연구는, 한편으로는 친서구주의자/민주주의자, 다른 한편으로는 제국주의자/민족주의자라는 이원론으로 여론을 인위적으로 분류하고, 하나의 동일한 도식에 따라 정권의 경제적·정치적 변화와 외교정책 결정을 해석하기 위해 이러한 이원론을 사용하는 경향을 종종 갖는다. 그렇지만 이데올로기적 현실은 훨씬

---

91 R. O. Freedman, "Putin and the Middle East", *Demokratizatsiya*, vol.10, no.4 (2002), pp.508~527.
92 D. Averre, "Russian Foreign Policy and the Global Political Environment", *Problems of Post-Communism*, vol.55, no.5 (2008), pp.29~39.
93 "The Foreign Policy Concept of the Russian Federation", http://www.maximsnews.com/news20080731russiaforeignpolicyconcept10807311601.htm (accessed 2009.4.23).
94 C. Browning, "Reassessing Putin's Project: Reflections on IR Theory and the West", *Problems of Post-Communism*, vol.55, no.5 (2008), pp.3~13.

더 복잡한 것으로 나타난다. 안드레이 치간코프Andrei Tsygankov는 여러 연구에서 다음과 같은 4개의 주요 외교정책 사고 유형을 정의했다. **통합주의자**는 러시아와 서구의 유사성을 강조하고, **강경파 민족주의자**는 서구와 대조되는 러시아를 '반서구'로 정의한다. 하지만 이 두 집단은 소수이며, 정책 결정 사례로부터 배제되어 있다. 사실상 지배 엘리트는 **균형론자**, 즉 러시아는 동양과 서구 간의 관계를 안정시킬 임무를 가진, 지정학적·문화적으로 개별적인 실체가 되어야 한다는 견해를 지지하는 이들이거나 아니면 **강대국 정상화론자**[95]이다. 현재에는 후자가 지배적인 지위에 있으며, 이들은 모스크바의 외교정책이 기본적으로 비대결적이어야 한다고 주장한다. 이들에게 있어서 강대국이 된다는 것은 반드시 반서구적이 된다는 것을 의미하지는 않는 것이다.[96] 이러한 뉘앙스에도 불구하고 서구와 러시아 간 상호 이해의 부족이, 러시아의 분노가 첨예해지고 여러 다른 형태의 민족주의가 — 그것이 외교정책 영역에서 표출되든, 국내 문제에서 표현되든 — 발전하는 데 유리한 이데올로기적 온상이 만들어지는 주요한 원인이 되었다.

외국인혐오증: 러시아의 대중적 현상

지난 20년 동안 러시아가 처해 있던 국제적·정치적·경제적 맥락이 러시아 사회에 크게 영향을 미쳤는데, 러시아 사회는 자신의 위상을 알아

---

95 A. Tsygankov, *Russia's Foreign Policy: Change and Continuity in National Identity* (Lanham, MD: Rowman & Littlefield Publishers, 2006).
96 A. Tsygankov, "Vladimir Putin's Vision of Russia as a Normal Great Power", *Post-Soviet Affairs*, vol.21, no.2 (2005), pp.132~158.

내기 위해 노력하고 있고 권력층이 중장기적인 안정을 제공해 주길 바라고 있다. 이러한 거대한 역사적 변화의 맥락에서 사회적 트라우마는 정치적 정체성의 위기를 야기하기 마련이다. 그리고 이러한 위기는 다른 어떤 방식보다도 외국인혐오증의 증가로 그 모습을 드러낸다. 민족의 적을 확인할 필요성의 인식과 타민족 집단에 의한 민족적 불만과 억압의 감정으로 인해 보편적인 불행을 누구나 알 수 있는 용어로 표현하는 것이 가능해진 것이다.[97]

러시아에서 수행된 외국인혐오증에 관한 사회학 연구는 서유럽 국가들에서 실시된 연구들만큼 상세하거나 선진적이지 못하다. 이러한 차이는 오랫동안 소비에트 체제가 사회학을 금지한 데서 기인하는, 훈련 및 제도적 틀의 부족이나, 오늘날 소수의 학술 센터들만이 착수하는 이러한 연구들이 조직되는 현재의 정치적 맥락에 의해 설명될 수 있다. 이러한 조건에서 얻을 수 있는 정보는 부분적이고 종종 모호한 방식으로 표현되기 때문에 서유럽에 대해서 이용할 수 있는 자료만큼 정확하게 외국인혐오증의 현재 상태를 이해하기는 어렵다. 그럼에도 불구하고 지금까지 시행된 연구에 따르면, 러시아 인구의 약 4분의 1만이 러시아의 다민족적 특성과 새로운 이주자들의 유입이 위협적이지 않다고 여기는 반면에, 3분의 2는 그 반대로 생각하면서 이러저러한 방식으로 이 현상에 대해 불안해한다.

외국인혐오증에 대한 러시아의 사회학적 접근은 서로 논쟁 중인 여러 지적인 전통의 영향을 받았다. 대략적으로 상반되는 두 개의 주요 진

---

[97] E. Pain, "Xenophobia and Ethnopolitical Extremism in Post-Soviet Russia: Dynamics and Growth Factors", *Nationalities Papers*, vol.35, no.5 (2007), pp.895~911.

영이 있는데, 그 중 첫번째는 러시아과학아카데미 사회학연구소, 특히 레오카디야 드로비제바Leokadia Drobizheva가 이끄는 민족관계 연구팀이다. 이 팀은 집단 정체성에 관한 원초주의적 견해에 동의하며 선천적인 것으로 이해되는 민족 집단 사이의 관용과 적개심의 문제에 대한 설문조사를 실시한다. 두번째 진영은 이 현상에 대해 구성주의적 접근을 지지하는 이들로 구성되어 있다. 이 진영에는 연구 영역이 외국인혐오증이라는 단일한 이슈보다 훨씬 광범위한 사회학자 유리 레바다가 설립한 과거의 전소러시아여론조사센터VTSIOM, 러시아과학아카데미 민족학·인류학연구소 소장 발레리 티슈코프Valeri Tishkov의 동료들, 특히 민족 모니터링 및 조기 경보 네트워크EAWARN, 상트페테르부르크 독립사회연구센터의 빅토르 보론코프Viktor Voronkov와 옥사나 카르펜코Oksana Karpenko, 그리고 몇몇 독립적인 연구자들이 포함된다.[98]

의회 선거를 불과 몇 달 앞둔 2003년 여름 전러시아여론조사센터에 가해진 공격의 예로부터 알 수 있듯이, 독립적인 사회학 연구를 수행할 수 있는 역량은 당국의 우려를 자아낸다. 크렘린은 이 센터를 장악했고 소장 및 대부분의 동료 연구자들이 이 센터를 떠나도록 하여, 결국 이들은 독자적인 연구소 레바다센터를 설립했다. 2007년 여름에는 일련의 더욱 심한 공격이 민족 모니터링 및 조기 경보 네트워크에 가해졌고, 이 단체는 『내일』Zavtra과 유라시아청년동맹Evraziiskii soiuz molodezhi으로부터 맹렬한 비난을 받았다. 서구의 재정 지원을 받은 이 단체는 러시아의 민족 갈등을 해결하는 데 부정적인 역할을 한다는 공격을 받았다.

---

[98] M. Gabowitsch, "Combattre, tolérer ou soutenir? La société russienne face au nationalisme russe", in M. Laruelle(ed.), *Le rouge et le noir. Extrême droite et nationalisme en Russie* (Paris: CNRS-Éditions, 2007), pp.67~96.

즉, 갈등을 악화시키고 소수민족 사이에서 반러감정을 증폭시키며 서구인들의 스파이 노릇을 한다는 비난을 받은 것이다.[99] 이런 식으로 정체성 문제를 다루는 사회학 연구는 종종 중요한 정치적·이데올로기적 이슈에 포위되어 심지어는 러시아의 학문적 환경 그 자체 내에서조차 정보에 대한 접근과 이러한 문제의 분석은 더욱더 어려워지게 된다.

민족주의적 극단주의에 대한 대중적 지지의 평가

2000년 이후의 조사에서도 마찬가지지만 원외 민족주의 정당의 인기에 관한 1990년대의 설문조사에 따르면, 이러한 정당들은 대체로 비정치화된 사회에서는 그다지 잘 알려져 있지 않다는 것을 알 수 있다. 이들 중 가장 유명한 알렉산드르 바르카쇼프Alexander Barkashov의 러시아민족통합Russkoe natsional'noe edinstvo에 대해 들어 본 적이 있는 러시아 국민은 전체의 절반도 되지 않는다. 조사 대상자의 3~5%는 이 단체에 동감을 표명하며, 약 0.5%는 이 단체를 지지할 용의가 있다고 말한다.[100] 통계에 의하면, 스킨헤드 또한 잘 알려져 있지 않다. 2005년 12월 실시된 설문조사에 따르면, 스킨헤드가 민족볼셰비키당Natsional-bol'shevistskaia partiia과 친대통령 운동단체를 앞서면서(34% 대 각각 25%와 13%) 청년 조직 중에서는 가장 유명하긴 하지만, 응답자의 약 3분의 2는 이들이 누구인지 알지

---

99 "Evraziiskii soiuz molodezhi nashel v Rossii novogo uchenogo-shpiona", *News.ru*, http://www.newsru.com/russia/19jun2007/esm.html (accessed 2009.4.23). 이러한 비난에 대한 티슈코프의 응답은 라디오 방송국 '모스크바의 메아리'(Ekho Moskvy) 웹사이트에서 찾아볼 수 있다. http://echo.msk.ru/news/381013.phtml (accessed 2009.4.23).
100 B. Dubin and L. D. Gudkov, "Nevozmozhnyi natsionalizm. Ritorika nomenklatury i ksenofobiia mass", in M. Laruelle(ed.), *Russkii natsionalizm v politicheskom prostranstve (issledovaniia po natsionalizmu)* (Moscow: INION, French-Russian Center for Research in Human and Social Sciences, 2007), pp.276~310.

못한다고 답변했다.[101]

상황은 불법이주반대운동DPNI, Dvizhenie protiv nelegal'noi immigratsii에게도 유사하다. 널리 보도된 카렐리야 공화국의 콘도포가 사태[102] 이후 2006년 실시된 설문조사에서 응답자의 3분의 2는 이 단체를 알지 못한다고 답변한 데 반해, 적은 수의 사람들(7%)만이 이 단체를 '애국주의적 러시아 조직'이나 '친파시스트 극단주의 조직'이라고 규정했다.[103] 콘도포가 사태는 러시아 언론에서 인종주의적 폭력 행위를 다루는 데 있어서 전환점이 된 사건이었다. 두 명의 사망자를 낳은, 러시아인과 카프카스인으로 확인된 사람들 간에 싸움이 일어난 뒤에 2,000명 이상이 관여한 폭동이 이 도시의 카프카스인들에 반대하여 조직되었다. 체첸인들은 잔인한 일을 당했고, 이들의 상점은 약탈당하고 불에 탔으며, 주민들은 이들의 추방을 요구했다. 경찰력은 늑장 개입했고, 지방 당국은 자기 도시의 '청소'에 만족하는 듯이 보였다.

공공연하게 인종주의를 천명하는 운동단체들에 대한 지지율이 미약하다고 해서 이것이 대규모 대중적 외국인혐오증이 러시아에 부재하다는 것을 나타내는 것은 결코 아니다. 이 외국인혐오증은 그 뿌리가 소비에트 과거에 확고히 심어진 몇몇 특징을 지니고 있으며, 따라서 이는

---

101 "Politicheskie molodezhnye organizatsii", *Levada Center*, http://www.levada.ru/press/2005090502.html (accessed 2009.4.23).
102 2006년 9월 핀란드와 인접한 러시아 북서부의 카렐리야 공화국에 소재한 소도시 콘도포가에서 발생한 대규모 민족분쟁. 체첸인의 비호를 받던 레스토랑에서 다툼이 발생하면서 체첸인들에 의해 두 명의 지역주민이 살해되고, 경찰이나 관련 당국이 신속하게 대응하지 않은 가운데, 이 사건에 대해 지역민들이 민족주의적 구호와 주장을 담은 집회를 개최하고 조직적 파괴·약탈 행위, 수십 차례의 방화 행위 등 대중 소요 사태를 일으키면서 결국 상당수의 카프카스인이 이곳을 떠나게 되었다. 이 사건의 여파는 언론의 보도로 확대 재생산되어 사건에 대한 뜨거운 찬반 논쟁을 일으켰다. — 옮긴이
103 *Obshchestvennoe mnenie 2006. Ezhegodnik* (Moscow: Levada-Centr, 2006), p.11.

용어상의 문제와 문화적인 문제에 대한 설명을 필요로 한다. 첫째로, 인종주의적 폭력이 공식적으로는 존재하지 않았던 소비에트 시기처럼 이 현상은 현대 러시아에서도 극소화되어 있고 희생자에 대한 공감을 그다지 이끌어 내지 못하고 있다. 이러한 폭력 행위의 이데올로기적인 배경은 종종 부인된다. 예를 들어 외국인 살해는 여전히 대체로 범죄행위로는 이해되지만 인종주의적 범죄로는 간주되지 않는다.[104] 그 결과 대다수의 설문조사 대상자들은 언론이나 사법기관의 논평에 동의하여 스킨헤드를 무엇을 해야 할지 모르는 청년들이나 아니면 그저 비행을 저지르는 이들로 간주하며(각각 30%), 4분의 1만이 이들 집단이 민족주의 그리고/또는 파시즘 이념을 선전한다고 생각한다.[105] 게다가 조사 대상자의 4분의 1만이 포그롬pogrom[106] 희생자에 대해 유감을 느낀다고 말한 반면에, 3분의 1은 연민도 증오도 느끼지 않으며, 4분의 1은 희생자 스스로가 자신에게 일어난 일에 대해 책임이 있다고 간주한다.[107]

둘째로, 폭력 행위(예를 들어 신체적 공격, 포그롬, 살해)를 직접적으로 언급하는 설문조사는 대체로 부정적인 반응을 얻는다. 즉, 조사 대상자의 압도적 다수(약 80%)는 나치즘과 파시즘을 언급하는 것은 물론이고 이러한 폭력에 대해서도 비난을 하며, 직접적으로 질문을 던지면 응답자의 약 절반은 자신들은 '민족적 적대감'의 담지자도 희생자도 아니라고 여긴다.[108] 따라서 이러한 외국인혐오증은 어떠한 선명한 이데올로

---

104 *Obshchestvennoe mnenie 2005. Ezhegodnik* (Moscow: Levada-Centr, 2005), p.7.
105 B. Dubin and L. D. Gudkov, "Nevozmozhnyi natsionalizm", p.277.
106 특정한 민족·종교 집단에 대한 조직적 파괴·학살·약탈 행위를 일컫는 러시아어 — 옮긴이
107 2001년 11월 6~12일자 『모스크바 뉴스』(*Moskovskie novosti*)의 3쪽에 실린 설문조사 결과를 V. Shnirel'man, "Chistil'shchiki moskovskikh ulits". Skikhedy, SMI i obshchestvennoe mnenie (Moscow: Academia, 2007), p.39에서 재인용.
108 *Obshchestvennoe mnenie 2006. Ezhegodnik*, p.3.

기적 성격도 띠지 않는다. 인종주의자나 외국인혐오주의자라는 용어가 지니는 부정적인 함의를 고려한다면 조사 대상자 중 자신을 그렇게 칭할 사람은 거의 없을 것이기 때문이다. 그 대신 외국인혐오증은 상황적이고 도구적인 성격을 띠며, 일상생활에서는 그렇게 잘 의식되지 않고 지나간다. 2003년에 실시된 설문조사는 이러한 역설을 잘 보여 주었다. 즉, 조사 대상자의 81%는 민족주의를 무언가 나쁜 것이라고는 간주했지만, 그 중 53%는 "인종의 순수성을 유지하려는 의지"에 찬성한 것이다. 후자의 수치의 크기와는 별도로 이러한 숫자가 말해 주는 것은 조사 대상자의 약 3분의 1은 인종적 순수성의 문제가 민족주의와는 관련이 없는 것이라고 여긴다는 점이다.[109]

셋째로, 가장 중요한 것으로서, 설문조사는 대중의 견해는 역사적으로 파시즘이나 나치를 상징하는 표현을 사용하는 이들만을 인종주의자로 규정하지 러시아인의 배타주의를 용인하거나 러시아인의 민족적 우월성을 찬양하는 이들은 그렇게 부르지 않는다는 사실을 증명해 준다.[110] 이것이 다수의 설문조사 대상자들이 스킨헤드를 다른 사람들보다 조금 더 폭력적일 뿐인 애국자로 여기는 이유이다. 2006년에 실시된 설문조사에서 국민의 21%가 자신들은 실제로 스킨헤드 운동단체가 "러시아인의 이익을 수호하는" 데 적극적이라고 여긴다고 말했다.[111] 그렇다면 '애국적'이라는 용어는 부분적으로는 정당한 운동단체의 자격을 주고 싶을 때 사용되는 것으로 보이는 반면에, '파시즘'이라는 용어는

---

109 A. Leonova, "Nepriiazn' k migrantam kak forma samozashchity", *Otechestvennye zapiski*, vol.19, no.4 (2004), http://www.strana-oz.ru/?numid=19&article=921 (accessed 2009.4.23).
110 *Obshchestvennoe mnenie 2006. Ezhegodnik*, p.8.
111 N. Kevorkova, "Institut Gellera ne obnaruzhil skinkhedov v byvshikh sovetskikh respublikakh", *Gazeta*, no.197, http://www.gzt.ru/society/2006/10/26/21007.html (accessed 2009.4.23).

비난받을 단체를 정의하게 되는 것이다. 이러한 점은 대중이 파시즘적인 용어를 사용하지도, 그 상징적인 표현(나치 십자 표장 등)을 과시하지도 않는 운동단체를 인종주의적이라고 규정하는 데 어려움을 겪는 이유를 밝혀 준다.

마지막으로, 원칙적으로 인종차별의 거부를 의미하는 보편주의 담론은 러시아에 그다지 널리 퍼져 있지 않다. 소비에트 이데올로기가 주장한 바에 따르면, 소련은 국내에서는 민족 우호에 의해, 해외에서는 국제주의에 의해 작동했고, 어떠한 인종적 담론도 알지 못했다. 미국의 흑백 분리나 남아프리카공화국의 아파르트헤이트 체제가 증명해 주는 바와 같이, '부르주아 이데올로기'인 인종주의는 자본주의 국가에 특유한 현상이었던 것이다. 그러나 소비에트의 민족 우호는 인간의 보편성에 관한 원칙이 아니라, 유라시아 공간의 민족들을 함께 모아서 이들이 각각의 민족적 개성을 존중하면서 공존하게 만든 공통의 역사적 운명이라는 이념에 기반한 것이었다. 따라서 그토록 자랑했던 관용은 추상적 관념으로 여겨진 것이 아니라 러시아의 독특한 역사적 사실로 생각되었다. 미샤 가보위치Mischa Gabowitsch가 설득력 있게 설명한 바와 같이, "반인종주의적 혹은 반민족주의적 메시지는······ 결코 민족이나 피부색에 대해 철저하게 중립적인 보편주의적 메시지로 이해되지 않는다. 그것은 언제나 외부인들의 타자성에도 불구하고 이들을 환영한 러시아(혹은 소비에트) 민족의 호의를 강조하려는 의도를 가진 것이다".[112] 이러한 담론의 귀결로서, 심지어는 국내 여권에서도 보이는 것처럼, 소비에트

---

112 M. Gabowitsch, *Le spectre du fascisme. Le nationalisme russe et ses adversaires, 1987-2007* (Ph.D., Paris: EHESS, 2007), p.119.

의 행정 논리에서 민족 공동체를 제도화한 것은 민족의 존재론적 표현을 낳았다. 그리고 그 가정은, 신체적인 고려 사항이 아니라 역사적 연속성, 언어, 그리고 시간이 흐름에 따라 민족적 실체가 자연스러워 보이도록 하는 데 기여하고 민족화nationhood 현상에 대한 원초주의적 접근법을 정당화하는 민족ethnicity에 대한 주장에 근거하고 있다.

레바다센터의 연구가 증명해 주듯이, 이러한 모순을 특징으로 하는 러시아 사회에 이전에는 스킨헤드 집단이나 원외 정당의 독점적인 분야였던 '러시아인을 위한 러시아'Rossiia dlia russkikh라는 슬로건이 한껏 스며들었다. 1990년대 초 이 슬로건은 설문조사 대상자의 겨우 15%에게서 지지를 받았으나, 1998년에는 지지율이 급속하게 43%라는 수치에 이르렀고 2004년에는 59%에 달했다. 2007년 전반기에는 이처럼 전반적으로 부정확한 주장의 내용을 조사하기 위해 추가 설문조사가 실시되었다. '러시아를 위한 러시아'라는 표현으로 이해되는 것은 무엇인지를 질문했을 때 응답자의 47%는 러시아 문화에 대한 국가의 지원이라고, 31%는 러시아의 외국인 수를 줄이는 것이라고, 그리고 25%는 중요한 직위에서 에스닉 러시아인에게 공식적인 특혜를 제공하는 것이라고 대답했다.[113] 게다가 인터뷰 응답자의 14%는 '러시아인을 위한 러시아' 이념을 '제한 없이' 실시할 때가 되었다고 생각했고, 41%는 이 이념이 '적당한 한계 내에서' 시행되기를 원했다.[114] 흥미로운 점으로는 이 구호를 지지하지 않고 파시즘이라고 여기는 사람들이 1998년 이래로 꾸준히 줄어들고 있다(32%에서 23%로)는 것을 지적할 수 있다. 그렇지만 이

---

113 Obshchestvennoe mnenie 2005. Ezhegodnik, p.7.
114 "Natsionalizm i ksenofobiia", Levada Center, http://www.levada.ru/press/2007082901.html (accessed 2009.4.23).

슬로건은 너무나 막연해서 '러시아인'이라는 용어로 이해되는 것이 무엇인지 알 수 없을 정도이다. 왜냐하면 어떤 사람들에게는 이것이 모든 소수민족을 배제하는 러시아성의 민족적ethnic 정의를 가리키는 데 반해, 다른 이들은 이것을 이주자에 반대되는 개념으로서 러시아 시민의 동의어로 정의하기 때문이다. 그럼에도 불구하고 '러시아인'이라는 용어의 민족화ethnicization는 상승세를 타고 있다고 할 수 있다. 즉, 여론조사 대상자의 51%는 러시아 민족의 특정한 지위를 러시아라는 이름의 유래가 되는 민족이라고 규정하는 법을 제정할 필요가 있다고 느끼는 반면에, 응답자의 3분의 1만이 이러한 생각에 반대 의견을 내비친 것이다.[115]

상승세를 타고 있는 사회학적 기정사실

소비에트 시기의 외국인혐오증에 대한 사회학 설문조사는 없지만, 그 시기의 증언들은 모두 외국인혐오증이 소비에트 공적 생활, 특히 개인의 자아 정체성 모색에 있어서, 그리고 모든 민족 집단에 대한 국가정책의 수립에 있어서 중요한 요인이었다는 것을 말해 준다고 할 수 있다. 1989년의 첫 설문조사에 따르면, 소비에트 국민의 20% 사이에서 외국인혐오의 감정이 만연해 있었다고 나타났지만, 카프카스나 중앙아시아 같은 분쟁 지역에서는 그 수치가 훨씬 높았다.[116] 그 당시 러시아연방의 외국인혐오증 수준은 다른 공화국들 전체 평균보다 낮아서 러시아소비에트연방사회주의공화국 국민의 절반이 민족적 적개심에 대한 주장을 부정적으로 바라보았다. 소련 멸망 이후 입수할 수 있는 통계에 따르면,

---

115 *Obshchestvennoe mnenie 2006. Ezhegodnik*, p.6.
116 V. I. Mukomel' and E. A. Pain(eds.), *Tolerantnost' protiv ksenofobii. Zarubezhnyi i rossiiskii opyt* (Moscow: Academia, 2005), p.137.

소수민족, 특히 카프카스나 볼가-우랄 지역의 개인들이 자신을 러시아인이라고 생각하는 사람들보다 러시아어로 '민족 간 관계'mezhnatsional'nye otnosheniia라고 하는 것에 더 불만스러워하는 듯이 보였다.[117]

그렇지만 이러한 상황은 빠르게 역전되었다. 1993~1995년 이후로 자신을 희생자라고 여기는 소수민족들보다 소위 에스닉 러시아인들에게서 외국인혐오적인 신념이 더 많이 표명되었다. 특히 서구에 대한 외국인혐오증이 갑작스럽게 증가하더니 그 이후로 1996~1998년에는 완화되었다가 금융위기와 2차 체첸전이 시작된 뒤에는 맹렬하게 되살아났다.[118] 2002년에 외국인혐오증은 다시 새로운 정점에 이르러 이해에는 인구의 4분의 1만이 관용적이라고 분류될 수 있었다. 그 이후에 외국인혐오증은 천천히, 그러나 일정하게 계속 증가해서 2003~2004년 이래로 실시된 모든 설문조사는, 급진성의 정도가 변화하고 다양한 대상에 대해서이긴 하지만, 러시아 국민의 약 3분의 2가 일종의 민족적 혐오증을 표현한다는 것을 보여 준다.[119] 비록 질문을 받은 이들의 3분의 1 이상은 여전히 "문화적·정치적 영역에서 유대인의 수에 제한을 두기"를 원하긴 했지만, 새로운 적들이 급증한 덕택에 반유대주의만이 감소했다고 할 수 있다.[120]

1990년대 초반 외국인혐오증의 지배적인 형태는 반체첸 감정이었다. 이 감정은 19세기 카프카스 전쟁으로부터 유래하는 오래된 고정관념에 뿌리를 두고 있지만, 현재의 갈등으로 인해 최근에 더욱 격화되었

---

117 Ibid.
118 L. D. Gudkov, "Ethnic Phobias in the Structure of National Identification", *Russian Social Science Review*, vol.39, no.1 (1998), pp.89~104.
119 V. I. Mukomel' and E. A. Pain(eds.), *Tolerantnost' protiv ksenofobii*, p.136.
120 *Obshchestvennoe mnenie 2006. Ezhegodnik*, p.6.

다. 즉, 러시아 중심부나 북카프카스에서 자행된 모든 테러 행위(시장·열차·지하철역에서의 폭발 사건, 경찰력에 대한 물리적 폭력 등)에 대해서 여론조사는 외국인혐오증의 증가를 보여 주고 있는 것이다. 사람들은 인질 사태를 특별히 나쁘게 받아들인다. 1995년 6월 부됴노프스크 및 1996년 1월 키즐랴르-페르보마이스코예에서의 인질극, 2002년 모스크바 두브로프카 극장 인질 사태와 2004년 베슬란 학교 인질 사태는 더욱 체첸인을 테러리스트와 동일시하는 동기로서 작용했다. 또한 조사 대상자들은 분쟁을 악화시키는 데 있어서 모스크바의 역할을 잘 알지 못하게 되면서 분쟁에 관련된 복합적인 행위자들 — 민간인, 독립주의자, 국제 지하드를 조장하기 위해 온 이슬람주의자 등 — 을 더 이상 구분하지 않는다.[121] 따라서 러시아인들이 다양한 다른 민족들과 자신들의 관계를 어떠한 상태로 느끼는지를 규명하기 위해 설계된 설문조사에 따르면, 체첸인은 다른 포스트소비에트 민족들, 아프리카인, 유대인보다 한참 아래의 최하위에 주기적으로 위치하는 것으로 나타난다.[122]

최근에 이러한 반체첸 감정은 일종의 일반화된 '카프카스인 혐오증'Caucasophobia으로 변하여서 동일한 범주로 간주되는 '카프카스인'은 체첸인 바로 위의 하위 순위에 위치하게 된다. 이러한 포괄적인 용어로 가능해진 것은 러시아 국민들(체첸인, 다게스탄인, 발카르인 등)과 남카프카스 독립국가 국민들(예를 들면 아제르바이잔인) 간의 구분을 지워 버리는 것이고, 이에 따라 전자를 이주자나 외국인으로 이해하게 된다.

---

[121] J. Russel, "Mujahedeen, Mafia, Madmen: Russian Perceptions of Chechens during the Wars in Chechnya, 1994-1996, 1999-2000", *Journal of Communist Studies & Transition Politics*, no.1 (2002), pp.73~96.
[122] *Obshchestvennoe mnenie 2005. Ezhegodnik*, p.9.

게다가 19세기에 있었던 것과 같은, 기독교 전통을 따르는 민족들(아르메니아인, 조지아인)과 이슬람 전통을 따르는 사람들 간의 대조도 이제는 더 이상 존재하지 않는다.[123] 이처럼 카프카스인을 한 집단으로 구성하는 것 외에도 모든 적들을 구분하지 않고 하나의 커다란 집단으로 규정하는 효과가 가미된 다른 용어들 — '남쪽 사람들' iuzhane, '양치기들' chabany, '검은 사람들' chernye, chernokozhie 등 — 도 사용된다. 따라서 물가가 오를 때마다, 언론이 마피아 집단들 간의 갈등이나 러시아와 포스트소비에트 공화국 간의 긴장 관계를 보도할 때마다, 설문조사는 외국인혐오증의 증가를 보여 준다. 그 결과 '검은 사람들'은 카프카스인이든 중앙아시아인이든 중국인이든 아프리카인이든, 스킨헤드뿐만 아니라 특히 모스크바에서 안보기관이나 지방 당국까지도 가하는 괴롭힘의 희생자가 된다.[124]

이러한 외국인혐오증은 법적인 의미에서의 외국인뿐만 아니라 러시아의 소수민족에게도 마찬가지로 향하게 된다. 예컨대 2004년 설문조사 대상자의 거의 절반(47%)이 "러시아에서 소수민족들은 너무 많은 권한을 가지고 있다"고 여겼다.[125] '소수민족'이라는 이 용어는 명확하지 않음에도 불구하고 실제로는 카프카스 민족들을 의미한다. 같은 질문이 타타르인, 야쿠트인 혹은 부랴트인에 대해 던져지면 그 결과는 다르게, 덜 비판적으로 나타난다. 실제로 러시아인에 대한 '사회적 거리감'

---

123 G. Vitkovskaia and A. Malashenko, *Neterpimost' v Rossii. Starye i novye fobii* (Moscow: Carnegie Tsentr, 1999).
124 M. L. Roman, "Making Caucasians Black. Moscow since the Fall of Communism and the Racialization of Non-Russians", *Journal of Communist Studies & Transition Politics*, vol.18, no.2 (2002), pp.1~27.
125 *Obshchestvennoe mnenie 2004. Ezhegodnik* (Moscow: Levada-Centr, 2004), p.139.

에 관해서 다른 민족의 순위를 매겨 달라고 질문한 설문조사에서 볼가-우랄 지역이나 시베리아 출신 민족들은 우크라이나인이나 벨라루스인 같은 소위 형제 민족들 바로 아래 순위에 위치하며 부정적인 반응을 이끌어 내지 않는다.[126] 그러므로 정체성의 측면에서 카프카스 주민들은 러시아 국민이라기보다는 외국인으로 인식되고 있으며, 이로써 많은 러시아인의 상상 속에서 카프카스는 더 이상 러시아연방 정체성의 일부를 이루고 있지 않음을 알 수 있다.

지난 몇 년 동안에는 이슬람교도라는 새롭게 구체화된 범주의 등장 또한 목격된다. 최근까지 러시아에서 이슬람혐오증은 일반적인 것이 아니었다. 수세기에 걸친 이슬람교도 주민들과의 공존, 러시아가 가정한 제국적 사명에 대한 긍정적인 견해, 종교적 소속보다는 민족적 소속에 대한 강조, 이 모든 것들로 인해 이슬람에 대한 공포는 사실상 작동하지 못했다. 그렇지만 2000년이 시작되면서 이슬람혐오증 현상이 급속하게 진전되고 있다. 이러한 현상에서 통치 권력이 한 역할을 부정할 수는 없을 것이다. 러시아 권력층은 1차 체첸전 동안에는 체첸 반군을 분리주의자라고 비난했지만, 2차 체첸전이 시작되면서는 이들에게 이슬람주의자라는 꼬리표를 붙였다. 이러한 방향 전환은 2001년 9·11 사태 이후 당국과 언론의 담론에서 보다 두드러지게 나타났다. 푸틴은 테러와의 전쟁에 대한 미국의 수사를 구사하고 러시아를 국제 이슬람주의 테러리즘의 희생자로 표현하는 것이 타당하다고 느꼈다.[127] 그 뒤

---

126 A. Leonova, "Nepriiazn' k migrantam kak forma samozashchity"에 실린 '(사회적) 거리감 지수' (the distance index)를 참조.

127 A. Verkhovskii, "Islamofobiia posle 11 sentiabria", in A. Verkhovskii, E. Mikhailovskaia and V. Pribylovskii(eds.), *Rossiia Putina*, pp.135~145.

를 이어 소위 와하브주의의 위협이 고착화의 핵심 요인이 되어 모든 카프카스인, 실제로는 모든 러시아 이슬람교도를 근본주의자로 구체화된 하나의 커다란 집단으로 동일시하는 작용을 했다. 새뮤얼 헌팅턴Samuel Huntington의 문명의 충돌 테제가 러시아에서 받은 환호가 이러한 과정을 촉진했음은 물론이다.[128]

언론은 이러한 모든 다양한 본질화된 실체들을 구성하고 이들을 러시아 민족의 적이라고 상정하는 데 있어서 중심적인, 실로 모체와도 같은 역할을 한다. 2001년 이후로 소바SOVA 센터, 모스크바 헬싱키 그룹, 글라스노스트 보호 재단, 파노라마Panorama, 민주주의와 인권보호 센터 같은 몇몇 인권보호단체들이 증오 발언에 대한 모니터링을 수행해 오고 있어, 이를 통해 공식적인 정부 발행물부터 대중적인 타블로이드 신문에 이르기까지 수많은 지역·연방 일간지 및 주간지를 체계적으로 검토하고 있다. 2006년 콘도포가 사태 때에는 모든 러시아 언론에서 인종주의적 발언이 증가한 것으로 나타났는데,[129] 증오 발언 명단에서 선두를 차지하고 있는 신문은 『모스크바 콤소몰레츠』Moskovskii Komsomolets이며, 『모스크바 프라우다』Moskovskaia Pravda와 『논쟁과 사실』Argumenty i fakty, 『콤소몰 프라우다』Komsomol'skaia Pravda가 그 뒤를 잇고 있다.[130] 조심스럽게 암시하는 것이든, 법적으로 과실이 있는 것이든, 명예훼손 발언은 가장 일반적으로는 체첸인, 카프카스인, 타지크인을 대상으로 하며, 그다음

---

128 A. Tsygankov, *Whose World Order? Russia's Perception of American Ideas after the Cold War* (Notre Dame: University of Noter Dame Press, 2004).
129 A. Verkhovskii(ed.), *Iazyk vrazhdy protiv obshchestva* (Moscow: SOVA, 2007).
130 G. Kozhevnikova, *Iazyk vrazhdy v predvybornoi agitatsii i vne ee. Monitoring pressy: sentiabr' 2003-mart 2004* (Moscow: SOVA, 2004), p.18; E. O. Khabenskaia, "Etnicheskie stereotipy v SMI: ksenofobiia i tolerantnost'", in T. Baraulina, O. Karpenko(eds.), *Migratsiia i natsional'noe gosudarstvo* (Saint Petersburg: Tsentr nezavisimykh sotsiologicheskikh issledovanii, 2004), p.177.

으로는 중국인과 흑인이 그 대상이 된다. 또한 보통 다양한 형태로 끝도 없이 진행되며 외국인혐오증이 법적인 제재를 받지 않고 표현될 수 있게 해주는 언어유희가, 언론이 텔레비전 프로그램과 신문 지면을 가득 메우는 스캔들을 이야기하는 방식으로 전개되기도 한다.

많은 미묘한 언어 사용이 위에서 언급된 구체화된 실체를 대중화하는 데 기여한다. 예를 들어 비난조의 용어를 어떤 민족의 형용사로 연결시킴으로써('도적 체첸인', '근본주의자 다게스탄인') 일반화가 이루어지기도 하고, 단순한 불법체류자(자신의 거주지를 적절한 당국에 등록하지 않은 사람)와 마피아 활동 및 범죄자 간의 동일화가 일어나기도 한다. 또한 '우리'와 '그들' 간의 대조적 표현이 반복적으로 이루어지고, 이주자의 부적절한 것으로 이해되는 '행실'povedeniia이나 '토착 주민'korennoe naselenie 같은 은유적 표현이 사용되기도 한다.[131] 마지막으로, 소비에트 시기에 매우 현저하게 나타났고 포스트소비에트 공간에서도 널리 퍼져 있는, '가장'khoziain과 '손님'gost' 간의 관계에 대한 담론이 현재 사용되고 있다는 것 또한 언급되어야 한다. 민족의 은유로서 집을 사용한다는 것은, 문화적·사회적 규칙을 정해야 할 때 지금 집에 있는 집주인이 우선권을 가지며, 오직 집주인만이 자기 자신의 선의에 따라 손님을 받아들인다는 것을 손님, 즉 입주자는 인정해야 한다는 것을 의미한다. 이러한 '가장/손님' 대립관계에 부여된 중요성은 개인 생활에서 혼혈을 거부하는 풍조가 널리 퍼져 있다는 데에서 찾을 수 있다. 심지어는 설문조사

---

131 O. Karpenko, "Kak i chemu ugrozhaiut migranty? Iazykovye igry s 'gostiami iz iuga' i ikh posledstviia", in T. Baraunlina and O. Karpenko(eds.), *Migratsiia i natsional'noe gosudarstvo*, pp.62~84; A. Levinson, "'Kavkaz' podo mnoiu: Kratkie zametki po formulirovaniiu i prakticheskomu ispol'zovaniiu 'obraza vraga' v otnoshenii 'lits kavkazskoi natsional'nosti'", in L. D. Gudkov(ed.), *Obraz vraga* (Moscow: OGI, 2005), pp.276~301.

대상자들이 자신들은 이주자가 오는 것에 반대하지 않는다고 말할 때에도 이들은 여전히 자신들과 가까운 누군가가 외국인으로 규정된 누군가와 결혼할 가능성을 배제하고 있으며 이주자가 자신들의 건물이나 근교에 정착하기를 바라지 않는다.[132] 이처럼 혼합혐오증(혼혈에 대한 공포)은 외국인혐오증(타자에 대한 공포)보다 훨씬 더 명백히 만연해 있다.

정치적·사회적 환경에서의 외국인혐오증

외국인혐오의 정서는 러시아 곳곳에서 양적으로 증가했을 뿐만 아니라 점점 더 넓은 범위의 사회적·정치적 환경에 영향을 미치기도 했다. 1990년대 초에는 외국인혐오증이 투표 행태와 밀접하게 상관된 것으로 여겨질 수 있었으나, 최근에는 이러한 연관성이 사라졌다. 즉, 2000년에 이르러서는 외국인혐오증의 표출과 정치적 동감 사이에 어떠한 직접적인 관계도 더 이상 존재하지 않는 것이다. 이러한 분석은 대통령 정당이 전 사회계층에 퍼져 있는 외국인혐오의 감정을 포착해 이용하려는 시도를 하고 있다는 것은 물론이고 러시아에서 정치적 경쟁이 위축되고 있다는 것을 입증해 준다.

    1993년 12월 두마 선거에서는 지리노프스키의 자민당에 투표한 사람들의 외국인혐오증 지수가 가장 높았던 반면에, 공산당 동조자들과 민주정당 야블로코 지지자들의 지수는 상대적으로 낮았고, 대통령 정당 '러시아의 선택'Vybor Rossii에 투표한 이들은 평균이었다. 이처럼 정치적 투표와 외국인혐오증 간의 상관성은 유권자들의 이데올로기적 감수

---

132 L. D. Gudkov, "Smeshchennaia agressiia. Otnoshenie rossiian k migrantam", *Vestnik obshchestvennogo mneniia*, vol.80, no.6 (2005), pp.60~77.

성과 일치하는 듯이 보였다. 그러나 연구 결과에 따르면, 1995년 두마 선거 이후 모든 정치 집단에서, 특히 이전에는 외국인혐오증 지수가 가장 낮은 두 정당이었던 공산당과 야블로코 내에서 외국인혐오증이 갑자기 증가했다.[133] 1996년에 공산당에 투표한 사람들은 자유주의나 중도주의 정당에 투표한 사람들보다 1.5배 높은 수준의 외국인혐오증을 나타냈지만, 이후에 이들 간의 차이는 무시해도 될 정도가 되었다.[134] 세계화되고 있는 이러한 경향은 1999년 의회 선거에서 계속해서 증가세를 보였다. 즉, 통계상으로는 자민당이 여전히 앞서고 있지만, 이데올로기 정향과 관계없이 다른 정당들도 모두 비슷한 수의, 외국인혐오증 수준이 높아진 투표자들의 지지를 받는 경향이 나타난 것이다. 비록 국제주의자라고 주장하면서 통합러시아와 공산당에 표를 던지는 이들의 수도 증가하긴 했지만, 2003년 선거에서 두마 의석을 갖게 된 총 4개 정당의 지지자들 사이에서 민족적 혐오증이 증가하는 현상이 나타났다. 이러한 점이 시사하는 바는 일종의 민족주의자/반민족주의자 양극화이지만, 전자가 후자를 큰 차이로 능가하는 양극화이다.[135]

외국인혐오증이 서로 다른 사회계층에 어떻게 영향을 미치는지를 살펴봄으로써 이 문제에 접근하는 연구들에 의하면, 외국인혐오증은 국민들의 사회적 상황과 관계없이 널리 퍼져 발생하고 있는 것으로 확인된다. 일반적인 생각으로는 가장 가난하거나 빈곤한 환경에서 사회

---

133 A. Leonova, "Nastroenie ksenofobii i elektoral'nye nastroenii v Rossii v 1994-2003 gg.", *Vestnik obshchestvennogo mneniia*, vol.72, no.4 (2004), pp.83~91.
134 B. Dubin and L. D. Gudkov, "Nevozmozhnyi natsionalizm", p.309.
135 A. Leonova, "Electoral Choice, Cultural Capital and Xenophobic Attitudes in Russia 1994-2006", in M. Laruelle(ed.), *Russian Nationalism and the National Reassertion of Russia* (London: Routledge, 2009), pp.145~166.

적 긴장의 해소 및 상징적 보상의 형태로 이해되는 외국인혐오적인 경향이 가장 많이 표출될 것 같다. 그러나 이러한 접근은 가장 극단주의적인 운동에 대해서만 유효하다고 할 수 있다. 확실히 1990년대의 러시아 민족통합이나 2000년대의 스킨헤드 운동단체들의 사회적 기반은 중등교육이나 전문교육을 받아 일자리 구하기가 어려운, 중소 규모의 도시에 사는 청년층이다. 이와 같은 사회적 환경 출신들은, 다소 나이가 많긴 하지만, 자민당과 공산당에도 존재한다. 이때 자민당에게 투표한 사람들은 경제가 위기 상태에 있고 단일 산업에 의존하는 지역에 위치한 중소 규모의 도시 거주자들인 반면에, 공산당은 1990년대 전반기에 외국인혐오증 비율이 가장 높았던 집단인 농촌 출신과 중장년층으로부터 충원을 한다.[136]

그렇지만 외국인혐오증과 빈곤화 간에 상관성이 존재한다는 가정은 가장 급진적인 정당들과 소연방이 사라진 직후의 시기에 대해서만 유효하다. 1990년대 후반기 동안 레바다센터가 실시한 설문조사가 바로 이러한 상관성이 유효하지 않음을 입증해 준다. 즉, 외국인혐오증은 모든 사회계층에서 유사한 방식으로 증가했고, 이전에는 이에 크게 저항한 사람들, 즉 사업가, 민간 기업 종사자, 고위 행정 관리, 인텔리 등 고등교육을 받았고 3차산업 직종에 종사하며 대도시에 살면서 정기적으로 문화 활동을 하는 시민들로 이루어진 계층에서 특히 빠른 속도로 증가했다.[137] 2000년대가 시작되면서 가장 부유하고 가장 교양 있는 사회적 환경도 통계상으로는 가장 빈곤한 환경과 마찬가지로 외국인혐오적

---

136 L. D. Gudkov, "Dynamics of Ethnic Stereotypes", *Russian Social Science Review*, vol.37, no.4 (1996), pp.54~65.
137 L. D. Gudkov, "Smeshchennaia agressiia", p.72.

임이 드러났다. 사실 이들은 대체로 비정치적인 후자보다 정치적으로 더 활동적이라는 점에서 후자를 능가하기까지 한다. 따라서 '러시아인을 위한 러시아'라는 슬로건은 러시아가 자신의 특수한 길을 걸어갈 것을 지지하는 사람들과 1990년대의 경제개혁을 옹호했고 시장경제의 수혜자인 이전의 자유주의자들에게서 동일하게 지지를 받는다.[138]

나아가 자기 정체성을 형성하는 과정에서 루스키russkii에 반대되는 개념으로서 로시스키rossiiskii가 많이 사용되기 때문에 중장년층, 농촌 환경, 그리고 비전문직 사이에서는 민족적ethnic 정체성이 지배적인 데 반해, 특권층 환경에서는 시민적 정체성과 민족적 정체성을 구분하는 경향이 있는 것으로 보일 수도 있다. 그러나 여기에서도 이처럼 명백해 보이는 자기 정의의 차이는 민족주의의 정도에서의 차이가 아니라 러시아연방 정체성에 관한 정치적으로 올바른 담론의 반복으로 귀착될 뿐이다. 실제로 자신을 러시아 시민rossiane으로 정의하는 설문조사 대상자들도 자신을 그저 루스키라고 표현한 사람들과 정확히 똑같은 러시아에 대한 견해를 가지고 있다. 즉, 50% 이상은 에스닉 러시아인이 러시아의 다른 민족들에 대해 우위를 지녀야 한다고 생각하고 있고, 60% 이상은 러시아의 다른 민족들보다 에스닉 러시아인의 생활 조건이 열악하다고 믿고 있으며, 80% 이상은 에스닉 러시아인이 카프카스인들이 가하는 폭력으로 고통을 겪고 있다고 말하고 있는 것이다.[139] 이렇듯 다시 한번 핵심적인 외국인혐오적 테마는 정치적 정향, 사회계급, 교육 수준,

---

138 "Grazhdane novoi Rossii: kem oni sebia oshchushchaiut i v kakom obshchestve khoteli by zhit'?" (Moscow: Institut kompleksnykh sotsial'nykh issledovanii Rossiiskoi akademii nauk, 2005), http://www.russia-today.ru/2005/no_01/01_topic_1.htm (accessed 2009.4.23).
139 A. Leonova, "Nepriiazn' k migrantam kak forma samozashchity".

수입, 민족에 관한 공식 담론을 전유할 수 있는 능력을 가리지 않는, 광범위한 사회적 합의를 보여 준다.

사회적·정치적·문화적 기준으로는 외국인혐오증을 나타내기 쉬운 환경과 이에 저항하는 환경을 구분할 수 없는 반면에, 연령은 여전히 결정적인 요인이라고 할 수 있지만, 이는 서유럽 국가들의 경우와는 반대되는 방식으로 그러하다. 여기에서도 모든 설문조사들이 위에서 열거한 자료와 일치하는 마찬가지의 전개 과정을 분명히 나타낸다. 1990년대 전반기에는 변화나 서구의 영향력에 가장 개방적인 계층으로 여겨졌던 청년층(25세 이하) 사이에서 외국인혐오증의 수준이 가장 낮은 것으로 알려졌다. 1990년대 후반기에는 이러한 경향이 대규모로 역전되었다. 즉, 2000년 이후의 모든 설문조사에 따르면, 청년층의 외국인혐오증 비율이 가장 높게 나타나면서 심지어는 과거의 독재체제에 대한 향수를 가장 많이 간직하고 있다고 여겨진 중장년층까지 앞서는 것으로 나타난다.[140]

청년층은 러시아에서 에스닉 러시아인의 우위를 보장하고 이주를 제한하고 싶어 하는 열망의 최고 형태인, '러시아인을 위한 러시아'에 대한 지지율을 가장 높은 수준으로 나타내며, 이주자들에게 가해지는 폭력에 대한 책임이 이주자들에게 있다고 생각한다. 2003년에 수도에 거주하는 학생들을 대상으로 실시된 설문조사를 통해 이러한 일반적인 경향을 확인할 수 있다. 즉, 응답자의 대다수가 비非러시아인은 모스크바에서 태어났다 하더라도 모스크바 사람으로 간주할 수 없다고 주장한 것이다. 이들은 수도에서 공부하기 위해 다른 지방에서 오는 러시아

---

[140] E. Pain, "Pochemu pomolodela ksenofobiia", *Nezavisimaia gazeta*, October 14, 2003, p.11.

인들에 의해 야기된 사회적 경쟁에 대해서도, 또한 사회계층의 밑바닥에 위치하는 지위를 채우기 위해 오는 이주자들에 의해 야기된 경쟁에 대해서도 반대한다고 주장했다. 이 여론조사에 따르면, 모스크바 학생들의 88%는 모스크바에 너무 많은 민족 집단이 있다고, 40% 이상은 에스닉 러시아인이 더 이상 자신의 나라에서 집처럼 편안하게 느끼지 못한다고 주장했다.[141]

청년층의 외국인혐오증은 보다 널리 퍼져 있을 뿐만 아니라 보다 급진적이기도 하다. 몇몇 설문조사에 따르면, 10대와 청소년 사이에서 자기 정체성 형성의 기준은 인종과 혈연 개념으로 보다 특징적이라는 점이 나타난다. 여론재단 Fond Obshchestvennoe Mnenie의 설문조사 결과는 1995년 이후로 16~25세 연령대는 문화보다는 혈연으로 러시아성을 정의할 공산이 보다 크다는 점을 밝혀냈다.[142] 1999년에 학생들을 대상으로 실시된 또 다른 연구에 따르면, 아직 거의 정치화되지 않은, 하층계급 출신 학생들의 20%는 자신들이 인종주의자 — 이는 전통적으로 급진적인 용어이고 거의 사용되지 않는 용어이다 — 이며, 혼합 결혼에 반대한다고 주장했다.[143] 2005년에 실시된 연구에서 고르바초프 재단의 전문가 솔로비요프 V. D. Soloviev는 학생들 사이에서 백인종에 관한 담론과 슬라브 형제들과의 연대에 관한 담론이 대단히 유행하고 있다고 발표했다.[144] 2002년에는 설문조사 대상 모스크바 청년층의 3분의 1만이 이

---

141 L. Borusia, "Patriotizm kak ksenofobiia (rezul'taty oprosa molodykh moskvichei)", *Vestnik obshchestvennogo mneniia*, vol.74, no.4 (2004), pp.58~70.
142 I. M. Kliamkin and V. V. Lapkin, "Russkii vopros v Rossii", *Polis*, no.5 (1995), p.90.
143 V. Shnirel'man, *"Chistil'shchiki moskovskikh ulits"*, p.62.
144 V. D. Solov'ev, "Regressivnyi sindrom. Varvary na razvalinakh III Rima", *Politicheskii klass*, no.2 (2005), p.20.

주 문제에 관심을 가졌으나, 이후 곧바로 이들은 이 문제와 관련하여 보다 정치화된 태도를 취하게 되는데, 2005년에는 이들 중 3분의 2가 이 문제에 대해 우려를 나타냈고 '모스크바 사람을 위한 모스크바'라는 슬로건에 대한 지지를 표명했기 때문이다.[145] 또한 2000년대가 저물어 가면서 유사한 태도가 대학생 환경에서도 명백해졌다.[146] 이렇듯 러시아에서 스킨헤드 현상의 전개는 아직도 명확하게 규정되지 않은 빙산의 일각, 즉 청년층의 민족주의적 급진성의 일부에 불과하다.

외국인혐오적 감성의 경제적·상징적 문제

세계 다른 곳에서와 마찬가지로 러시아에서 실시된 사회학 연구는 외국인혐오증의 유례없는 상승에 대해 갖는 경제적 문제의 중요성을 입증해 준다. 1990년대 초 외국인혐오증은 주로 새로운 부에 대한 접근성이 없는 빈곤계급과 총체적인 경제 붕괴에 처한 농촌 마을 등 소위 주변적 환경에서 발견할 수 있었다. 그러나 오늘날 외국인혐오증은 15%의 주민만이 이주자의 존재에 대해 만족한다고 말하는 도시 환경에 보다 만연해 있다.[147] 불만은 명백하게 물질적 행복과 사회적 출세의 문제에 지배되어 있다. 즉, 에스닉 러시아인이 러시아의 다른 민족들보다 더 가난하다는 관념이 널리 퍼져 있는 것이다.[148] 카프카스인들이 기본 식료

---

[145] V. S. Sobkin and E. V. Nikolashina, "Otnoshenie moskovskikh podrostkov k migrantam: kul'turnaia distantsiia, vremennye sdvigi, natsional'naia samoidentifikatsiia", in V. S. Sobkin(ed.), *Sotsiokul'turnye transformatsii podrostkovoi subkul'tury* (Moscow: Tsentr sotsiologii obrazovaniia, 2006), pp.19~31.
[146] Iu. Zarakhovitch, "Iz Rossii s nenavist'iu", *InoSMI*, www.inosmi.ru/translation/221317.html (accessed 2009.4.23).
[147] B. Dubin and L. D. Gudkov, "Nevozmozhnyi natsionalizm", p.297.
[148] *Obshchestvennoe mnenie 2004. Ezhegodnik*, p.6.

품 가격에 투기를 한다고 비난하는 오래된 소비에트 전통에 맞춰서 이러한 갈등은 시장에서 상징적으로 표출된다. 2001년 말 모스크바 차리치노 시장에서의 포그롬 직후에 실시된 설문조사에 따르면, 조사 대상자의 10% 이하만이 시장에서의 이주자의 존재에 대해 찬성한 반면에, 72%는 반대한 것으로 나타났다.[149] 2006년 소매업에서의 외국인 제한에 대한 논쟁 중에 실시된 또 다른 설문조사에 따르면, 조사 대상자의 대다수(63%)는 카프카스인들이 에스닉 러시아인이 장사하는 걸 고의적으로 방해한다고 믿고 있다는 것을 알 수 있다.[150]

    국민들의 기대에 관해서 국가의 이주정책에 초점을 맞추는 사회학 연구는 분명한 반응을 제시해 보여 준다. 조사 대상자의 대다수(60~70%)는 이주가 법에 의해 제한되고 불법체류자들이 추방되기를 원한다. 이러한 수치는 2002년 이후로 꾸준히 증가하고 있으며, 카프카스인이나 중앙아시아인부터 중국인이나 베트남인까지 모든 민족에 관련된다.[151] 또한 국민들의 상당수(40~50%)는 카프카스인들이 어떤 도시나 지역에서 금지되거나 이들의 이름을 딴 공화국에 한정되어 거주하기를 원한다. 이러한 수치는 특히 모스크바에서 지속적으로 높게 나타난다. 즉, 질문을 어떻게 표현하는지에 관계없이 이곳 조사 대상자의 3분의 2는 수도에서 카프카스인의 수가 적어지거나 이들에 대해 제한적인 조치가 취해지기를 원하는 것이다. 2006년 말 레바다센터가 실시한 또 다른 설문조사에 따르면, 시장에서의 이주자에 대한 부분적 금지 조치에 찬성한 사람들은 자신들의 물질적 상황에 만족하는 반면에, 가난

---

149 2001년 11월 6~12일자 『모스크바 뉴스』의 3쪽에 실린 설문조사 결과.
150 *Obshchestvennoe mnenie 2006. Ezhegodnik*, p.4.
151 *Obshchestvennoe mnenie 2005. Ezhegodnik*, p.10.

한 사람들은 이주자의 철수가 결국 물가 상승을 낳을까봐 걱정하는 것으로 확인되었다.[152]

값싸고 비천한 일(하인, 청소부, 보모, 주택 수리공 등)이 가져다주는 혜택은 거의 언급이 되지 않거나 언급이 될 때에는 러시아인은 하려고 하지 않는 불안정한 직업(건설노동자, 쓰레기 수거인, 계산 보조원, 수위 등)을 위해 남겨진 노예화된 인구를 보유할 필요성을 정당화하는 데 이용되었다. 이런 이유로 설문조사 대상자의 10% 이하만이 경제적 요구에 대응하기 위해서 러시아는 일시적이든 상시적이든 어쨌든 이주자를 필요로 한다는 점을 인정했다.[153] 가장 외국인혐오적인 직업은 경찰, 군인사, 행정 관리, 인텔리처럼 흔히 이주자와 경쟁 관계에 있지 않은 직업이다.[154] 따라서 사회적 경쟁의식은 왜 외국인혐오증이 증가하는지 질문을 받았을 때 응답자들이 내놓는 유일한 설명요인이 아니다. 실제로 모든 설문조사에 의하면, 외국인혐오증은 이주자들의 경제적 성공이 아니라 점점 더 빈번하게는 이들이 '러시아 민족의 전통을 따르지 않는 것', 이들의 잘못된 '행실', 러시아인에게 '모욕을 주려는' 이들의 바람 등에 기반하고 있다는 것이 확인된다.

2006년 레바다센터의 설문조사에서 사람들은 더 이상 테러 행위에 대해 언급함으로써(이러한 설명은 2004년 32%에서 2006년 16%로 감소했다) 러시아 민족주의의 증가를 정당화하지 않았고, 이주자들이 러시아의 민족적 전통을 존중하지 않는다고 말함으로써(그 수치는 20%에서 30%로 상승했다) 그렇게 했다.[155] 같은 해 실시된 다른 설문조사도 이러

---

152 "Rynki bez inostrantsev", *VTSIOM Press Vypusk*, no.603, December 21, 2006.
153 L. D. Gudkov, "Smeshchennaia agressiia", p.70.
154 Ibid., p.67.

한 분석을 뒷받침해 준다. 즉, 조사 대상자의 44%가 이주자들 스스로가 러시아인들에게 무례한 방식으로 행동하기 때문에 이들이 야기한 외국인혐오증에 대한 책임이 이들에게 있다고 생각한 것이다. 모스크바 학생들 가운데 40%는 스킨헤드의 공격이 러시아에서 벌어지는 테러 행위에 대한 대응으로 시민들에게서 나타나는 '정상적인 반응'이라는 생각에 동의한다.[156] 2006년에 실시된 또 다른 설문조사는 직접적인 방식으로 질문을 던져서 보다 솔직한 반응을 얻어 낸다. 국민의 63%가 "당신은 CIS 출신 이주자에 대한 부정적인 태도가 부분적으로는 그들 자신의 행실로 설명될 수 있다는 의견을 갖고 있습니까?"라는 질문에 긍정적으로 대답한 것이다.[157] 이러한 견해는 포그롬의 직접적인 원인은 카프카스인들의 행실과 러시아인에게 모욕을 주려는 이들의 의도라는 생각이 도처에 널리 퍼졌던 시기에 일어난 콘도포가 사태에 의해 더욱 강화되었다.

당연히 부정확하고 본질주의적인 이러한 인식은, 그 자신이 다른 민족들에 대한 자신의 호의로 인해 희생자가 될 수도 있다는, 러시아 민족의 친절한 성격에 관한 오래된 담론에 뿌리를 두고 있다. 다른 민족들의 민족감정은 공식적으로 고양된 반면에, 러시아 민족만은 이를 지워 버려야 했기에 민족 우호는 러시아 민족에게, 그것도 러시아 민족에게만 피해가 되도록 기능했다는 소비에트 시기의 신념이 외국인혐오증과 민족감정에 대한 사회학 설문조사에서 아주 흔하게 나타난다.[158] 사회학자 레프 구드코프Lev Gudkov가 "부정에 의한 공고화 방식"이라고 한 것은

---

155 *Obshchestvennoe mnenie 2005. Ezhegodnik*, p.5.
156 L. Borusia, "Patriotizm kak ksenofobiia".
157 *Obshchestvennoe mnenie 2005. Ezhegodnik*, p.11.

부분적으로는 이러한 태도에 의해 설명될 수 있으며, 이러한 태도는 그가 생각하기에 러시아 사회에 만연한 무관심, 원자화, 수동성 감정의 귀결이다.[159] 이러한 요인들은 이 연구가 진행되는 과정 곳곳에서 반복적으로 논의될 것이며, 적어도 러시아의 정치적 삶에서 민족주의가 차지하는 위치를 설명하는 근거의 일부가 될 것이다.

---

158 L. D. Gudkov, "Kompleks zhertvy. Osobennosti massovogo vospriiatiia rossiianami sebia kak etnonatsional'noi obshchnosti", *Monitoring obshchestvennogo mneniia*, vol.41, no.3 (1999), pp.47~60.
159 L. D. Gudkov, *Negativnaia identichnost'. Stati 1997-2002 gg.* (Moscow: NLO, 2004).

2장
반대 세력으로서의 민족주의
원외 진영

보통 급진적 민족주의, 초민족주의, 극우파, 극단주의 등으로 정의되는 러시아 민족주의의 일부는 보다 엄밀하게는 원외라고 정의될 수 있다는 생각으로 이 장을 시작하고자 한다. 내 생각에는 원칙에 따라 이러한 민족주의 운동단체들을 분류하려는 어떠한 시도도 실패할 수밖에 없다. 운동단체 각각의 독자성을 그 이데올로기적 요인들의 독특한 결합과 지난 20년에 걸친 지도자의 정치적 궤적을 통해 명시하는 것은 가능하겠지만, 좌우 혹은 에스노민족주의ethnonationalism/제국주의 같은 전 세계적인 기준을 사용하여 이들을 체계적으로 배치하는 것은 불가능하지는 않지만 매우 어려운 일이다. 이론적으로는 모든 개념적 조합이 가능한데, 이는 정치체제(군주제든 공화정이든)의 선택에 의해서도, 민족 개념(문화주의적이든 인종주의적이든)에 의해서도, 그렇지 않으면 유대인 문제나 종교적 신념(정교회든 신이교neopagan든 무교든)을 특별히 강조하는 것으로도 의미 있는 분류가 가능하지 않다는 것을 의미한다. 게다가 보다 광범위한 사회적 기반을 가지면서 덜 이데올로기적인, 새로운 형태의 급진성이 발달함에 따라 점차 이러한 분류가 적절치 않게 되었는데, 이는 러시아 원외 정치의 발전이 새로운 국면에 접어들었음을 알려주는 신호가 된다. 마지막으로, 몇몇 정당과 권력층 정치인들은 여기에서 언급되는 이들만큼이나 급진적인 교리를 신봉하지만, 이들은 극단주의자라고 분류되는 것을 피할 수 있게 해주는 정당성을 획득했다.

따라서 나는 이러한 민족주의를 현대 러시아 정치 스펙트럼에서 차지하는 위치에 따라서, 다시 말해 원외주의extra-parliamentarianism로서 정의하는 것이 보다 타당하다고 생각한다. 이러한 운동단체들은 모두 민주적 대의제에 관여하기를 거부하고, 결코 혹은 거의 선거에 출마하지 않으며, 두마에 의석을 갖고 있지 않고, 거리에서의 행동에 기뻐 날뛰기 때문이다. 1990년대의 러시아에서는 이러한 집단들을 묘사하기 위해 '애국주의 진영'patrioticheskii lager'이라는 용어가 널리 사용되었다. 그러나 이 용어는 원외 정당뿐만 아니라 공산당 같은 의회 세력까지 포함함에 따라 학술적 분석을 위해서는 사실상 무의미하다고 할 수 있다. 게다가 이 장에서 '정당'이라는 용어는 비법률적인 의미로 이해되어야 한다. 러시아 법률은 정치 세력의 등록에 대해 특히 제한적으로 만들어졌고, 여기에서 다루어지는 어떠한 정당도 그러한 지위를 지니고 있지 않다. 이들은 협회로 등록되어 있어 비합법적이거나 아니면 사회운동단체로 등록되어 있는 것이다. 통제되지 않는 반대 세력과 일련의 독립적인 단체들을 제거하고자 하는 크렘린의 바람이 결국 더욱 모호한 법률을 낳았다는 점 또한 기억할 필요가 있겠다. 극단주의와의 싸움은 사실상 대통령 권력이 공공의 자유를 축소하는 데 사용한 주요한 논거였던 것이다. 따라서 이러한 원외 민족주의를 정의하는 것과 관련된 용어상의 문제들은 법적인 결과를 수반할 수도 있기 때문에 매우 중요하다.

소위 극우파: 다면적인 현실

소비에트 시절부터 지금까지 원외 진영은 분열되어 있었고, 카리스마적인 핵심 인물들을 갈라놓는 수많은 원칙상의 논쟁과 개인적인 갈등을 넘어설 수 없었다.[1] 그렇지만 이러한 내적인 어려움에도 불구하고 혹은 이 때문에 원외 진영의 역사는 오랫동안 화해를 찾아가는 역사이기도 하다. 페레스트로이카 이후 원외 진영은 거의 전적으로 통합의 길을 모색하기 위해, 통합 정당을 건설하고 합의된 원칙을 정립하려는 시도에 의해 활성화되어 왔던 것이다.[2] 원외 진영은 소연방의 소멸과 1993년 가을의 유혈 사태로부터 푸틴의 집권과 2008년 8월 조지아와의 전쟁에 이르기까지 1990~2000년대 러시아 정치 무대의 격렬했던 전환점을 다루는 데 있어서 많은 어려움을 겪어 왔다. 통합이라는 이상적 목표는 여전히 달성하기 어려운 상태에 있다고 한다면, 2002년 불법이주반대운동의 출현 및 2005년 러시아행진Russkii Marsh의 출범으로 상징적인 돌파구는 마련되었다. 이러한 두 사건이 바라 마지않던 화해의 효과를 궁극적으로 발휘하지는 못했다고 하더라도, 현재 러시아를 지배하고 있는 이주자혐오증은, 선배들의 교리 논쟁을 할 시간이 없으며, '자명한', 즉 고차원적인 이데올로기적 명료화를 필요로 하지 않는 인종주의를 의식적으로 움켜쥔 젊은 민족주의 지도자 세대를 위한 길을 열어 주었다.

---

1 보다 자세한 사항은 M. Laruelle, "Rethinking Russian Nationalism: Historical Continuity, Political Diversity, and Doctrinal Fragmentation", in M. Laruelle(ed.), *Russian Nationalism and the National Reassertion of Russia* (London: Routledge, 2009), pp.13~48 참조.
2 S. Hanson and C. Williams, "National Socialism, Left Patriotism or Superimperialism? The 'Radical Right' in Russia", in S. Ramet(ed.), *The Radical Right in Eastern Europe* (University Park: Penn State Press, 1999), pp.257~277.

첫번째 포스트소비에트 화해의 기구들

러시아가 독립한 그 순간부터 원외 진영의 핵심적인 인물들은 원칙상의 차이를 넘어서 자신들을 통합시킬 수 있는 조직을 찾아 왔다. 내부의 이데올로기 갈등을 극복하려고 하는 와중에 이들의 세계관을 근본적으로 변화시킨 세 가지 사건이 발생했는데, 그것은 1991년 8월 보수 쿠데타의 실패, 소련공산당의 금지, 그리고 같은 해 12월 소연방의 해체이다. 맑스주의 원칙과 러시아 민족주의를 결부시키려는 시도로 소련공산당의 잔해 위에 세워진 몇몇 공산주의 흐름들이 등장했다. 예를 들면 니나 안드레예바Nina Andreeva가 설립한 전연방공산주의볼셰비키당Vsesoiuznaia kommunisticheskaia partiia bol'shevikov이나 알베르트 마카쇼프Albert Makashov와 빅토르 안필로프Viktor Anpilov와 빅토르 튤킨Viktor Tiulkin이 이끈 러시아공산주의노동자당Rossiiskaia kommunisticheskaia rabochaia partiia의 경우가 그러했다. 예고르 가이다르 정부가 추진한 자유주의 개혁이 잔혹한 사회적·경제적 변화를 초래하자, 민족주의자들은 정치 스펙트럼상의 극우와 극좌에 위치하는 운동단체들을 화해시킬 수 있는 단일한 기구로 자신들의 세력을 결집시키려는 시도를 여러 차례 했다. 이러한 '적갈' 연합은 곧바로 '파시즘의 위협'이라는 꼬리표를 달게 되었고, 러시아 내에서뿐만 아니라 서유럽에서도 언론의 집중적인 보도를 받게 되었다. 이는 크렘린이 자신의 정치적·경제적 의지를 러시아의 유일한 현실적인 진로로 묘사하려는 목적을 진전시키는 수단으로 작용했다.

'적갈' 연합의 여러 대형 가운데 두 기구만이 실질적인 성공을 거두었다. 첫번째로, 러시아민족회의Russkii national'nyi sobor는 1992년 2월에 등장했는데, 가장 잘 알려진 멤버로는 당시 러시아 부통령 알렉산드르 루츠코이Alexander Rutskoi의 보좌관이었던 전 KGB 장군 알렉산드르 스테를리고프Alexander Sterligov, 공산당원 겐나디 주가노프와 알베르트 마카쇼프, '농촌 산문' 작가 발렌틴 라스푸틴Valentin Rasputin, 러시아민족통합 지도자 알렉산드르 바르카쇼프 등이 있었다.[3] 두번째는 1992년 10월에 설립된 민족구국전선Front natsional'nogo spaseniia이었다. 이 단체는 안필로프나 주가노프 같은 공산당원뿐만 아니라, 이고르 샤파레비치Igor Shafarevich 같은 정교회 군주주의자들, 니콜라이 리센코Nikolai Lysenko의 러시아민족공화당Natsional'no-respublikanskaia partiia Rossii, 그리고 헌정민주당Konstitutsionno-demokraticheskaia partiia 지도자 미하일 아스타피예프Mikhail Astafiev처럼 보다 자유주의적인 인물들과 당시 기독교부활연합Soiuz "Khristianskoe vozrozhdenie" 의장이었던 이전의 반체제 인사 블라디미르 오시포프Vladimir Osipov[4]까지 다시 뭉치게 했다.[5] 당시 민족주의 운동단체들은 화해의 이데올로기를 찾아 나섰다. 알렉산드르 레베드Alexander Lebed 장군은 니콜라이 2세와 레닌을 동시에 매장하자는 제안을 통해 친소비에트 및 반소비에트 민족주의자들의 거대한 민족적 화해를 촉구했다.[6]

이러한 화해의 분위기에서 페레스트로이카 후반기에 영광의 시간을 누렸던 군주주의 흐름들은 빠르게 주변화되었고 소수 내에서도 소수에 불과할 정도로 위축되었다. 그 예로 들 수 있는 단체들로는 알렉산

---

[3] G. M. Hahn, "Opposition Politics in Russia", *Europe-Asia Studies*, vol.46, no.2 (1994), pp.305~335.
[4] 블라디미르 오시포프는 수년간의 수용소 생활을 선고받기 전까지 1971년부터 1973년까지는 저명한 잡지 『베체』(*Veche*)의, 그 이후로는 『대지』(*Zemlia*)의 편집자였다. D. Hammer, "Vladimir Osipov and the Vetche Group(1971-1974): A Page from the History of Political Dissent", *The Russian Review*, no.4 (1984), pp.355~375; P. Duncan, "The Fate of Russian Nationalism: The Samizdat Journal Vetche Revisited", *Religion in Communist Lands*, no.1 (1988), pp.36~53.
[5] S. Lebedev, *Russkie idei i russkoe delo: Natsional'no-patrioticheskoe dvizhenie v Rossii v proshlom i nastoiashchem* (Saint Petersburg: Aleteiia, 2007), pp.365~387.
[6] A. Lebed', *Za derzhavu obidno* (Kirov: Viatskoe slovo, 1995), p.338.

드르 슈틸마르크Alexander Shtilmark의 검은 100인단Chernaia sotnia, 러시아인민연합Soiuz russkogo naroda, 그리고 (차르가 협의회에서 선출되는) 회의 군주제 지지자들과 키릴 블라디미로비치 로마노프Kirill Vladimirovich Romanov 대공을 옹호하는 정통주의자들[7]을 화해시키려 했던, 전러시아군주제센터정당Vserossiiskaia partiia monarkhicheskogo tsentra 등이 있다. 1998년에 이 정당은 정교회부활정당Partiia pravoslavnogo vozrozhdeniia으로서 재건을 시도했으나, 그 이후로 정치 무대에서 사라져 버렸다.[8] 1980년대 초반 및 페레스트로이카 시기에 러시아 민족주의의 다양한 표현을 모두 통합했던 악명 높은 반유대주의 조직인 파먀트Pamyat로부터 유래된 흐름들도 마찬가지로 성공적이지 못했다. 일종의 정교회 근본주의를 지지한 드미트리 바실리예프Dmitri Vasiliev의 민족애국전선Natsional'no-partioticheskii front은 사회적 기반을 갖지 못했고, 그 경쟁자이자 신이교도인 발레리 예멜리야노프Valeri Emelianov의 파먀트 역시 1999년 지도자의 사망과 함께 완전히 사라져 버리기 이전부터 이미 활동이 뜸했다. 이러한 군주주의 흐름들은 모두 자신들이 20세기 초 및 전간기戰間期에 망명한 민족주의 운동의 정신적인 후계자라고 주장했다. 그렇지만 이러한 유산을 간직하고 있다는 높은 평가에도 불구하고 공화제적인 신념과 소비에트 경험에 대한 일치된 인식이 원외 진영의 대다수를 지배해 나갈 수 있었다.

---

7 키릴 블라디미로비치 로마노프(1876~1938)는 로마노프 왕조 러시아 제국의 마지막 황제 니콜라이 2세의 사촌동생이다. 1918년 7월 볼셰비키에 의해 니콜라이 2세 일가가 처형된 이후 황실 계승권자로 지목되었다. 혁명 이후의 망명 생활 중에 그의 왕위 계승의 정통성을 주장한 이들을 '정통주의자'라고 일컫는다. ─ 옮긴이

8 V. Pribylovskii, "Natsional-patrioticheskie partii, organizatsii i gruppy v 1994-1999 gg.", http://www.anticompromat.ru/nazi-p/naz99.html (accessed 2009.4.23).

1990년대의 이데올로기 지형 분포

1993년 가을의 유혈 사태는 원외 진영의 급진화를 촉발한 도화선이 되었다. 즉, 반항적으로 대립한 의회에 대해서 크렘린이 폭력을 사용함에 따라 원외 민족주의자들이 자유주의적 개혁에 저항하려는 목적으로 자신들을 보다 효율적으로 조직하려는 의지가 현실화될 수 있었던 것이다. 그럼에도 불구하고 또다시 이들은 주요한 위기의 시기에 자신들의 반대되는 입장으로 인해 더욱 첨예해진 내부 갈등을 극복할 수는 없었다. 즉, 주가노프, 지리노프스키, 리센코는 의회의 방어에 직접적으로 참여하지 않은 반면에, 마카쇼프, 안필로프, 바르카쇼프, 세르게이 바부린 Sergei Baburin 같은 이들은 반란을 일으킨 편에서 싸웠고, 따라서 아직까지도 소위 급진적인 운동단체에서 평판이 좋다. 각각의 흐름은 자신의 고유하고 안정적인 사회적 공간을 찾아내고자 했지만, 원외 진영은 여전히 극단적인 분열 상태를 벗어날 수 없었다. 1995년에 '파노라마' 단체는 '민족주의자'로 분류할 수 있는 조직이 100개가 넘는다고 추산했다.[9]

당시에 어느 정도 악명 높았던 정당들 가운데 전前 동물학자 리센코가 주도한 러시아민족공화당은 파먀트의 보수적인 수사를 뒤로하고 당원들에게 소련의 붕괴를 감수할 것을 요구한 최초의 정당들 중 하나였다. 알렉산드르 솔제니친 Alexander Solzhenitsyn의 입장으로부터 직접적인 영향을 받은 리센코는 러시아, 우크라이나, 벨라루스, 북카자흐스탄을 포함하는 국가의 출범을 주장했다. 약 3,000명의 회원을 보유했던 러시아민족공화당은 러시아민족군단 Russkii natsional'nyi legion을 창설하여 트란스

---

9 A. Verkhovskii and V. Pribylovskii, *Natsional-patrioticheskie organizatsii v Rossii* (Moscow: Panorama, 1996); A. Verkhovskii, A. Papp and V. Pribylovskii, *Politicheskii ekstremizm v Rossii* (Moscow: Panorama, 1996)의 목록 참조.

니스트리아나 남오세티야 같은 분쟁 지역에 민병대를 파견할 수 있었다.[10] 1993년 12월 선거에서 리센코는 사라토프 인근 소도시에서 독자 후보로 출마하여 선출되었으나, 이듬해 보다 반유대주의적이고 신이교적인 견해를 지닌 전직 경찰관 유리 벨랴예프Yuri Beliaev가 독자적인 운동단체를 설립하기 위해 떠나면서 커다란 분열을 겪었다. 1995년에 리센코는 저명한 사제이자 과거 반체제 인사였던 글레프 야쿠닌Gleb Yakunin의 목에 걸린 십자가를 떼어 버리는 행위로 언론의 집중조명을 받았다. 1996년에 체포된 그는 이듬해 석방되었지만, 1998년에 그의 당은 법무부의 재등록을 거부당했다. 그 이후 리센코는 바부린과 유대 관계를 맺어 잠시 바부린의 러시아범민족연합Rossiiskii obshchenarodnyi soiuz 명부의 후보에 오르기도 했다.[11]

다른 급진적인 운동단체들 가운데 영화감독이었던 알렉산드르 이바노프-수하레프스키Alexander Ivanov-Sukharevski와 알렉세이 시로파예프Aleksei Shiropaev가 1994년에 설립한 인민민족당Narodnaia natsional'naia partiia 또한 급속하게 관심을 받게 되었다. 이탈리아 파시즘으로부터 영향을 받은 이 정당은 스스로를 모스크바 총대주교구와 연줄이 닿아 있고 카자크 운동의 지원을 받고 있는 정교회의 보호자로 묘사했다. 이처럼 정교회가 모습을 나타냄에 따라 과거의 반체제 인사 오시포프가 이 운동에 가담하기도 했으나, 1995년에 그는 결국 이 정당을 떠났다. 인민민족당은 포퓰리즘, 인종적·반유대주의적 신비주의, 민족-생태주의, 정교회, 그리고 군주정에 대한 향수를 혼합한 '러시아주의'Russism라고 불린 이데

---

10 V. Pribylovskii, "Natsional-patrioticheskie partii, organizatsii i gruppy v 1994~1999 gg.".
11 A. Verkhovskii, E. Mikhailovskaia and V. Pribylovskii, *Politicheskaia ksenofobiia: Radikal'nye gruppy, predstavleniia liderov, rol' tserkvi* (Moscow: Panorama, 1999), pp.243~246, 282~283.

올로기를 발표했다.[12] 비록 당원 수는 수천 명에 불과했지만, 『나는 러시아인』Ia-russkii, 『선조의 유산』Nasledie predkov(이는 아흐네네르베Ahnenerbe 재단법인이라는 나치 전신으로부터 직접적인 영향을 받았다), 『러시아 시대』Era Rossii 같은 유명한 기관지들을 통해 이 정당은 러시아 원외 무대에 영향을 미쳤다. 그러나 곧 이 정당은 민족 간 증오를 선동한 혐의로 법적인 문제를 겪었고, 1995년 지방선거에서 불과 몇 명의 당원만을 겨우 당선시켰다. 1999년에 기관지 『나는 러시아인』은 마침내 금지되었고, 이바노프-수하레프스키는 수개월의 형을 선고받았다. 석방된 후 그는 당 활동을 재개하려 했으나, 이는 성공을 거두지 못했다. 2003년에 부상당한 그는 원외 민족주의 무대의 자기 자리에서 물러났으나, 몇몇 스킨헤드 집단에서뿐만 아니라 러시아작가연합Soiuz rossiiskikh pisatelei과 가까운 모임에서도 여전히 중요한 인물이다. 현재 인민민족당의 웹사이트는 니콜라이 2세와 히틀러에 대한 이중의 숭배를 요구하는, 명백하게 신나치적인 이미지로 가득하다. 또한 이바노프-수하레프스키는 '백색 세계'Belyi mir라는 인종주의 집단의 활동에 참여하고 있기도 하다.[13]

세번째로 큰 단체인 러시아민족연합Russkii natsional'niy soiuz은 1993년 알렉세이 브도빈Aleksei Vdovin과 콘스탄틴 카시모프스키Konstantin Kasimovski가 창설했다. 폭력 행위에 대한 준비 태세를 갖춘 것으로 유명했던 준군사조직인 이 단체는 인종 이론이나 히틀러의 명예 회복에 관한 견해에 있어서 가장 급진적인 정당들 중 하나였다.[14] 이 단체는 군주정, 검은 100인단, 그리고 정교회 문헌을 참조하여 결합했을 뿐만 아니라 일종

---

12 A. Verkhovskii and V. Pribylovskii, *Natsional-patrioticheskit organizatsii v Rossii*, pp.36~39.
13 정당의 웹사이트 http://nnpr1.rusrepubli.ru (accessed 2009.4.23) 참조.
14 V. Likhachev, *Natsizm v Rossii* (Moscow: Panorama, 2002), pp.142~143.

의 비맑스주의 사회주의와 '이교도 질서'의 회복에 호소했다. 이 단체는 자신이 종파라고 여긴 종교단체들에 대해 폭력 행위를 저지름으로써 관심을 끌었다. 1997년에 우선 브도빈이 떠나고 다음에는 법무부가 기관지 『돌격대원』Shturmovik의 발행 승인을 거부함으로 말미암아 이 운동단체는 쇠퇴하기 시작했다. 1998년에 카시모프스키는 신이교도 지도자 일리야 라자렌코Ilia Lazarenko, 그리고 당시 황금사자Zolotoi lev라는 소집단을 이끌고 있던 안드레이 사벨리예프Andrei Saveliev와 함께 민족전선Natsional'nyi front을 출범시키려 했으나 성공을 거두지 못했다. 마지막으로, 1990년대에 원외 민족주의 진영이 구체적인 형태를 띠게 되는 데 있어서 중요했던 또 다른 인물로는 빅토르 코르차긴Viktor Korchagin을 들 수 있다. 그는 1991년 러시아정당Russkaia partiia의 창립자였고 1996년에 이 정당을 떠났지만, 『소련 유대인의 교리문답』Katekhizis evreia v SSSR, 기관지 『러시아 통보』Russkie vedomosti, 연감 『루시치』Rusich를 포함한 다수의 출판물을 통해 계속해서 악명 높은 지위를 차지하고 있다. 2004년에 반유대주의적 발언으로 형을 선고받고 2005년에 감옥에서 석방된 코르차긴은 몇몇 소위 자본주의 신이교도 운동단체들 사이에서는 컬트적인 인물로 여겨지고 있다.[15]

1995년 12월 의회 선거와 1996년 6~7월 대선은 원외 진영의 심각한 분열과 일치된 이데올로기 선택에 대한 무능력을 다시 한번 확인시켜 주었다. 실제로 이러한 정당 멤버들 중 누구도 2대 두마에서 의석을 얻지 못했다. 리센코의 재선 시도 실패로 민족주의자들은 한 자리의 의

---

15 V. Shnirel'man, "Les nouveaux aryens et l'antisémitisme: D'un faux manuscrit au racisme aryaniste", in M. Laruelle(ed.), *Le rouge et le noir. Extrême droite et nationalisme en Russie* (Paris: CNRS-Editions, 2007), pp.189~224.

석마저 잃어버린 것이다. 바르카쇼프의 러시아민족통합은 지방의회에서 단 하나의 의석만을 얻었을 뿐이고, 자신들은 지지자들을 서구에서 유래하는 민주 제도가 아닌 내전과 이데올로기 잠입에 준비시키고 있다고 선언하면서 의회 선거에서 후보자 명부를 제출하지 않았다.[16] 원외 진영은 1996년 6월 대선에 파편화되어 나아갔다. 벨랴예프의 새 정당 같은 단체들은 주가노프 후보를 지지하자는 요구를 지원한 반면에, 바실리예프의 파먀트나 바르카쇼프의 러시아민족통합(바르카쇼프는 1차 선거에 출마했으나 성공을 거두지 못했다) 같은 다른 단체들은 체첸전에서 당국을 지지할 필요성을 주장하면서 옐친에 찬성하여 동원되었다.

주요 정치적 급진주의 운동단체: 러시아민족통합과 민족볼셰비키당

만화경 같은 원외 민족주의의 흐름들 속에서 두 개의 주요 정당이 상대적으로 정교화된 원칙뿐만 아니라 그 멤버 수 덕분에 1990년대에 영향력을 행사했다. 그 두 정당은 바르카쇼프의 러시아민족통합과 에두아르드 리모노프Eduard Limonov의 민족볼셰비키당이었다. 이 두 단체는 앞으로 우리가 다룰, 원외 진영의 두 주요 이데올로기 정향을 구현했다. 그 첫번째는 이탈리아 파시즘과 독일 나치즘에 대한 언급을 결합하고, 인종주의 이념을 신봉하며, 사회에 대한 보수적인 견해를 지니는 것이다. 두번째는 민족볼셰비즘으로부터 영감을 받았고, 민족주의적이면서도 사회주의적인 문헌에 기초하고 있으며, 자신이 원래부터 혁명적이라고 주장하는 것이다.[17]

---

16 V. Likhachev, *Natsizm v Rossii*, p.13.
17 T. Parland, "Russia in the 1990s: Manifestations of a Conservative Backlash Philosophy", in C. J. Chulos and T. Piirainen(eds.), *The Fall of an Empire, the Birth of a Nation: National Identities in*

러시아민족통합은 파먀트의 부진 이후 형성된 최초의 정당들 중 하나였다. 1985년에 바르카쇼프는 파먀트 운동단체에 참여했으며 바실리예프와 함께 파먀트의 주요 인물들 중 한 명이었다.[18] 그럼에도 불구하고 1990년 3월에 이 두 사람은 각자 다른 길을 갔다. 바르카쇼프는 정교회와 차르 체제에 대한 파먀트의 향수를 거부했고 그 '과도한 애국주의' kvasnoi patriotizm를 비난했다. 바르카쇼프의 운동단체는 나치 십자 표장, 히틀러 경례, 멤버들의 준군사조직 제복 등 나치즘으로부터의 상징을 많이 차용하며, 혼합경제와 우생학 이론을 포함하여 국가사회주의독일노동자당Nationalsozialistische Deutsche Arbeiterpartei[즉, 나치] 프로그램을 여러 차례 언급한다. 러시아민족통합이 다른 원외 정당들과 다른 점은, 1992년 바르카쇼프가 출판한 안내서 『러시아 민족주의자의 ABC』Azbuka russkogo natsionalista에서 설명한 바와 같이, 러시아 민족을 명백하게 인종주의적으로 정의한다는 데 있다. 이 정당은 혈연에 비하면 언어적·종교적 요인은 별로 타당성이 없다고 여기고, 민족의 이익이 국가의 이익보다 우월하다고 생각하면서 국가가 명목 러시아 민족이 마음대로 할 수 있는 민족적ethnic 실체가 되기를 원하며, 혼합 결혼의 금지를 요구한다. 또한 이 정당은 반러시아 세계의 국제주의적 음모에 대한 신념을 옹호하고, 신이교에 대해서는 빈정거리는 표현을 사용하면서 기독교에 대해서는 비난을 삼가며, 그리스도의 아리아성Aryanness을 증명하려고 애쓴다.[19]

Russia (Burlington: Ashgate, and Helsinki: University of Helsinki, 2000), pp.116~140.
18 A. Verkhovskii, A. Papp and V. Pribylovskii, Politicheskii ekstremizm v Rossii (Moscow: Panorama, 1996), p.241.
19 J. B. Dunlop, "Alexander Barkashov and the Rise of National Socialism in Russia", Demokratizatsiya, no.4 (1996), pp.519~530; S. G. Simonsen, "Alexandr Barkashov and Russian National Unity: Blackshirt Friends of the Nation", Nationalities Papers, no.4 (1996), pp.625~639.

한때 '한 민족, 한 민중, 한 국가'라는 슬로건을 널리 퍼뜨리기도 했던 러시아민족통합의 성공은 1993년 10월 사태의 덕을 크게 보았다. 충돌이 있던 동안에 러시아민족통합은 반란을 일으킨 의원들 편에서 순찰에 나섰고 최고소비에트Verkhovnyi Sovet[20]로의 진입을 통제했다. 러시아민족통합 민병대는 의회를 지지했던 국방부 부대에 편입되었다. 러시아민족통합 멤버 2명이 사망했고, 단체는 일시적으로 금지되었으며, 바르카쇼프는 마침내 체포되어 수감되기 전까지 수개월 동안 경찰을 피해 다녀야 했다. 1994년 2월 바르카쇼프가 석방되었을 때 러시아민족통합 지원병들이 트란스니스트리아와 남오세티야 분쟁에 참여한 것에 힘입어 원외 민족주의 운동 내에서 그의 명성은 최고조에 달했다. 당시 러시아민족통합은 가장 급진적인 민족주의 조직이자 가장 조직이 탄탄한 단체로 여겨졌다. 즉, 러시아민족통합에게는 350개의 지방 조직이 있었는데, 이 중 100개가 공식적으로 등록되면서 러시아민족통합은 공산당, 대통령 정당인 러시아의 민주선택, 지리노프스키의 자민당 다음으로 러시아에서 네번째로 큰 정당이 된 것이다.[21] 이 단체의 기관지 『러시아 질서』Russkii poriadok는 발행부수가 수만 부에 이르렀고, 1993년 10월 이후 내려진 금지 조치 뒤에 『내일』Zavtra로 명칭을 바꾼 주간지 『하루』Den'와 함께 민족주의 언론 시장을 지배했다. 러시아 몇몇 지역에서 러시아민족통합의 지부는 스포츠클럽이나 경찰예비센터로 등록되어 러시아민족통합 멤버들이 국가 경찰과 함께 순찰에 나서기도 했다.

---

20 이때까지도 여전히 소련의 입법기관인 최고소비에트가 신생 러시아연방의 의회로서 기능하고 있었으나, 1993년 12월 러시아 헌법이 통과되면서 하원 국가두마(Gosudarstvennaia Duma)와 상원 연방회의(Sovet Federatsii)로 이루어진 현재의 양원제 의회가 구성되었다. ― 옮긴이

21 W. D. Jackson, "Fascism, Vigilantism, and the State: The Russian National Unity Movement", *Problems of Post-Communism*, vol.46, no.1 (1999), pp.34~42.

1993년부터 1996년까지 절정기에 달했던 러시아민족통합은 스스로를 정당으로뿐만 아니라 적대적인 요인들에 맞서 러시아의 이익을 수호할 준비가 되어 있는 대중운동단체로도 표현했다. 러시아민족통합은 상당한 영토에서 네트워크를 지녔고, 스타브로폴과 크라스노다르 지역에서 특히 강세를 보였다. 러시아민족통합의 내부 구조는 매우 중앙집권적이고 위계적이었다. 즉, 단체의 회원 자격은 집중적인 훈련을 거쳐야만 들어갈 수 있는 몇 가지 단계를 포함하고 있었다. 훈련이 성공적으로 완수되면 새로이 훈련을 받은 당원(전우)은 약 10명으로 이루어진 소집단을 이끌었고, 이는 차례로 보다 규모가 큰 피라미드 구조에 통합되었다. 당은 멤버들에게 종종 마피아 사업에 관련이 되곤 하던 자원민병대 활동에 종사하거나 당과 밀접한 관계에 있는 사업가들의 경호원으로 근무할 기회를 제공했다. 러시아민족통합은 준군사훈련(무기 조작, 무술, 육박전, 낙하산 점프)을 전문적으로 실시했고 러시아 전역의 몇몇 지역에 전지형차ATV, 트럭, 보트, 무기 지급물 등이 잘 갖춰진 훈련 캠프를 보유하고 있었다. 러시아민족통합의 많은 회원들이 보안기관에서 근무했고, 당원을 늘리기 위해 거리의 아이들을 모집했다. 1990년대에 러시아민족통합은 국민의 약 10%로부터 암묵적인 지지를 받았을 뿐만 아니라 외형적으로는 5~20만 명의 지지자를 확보하고 있었다.[22] 당 민병대는 몇몇 인종주의 사건을 선동했고 내무부 같은 몇몇 핵심 부서에 침투한 듯이 보였다.[23] 러시아민족통합은 정기적으로 지역 경찰 부대와 협력했고 당국의 조심스러운 지원을 받아 가며 특히 보로네슈와 스타

---

22 V. Shnirel'man, "Chistil'shchiki moskovskikh ulits". Skinkhedy, SMI i obshchestvennoe mnenie (Moscow: Academia, 2007), p.89.
23 A. Verkhovskii, E. Mikhailovskaia and V. Pribylovskii, Politicheskaia ksenofobiia, pp.50~59.

브로폴에서는 거리 질서를 수립하기도 했다.

민족볼셰비키당은 이데올로기 스펙트럼에서 러시아민족통합과 정반대의 위치를 점유하는 것을 목표로 했다. 하지만 러시아민족통합과 마찬가지로 민족볼셰비키당도 급진적인 자세를 유지하려 했고 대의제도에 관여하는 것을 거부했다. 1992년 지리노프스키와 가까운 반反문화적 성향의 당원들이 새로운 원외 정당인 혁명야당Revoliutsionnaia oppozitsiia을 창설했다. 1974년에 소련을 떠났다가 1992년에 다시 정착하기 위해 돌아온 시인이자 베스트셀러 소설가인 리모노프가 이 정당을 이끌었다. 리모노프는 러시아 원외 세계에서 전폭적인 지지를 받은 적이 없으며, 동성애를 암시하는 퇴폐적인 글을 쓴다는 이유로 많은 민족주의자들이 그를 비난했다.[24] 러시아민족통합과 유사하게 민족볼셰비키 운동도 1993년 10월 사태에서 구체적 형태를 갖추게 되었다. 1991년 고르바초프에 반대한 보수 쿠데타가 반문화계의 저항을 유발했다면, 1993년의 갈등도 이들을 거리로 불러내긴 했으나 이번에는 옐친에 반대하여 반란을 일으킨 편에서 그러했다. 1994년 초 리모노프는 신유라시아주의[25] 이론가 알렉산드르 두긴Alexander Dugin 및 록 가수 예고르 레토프Egor Letov와 함께 재빨리 혁명야당을 민족볼셰비키당으로 전환시켰고, 이 정당은 이들의 문화적 요구와 소비에트 과거에 대한 찬양을 결합했다.

이 정당은 소위 제3의 길 이념으로부터 영향을 받았다. 즉, 민족혁명과 사회혁명은 하나의 같은 원칙으로부터 나오는 것이고 좌파든 우

---

24 A. Rogachevski, *A Biographical and Critical Study of Russian Writer Eduard Limonov* (Lewiston-New York: Edwin Mellen Press, Studies in Slavic Language and Literature 20, 2003).
25 유라시아주의에 대해서는 M. Laruelle, *Russian Eurasianism: An Ideology of Empire* (Washington, D.C.: Woodrow Wilson Press/Johns Hopkins University Press, 2008) 참조.

파든 극단주의자들은 '봉기라는 일반 원칙'의 이름으로 세력을 합하여 공동전선을 형성해야 한다고 주장하는 것이다.[26] 전위적인 민족볼셰비즘 교리가 발전한 것은 많은 점에서 이론가 두긴 덕택이다. 두긴은 무정부주의와 테러리즘에 입각하여 좌파와 우파의 혁명적 급진주의 간에 동맹을 형성해야 한다는 관념을 발전시켰고 행동과 죽음에 관한 숭고하고 낭만적인 견해를 제시했다.[27] 민족볼셰비키당은 좌파의 이데올로기적인 기준점에 있어서뿐만 아니라 보다 교양 있는 사회적 기반과 반유대주의에 대한 관심 부족에 있어서도 다른 급진적인 운동단체들과 구별되었다. 이 단체는 핵심적인 해결책은 새로운 대러시아 제국을 건설하는 것이라고 주장했다. 이에 따라 민족볼셰비키당은 자신들의 영토에서 이 정당 멤버들이 활동하는 것을 걱정한 라트비아와 우크라이나에서 당국의 관심을 받게 되었고 카자흐스탄에서는 카자크 단체들과 나란히 '봉기'의 시도를 선동했다.[28]

레토프의 활동과 단호하게 민족주의적인 노선을 취한 첫번째 반문화적 경향에 속했던 음악 잡지 『러시아 록』Russkii rok을 통해 민족볼셰비키당이 옹호한 무정부주의적 영웅주의에 대한 미적인 숭배가 청년단체에서 조장되었다. 또한 당은 주요 러시아 헤비메탈 신문 『철의 행진』Zheleznyi Marsh 발행에 자금을 조달했고, 그라즈단스카야 오보로나Grazhdanskaia Oborona['시민 방어'라는 뜻이다], 코로지야 메탈라Korrozia

---

26 V. Likhachev, *Natsizm v Rossii*, p.66.
27 M. Laruelle, *Russian Eurasianism*, pp.103~147.
28 1997년 봄 리모노프는 처음에는 북카자흐스탄의 자치를 선포하려 했던 콕체타프의 카자크 단체를 지지했으나, 이후 1999년 카자흐스탄의 알타이에서 일어난 분리주의 쿠데타 시도에서는 모호한 역할을 한 것으로 보인다. M. Laruelle and S. Peyrouse, *Les Russe du Kazakhstan. Identités nationales et nouveaux états dans l'espace post-soviétique* (Paris: Maisonneuve & Larose, 2004), pp.227~229 참조.

Metalla['금속의 부식'이라는 뜻이다], 니콜라우스 코페르니쿠스Nikolaus Kopernik 같은 유명 록 그룹 및 1996년에 사망한 가수 세르게이 쿠리오힌Sergei Kuriokhin 등과 긴밀한 관계를 발전시키기도 했다. 당 기관지『리몬카』Limonka의 발행부수는 많았는데, 이는 1만 2,000부에서 5만 부까지 달라지곤 했다. 몇 년이라는 짧은 기간 동안 민족볼셰비키당은 러시아 청년 반문화와 가장 밀접하게 연관된 정치 조직이 되었다.[29]

2000년대 원외 민족주의의 재편성

1990년대 말에 이르면 1990년대 초 원외 정당의 대부분이 빈사 상태에 빠졌다. 몇 차례의 분열 끝에 2000년 러시아민족통합은 내부 쿠데타를 겪었다. 몇몇 지역 지도자들이 바르카쇼프를 당 지도자의 지위에서 축출하면서 여러 파벌들로 쪼개졌고, 이들 중 어떤 것도 통합의 역할을 수행하는 데 나설 수 없었다. 2006년 몇몇 파벌들이 소위 새로운 루시민족사회주의정당Natsional-sotsialisticheskaia partiia Rusi을 재건하려 했으나, 등록을 거부당했다. 2005년 '난동행위'로 법적인 문제를 겪은 바르카쇼프는 이듬해 12월 자신의 이름이 들어간 새로운 정당을 창립했지만, 실질적인 성공을 거두지는 못했다.[30] 이전의 러시아민족통합이나 러시아민족공화당, 인민민족당, 러시아민족연합 활동가들 대다수가 새로운 조직으로 흩어졌다. 원외 민족주의 진영의 분리는 2000년 대선 기간에도 계속됐다. 즉, 벨랴예프와 리센코는 푸틴의 입후보를 지지했지만, 바르카쇼프(1차 선거의 후보자였으나 선거운동은 하지 않았다)나 리모노프, 이바노

---

[29] M. Mathyl, "Nationalisme et contre-culture jeune dans la Russie de l'après-perestroïka", in M. Laruelle (ed.), *Le rouge et le noir*, pp. 115~137.
[30] 당의 웹사이트 http://www.barkashov.com (accessed 2009.4.23) 참조.

프-수하레프스키는 그렇게 하지 않았다.

2000년대 초에 등장한 새로운 운동단체들은 종교적·정치적 문제에 대해 갈수록 더 급진적인 슬로건을 발표했다. 2001년에 자유정당Partiia Svobody을 창립한 벨랴예프는 민족 간 증오를 선동했다는 혐의로 주기적으로 고발당했고, 상트페테르부르크 시장 후보에 출마하려 했으나 실패했다. 벨랴예프가 콩고 학생의 살해를 승인했다는 이유로 형을 선고받은 2006년에 이 정당의 등록은 취소되었다.[31] 신이교도 이론가 알렉산드르 세바스티야노프Alexander Sevastianov의 민족민주사회운동Natsional-demokraticheskoe sotial'noe dvizhenie의 경우에도 상황이 유사했다. 이 정당은 1995년부터 존재했으나, 2000년대 초에 이르러서야 어느 정도 명성을 얻게 되었다. 이 정당은, 『선조의 유산』과 『아테네 신전』Atenei[32]이라는 두 잡지와 19세기 및 20세기 초부터의 서구·러시아 인종인류학 문서 재편집 시리즈로 이루어진 『인종적 사고 문고』Biblioteka rasovoi mysli라는 저작집을 발행한 소위 '인종학적'[33] 흐름에 합류했다. 조그만 급진적 신문의 편집장이었던 세바스티야노프는 2001~2002년에 이교 신앙과 스탈린주의를 결합한 러시아민족강대국정당Natsional'no-derzhavnaia partiia Rossii이라는 정당을 창립하려 한 시도를 통해 어느 정도 성공을 거두었다. 장교연합Soiuz ofitserov의 신이교도 지도자 스타니슬라프 테레호프Stanislav Terekhov와 슬라브언론인연합Slavianskii soiuz zhurnalistov의 지도자 보리스 미로노프Boris Mironov가 세바스티야노프의 노력에 동참했다.[34] 창립자들의 말에 따르

---

31 당의 웹사이트 http://svobodarus.com (accessed 2009.4.23) 참조.
32 잡지의 웹사이트 http://www.ateney.ru (accessed 2009.4.23) 참조.
33 V. Shnirel'man, 'Tsepnoi pes rasy': divannaia rasologiia kak zashchitnitsa 'belogo cheloveka' (Moscow: SOVA, 2007), http://xeno.sova-center.ru/29481C8/9EB7A7E.
34 당의 웹사이트 http://www.sevastianov.ru (accessed 2009.4.23) 참조.

면, 정당의 목표는 모든 러시아 민족주의자들을 통합하는 것이었지만, 2003년에 법무부는 이 정당의 등록을 거부했다. 그 이후로 세바스티야노프는 원외 운동단체에서 가장 두드러진 인물들 중 한 명이 되었고, 그의 비공식 정당은 가장 눈에 띄는 정당들 중 하나이다.

2000년대에 가장 급진적인 소집단들은 반복해서 살해 지령을 내렸다. 2004년에 '러시아공화국'Russkaia respublika이라는 집단은 민족학자 니콜라이 기렌코Nikolai Girenko를 살해한 책임이 자신에게 있다고 주장했다.[35] 이 운동단체는 에스닉 러시아인들에게 소수민족의 손으로 넘어갔다는 의심이 드는 러시아연방으로부터의 탈퇴를 선동하라고 요구했고, 러시아의 지도자들을 '러시아 민족 제노사이드' 죄로 재판에 회부할 법원을 설립할 것을 요청했다.[36] 같은 맥락에서 2005~2006년 드미트리 루먄체프Dmitri Rumiantsev의 민족사회주의협회Natsional-sotsialisticheskoe obshchestvo는 자신의 사이트 '러시아의 의지'Russkaia volia에 '러시아 민족의 적들'이라는 긴 명단을 발표한 것으로 유명해졌다. 이 명단은 '적들'의 주소와 전화번호를 제공했고 때로는 여권 사진 복사본을 싣기도 했다. 적으로 고발된 사람들 가운데에는 안나 폴리트코프스카야Anna Politkovskaia 같은 언론인, 스베틀라나 가누슈키나Svetlana Gannushkina 같은 인권보호운동가, 에밀 파인Emil Pain이나 발레리 티슈코프Valeri Tishkov 같은 대학교 학자들이 있었

---

[35] 전공이 민족학인 기렌코는 상트페테르부르크 학술협회의 소수자인권위원회장이었다. 2004년에는 이 문제에 대한 전문가의 안내서를 발행했고 인종주의 범죄와 관련된 소송에서 전문 지식을 제공하기 위해 정기적으로 법원에 호출되었다. N. M. Girenko, *Etnos, kul'tura, zakon* (Saint Petersburg: Carillon, 2004) 참조.

[36] 이 운동단체는 인터넷에서 활동을 참고할 수 있는 유사한 정치 조직을 설립하였다(http://www.rusrepublic.ru). C. Gurin, "'Russkaya Respublika': We Sentenced Nikolai Girenko to Death", *Eurasia Daily Monitor*, vol.41, no.1 (June 2004), http://www.jamestown.org/publications_details.php?volume_id=401&issue_id=3001&article_id=2368165 (accessed 2006.9.18) 참조.

는데, 이들 모두는 '국가 러시아 혐오증' 이론가들이라고 비난받았다.[37] 2006년 10월 7일 폴리트코프스카야가 살해되었음에도 불구하고 연방보안국은 이 명단이 살인에 대한 지령을 구성한다고 간주하거나 이에 대한 조사를 개시하기를 거부하고 있다.[38]

　1990년대와 2000년대 내내 이들 원외 정당들은 극히 드문 경우에만 선거에 참여했고 의회 선거나 대선에는 거의 혹은 전혀 참여하지 않았다. 이들의 후보는 때때로 지방선거나 지자체선거에서 몇몇 대수롭지 않은 의석을 차지하기도 했다.[39] 가장 흔하게는 이들 후보가 다른 정당, 특히 지리노프스키의 자민당이나 '조국' 당의 명부에서 당선되곤 했는데, 이는 이들에 대한 표가 이들의 이념에 대한 투표라고 해석할 수 없게 한다.[40] 어떤 경우든 이 운동단체들 대다수는 선거라는 게임에서 승부를 가르는 것을 거부하고 지지자들에게 정치적 대의제보다는 거리에서의 행동에 찬동할 것을 요구한다. 게다가 이들은 모두 주기적으로 인종적 증오의 선동, 재정 사기, 혹은 불법 무기 소지 혐의로 법적인 문제를 안고 있어 왔다. 이들은 종종 마피아 네트워크와 긴밀한 관계를 맺고 있고 돈벌이가 되는 상업 활동, 특히 사설 경호 업무에 종사한다. 몇

---

37 이 명단을 알고 싶다면 블라디미르 프리빌로프스키(Vladimir Pribylovskii)의 개인 서재 웹사이트(www.antikompromat.ru)에 문의하기 바란다.
38 "FSB ne nashla sostava prestupleniia v opublikovanii spiska 'vragov natsii'", *Ekho Moskvy*, November 15, 2006; "FSB ne nashla kriminala v spiske 'vragov natsii'", *Grani.ru*, http://ww.kolokol.ru/Society/Xenophobia/d.114431.html?rm=sform (accessed 2009.4.23).
39 V. Pribylovskii and G. Tochkin, "Natsional-patioty na regional'nykh vyborakh v 2000–2005 gg.", in M. Laruelle(ed.), *Russkii natsionalizm v politicheskom prostranstve (issledovaniia po natsionalizmu)* (Moscow: INION, French-Russian Center for Research in Human and Social Sciences, 2007), pp.137~150.
40 A. Verkhovsky, "Political Commentary: Ultra-Nationalists in Russia at the Onset of Putin's Rule", *Nationalities Papers*, vol.28, no.4 (2000), pp.707~722.

몇 단체들은 자신들의 정치적 활동 아래에 범죄 혹은 마피아 활동을 숨기기도 한다. 모든 급진적인 운동단체들처럼 이들의 주요 목표도 최소 비용으로(그래서 인터넷은 핵심적인 도구이다[41]) 언론의 주목을 받아서 자신들의 사회적 대표성을 훨씬 능가하는 수준의 가시성을 획득하는 것이다.

사회적 동원을 찾아서: 스킨헤드 현상

모든 원외 정당들은 수많은 원칙상의 분열과 주기적인 제명 선언뿐만 아니라 부족한 사회적 기반과도 씨름해야만 한다. 이들이 수천 명 혹은 수백 명의 회원밖에 모으지 못하고, 모스크바나 이들이 발생한 지방 도시 밖에서는 가시성을 획득하지 못하며, 새로운 멤버를 충원하기 위해 고군분투하는 것은 아주 흔한 일이다. 대중들이 자신들의 말을 들을 수 있도록 이들은 청년 명망가들을 끌어들이기 위해 서로 경쟁하는데, 이는 이들이 양적으로 확장될 수 있는 유일한 방법이다. 그러나 러시아 청년층은 대개 언급된 정당들 대부분, 특히 군주주의와 정교회 이데올로기 단체들을 거부한다. 각각 수천 명의 동조자를 거느렸던, 1990년대의 러시아민족통합과 2000년대의 민족볼셰비키당만이 호소할 수 있는 실질적인 사회적 기반을 지녔었다. 이러한 점에서 이 두 정당은 원외 민족주의 스펙트럼에서 점차 중요한 역할을 맡게 된, 스킨헤드로 구체화된 사회운동단체의 선구자라고 할 수 있다.

---

[41] L. Back, "Aryans Reading Adorno: Cyber-Culture and Twenty-First Century Racism", *Ethnic and Racial Studies*, vol.25, no.4 (2002), pp.628~651.

2000년대 초 스킨헤드 운동단체는 일약 대중의 가시성을 얻게 되었다. 이로 인해 원외 진영은 자신들을 그저 대표될 수 없는 소집단으로 간주하는 비판을 일축하고, 자신들의 신념에 동조하는, 그리고 수적으로 의미 있는 사회적 기반의 존재를 주장할 수 있게 되었다. 이에 더해 이들에게 스킨헤드는 이들이 오랫동안 추구해 온 전사와도 같은 영웅주의, 그리고 거리를 통제함으로써 권력을 쟁취하는 꿈을 상징한다. 또한 스킨헤드는 러시아 청년층을 주로 물질적 성공에 의해 동기 부여되는 개인들로 간주하는 담론을 부인할 수 있게 해준다. 게다가 스킨헤드가 이론에는 관심이 없고 폭력 행위를 선호한다는 점은 주기적으로 발생하는 이데올로기 균열로 야기되는 원외 민족주의 진영의 분열을 일부 제거해 주기도 했다.

스킨헤드 운동의 탄생, 구조화, 정치화

1960년대 영국에서 발생하여 다른 유럽 국가들, 특히 독일로 퍼져 나가기 전까지 스킨헤드 운동은 처음부터 급진적으로 대립하는 몇 개의 경향들로 갈라졌다. 그 첫번째는 본헤드Bonehead라고 불린 네오나치 경향이고, 두번째는 운동의 원래 국제주의적 전통을 간직한, 그리고 무정부주의의 영향을 받은 레드스킨Redskins이며, 세번째는 샤프SHARP, Skinheads Against Racial Prejudices라고 불린 비정치화된 계통이다. 이 마지막 집단은 레드스킨의 좌파적 발언만큼이나 본헤드의 인종주의를 거부하고 음악, 의류, 공동체 생활양식을 통해 자신들의 반문화counterculture를 표현하는 데 스스로를 제한한다. 러시아에서 레드스킨의 수는 극히 적다. 즉, 레드스킨이라고 확인할 수 있는 집단은 레닌이나 체 게바라 티셔츠를 자랑삼아 입고는 네오나치와의 싸움을 전문으로 하는 몇몇 민족볼셰비키당

계열 집단들이나 스킨헤드와의 대결을 찾아다니는 다른 호전적인 반파시스트 집단들뿐이다. 그에 반해 네오나치 본헤드는 오늘날 러시아 스킨헤드의 압도적 다수를 구성하고 있다.[42]

스킨헤드 운동은 1980년대 말 발트 국가에서 '소비에트 점령'과의 투쟁을 주장한 청년층 사이에서 출현했다. 그 이후 이는 러시아, 주로 모스크바에서 나타났는데, 이때 지지자는 겨우 수백 명밖에 없었다. 1991~1994년에 스킨헤드들은 축구 경기장이나 하일Heil!의 앵글로색슨 버전인 오이Oi라고 불린 스킨헤드 음악 콘서트에서 주로 선동을 일으키면서 서포터들 간의 난투극을 유발했다. 이들은 '러시아인을 위한 러시아', '모스크바인을 위한 모스크바' 같은 슬로건을 주장하는 10~20명의 소집단으로 몰려다녔다. 스킨헤드 운동은 비록 초기에는 대체로 비공식적이었고 분권적이었지만, 1990년대 후반에는 보다 조직화되었다. 1996년경 모스크바스킨군단Moskovskii skin-legion과 '피와 명예'Blood & Honor 러시아 지부라는 두 개의 강력한 단체가 출현했는데, 이들은 약 200명이라는 수적으로 상당한 집단으로 활동했다. 1998년 이들은 몇몇 소규모 운동단체들이 국제 조직 해머스킨Hammerskins의 러시아 지부로 통합됨으로써 편성되어 출현한 88연합여단Obedinennye brigady 88으로 합쳐졌다. 서구의 스킨헤드 운동과 유사하게 러시아 단체들도 주로 남자들로 이루어져 있다. 1997년 첫 여성단체 늑대들Volchitsy이 출현했으나, 러시아 여성Russkie devushki이나 철목련Stal'nye magnolii 같은 새로운 단체들의 그늘에 서서히 가려져 버렸다.[43]

---

42 A. Tarasov, *Natsi-skiny v sovremennoi Rossii* (Moscow: Moskovskoe biuro po pravam cheloveka, 2004), http://scepsis.ru/library/id_605.html (accessed 2009.4.23).
43 V. Shnirel'man, "Chistil'shchiki moskovskikh ulits", p.26.

1990년대 중반 대중적 지지를 거의 받지 못하던 많은 소규모 원외 정당들이 스킨헤드들을 끌어들이는 데 착수했다. 이들을 받아들인 첫 번째 정당은 카시모프스키의 러시아민족연합이었는데, 지금은 금지된 이 단체의 기관지 『돌격대원』은 스킨헤드의 폭력적인 업적을 찬양하는 것을 전문으로 하곤 했다. 카시모프스키는 러시아행동Russkoe deistvie이라고 불린 소규모 스킨헤드 집단을 이끌기도 했다.[44] 그러나 러시아민족연합은 기관지 『나는 러시아인』의 유포를 통해 상트페테르부르크 스킨헤드 집단들과 긴밀한 관계를 형성할 수 있었던 이바노프-수하레프스키의 인민민족당의 그늘에 급속히 가려져 버렸다. 스킨헤드 지도자 세묜 토크마코프Semion Tokmakov가 인민민족당에 합류하여 자신의 단체 '러시아의 목적'Russkaia tsel'을 정당 부속 청년운동단체로 전환시켰다. 러시아민족통합 또한 스킨헤드 집단과 몇 차례 합동 작전을 조직하였다. 벨랴예프의 자유정당은 다양한 상트페테르부르크 스킨헤드 집단들과 긴밀한 관계를 유지했고, 이들 사이에 러시아 민족과 백인종의 위대함에 관한 아리아주의 및 인종주의 담론을 유포했다. 또한 1997년부터 자신들의 조직 경험을 제공하고 이데올로기 신념을 확산시키기 위해 러시아에 온 몇몇 서구 조직들의 활동 덕택에 스킨헤드의 정치화가 심화되었다. (독일연방공화국에서는 금지된) 독일 바이킹, 그리고 큐클럭스클랜KKK, Ku Klux Klan 미국 회원들이 이러한 경우였는데, KKK의 지도자 데이비드 듀크David Duke는 정기적으로 러시아에 왔고, 그의 책 두 권이 러시아어로 번역되었다. 그 중 하나인 『슬라브 스킨헤드의 ABC』The ABC of Slavic

---

44 S. Stepanishchev and S. Charnyi, "O proiavleniiakh neonatsizma v strane, pobedivshei fashizm" (Moscow: Moskovskoe biuro po pravam cheloveka, 2005), http://www.interethnic.org/News/080205_4.html (accessed 2009.4.23).

Skinheads라는 선전 책자가 2000년에 출판되어 지방 도시와 인터넷에서 널리 유포되었다.[45]

오늘날 백인종 보호에 관한 이론이 러시아 스킨헤드들 사이에 널리 퍼져 있고, 이들 중 많은 이들이 빅토르 베즈베르히Viktor Bezverkhi를 추종하는 베네트인의 영향을 받은 신이교 신앙을 인정한다.[46] 실제로 베네트인연합Soiuz Venedov은 마음대로 활용할 수 있는 자신의 청년 스킨헤드 조직으로서 아르툠 탈라킨Artiom Talakin이 이끄는 스와스티카Swastika를 가지고 있기도 하다. 특히 2000년 이후로 새로 등장한 스킨헤드 집단은 백인이고 러시아인이라는 정체성을 점점 더 노골적으로 언급하는 호칭을 채택하는 경향이 있다. '러시아의 목적', '러시아의 공격'Russkaia ataka, '러시아 부농'Russkii kulak뿐만 아니라 '백인순찰대'Belyi patrul'(2005년 벨랴예프가 설립), '백인사냥꾼'Belye okhotniki 등이 그 예이다. 가장 잘 조직되고 정치화된 스킨헤드 조직은 여전히 러시아어로 약자가 SS인 슬라브연합Slavianskii soiuz이다. 이 단체의 지도자는 이전에 러시아민족통합 멤버였던 드미트리 됴무슈킨Dmitri Demushkin으로 그는 2000년 자기 자신의 운동단체를 시작하기로 결심하고 그 이후 몇몇 스킨헤드 집단을 연합하여 언론의 조명을 받는 데 크게 성공했다. 그는 여러 차례 체포되었는데, 특히 2004년에는 한 인권운동가를 독살한 혐의로, 2006년에는 모스크바 근교의 이슬람 기도원에 대한 폭탄 테러에 가담한 혐의로 그러했다. 슬라브연합의 정치화는 특히 눈에 띈다. 즉, 됴무슈킨은 자신을 지도자Führer로 칭하고, 러시아민족통합으로부터 이데올로기 지침을 차용하

---

45 S. Belikov, *Skinkhedy v Rossii* (Moscow: Academia, 2005), p.24.
46 M. Laruelle, "Alternative Identity, Alternative Religion? Neo-Paganism and the Aryan Myth in Contemporary Russia", *Nations and Nationalism*, vol.14, no.2 (2008), pp.283~301.

며, 국가사회주의만이 유대인 프리메이슨의 위협으로부터 러시아를 구할 수 있다고 주장한다.[47]

몇몇 스킨헤드 집단들은 자신과 짝을 이루는 서구의 단체들, 예를 들면 해머스킨이나 '피와 명예'를 직접적으로 언급한다. 이데올로기 차원에서 이들은 역사적 나치즘의 인종주의 및 근절 이론을 옹호하기로 채택했고, 미국 화이트 파워 운동의 담론으로부터 영감을 얻었다. 다른 집단들은 보다 특유하게 러시아적이거나 슬라브적인 전통을 강조하여 거리 시위에서 (백색, 황색, 검은색의) 러시아 제국 깃발 아래 행진하는 것을 선호한다. 이데올로기적으로 다소 미묘한 차이를 가짐에도 불구하고 모든 스킨헤드 단체들은 『빡빡 깎은』Pod nol' 같은 1990년대의 신문이나 『백색 저항』Beloe soprotivlenie, 『드라이버』Otvertka, 『철의 행진』 같은 최근의 신문에서 전형적으로 나타나는 동일한 문화를 공유한다. 모두가 앵글로색슨 스킨헤드와 비슷한 방식으로 옷을 입고 나치 십자 표장, 켈트 십자가, SS 머리글자, 나치군의 토텐코프Totenkopf[해골]를 자랑삼아 달고 다닌다.[48] 음악은 이러한 청년층의 자아 정체성 형성 과정에서 핵심적인 표현 형식이다. 즉, 토텐코프나 테러민족전선Terror National Front 같은 그룹은 이들 사이에서 아주 인기가 높다. 이에 상응하여 1990년대 초 지리노프스키와 가까운 사이였던 세르게이 자리코프Sergei Zharikov나 안드레이 아르히포프Andrei Arkhipov 같은 몇몇 스킨헤드 가수들은 오늘날 네오나치즘을 공언하고 있다. 다른 두 그룹 콜로브라트Kolovrat와 반달Vandal은 아리아 이념을 언급하는 노랫말을 가지고 있고 바르카쇼프에 대한

---

47 당의 웹사이트 http://www.demushkin.com/engine/index.php?s=7 (accessed 2009.4.23) 참조.
48 V. Likhachev, *Simvolika i atributika skinkhedov* (Moscow: Moskovskoe biuro po pravam cheloveka, not dated), http://www.antirasizm.ru/publ_021.php (accessed 2009.4.23).

호감을 숨기지 않는다.[49] '화이트 록'을 추종하는 스킨헤드가 랩, 레게, 펑크 음악 콘서트에서 그 팬들과 대립하려 하면서 다른 음악 장르를 좋아하는 팬들 간에 충돌이 꽤 잦아졌다.

스킨헤드 환경에 대한 사회학적 접근

신뢰할 만한 통계를 이용할 수 없긴 하지만, 현재 약 5만 명의 스킨헤드가 러시아 곳곳의 100여 개 도시에 퍼져 있는 것으로 보인다. 처음에 내무부는 스킨헤드의 존재를 약 2만 명 정도로 인정했으나, 그 이후 2005년 발표에서 러시아 검찰은 이들이 4만 명에 이를 수 있다고 지적했다. 그러나 인권단체들은 6~7만 명의 스킨헤드가 존재한다고 주장한다.[50] 어떤 비행 청소년 집단들은 정치적 의미를 갖는 범주에 포함시키기가 쉽지 않기 때문에 근사치로 추정할 수밖에 없긴 하지만, 현재 러시아에는 세계 어느 나라에서보다도 가장 많은 수의 스킨헤드들이 있다.[51] 그렇지만 이러한 폭력적인 형태의 사회적 동원이 일어나기 쉬운 환경을 보다 명백하게 밝혀 줄 수 있는, 러시아 스킨헤드에 관한 사회학적·인류학적 연구는 거의 없다.

현재 존재하는 적은 수의 조사는 모두 스킨헤드 운동이 급속하게 진화하고 있다는 평가로 의견이 수렴된다. 1990년대에 스킨헤드는 주로 포스트소비에트의 변화로 취약해진 계층 출신의 아주 어린 10대 (12~14세) 혹은 극심한 경제위기의 한가운데에 있는 대도시 근교 거주

---

49 M. M. Sokolov, *Samopredstavlenie organizatsii v russkom radikal'nom natsionalisticheskom dvizhenii* (Ph.D., Saint Petersburg, 2003), p.22.
50 A. Tarasov, "Le phénomène skinhead en Russie, un malaise jeune en cours de politisation?", in M. Laruelle(ed.), *Le rouge et le noir*, pp.173~188.
51 V. Shnirel'man, *"Chistil'shchiki moskovskikh ulits"*, p.29.

자들로 충원되었다. 따라서 스킨헤드 현상의 주요 온상은 과거의 소비에트 중간계급(숙련 노동자와 기술자[52])이었고, 급격한 생활수준의 하락을 겪어 몇 년 동안에 자신들의 사회적 위신이 소진되어 버린 것을 지켜본 경찰 및 군 인사의 가족들이 그 뒤를 이었다.[53] 많은 스킨헤드 초년병들이 중등교육조차 마치지 못했고, 비행 외에는 출세의 전망도, 다른 경제적 생존의 기회도 없는 거리의 아이들이었다. 축구 경기장과 콘서트장은 인종주의 공격의 공간이라기보다는 이들의 기본적인 표현 공간이었다.

2000년에 이르러 대도시에 존재하는 스킨헤드 운동의 일부는 보다 부르주아화한 듯이 보인다. 즉, 신입 스킨헤드들은 대개 1998년 여름 금융위기 이후 러시아의 경제 호황으로 늘어난 중간계층 출신인 것이다. 이러한 새로운 스킨헤드 세대는 조금 나이가 있는 청소년(15~20세)이나 대중과 정치계 사이에서 매개자 역할을 하는, 보다 정치화된 20~30대 엘리트로 구성되어 있다.[54] 이제 이러한 스킨헤드들과 원외 정당 간의 연계는 보다 분명해 보이고, 파시즘 및 나치즘에 대한 이들의 언급은 보다 세련돼 보인다. 이들은 더 이상 자신들의 적을 단순히 '외국인'이라고 여기지 않는다. 이제 적은 펑크족, 래퍼, 민족볼셰비키당 지지자, 무정부주의자, 대안세계화주의자, 동성애자 등과 같은 문화적 반대자이기도 한 것이다. 대도시의 스킨헤드들은 보다 부유하고, 보다 값비싼 의류를 입으며, 과학기술 유행(핸드폰 등)에 대한 보다 높은 접근성을 갖

---

52 소련에서 '기술자'라는 명칭의 직업적 범주는 대단히 광범위했다. 이는 직업 중고등 교육기관을 수료한 모든 사람들을 포함했고, 따라서 매우 넓은 층의 인구를 포괄했다.
53 V. Shnirel'man, "*Chistil'shchiki moskovskikh ulits*", p.16.
54 S. Belikov, *Skinkhedy v Rossii*, p.12.

고 있으며, 일상생활에서 보다 서구화되어 있다. 이들은 또한 경제적 보호주의를 요구한다는 사실로 구별되기도 한다. 이들은 소기업 소유주들의 자식들로서, 자신들의 주장에 따르면 이주자들에 의해 야기되는 노동 경쟁에 반대한다.

연구자 알렉산드르 타라소프Alexander Tarasov에 따르면, 스킨헤드 운동은 점점 더 지역적 차이가 강하게 나타나는 특징을 갖고 있다. 대도시에서 스킨헤드는 중간계층 출신이고 보다 부유하고 나이가 있으며 보다 정치화된 반면에, 이 현상의 영향을 뒤늦게야 받은 소도시에서 스킨헤드는 보다 어리고 가난하며, 비정치화라는 특징을 갖는 일종의 청년 하위문화를 구성한다.[55] 후자는 스킨헤드를 표현하는 앵글로색슨 명칭 'skinkhedy' 대신 '머리를 면도한 사람들'을 의미하는 러시아어 호칭 'britogolovye'를 주로 사용하여 자신들을 부른다. 스킨헤드들과 함께 일하는 소수의 단체들은 모두, 스킨헤드들 중 다수가 특히 운동단체에 가담할 때 정치화된 메시지를 찾아 나서지 않고 정서적인 틀만을 원할 뿐이라는 점에 주목하는데, 이러한 경우에 그것은 집단에의 소속과 성인 사회의 거부를 통해서 가능해진다. 이렇듯 러시아 소도시에 침범하는 스킨헤드 현상에 주로 모이는 이들은, 정치의식이 거의 발달되지 않았고 비행을 정체성 유형이나 정치적인 구실하에 불법행위를 감추는 수단으로 여기는 청년층이다.[56]

---

55 A. Tarasov, "Meniaiushchiesia skinkhedy: Opyt nablyuzhdeniia za subkul'turoi", *Druzhba narodov*, no.11 (2006), http://scepsis.ru/library/id_1000.html (accessed 2009.4.23).
56 Ibid.

2000년대 폭력의 급진화

스킨헤드의 조직화 정도가 점점 높아진 것과 상응하게 이들은 점점 규모가 커진 폭력 행위에 관여해 오고 있다. 소비에트 시기 이후로 특히 사하라 이남 아프리카 및 동아시아 출신 외국인 학생들을 받아들여 왔던 러시아민족우호대학RUDN, Rossiiskii universitet druzhby narodov에서 1990년대 초 첫번째 인종주의적 공격이 조직되었다. 또한 스킨헤드는 모스크바 중심부 아르바트 거리나 이전에 파먀트의 주요 집회 장소이기도 했던 고르부노프 문화궁전 앞에서 정기적으로 모임을 가졌다. 처음에 이들은 당시 충동적이었던 공격 행위를 할 때 노숙인은 말할 것도 없고 주로 집시나 유색인을 목표로 하는 '모스크바의 거리 청소부'로 자신들을 표현했다. 그러나 이들은 급속하게 보다 규모가 큰 행동을 계획하기 시작했고, 이를 촬영해서 인터넷에서 방송했다. 이들은 또한 높은 수준의 병참 효율성을 입증해 보여 주었고, 이들의 웹사이트는 무기 조작과 공격 방법에 대한 조언을 제공하기도 한다.[57] 게다가 이들은 1998년부터 자신들의 공격 날짜를 특정 기념일, 특히 히틀러의 생일인 4월 20일로 정례화했다. 이해에 이들은 유색인 여러 명을 공격하거나 살해했지만, 경찰 당국은 미국 대사관의 흑인 경호원이 살해되고 워싱턴으로부터 압력을 받고 나서야 대응하기 시작했다.

2000년 3월에 이들은 첫번째 대규모 행동으로 새로운 조치를 취하기 시작했다. 민주정당 야블로코의 지도자 그리고리 야블린스키의 대통령 후보 출마를 추대하기 위해 개최된 집회에 반대하기 위해 수백 명

---

57 H. Duquenne, "Les Mouvements extrémistes en Russie", *Le Courrier des pays de l'Est*, no.1060 (2007), pp.70~86.

의 스킨헤드들이 디나모 스포츠 궁전으로 갑자기 들이닥쳤다. 모스크바에서는 포그롬이 조직되었다. 즉, 2000년 10월 21일에는 베트남 대학교 기숙사에서, 2001년 3월 15일에는 아르메니아 학교에서, 그리고 같은 해 4월 21일에는 야세네보에서 '외국인'이 소유한 간이 상점에 반대하여, 2001년 10월 30일에는 가장 흉악한 포그롬이 차리치노 지하철역 부근 시장에서 발생했다. 차리치노 포그롬에서 300명에 가까운 스킨헤드가 작은 간이 상점 및 시장 매점 주인들을 공격하여 4명이 죽고 100명 이상이 부상당했다. 그 이후로 연이어 모든 인권단체들은 카프카스인과 중앙아시아인에게 자행되는 폭력 및 살해 행위가 일정하게 증가했음을 알려 주고 있다. 경찰 보고서 또한 증원부대의 공급을 위해 스킨헤드가 때로는 다른 도시에서 호출되고 있다면서 이러한 행동에 관련된 사전 준비 수준이 높아졌다고 지적한다.[58] 2006년에 인종주의 범죄행위는 계속해서 증가했다. 몇몇 스킨헤드 집단은 모스크바의 체르키조프 시장에서 폭발하여 13명의 사망자를 낳은 사제 폭탄처럼 훨씬 더 급진적인 수단을 사용하기까지 했다. 2006년의 가장 큰 포그롬이었던 콘도포가 사태는 스킨헤드 운동단체들의 용기를 북돋아 주었다. 이들은 이 사태를 러시아 민족의 영웅적인 자기방어 행위로 바라보았고, 자신들이 경제 및 이주 문제에 행동의 초점을 맞출 때 받는 높은 지지율을 가늠해 볼 수 있었다.

인권보호단체들은 인종주의적 공격이 2004년에는 총 270건(47건의 살해 사건을 포함), 2005년에는 461건(47건의 살해 사건), 2006년에는

---

[58] V. I. Mukomel' and E. A. Pain(eds.), *Tolerantnost' protiv ksenofobii. Zarubezhnyi i rossiiskiii opyt* (Moscow: Academia, 2005), p.140.

539건(54건의 살해 사건), 2007년에는 632건(67건의 살해 사건), 2008년에는 515건(96건의 살해 사건) 발생했다고 산출한다.[59] 상트페테르부르크에는 잘 조직된 스킨헤드 집단이 아주 많아서 스킨헤드의 숫자가 총 1만 명 내지 1만 5,000명에 이르고, 러시아 및 서구 언론은 종종 이 도시를 인종주의의 수도라고 소개한다. 그러나 모스크바와 주변 지역이 여전히 인종주의적 공격 행위의 통계에 있어서 훨씬 앞서 있다. 목표가 되는 사람들의 출신지가 변하고 있는 것으로 보인다. 소바센터에서 근무하는 갈리나 코제브니코바Galina Kozhevnikova의 보고에 따르면, 스킨헤드들은 주로 카프카스 및 중앙아시아 이주자들에게 집착하게 된 데 반해, 아시아인이나 아프리카인(학생 및 외교관)에 대한 공격은 다소 감소한 것이다.[60] 인권보호운동가들은 또한 반유대주의 범죄가 증가했음을 알려 주기도 한다. 1990년대에 스킨헤드들은 유대교 회당 벽에 꼬리표를 붙이거나 유대인 무덤을 훼손시키는 데에 자신들의 행위를 '제한했다'. 그러나 2005년 이후로 날이 있는 무기를 사용하여 유대인으로 확인된 사람을 직접 공격한 행위의 수가 급격하게 증가했고, 이는 정치화의 수준이 높아졌다는 신호가 되었다. 이에 더해 점점 더 많은 소수민족, 특히 시베리아 민족에 속하는 러시아 국민들 또한 공격의 대상이 되고 있다. 이들은 이전에는 조롱이나 모욕의 전통적인 희생자였을지는 모르지만 물리적 공격을 받지는 않았었다.

---

59 G. Kozhevnikova, *Radikal'nyi natsionalizm v Rossii i protivodeistvie emu v 2006 g.* (Moscow: SOVA, 2006), http://xeno.sova-center.ru/29481C8/8F76150 (accessed 2009.4.23); G. Kozhevnikova, *Radikal'nyi natsionalizm v Rossii i protivodeistvie emu v 2007 g.* (Moscow: SOVA, 2007), http://xeno.sova-center.ru/29481C8/A91EC67 (accessed 2009.4.23).

60 G. Kozhevnikova, *Radikal'nyi natsionalizm v Rossii: proiavleniia i protivodeistviia: Obzor sobytiia 2004 goda* (Moscow: SOVA, 2004), http://xeno.sova-center.ru/29481C8/4E77E70 (accessed 2009.4.23).

정치 권력층의 모호한 태도

지난 10년간 스킨헤드 운동의 인기가 증가한 것은 법적이고 정치적일 뿐만 아니라 사회적이기도 한 몇 가지 요인들이 결합한 결과이고, 스킨헤드 운동은 일부 정치계급의 교묘한 지지를 어느 정도 받게 되었다. 예를 들면 자민당의 몇몇 인물들, 그 중에서도 알렉산드르 흐리스토포로프Alexander Khristoforov 의원과 알렉세이 미트로파노프Aleksei Mitrofanov 의원은 스킨헤드의 행동에 대한 지지를 숨기지 않아, 이를 외국인들로부터 공격을 당하고 있는 에스닉 러시아인의 단순한 방어 행위라고 생각한다. 2003년 의회 선거 기간 동안 스킨헤드 지도자 토크마코프를 기꺼이 당원으로 받아들이기까지 한 바부린의 정당의 경우에도 상황은 마찬가지이다. 신이교 이론가 세바스티야노프는 2004년 기렌코 살해를 공공연하게 기뻐했으나 어떠한 법적인 문제도 없었다.[61] 이른바 이주자가 러시아에게 가져온다는 위협에 집착하던 원내단체 '조국'은 콘도포가 사태에 열광했다.

대통령 정당도 이처럼 일반화된 관대한 태도로부터 예외가 아니다. 2006년 영화감독이자 상트페테르부르크 시의원이며 통합러시아 당원인 알렉산드르 네브조로프Alexander Nevzorov는 아프리카 학생 살해사건에 대해 언급하면서 "외국인들은 성자가 아니다. 이들도 싸움을 하고 사람들에게 모욕을 주며 다른 사람의 여자를 유혹할 수 있다. 왜 이 사건이 곧바로 인종주의로 인식되어야만 하는가? 인종주의는 상트페테르부르

---

61 E. Pain, "Dinamika etnopoliticheskogo ekstremizma", in V. Tishkov and E. Fillipova(eds.), *Ehnicheskaia situatsiia i konflikty v gosudarstvakh SNG i Baltii: Ezhegodnyi doklad Seti etnopoliticheskogo monitoringa i rannego preduprezhdeniia konfliktov* (Moscow: Institut etnologii i antropologii, 2004), pp.19~30.

크에 전형적인 것은 아니다. 누구나 이를 알고 있다"라고 단언했다.[62] 스킨헤드의 외국인혐오적인 태도에 대한 공식적인 비판에도 불구하고, 대통령 정당이 지지한 담론도 이주자에 대해 마찬가지로 부정적인 고정관념과 러시아 민족의 전통을 존중할 필요에 대해 마찬가지로 진부한 생각에 기초해 있다는 것이 드러났다. 통합러시아의 공식 출판사나 다름없는 예브로파Evropa에서 발행된 어떤 책에서 저자는 "[콘도포가에서의] 갈등의 근원은 최근에 이 도시로 와서는 토착 주민의 규범과 행동 규칙을 고려하지 않고 이들을 모욕하고 이들의 건강을 위태롭게 한 몇몇 카프카스 동포들, 주로 체첸인들의 행동에 있다"라고 주장한다.[63]

이 문제를 전문으로 하는 몇몇 러시아 연구자들은, 특히 크라스노다르, 스타브로폴, 프스코프의 지방 당국이 고의로 스킨헤드를 거리의 민병대로 사용했음을 보여 주는 자료를 수집했다. 또한 유리 루시코프Yuri Luzhkov 시장의 암묵적인 지지하에 모스크바 지자체는 스킨헤드 운동이 수도에서 원치 않는 주민들을 '청소할 것'을 수년간 허가해 준 것으로 보인다.[64] 보다 높은 차원에서 보면 스킨헤드에 대한 이러한 관용은 안보기관 내에서도 존재한다. 이들 기관들은 자신들의 노력을 이주자 범죄활동과의 싸움에 집중하지 스킨헤드 폭력과의 싸움에는 그렇게 하지 않는다. 실제로 스킨헤드들은 처벌받지 않는 경우가 많아 혜택을 본다. 즉, 경찰과 내무부 특수부대OMON, Otriad mobil'nyi osobogo naznacheniia는 때로는 신중하게 이들을 지지하고 스킨헤드의 공격에 개입할 때는 절제

---

62 A. Nevzorov, "Ia ne ponimaiu, pochemu Piter stal 'stolitsei ksenofobii'", *Argumenty i Fakty*, http://gazeta.aif.ru/online/aif/1328/11_01 (accessed 2009.4.23).
63 M. Grigor'ev, *Kondopoga. Chto eto bylo* (Moscow: Evropa, 2007), p.9.
64 N. Mitrokhin, "Ot Pamyati k skinhedam Luzhkova: Ideologiia russkogo natsionalizma v 1987-2003 gg.", *Neprikosnovennyi zapas*, no.31 (2003), pp.37~43.

하는 태도를 취해 온 것이다. 레바다센터가 실시한 설문조사에 따르면, 질문 대상 직업 범주 가운데 내무부 공무원의 외국인혐오증 수준이 가장 높은 것으로(73%) 나타났다. 또한 경찰관도 대체로 이주자에게 가해지는 폭력에 대해 호의를 가지고 있고 종종 스킨헤드의 행위가 '러시아인을 위한 러시아'라는 슬로건으로 정당화될 수 있다고 여긴다.[65]

인권보호단체들도 많은 스킨헤드 집단이 경찰관이나 특수부대로부터 직접 훈련을 받았으며, '함께가는'Idushchie vmeste과 그 뒤의 '우리들의'Nashi라는 친대통령 청년단체 모두 차리치노 공격을 위한 스킨헤드 훈련에 참여했다고 지적한다.[66] 스킨헤드와 치안기관 사이에 격렬한 충돌이 처음으로 발생한 것이나 모스크바 지자체가 청년층 극단주의와의 싸움을 전담하는 특별 부서를 창설하기로 결정한 것은 50명을 검거함으로써 끝이 난 2001년 야세네보 포그롬과 같은 해 차리치노 포그롬이 있고 나서였다. 따라서 인권보호단체들은 2005년 12월 19일 국가안보요원의 날에 경찰에게 극단주의 및 외국인혐오증과의 전쟁을 요구한 푸틴의 연설을 크렘린 측의 도발로 인식했다. 이는 경찰이 종종 공격받는 사람들보다는 공격하는 사람들 편을 들기 때문에, 외국인으로 확인된 사람들을 보호하는 역할을 하기는커녕 이들이 마주치는 주요한 위험 요인 중의 하나를 이루고 있다는 점에서 그러하다.[67]

---

65 V. I. Mukomel' and E. A. Pain(eds.), *Tolerantnost' protiv ksenofobii*, p.151. 또한 "Militsiia liubit nasilie", *Gazeta.ru*, http://gazeta.ru/2006/02/15/oa_188849.shtml (accessed 2009.4.23) 참조.
66 V. Shnirel'man, "Chistil'shchiki moskovskikh ulits", p.55.
67 Ibid., p.101.

사법적 대응의 부재

마지막으로, 이러한 스킨헤드 문화는 효과적인 사법적 처벌을 받지 않음으로 해서 혜택을 보고 있으며 대부분 극단주의와의 싸움을 위해 도입된 법률 영역의 바깥에 놓여 있다. 1995년에 러시아 국가는 모호한 단어로 표현된, '러시아의 파시즘 현상 및 다른 형태의 정치적 극단주의에 대한 싸움에서 국가기관의 일치된 행동을 보장하는 조치'에 관한 법안을 제출했다. 1990년대 내내 많은 '반파시즘' 법안이 제출되었지만, 모두 무위에 그치고 말았다. 2001년에 푸틴은 그 주요 목적이 '러시아 사회의 관용에 대한 의식과 극단주의의 예방을 위한 조건 형성'이라는 문서에 규정된, 관용을 진작시키기 위한 국가 프로그램을 시행하기로 결정했다. 2001년의 포그롬에 대한 국제적 비난과 미국의 9·11 사태 이후인 2002년 봄, 크렘린은 극단주의와의 싸움에 대한 법안을 투표에 부치기로 성급히 결정했다. 이 법안은 두마에서 폭넓은 지지를 받아 채택되었는데, 반대표를 던진 이들은 야블로코와 우파연합의 몇몇 의원들과 공산당뿐이었다. 비록 투표 시에 대통령 행정실은 스킨헤드 집단에 대한 대대적인 언론 캠페인을 지휘했지만, 이 법은 무엇보다도 법무부에 등록하려고 하던 제도화된 운동단체를 대상으로 한 것이었지 스킨헤드 같은 비공식 집단의 행동을 대상으로 한 것이 아니었다.

이 새로운 법조문은 아직 시행되지 않고 있는 기존의 몇몇 법령들이 있는데도 새로운 법을 제정할 필요가 있는지 의문시하는 외국인혐오증 반대 단체들의 거센 비난을 받았다. 이전 법안보다 무거운 제재를 규정하고 있는 2002년 법안은 정치적 극단주의의 범위를 가능한 한 넓게 확대한다. 앰네스티인터내셔널 Amnesty International이나 국제인권연합 International Federation for Human Rights 같은 단체들로부터 법적으로 불분명하다는 비난을 받은 이 법안은 테러리즘과 종교적 우월성에 대한 어떠한 주장이라도, 심지어는 이에 따른 행동이 없더라도, 외국인혐오증에 포함시킨다. 게다가 러시아의 사법 체계는 이러한 법을 시행하기 위한 기틀이 수립되도록 할 법적인 전통을 전혀 가지고 있지 않다. 2003년 말에는 민족 간 증오의 선동에 관한 형법 282조도 개정되었다. 처벌의 규정이 보다 엄중해졌고, 언론과 인터넷을 대상으로 하도록 표현이 변경되었으며, 증오의 선동에 대한 명확한 정의는 규정되지 않았다. 이 조항은 또한 증오가 사회집단을 대상으로 할 수도 있다고 명기하는데, 이에 따라 경찰관, 올리가르히, 공무원에 대한 비난을 금지하는 것이 가능해졌다.[68] 다른 무엇보다도 NGO를 겨냥한, 2006년과 2007년의 개정 조항에서는 극단주의의 정의가 더욱 모호해져 이제는 어떠한 지위에 있는 공무원이든 공무원에 대한 언어 공격조차 헌정 질서를 훼손하려는 시도로 해석될 수 있다.

실행된 후 곧바로 확인된 바와 같이, 반극단주의법과 새로운 282조는 스킨헤드나 원외 정당에 대해서는 거의 사용되지 않고 있고, 그보다는 문제가 될 만한 운동단체들과 싸우기 위해 당국이 이를 도구화하고 있다. 정치 영역에서 그 주요 표적은 민족볼셰비키당이고, 종교 영역에서는 이슬람주의 테러 조직이라는 이유로 2003년 금지된 이슬람해방당 Hizb ut-Tahrir 멤버들이다.[69] 이렇듯 예를 들어 2006년에 사법부의 결정으로

---

[68] A. Verkhovskii, *Antiekstremistskoe zakonodatel'stvo i ego primenenie* (Moscow: SOVA, 2007), http://xeno.sova-center.ru/29481C8/9CCB151 (accessed 2009.4.23).
[69] 러시아 대법원의 결정은 이슬람해방당이 체첸 분리주의자들에게 제공한 도움이라는 '증거'에 입각한 것이었다. 그 이후로 몇몇 운동단체들의 민병대원들과 그렇게 간주된 이들이 체포되었다. 이들은 자신들이 종교적 신념 때문에 형을 선고받았다고 주장한다. 2005년 인권보호단체 메모리알(Memorial)은, 이슬람해방당의 담화는 폭력에 대한 요구를 담지 않았다고 설명하고, 아시아·러시아 이슬람 종무국 무프티[mufti, 이슬람법의 해석·적용에 관한 의견을 내놓을 자격을 인정받은

러시아-체첸우호협회Obshchestvo rossiisko-chechenskoi druzhby를 폐지시켰을 때처럼 정치 당국은 반극단주의법을 정치적 도구로 사용하고 있다. 이 단체의 회장 스타니슬라프 드미트리예프스키Stanislav Dmitrievski는 극단주의 활동으로 형을 선고받았고 두 명의 체첸 지도자 아슬란 마스하도프Aslan Maskhadov와 아흐메드 자카예프Akhmed Zakaev의 기사를 발행했다는 혐의로 기소되었다. 이 기사들은 확실히 크렘린의 정책에 대해서는 비판적이었지만, 민족 간 증오의 선동에는 결코 해당하지 않았다. 같은 해 마리인(마리인은 볼가 지역의 민족 집단이다) 이교 사제가 마리엘 자치공화국 행정부 공무원을 비난했다는 이유로 282조에 의거해 기소되었는데, 인권보호단체들은 이 결정을 정치적 동기에 의한 것이라고 간주했다.

법무부와 검찰은 인종주의적 공격의 대다수를 민족 간 증오의 선동이 아니라 난동 행위(형법 213조)로 분류하는데, 그 구실은 재산 피해이다. 더구나 당국은 종종 범법자에게 조건부 판결만을 내린다. 2004년 이전까지 282조의 틀 내에서 제기된 소송은 매년 100건 이하였고, 1997~2004년에 이 조항에 따라 판결이 내려진 사람은 11명에 불과했다.[70] 기렌코 살해 사건은 인종주의적 원칙이 동기로 작용한 정치적 범죄로 인정되지 않았다. 2004년에 9세 타지크 소녀 후르셰다 술토노바Khursheda Sultonova를 살해한 8명의 10대는 난동 행위로 기소되었고, 법원은 인종적 살해의 동기를 일소해 주었다. 그러나 그 이후로 법적인 관행이 서서히 변해 간 것으로 보인다. 282조로 선고받은 사람이 2004년에

법학 권위자] 나피굴라 아시로프(Nafigulla Ashirov)의 문서를 웹사이트에 발간했다는 이유로 법적인 문제에 부딪혔다. A. Verkhovskii, "Iavliaetsia-li Hizb ut-Tahrir ekstremistskoi organizatsii?", in A. Verkhovskii(ed.), *Tsena nenavisti* (Moscow: SOVA, 2005), pp.92~110 참조.
70 "Sudebnaia statistika po 282 stat'e UK RF", www.xeno.sova-center.ru/29481C8/578A75E (accessed 2009.4.23).

는 10명이었던 데 반해, 2005년에는 그 수가 40명이었고 2006년에는 거의 100명인 것이다.[71] 따라서 인종적 폭력의 폭발을 억제하려는 당국의 바람으로 인해 법원이 징계 조치를 요청하지 않을 수 없었던 것으로 보이는데, 그 결과 2008년에는 폭력 행위가 미세하게 감소했다고 보고되었다.[72]

그럼에도 불구하고 인종주의 폭력에 관한 러시아 사법 체계의 모호함은 특히 전문 지식의 영역에서 여전히 수없이 많다. 소비에트 시기에 확립된 관행은 민족 간 증오의 선동에 관한 죄과를 확정하거나 무효화하기 위해 검찰이 전문가를 법정으로 초청하는 것이다. 사건을 다루는 변호사가 아닌 검찰에 의해 선택된 이러한 전문가들 중 많은 이들은 자행된 행위를 인종주의 범죄로 분류하는 것을 방해하는 것으로 유명하다. 게다가 사법기관이 수행하는 인종주의 범죄 문제에 관한 모니터링은 특히 본질주의적인 용어로 공식화되어 있어 민족 간 증오의 정의를 보다 복잡하게 만들고 있다. 이들 기관은 민족이 사회적 구성물이 아니라 객관적인 실체이며, 따라서 모든 집단은 자신에게 고유한 정체성과 가치를 보호하기 때문에 집단들 사이에서 '민족 간 긴장 관계'란 자연스러운 것이라고 간주한다. 그렇다면 국가의 목표는 이러한 긴장 관계와 정체성을 관리하고 관용을 배울 조치를 마련하며 민족적 차이의

---

71 2005년 8명의 청소년이 볼고그라드에서 타지크인 두 명과 우즈벡인 한 명을 살해한 죄로 4~10년형을 선고받았다. 같은 해 12월 282조에 의거하여 상트페테르부르크의 두 개 법원이 외국인을 공격한 혐의로 스킨헤드 단체 슐츠88(Schultz-88)과 '미친 군중'(Mad Crowd) 멤버들을 고소했다. S. Golunov, "Hitler's Cause Is Alive in Former Stalingrad", *PONARS Policy Memo* no.408 (Washington, D.C.: CSIS, 2006); P. Legendre, "Minorities Under Siege: The Case of St. Petersburg", *Human Rights First*, June 2006.
72 G. Kozhevnikova, "Leto 2008: Antiekstremizm: real'nost' i imitatsiia", http://www.polit.ru/institutes/2008/09/25/summer08.html (accessed 2009.4.23).

극단적인 표현만을 질책하는 데 있는 것이지, 문화적·종교적 특성에 대한 주장을 개인의 사적인 영역에 속하는 그 어떤 것이라고 간주하는 것은 아니라고들 말하게 된다. 따라서 인종주의적 폭력에 대한 법률적 대응의 부족은 단지 부적절한 법률뿐만이 아니라 본질주의가 새겨진 대단히 중요한 문화적 맥락에 의해서도 설명되어야 하는데, 이 본질주의는 사법적 전문 지식의 전략적 영역에서 반향을 가져온다. 즉, 바로 이 지점에서 민족주의 집단들은 다른 집단에 의해 그 정체성이 공격을 받은 자신들의 집단적 실체의 '가치'를 보호할 뿐이라고 주장함으로써 법률을 피해 갈 수 있는 것이다.[73]

이주자 반대: 오랫동안 기다린 이데올로기적 합의?

종종 민족감정에 호소하기 시작하고 있는 국가는 원외 민족주의 정당이 수행할 수 있는 항의의 역할을 축소시켰다. 따라서 원외 정당들은 새로운 테마, 즉 원칙상의 분열을 지워 없애고 보다 넓은 합의의 기반을 제공해 줄 수 있는 테마를 중심으로 다시 모여들기 시작했는데, 그 주제란 바로 이주였다. 이주자에 대한 반감은 지적인 방식으로나(러시아인의 탈러시아화에 대한 고려와 소위 문명의 충돌의 필연적 속성) 실제적인 방식으로(이주자에 대한 포그롬의 조직) 명확하게 표현하기 쉽고, 따라서 스킨헤드뿐만 아니라 이론가들을 통합시키는 작용을 한다. 이주에 관한 이처럼 오랫동안 기다린 이데올로기적 합의는 대규모 조직 개편을

[73] D. Dubrovskii, "'Chto s nauchnoi tochki zreniia ponimaetsia...' Ili kak eksperty delaiut ksenofobiiu naukoi", in A. Verkhovsky(ed.), *Russkii natsionalizm: ideologiia i nastroenie* (Moscow: SOVA, 2006), pp.122~138.

수반했다. 이미 나머지 원외 세계로부터 고립되어 있었던 민족볼셰비키당은 계속해서 자신만의 독특한 길을 걸어 나가 전 체스 챔피언 가리 카스파로프Garry Kasparov가 앞장서는 새로운 반反푸틴 진영에 합류했다. 언론이 신조어 '이주자혐오증'을 보도하도록 하는 데 크게 기여한 불법이주반대운동은 가장 주변적인 계층에서부터 몇몇 민족주의자 의원, 안보기관, 그리고 크렘린에 이르는 사슬에서 연결고리가 되려고 했다. 러시아행진에 관해 말하자면, 그 성공이 제한적이기는 하지만, 이는 가장 급진적인 민족주의자와 가장 온건한 민족주의자 간의, 민족주의 이론가와 스킨헤드 '실행자' 간의 화해의 상징으로 여겨졌다.

크렘린의 민족볼셰비키와의 집요한 싸움

국가기관의 소위 극단주의 운동단체들과의 싸움은 유연한 원칙에 따라 조직되었는데, 이는 당국이 이 문제를 도구화하려는 시도를 하고 있다는 것을 나타낸다.[74] 예를 들어 바르카쇼프의 러시아민족통합은 지역 당국 측으로부터의 대단히 너그러운 태도를 누린 이후, 1차 체첸전을 종결지은 하사뷰르트 협정을 격렬하게 비판했고 갑자기 크렘린의 공격목표가 되었다. 이 단체는 1998년 모스크바에서 그 전당대회의 개최를 금지한 시장 루시코프가 지휘한, '파시즘의 위협'에 반대하는 대대적인 캠페인의 희생양이 되었다.[75] 그 뒤를 이어 두마는 공화국과 지역 차원에서 연방정부가 러시아민족통합이나 민족볼셰비키당에 대해 법적인

---

74 M. Varga, "How Political Opportunities Strengthen the Far Right: Understanding the Rise in Far-Right Militancy in Russia", *Europe-Asia Studies*, vol.60, no.4 (2008), pp.561~579.
75 M. Zherebyatev, "Russian National Unity: A Political Challenge for Provincial Russia", *Eurasia Daily Monitor*, vol.5, no.6 (1999).

공격을 수행할 수 있도록 해주는, 정치적 극단주의에 반대하는 다양한 법안을 통과시킨 반면에, 다른 원외 조직에 대해서는 어떠한 혐의로도 거의 기소하지 않았고, 심지어는 이들에 대한 언급조차 하지 않았다. 따라서 '러시아공화국'이나 민족사회주의협회가 내린 지령 같은, 몇몇 가장 급진적인 집단들의 살인 지령은 어떠한 법적인 제재도 받지 않은 데 반해, 이와 동시에 법무부는 민족볼셰비키당의 지부들에 대해서는 지속적인 박해를 가했다.

2000년에 러시아민족통합이 사라지면서 민족볼셰비키당은 대중적인 가시성 면에서나 활동가 인원수 면에서 원외 운동 중 가장 큰 정당이 되었다(당원 수는 1~2만 명이고, 러시아 83개 연방주체 가운데 40개 연방주체와 구소련 공화국에 지부가 있었다[76]). 1997년에 처음으로 등록된 민족볼셰비키당은 1998년에 공식적인 승인을 박탈당했고, 그 이후로도 신청은 계획적으로 거부되었다. 리모노프와 이론가 두긴 사이의 분열과도 시기적으로 일치하는 이때부터 민족볼셰비키당은 대안세계화주의자들의 방식으로 거리에서의 행동을 전문으로 해오고 있다. 민족볼셰비키당이 이러한 전술의 변화를 채택한 이후로 몇몇 멤버들은 민족볼셰비즘에 대한 보다 지성인다운 접근법이나, 2006년에 출현하여 당국에 보다 충실한 반대 분파 민족볼셰비키전선Natsional-bol'shevistskii front을 찾아 떠나가 버렸다. 그렇지만 이러한 변화로 인해 민족볼셰비키당은 청년층 사이에서 보다 큰 성공을 거둘 수 있었다. 민족볼셰비키당은 거리에서의 시위에 러시아민족통합보다도 훨씬 더 독특한 스타일을 부여

---

[76] S. D. Shenfield, *Russian Fascism. Traditions, Tendencies, Movements* (New York-London: M. E. Sharpe, 2001), p.190; V. Pribylovskii, "Nezametnyi raskol", *Russkaia mysl'*, no.4229 (1998), p.9.

한다. 관공서 건물에 화염병을 던지는 것은 이제 민족볼셰비키당의 트레이드마크 중 하나이다. 개인적으로 리모노프는 조금씩 사회주의 운동에 더 가까워졌고 이따금 공산당 편에서 시위를 하거나 공산당과 함께 공장 지구에서 파업 운동을 지지한다.[77] 민족볼셰비키당은 세 가지 점에서 원외 조직 거의 전체와 구별되는데, 푸틴에 대한 격렬한 비판, 크렘린과의 어떠한 전술적 화해도 거부하는 것, 그리고 이주 문제에 대한 관심 부족이 바로 그것이다.

민족볼셰비키당의 반푸틴 급진주의는 정권의 분노를 샀다. 불법 무기 소지 죄로 2001년에 처음으로 체포된 리모노프는 2003년 7월에 석방되기 전까지 15개월 동안 수감되었다. 그렇지만 그가 당 수반에 있지 않았다고 해서 거리에서의 행동이 활기를 잃은 것은 아니고, 이는 더욱더 권력층을 향하게 되었다. 2005년 7월에 법원은 민족볼셰비키당을 러시아 전 영토에서 금지시켰는데, 이는 민족볼셰비키당이 받게 된 놀랄 만한 억압을 확인시켜 주는 것이었다. 이전에는 당국은 골치 아프다고 판단한 정당에 대해 보복을 할 때 법무부에서 등록을 거부하는 것으로 충분하다고 여겼다. 민족볼셰비키당에 대한 금지 조치는 크렘린이 관리 민주주의라는 게임을 할 것을 거부하는 반체제 조직의 입을 다물게 할 능력이 있음을 보여 주었다. 민족볼셰비키당은 스트라스부르에 있는 유럽재판소에 이의를 제기했으나, 그럼에도 불구하고 2007년 모스크바 검찰은 또다시 민족볼셰비키당을 극단주의 정당으로 분류했고, 이에 따라 러시아에서의 활동에 대한 금지도 재개되었다.[78] 이후로 민족볼셰비키당 멤버들은 자신들에게 어떤 법적인 조치가 제기되는 것

---

77 A. Rogachevski, "The National Bolshevik Party(1993-2001): A Brief Timeline", forthcoming.

을 피하기 위해서 자신들을 민족볼셰비키보다는 '리모노프주의자들' Limonovtsy로 표현해 오고 있다.

리모노프 운동은 갈수록 더 빈번하게 대안세계화주의 행동에 참여하고 있는데, 이는 역시 러시아 법률의 표적이 되고 있는 인권보호 및 민주주의 촉진 NGO들과의 연계 구축에 대한 새로운 전망을 열어 주고 있다. 푸틴의 반대자들을 모두 통합하려는 시도로 리모노프는 2006년 7월 상트페테르부르크에서 열린 G8 정상회담 반대 시위를 '다른 러시아' Drugaia Rossiia 운동의 창립에 참여하는 기회로 이용했다. '다른 러시아'의 목적은, 구조를 갖춘 정치적 반대 세력이 될 수 있을 러시아 시민사회가 조직되어 존재한다는 것을 보여 줄 목적으로 2003~2005년 '색깔혁명'에 참여한 NGO들을 모델로 삼아 표적이 된 항의운동들을 조직화하는 것이었다. 참여 요청을 받긴 했지만 자유주의 정당 야블로코나 우파연합도, 공산당도 이에 동의하지 않았다. 초기에 '다른 러시아'에는 카스파로프와 그의 운동단체인 '푸틴 없는 러시아' Rossiia bez Putina, 자유주의 성향의 전직 총리 미하일 카시야노프 Mikhail Kasianov, 다수의 NGO들, 안필로프의 노동러시아 Trudovaia Rossiia와 같이 이데올로기적인 위상이 불규칙한 인물들이 모여들었다.[79] 이때 이후로 리모노프와 카스파로프는 연합 시민전선 Obedinennyi grazhdanskii front과 반대 세력 조직의 80% 이상을 불러 모으는 '대안 의회'인 국민의회의 틀 내에서 협력을 계속해 오고 있다. 리모노프의 지지자들 입장에서는 민주적 야당 세력의 '반대자들의 행

---

78 정당의 웹사이트 http://www.nbp-info.ru/ 참조. 또한 이러한 금지 조치에 대한 법적인 비판에 대해서는 A. Verkhovskii, "Pochemu sleduet otmenit' reshenie o zaprete NBP", http://xeno.sova-center.ru/29481C8/99C0ACC (accessed 2009.4.23) 참조.
79 정당의 웹사이트 http://www.tr1917.ru (accessed 2009.4.23) 참조.

진'Marsh Nesoglasnykh에 참여하는 것은 운동의 급진주의 논리에 호응하는 것인데, 그 논리란 무엇보다도 국가의 상징과 올리가르히의 이익을 공격하는 것이기 때문이다. 이는 혁명적인 주제와 무정부주의적인 요인들이 민족주의 문제를 압도하도록 하려는, 그리고 다른 원외 정당에서 지배적인 외국인혐오주의 담론을 멀리하려는 이들의 의지를 강화시켜 준다.

새로운 전략의 정립: 불법이주반대운동

민족볼셰비키당이 민주적 반대 세력과 함께 재정렬됨에 따라 원외 민족주의 스펙트럼은 리모노프의 그것과 반대되긴 하지만 마찬가지로 중대한, 다른 재구성의 과정을 겪었다. 크라스노아르메이스크와 노보시비르스크에서 이주자로 확인된 이들과 에스닉 러시아인들 사이에 몇 차례 폭력적인 충돌이 있고 난 후인 2002년 7월에 불법이주반대운동이 결성되었다. 이 단체의 지도자는 1977년생의 젊고 분주한 정치인 알렉산드르 포트킨Alexander Potkin으로서, 현재는 자신의 정체를 드러내는 가명 알렉산드르 벨로프Alexander Belov로 알려져 있다(벨로프는 백색을 의미한다). 벨로프는 수년간 바실리예프의 파먀트 민족애국전선에서 공보 담당관으로 일했다. 2003년에 바실리예프가 사망하자 벨로프는 파먀트의 지도자가 되기도 했지만, 2005년 내부 쿠데타 이후 파먀트에서 축출되었다. 파먀트의 상징적인 위신에도 불구하고 벨로프는 즉각 이 소집단을 외면하고 자기 자신의 불법이주반대운동에 투신하여 훨씬 큰 성공을 거두었다.

  불법이주반대운동은 자신의 조직력을 과시할 수 있었던 콘도포가 소요 사태 기간에 가장 큰 성공을 거두었다. 카렐리야에서 불법이주반대운동이 전개한 행동은 언론에서 커다란 파장을 일으켰을 뿐만 아니라, 포그롬 이후 연루된 카프카스인 대부분이 그 소도시를 떠났기 때문에 이때 불법이주반대운동은 결과를 자랑할 만했다. 2006년 11월에 그 유명한 282조를 인용하여 카렐리야 검찰은 콘도포가 사태에 적극적으로 참여해서 민족 간 증오를 선동한 혐의로 벨로프를 고소했지만, 2007년 5월 그는 증거 부족을 이유로 무죄로 입증되었다. 그러나 그에 대해서는 주기적으로 법적인 소송이 계속해서 제기되고 있다. '러시아인을 위한 러시아'라는 슬로건은 1990년대 이후로 모든 원외 운동단체에게 공통된 것이었지만, 이 슬로건이 사회 곳곳으로 퍼지는 데 가장 기여한 단체가 불법이주반대운동이라는 것은 부인할 수 없다.

불법이주반대운동의 전례 없는 성공은, 이론가들 사이에 분열을 불러일으키고 잠재적인 지지자들을 겁주어 쫓아 버릴 것이라는 이유로 정교하게 잘 만들어진 이데올로기를 제시하는 것을 거부했기 때문이라고 할 수 있다. 벨로프는 이전의 원외 집단들이 지속적으로 실패한 이유에 대해서 아주 분명한 입장을 가진 듯이 보인다. 사상의 주입에 의한 충원은 사회적으로 자리 잡는 과정을 보다 복잡하게 만든다는 것이다. 그렇지만 외국인혐오증, 보다 정확하게는 이주자혐오증에 호소하는 것은 그 자체로서 대중적 지지를 얻는 데 충분하다. 이러한 외국인혐오의 논리를 뒷받침하기 위해서 가장 끈질기게 지속되는 상투적 표현이 사용된다. 이주자들은 러시아 민족의 선량함을 이용해 먹고, 러시아에 마피아나 테러리즘, 마약 및 무기 밀매가 출현한 것은 이들 책임이며, 이들이 범죄와 강간의 성행, 국민의 구매력 감소를 야기했고 생산물의 낮은 품질과 불량 보드카 등에 책임이 있다고 주장하는 것이다. 또한 이주자들은 다음 세대의 이주자들이 러시아를 통치할 수 있도록 러시아인과 이계 교배를 하려 한다는, 러시아 국민의 일거리를 빼앗아 간다는, 그리고 러시아 민족에게 피해를 끼치면서 자신들의 출신국에 막대한 돈을 보낸다는 비난을 받는다.

불법이주반대운동의 선전문이나 멤버들 간의 토론회에 사용된 어휘는 이들이 이주 현상을 어떻게 해석하는지에 대해 의심의 여지를 남기지 않는다. 가장 두드러진 용어는 무리들, 쇄도, 침략, 점령인데, 이로써 러시아 민족에 대해 수행되고 있는 소위 '조용한 전쟁'silent war이라는 것을 언급하게 되는 것이다. 불법이주반대운동의 인터넷 토론 사이트에는 '민중봉기'라는 항목이 있는데, 이는 소위 이주자들과 에스닉 러시아인들 간의 충돌에 관한 온갖 사건들의 체계적인 목록을 싣고 있다.[80] 이들은 이주자를 민족적ethnic 소속으로 정의하지만, 소비에트 시기로부터 유래하는 모호한 용어의 사용은 이러한 이해의 뿌리 깊은 외국인혐오적 성격을 드러낸다. 즉, 이 단체는 종종 자기 나라에 디아스포라(유대인, 아르메니아인, 체첸인)가 있다는 바로 그 사실이 '손님 민족들'에게 해가 된다는 것을 암시하는 방법으로서 디아스포라를 형용사 없이 말하는 것이다. 게다가 불법이주반대운동의 사이트는 러시아 민족주의 사상의 반복되는 테마를 재탕하는 분석 기사를 싣고 있는데, 이에 따르면 소련 및 러시아연방의 다른 민족들과는 대조적으로 러시아인들은 민족 보호 이론을 파시즘과 일치시켜 자의식을 잃어버린 민족의 자살에 이르렀기 때문에 자신들의 민족 정체성을 보존하는 데 실패했다.[81]

불법이주반대운동의 강령은 "모든 불법 이주자를 러시아 영토 밖

---

80 http://forum.dpni.org/forum/ (accessed 2007.10.12).
81 "Russkoe budushchee: v zashchitu etnonatsionalizma", http://dpni.org/articles/analitika/2690/ (accessed 2007.10.12).

으로 추방하는 것"을 그 주요 목적으로 한다.[82] 불법이주반대운동은 이러한 목표의 달성을 위해 다음과 같은 몇몇 조치들을 제안한다. 이주 법률을 강화하는 것, 독립국가연합 내에서 실시되고 있는 무비자 이동 체계를 폐지하는 것, 러시아 남부 국경 지대에 카자크 군대를 배치하는 것, 1991년 이후 입국한 이주자에게 러시아 언어 및 문화 시험을 실시하는 것, 15년 이하 러시아 거주자는 모든 행정직에서 제외하는 것, 이주자의 사회보장 혜택 수령을 금지하는 것. 또한 불법이주반대운동은 당국이 "러시아 토착 민족들의 물리적·정신적 타락을 멈추고 전통적인 가치를 수호할 것"을 요구하기도 한다.[83] 이러한 맥락에서 이 단체는 러시아의 취약한 인구 문제를 바로잡기 위해서 근외에 살고 있는 러시아인들의 러시아로의 대규모 귀환 이주와 명백한 친출산정책(대가족에 대한 재정적 도움과 여성의 가정으로의 복귀)의 시행을 조직할 법률을 원한다. 이주자의 위협에 대한 이러한 담론의 초점으로 인해 불법이주반대운동은 분명하게, 그리고 소리 높여 친서구적 입장을 내보일 수 있게 된다. 불법이주반대운동은 러시아인들이 유럽, 즉 백인의 세계로 이해되는 서구의 일부이고, 유색인들의 침략에 맞서 싸우기 위해서 모스크바가 워싱턴을 포함한 다른 백인의 수도들과 연합해야 한다고 생각하기 때문이다. 그래서 불법이주반대운동은 원외 무대 몇몇 운동단체들과 반서구적인 발언을 함께하지 않는데, 불법이주반대운동은 이러한 발언이 시대에 뒤떨어진 것이고 '황화'yellow peril와 '이슬람주의의 위협'이라는 현실에 대응할 수 없다고 말하기 때문이다.

---

82 운동의 강령인 「목적과 과제」(Tseli i zadachi)를 참조. http://dpni.org/about/celi_i_zad (accessed 2007.10.12).
83 Ibid.

불법이주반대운동은 이주정책을 주제로 한 권력기관과의 협의, 반이주 투쟁 조직의 모니터링을 위한 지방 협의회 설립, 경찰에게 불법 이주자를 통고하는 것 등을 포함하는 서비스를 국가에게 제공할 수 있다면서 자신이 국가와 같은 편이라고 주장한다. 또한 불법이주반대운동은 2006년 말 준군사훈련을 실시하는 첫 자원 민병대를 창설하기도 했다. 민병대원들에게는 사냥용 무기와 부대에 들어오고 싶어 하는 사람을 위한 여분의 무기를 의무적으로 소지할 것이 권장되고, 불법이주반대운동은 러시아인의 자위권을 명목으로 화기의 합법화를 집요하게 요구한다.[84] 1990년대 초 카자크인들과 러시아민족통합의 민병대가 그렇게 했던 것처럼 이 민병대 역시 국가 안보기관에 서비스를 제공하는 것으로 보인다. 불법이주반대운동이 자신의 세력을 과시하기 위해 거리에 나설 때마다 이 단체의 사회적 기반은 주로 스킨헤드들과 러시아 남부 지역에서 잘 조직된 카자크인들로 이루어져 있다는 것을 알 수 있다.

불법이주반대운동이 정당으로서가 아니라 사회운동으로서 자신을 표현한다면, 그 이유 중 하나는 적어도 부분적으로는 이 단체가 상업적인 기업체가 되고 싶어 하기 때문이다. 실제로 이 단체는 다소 역설적이게도 이주자나 디아스포라의 예를 근거로 하여 러시아인들에게 국가로부터 도움을 기다리지 말고 스스로를 조직하라고 부추긴다. 불법이주반대운동은 웹사이트에서 사람들에게 "러시아에 정착한 많은 디아스포라의 경제적 성공을, 즉 이들은 자신들의 동포가 돈 버는 것을 돕고 그들 자신의 서비스를 이용하며 자기들 사이에서만 물건을 산다는 것을

---

84 "Nuzhno-li legalizovat' noshenie oruzhiia?", http://dpni.org/articles/obshhestvo/4789/ (accessed 2007.10.12).

상기할 것"을 요구한다.[85] 따라서 이 단체는 에스닉 러시아인들에게 서로를 지원하고 러시아 기업인에게 재정적·법률적 도움을 제공하며 러시아인이 소유한 상점에서만 물건을 사고 러시아인만을 고용할 것 등을 요청한다. 종종 벨로프는 스스로 자신이 두 개의 소규모 개인회사를 운영하고 있는 기업인이라는 사실을 언급한다. 불법이주반대운동 인터넷 사이트의 '러시아인이여, 당신의 형제 러시아인에게 도움을'이라는 항목은 다양한 종류의 서비스를 필요로 하는 사람들이 서로 연락할 수 있도록 도와준다. 불법이주반대운동은 또한 요청하는 에스닉 러시아인에게는 법적인 도움을 제공한다. 이러한 전략은 많은 비방을 받는 이주자들 간의 연대 유형으로부터 차용된 것일 뿐만 아니라, 역설적이게도 러시아인들에게 자신들을 소수자로 여기도록 부추기기도 한다. 통계상 러시아인은 러시아에서 다수를 이루는데도, 이들은 자신들을 억압받는 소수자나 외국에서 살고 있는 디아스포라라고 생각하라는 요구를 받는 것이다.

2007년까지 불법이주반대운동은 지리노프스키의 자민당과 동일한 전략을 채택했다. 즉, 이 단체는 민족을 배신했다고 정치 엘리트를 거듭해서 매도한 동시에, 일상적인 관행에서는 국가기관을 지지하는 조치를 취했고 심지어는 그 무장 세력이 되고 싶어 하기까지 했다. 예를 들어 불법이주반대운동은 경찰이 디아스포라의 돈으로 부패했다고 불만을 제기했고, 러시아의 정치적 삶을 지배하고 있는 '이주자 정치체제' migrantocracy, migrantokratiia를 비난했다. 즉, 벨로프에게 있어서 대규모 이주를 조장하기 위해 마련되고 있는 법은, 러시아가 자기 자신의 개인적인

---

85 "DPNI rekomenduet", http://dpni.org/articles/dpni_rekom/1325/ (accessed 2007.10.12).

부의 증대에만 관심이 있는 올리가르히로 구성된 '반러시아 민족정치체제ethnocracy'에 의해 통치되고 있다는 것을 확인시켜 주는 것이다.[86] 그는 이주자에 대한 범죄를 저지른 혐의가 있는 에스닉 러시아인들을 의도적으로 보호하면서 이들을 '정치범'으로 표현하고 이들을 위해 기금을 모집한다. 그러나 이러한 강경한 포퓰리즘적 수사의 이면에서 불법이주반대운동은 수년간 푸틴 정책의 충실한 지지자로서 기능하기도 했다. 실제로 벨로프는 자신을 권력층 인사들에게 영향을 미칠 능력이 있는 정치적 조언자로, 그리고 군주의 고문 역할을 하기에 완벽한 위치에 있는 사람으로 표현했다.[87]

불법이주반대운동의 성공은 그 독창적인 전략에 의해 설명될 수 있다. 즉, 이 단체는 정당으로서 제도화되길 거부했던 것이다. 불법이주반대운동은 단체의 유연한 구조를 유지하면서 원외 정당에서 일어났던 수많은 분열을 피하려 했고, 각 지역에서 다양한 정치적 동맹을 형성할 수 있었으며, 중앙 권력과 직접적으로 대결하는 입장에 서지 않았다. 2007년까지 불법이주반대운동의 선전문에는 이 문제에 관해서 모호함이 전혀 없었다. 이들은 러시아의 정당 체계가 비효율적이라고 주장했다. 불법이주반대운동이 정당으로 이행하여 두마에 진입하기 위해 요구되는 7% 하한선을 극복하게 된다 하더라도 불법이주반대운동 의원들이 대통령 정당이 의회에서 행사하는 영향력에 대항할 수는 없을 것이라고 벨로프는 직접 설명했다. 따라서 선거는 정치를 변화시키는 수단이 아니다. 이러한 결론에 힘입어 불법이주반대운동은 이데올로기

---

86 "Migrantokratsiia", http://dpni.org/articles/analitika/4552/ (accessed 2007.10.12).
87 A. Belov, "Russkii proekt Edinoi Rossii ia vosprinimaiu kak svoiu lichnuiu pobedu", http://www.nr2.ru/moskow/102854.html (accessed 2009.4.23).

잠입의 미덕을 찬양하기 시작했고, 스스로를 정당 소속에 상관없이 가장 엄격한 이주정책을 옹호하는 후보를 지원할 것을 약속하는 비공식적 선거 환경이라고 간주했다. 이러한 전략 덕택에 순전히 법적인 수단에 의해서만 자신의 목표를 추구할 것이라고 주장하는 불법이주반대운동은 법무부에 등록하는 데 전혀 어려움을 겪지 않았다(불법이주반대운동은 러시아 40개 이상의 연방주체에 지부를 갖고 있다).

    2006년 말 벨로프가 드미트리 로고진이나 안드레이 사벨리예프 같은 전 '조국' 당 지도자들과의 관계를 회복하는 동안 상황은 갑자기 변했고, 그 뒤 벨로프는 러시아공동체회의Kongress russkikh obschin와 '대大러시아'Velikaia Rossiia 정당에 합류했다(3장 참조). 불법이주반대운동의 일부는 이러한 전향을 거부했고, 거리의 정치를 끝내고 정당이 될 필요가 있다는 벨로프의 발언에 대한 지지를 철회했다. 충격이 적은 몇 차례의 분열 이후 벨로프가 반체제운동에 가입한 것과 몇몇 불법이주반대운동 지도자들이 카스파로프 같은 자유주의자 야당 인사 편에서 '반대자들의 행진'에 참여한 것을 비난하면서 내부 저항이 보다 조직화되었다. 2008년 여름 드미트리 주보프Dmitri Zubov가 이끈 불법이주반대운동 분파 집단이 탈퇴한 한편, 벨로프는 급진주의를 청산함으로써 프랑스의 국민전선Front National이나 외르크 하이더Jörg Haider의 '오스트리아의 미래를 위한 동맹'Bündnis Zukunft Österreich을 모델로 하여 불법이주반대운동을 '유럽적 성향의 그럴듯한 민족주의 운동'으로 변모시키려는 새로운 전략의 변화를 발표했다.[88] 가장 급진적인 멤버들은 불법이주반대운동을 해체할 목

---

[88] A. Kozenko and M. Krasovskaia, "Natsionalisty stroiat evropeiskoe litso", *Kommersant*, http://www.kommersant.ru/doc.aspx?DocsID=912162&NodesID=2 (accessed 2009.4.23).

적으로 벨로프가 크렘린과 정보기관에 의해 매수되었다고 주장한다.

따라서 불법이주반대운동은 자신의 힘으로 안정적인 사회적 틈새를 확보하지 못했고 합의를 이룬 몇 년 이후에는 원외 운동단체의 반복되는 분열을 피할 수 없었다. 이러한 결과에도 불구하고 불법이주반대운동은 러시아 원외 민족주의와 외국인혐오증의 역사에서 전환점을 이룬다. 담론과 실천에 있어서 이 단체는 일반 대중은 수직적 권력을 지지한다는 개념을 시인하고 엄격한 의미에서의 정치적 참여의 영역으로부터 시민들의 지향을 전환시킬 것을 승인한다. 또한 이 단체는 소위 에스닉 러시아인들에게 자신들을 외국처럼 낯설어져 버린 국가에서 차별당하고 있는 소수자라고 생각하라고 부추김으로써 정치적 논리의 민족화 ethnicization에도 기여한다. 공식적으로 불법이주반대운동은 불법 이주자에 대해서만 반대한다고 말하지만, 그 담론은 외국인으로 확인된 모든 사람들 — 이들이 러시아 국민이든 다른 나라 국민이든, 이들이 노동 허가증을 가지고 있든 그렇지 않든 — 을 대상으로 한다. 이러한 전략에 의해 불법이주반대운동은 가장 급진적인 운동단체, 특히 스킨헤드, 두마에 의석을 가진 몇몇 정당과 이주 문제에 대해 모여드는 몇몇 고위 공무원, 그리고 권력기관 구성원 사이에서 매개자가 되었다. 이렇듯 이 단체는 외국인혐오증이라는 통합의 주제를 중심으로 원외 민족주의 스펙트럼을 재조직하는 데 있어서 핵심적인 역할을 해오고 있다.

화해의 구현? 러시아행진 현상

2005년부터 원외 민족주의는, 1990년대의 소위 적갈 위협처럼 크렘린이 도구화하고자 한 현상인, 러시아행진으로 알려진 언론용 행사를 중심으로 재조직되었다. 자유주의 정당들의 집회는 보통 겨우 수백 명을 끌어모을 뿐인 데 반해, 러시아행진은 보란 듯이 과시하면서 수천 명의 사람들을 불러 모은다. 러시아행진은 2004년에 새로운 공휴일을 제정하는 과정에서 정치계급을 시끄럽게 들쑤신 커다란 논쟁 끝에 처음으로 출현했다. 11월 7일의 시위가 야당 공산당 지지자들의 단결을 보여 주는 것을 막기 위해 크렘린은 소비에트 전통을 지키면서도 동시에 10월혁명과는 어떠한 관련도 없는 새로운 기념일을 선정하기로 결정했다. 수많은 토론과 제안을 거친 후 당국은 11월 4일에 '민족 통합의 날' Den' narodnogo edinstva이 개최되도록 결정했다.

이듬해부터 원외 운동단체들은 이날을 우파행진Pravyi marsh이라는 명칭의 시위를 조직하는 기회로 이용했다. 이 행진의 계획은 상당 부분 두긴의 국제유라시아주의운동International Eurasianist Movement과 관련 있는 유라시아청년동맹 덕택이라고 할 수 있다. 2005년에 창설되어 파벨 자리풀린Pavel Zarifullin이 이끄는 유라시아청년동맹은 소위 반反오렌지 전선을 구축하고, 근외, 특히 우크라이나에서 러시아 지지자들을 보호하며, 러시아에서 '색깔혁명'을 조직하려는 시도를 분쇄하려는 의지로부터 탄생했다. 이 운동단체의 활동은 푸틴의 '첫번째 러시아'에도, 서구주의자들이 지지하는 '두번째 러시아'에도 반대하는 '러시아-3'이라는 명칭의 정치적 프로그램을 추진하는 것에 기초해 있다.[89] 유라시아청년동맹은 특별히 근외에 관심을 집중한다. 이 단체는 카자흐스탄, 타지키스탄, 몰도바에 지부를 두고 있지만, 주요 활동 무대인 우크라이나에서는 공식적으로 금지되어 있다. 두긴은 이 단체를 통해 원래의 민족볼셰비즘 전통을 이어 나가고자 하며, 자신의 이념이 정치권력의 마음에 드는 존

---

89 유라시아청년동맹의 선언문 http://www.rossia3.ru/3.html (accessed 2009.4.23) 참조.

경할 만한 이론가이자 청년 반문화 비주류 세력과도 연계가 있는 인물이 되고 싶어 한다.

우파행진은 주로 유라시아청년동맹에 의해 조직되었지만, 불법이주반대운동, 세바스티야노프와 테레호프의 러시아민족강대국정당, 스킨헤드들, 파먀트의 다양한 후계 조직의 군주주의자들 등 다른 운동단체들도 여기에 참여했다. 2005년 우파행진은 히틀러식 경례로 이목을 끈 다수의 스킨헤드들을 포함하여 약 5,000명의 사람들을 모스크바 거리로 나오게 했다. 러시아와 서구 언론은 우크라이나 혁명 바로 1년 뒤에 일어난 이 행사를 무엇보다도 '반오렌지' 시위로 해석했다. 그렇지만 통일된 겉모습에도 불구하고 첫번째 행진의 참여자들은 심하게 분열되어 있었다. 즉, 벨로프는 통합된 포스트소비에트 공간을 재구성하여 국경을 지워 없애길 원한다는 이유로 수차례에 걸쳐 신유라시아주의자들을 비난한 것이다. 그는 남쪽을 개방하면 불법 이주자와 아프간 마약이 러시아를 휩쓸게 될 것이라고 주장했다.[90] 신유라시아주의자 청년들은 자신들이 '포그롬 민족주의자'라고 부르는 이들과 자신들을 분리시킴으로써 이러한 비난에 대응했다. 이들에게는 외국인혐오증이 아니라 제국의 재건만이 러시아가 다시 한번 강대국이 될 수 있게 해줄 것이기 때문이다.[91]

지난해의 성공에 기뻐한 원외 운동단체들은 2006년 이 행사를 반복해 열기로 결정하면서 이번에는 러시아행진이라는 이름을 붙였다.

---

90 M. Moshkin, "Ch'ia Moskva? Korichnevyi voskhod", *Moskovskii komsomolets*, http://www.mk.ru/numbers/1898/article64155.htm (accessed 2009.4.23).

91 Iu. Tiurin, "Lovushka natsionalizma", *Agenstvo politicheskikh novostei*, http://www.apn.ru/opinions/article8480.htm (accessed 2009.4.23).

형용사의 변경은 이 집회에 부여된 의미를 드러내 보여 주고 있다. 이는 첫번째, 이데올로기 분열을 극복하는 것, 두번째, 극우 혹은 '파시즘' 행사로 인식되지 않도록 하는 것, 세번째, 아주 많은 사람들에게 다가가려는 목적으로 대조라는 방식을 통해 모든 참여자들이 공유하는 러시아 민족감정을 주장하는 것이다. 그렇지만 이러한 명칭 변경은 방향의 전환을 드러내기도 했다. 이번에는 불법이주반대운동이 행사의 통제권을 장악하는 데 성공하여 그 이후로 통제권을 유지해 오고 있는 것이다. 2006년 러시아행진 조직위원회는 벨로프가 개인적으로 운영했고, 여기에는 '조국' 당의 몇몇 의원들, 러시아민족강대국정당, 됴무슈킨의 슬라브연합, 파먀트 민족애국전선이나 성세르기러시아민족연합Sviato-Sergievskii soiuz russkogo naroda 같은 몇몇 소규모 군주주의 운동단체들뿐만 아니라 샤파레비치 같은 저명한 인물들도 포함되었다.[92] 레오니드 시모노비치Leonid Simonovich의 정교회기수연합Soiuz pravoslavnykh khorugvenostsev을 포함하는 몇몇 정교회 단체들은 나치 깃발을 휘날리고 신이교주의를 고취시킴으로써 러시아 이념에 불명예를 안겨 주고 싶어 한다는 이유로 불법이주반대운동을 비난했다.[93] 유라시아청년동맹도 2006년 행진에 참여하기를 거부했고 자신들의 소위 제국행진Imperskii marsh을 조직하려 했다. 이 기회에 두긴은, 시민들의 애국정신을 고양하려는 목적을 가졌다고 하는, 대통령과 정부가 주도한 행위를 고의로 방해한다는 이유로 불법이주반대운동을 비난했고, 불법이주반대운동의 부정적인 '민족

---

92 러시아행진 웹사이트에 있는 이들의 요청문 http://www.rusmarsh.org/more.html?id=14_0_10_0_M (accessed 2009.4.23) 참조.

93 "Oranzhevye svastiki Russkogo marsha", *Pravda*, http://www.pravda.ru/politcs/parties/21-10-2006/200825-0 (accessed 2009.4.23).

주의'와 신유라시아주의자들의 긍정적인 '애국주의'를 대조시켰다.[94]

콘도포가 사태로 스캔들이 야기되고 서구 언론이 러시아를 파시스트 국가로 묘사한 이후로, 크렘린은 이 행진을 금지시키기로 결정했으나, 그것은 정치적인 이유에서가 아니라 교통 체증 및 도시 조직상의 다른 문제들에 관한 논의에 따라서였다. 불법이주반대운동은 모스크바 시장 루시코프로부터 직접 허가를 받으려 했는데, 그는 처음에는 망설이다가 이내 거부했다. 그렇지만 그는 바부린의 정당 '민족의 의지' Narodnaia volia에게는 집회 조직을 허가해 주었다. 따라서 2006년 러시아행진의 성공은 역설적이었다. 즉, 이는 사전 준비 시에는 러시아 언론에서 널리 보도되었지만, 겨우 수천 명만이 바부린의 집회에 나타났을 뿐이기 때문에 예상했던 성공으로 끝난 것은 아니었다. 그렇지만 모스크바에서의 빈약한 성공에도 불구하고 이 행진은 상트페테르부르크, 크라스노야르스크, 노보시비르스크, 블라디보스토크 등을 포함하여 러시아 전역의 10개 대도시에서 불법적으로 조직되어 총인원 1만 명 이상을 이끌어 내었다.[95]

2007년 러시아행진은 당국의 허가를 받아 개최되었다. 불법이주반대운동은 세바스티야노프의 러시아민족강대국정당이나 됴무슈킨의 슬라브연합 같은 동맹 세력과 함께 주로 청년 스킨헤드로 구성된 약 3,000명을 불러 모았고, 미국과 영국의 화이트 파워가 집회에 참석한 덕택에 '백인들'을 보호하라는 요구 사항을 내걸 수 있었다. 이와 동시에 정교회기수연합이 주도한 정교도 및 군주주의자들의 반대 행진은

---

[94] "Miting antifashistov: mneniia", Grani.ru, http://grani.ru/Poltics/Russia/m.113544.html (accessed 2009.4.23).
[95] 행진에 대한 보고서 http://xeno.sova-center.ru/29481C8/883BB9D (accessed 2009.4.23) 참조.

약 100명만을 불러 모으면서 다른 일부 민족주의 운동단체들과 비교하여 이들의 메시지가 갖는 반향의 초라함을 증명해 주었다. 즉, 불법이주반대운동의 명백하게 현대적인 접근법이나 혈기 왕성함에 비교하여 차르 체제 과거로 돌아가자는 이념은 전혀 호소력을 갖지 못한 것이다. 그렇지만 원외 정당들이 크렘린과 관련된 단체들에게 주도권을 빼앗겼기 때문에 이번 러시아행진은 원외 정당들이 처하게 된 복잡한 상황을 드러내 보여 주었다. 원외 단체들에게 무대를 내주기 싫어한 친대통령 청년단체들('우리들의'와 '청년친위대'Molodaia Gvardiia)이 거리의 통제권을 장악하여 이 행사에 축제의 분위기를 가미한 것이다(1만 명의 십대가 11월 4일 저녁 콘서트에 모여들었다).[96] 2008년에 크렘린은 다시 한번 바부린의 러시아행진은 허가했으나, 불법이주반대운동과 군주주의 운동단체들의 행진은 금지했다. 그럼에도 불구하고 약 2,000명의 불법이주반대운동 청년들이 모스크바 아르바트에 모였고 경찰과 충돌했는데, 그 결과 몇 시간 동안 거의 500명의 무장 대원들이 체포되었다.

러시아행진이 원외 진영 사이에서 화해의 모체로서 전도유망한 출발을 했음에도 불구하고, 이 행사가 반복되는 분열을 종식시키는 데 성공한 것은 아니다. 즉, 세바스티야노프는 공개적으로 벨로프에 대한 지지를 철회했고, 바부린은 계속해서 자신의 집회를 조직했으며, 몇몇 군주주의 운동단체들은 여전히 불법이주반대운동의 스킨헤드들과 나란히 행진하기를 거부한 것이다. 게다가 러시아행진이 이제는 매년 반복해서 열리는 제도가 된 듯이 보임에도 불구하고, 이는 그 주요한 목표, 즉 원외 진영에 의한 11월 4일자의 전유를 달성하는 데 성공하지는 못

---

96 2007년 11월 4일 모스크바에서의 현지 조사 관찰.

했다. 2007년 이후로 집회와 축제는 친크렘린 세력이 조직하는 공식 행사로 변해 버렸다. 마지막으로, 벨로프는 여전히 국가기관 내부에서 지지를 받는 듯이 보이지만, 특히 그가 크렘린에 반대하는 역할을 맡기로 한 이후로 당국은 불법이주반대운동의 러시아행진에 대해 보다 엄격한 제재를 가하기로 굳게 결심한 듯이 보인다.

페레스트로이카 이후로 원외 진영은 만화경 같은 구성 집단들의 화해를 추구하는 끊임없는 움직임에 의해 추동되었는데, 이는 아직도 이루지 못한 그 어떤 것으로 남아 있다. 이들은 원칙상의 논쟁을 피하고 있다. 따라서 군주주의자 흐름처럼 이데올로기의 흔적이 가장 강하게 남은 운동단체들은 지지자 면에서 가장 주변부에 위치하게 된다. 스킨헤드와 불법이주반대운동은 이 전선에서 선두를 달리는데, 이로써 어떤 전환점에 도달되었음을 확인할 수 있다. 즉, 이는 원칙상의 논쟁은 일단 보류하고 일상적 외국인혐오증에 우선순위를 두어야만 사회적 착근이 가능하다는 인식을 나타내는 것이다. 실제로 이주는 이러한 반대주의적 민족주의의 확장을 전개해 나가기 위해 필요한 두 가지 조건을 충족시켜 주는 유일한 이슈이다. 첫번째 조건은, 크게 비정치화되어 이데올로기 논쟁에는 거의 관심도 없고 러시아의 정치인과 제도에 대한 확신도 전혀 없지만, 심각한 외국인혐오적 긴장 관계가 가로질러 놓여 있고 어떤 사회적 불만을 표명하는 사회와 공통의 언어를 찾아내는 것이다. 두번째 조건은 크렘린의 정치적 표현 독점을 우회하는 것과 관련된다. 이를 이루기 위해 몇몇 새로운 민족주의 운동단체들은 자신들이 대통령 정당의 라이벌이라거나 권력층의 상징적 정당성을 훼손시키고 있다고 보이지 않으려고 노력한다. 그 대신 이들은 사회와 '수직적' 관계를 수립하려는 정치권력의 노력을 지지하고 싶다는 새로운 의사를 표명하려고 노력하고 있다.

그럼에도 불구하고 2000년 이후로 원외 민족주의의 이론은 전반적으로 진화하고 있다. 그것은 급격한 유럽화인데, 이는 그 자체로 이주자에 대한, 그리고 '황화'와 '이슬람주의의 위협'에 대한 공포의 결과이다. 서구에 대한 분노가 계속해서 러시아의 민족적 담화의 추동력이 된다 하더라도, 서유럽과 미국을 포함하는 위험에 처한 백인 세계에의 소속감으로 인해 서구와 연합한 백색/유럽 러시아의 모습은 거대한 '문명의 전쟁'war of civilizations 안에서 그려진다. 모든 운동단체들이 전적으로, 그리고 쉽사리 유럽화를 인정하는 것은 아니지만, 그럼에도 불구하고 이는 기조를 결정하는 대세이고, 벨로프 같은 몇몇 젊은 지도자들은 자신들을 러시아의 베를루스코니Silvio Berlusconi나 르펜Jean-Marie Le Pen, 혹은 하이더로 표현함으로써 그들이 고집하는 존경을 받을 가능성이 있음을 인식하고 있다는 사실을 확인할 수 있다. 그렇다면 이는 결정적인 문제를 제기한다. 정말로 원외 민족주의 환경은 집권 정당들에 침투하여 이들에게 자신들의 생각을 불어넣는 데 성공했는가 아니면 집권 정당들이 원외 민족주의 환경으로부터 말할 권리를 빼앗는 데 성공했는가? 그 대답이 무엇이든 간에 한 가지 결론은 피할 수 없을 듯하다. 그것은 원외 민족주의 환경이 말[言]의 전쟁에서 대체로 패배했다는 것이다. 처음에는 원외 진영을 규정하던 용어들이 공적인 삶에 완전히 흡수되어 더 이상 그 어떤 정치적 급진성도 연상시킬 수 없게 되었다. 오늘날 러시아에서 강대국, 국가성statehood, 민족의 보호, 제국, 그리고 조국 같은 용어들은 가장 진부한 이데올로기 표지가 되어 버린 것이다.

3장
포퓰리즘으로서의 민족주의
이의 제기 정당들

원외 민족주의에 대한 분석을 마쳤으니 자신들을 반대 세력의 일부로 표현하지만 의회 경쟁에 참여하여 두마에 의석을 갖는 정당들의 민족주의 전략과 정치적 궤적에 주의를 기울일 필요가 있겠다. 이러한 정당은 3개가 있는데, 그것은 공산당과 지리노프스키의 자민당과 '조국' 정당 대형隊形으로, 마지막 당은 부분적으로 '공정러시아'Spravedlivaia Rossiia로 대체되었다. 나는 이들의 민족주의를 포퓰리즘으로 정의하며 종종 이들에게 붙여지는 '파시스트'라는 꼬리표에 반대하는 주장을 한다. 여기서 포퓰리즘이란 자신들의 정당성을 대중에 대한 호소에 기초하는 정치적 흐름을 의미한다. 전 세계의 포퓰리스트 운동 — 불랑제주의,[1] 페론주의,[2] 푸자드운동,[3] 프랑스 국민전선, 외르크 하이더의 '오스트리아

---

[1] 1886~1889년 많은 프랑스인들이 허약하고 부패한 공화정을 무너뜨리고 프로이센에게 복수하여 프랑스를 다시 강력한 국가로 만들 수 있는 카리스마적인 인물로 인식한 조르주 불랑제(Georges Boulanger, 1837~1891)를 지지한 정치운동을 일컫는다. 극우 세력, 소상인, 노동자의 전폭적인 지지를 받은 불랑제가 추종자들의 쿠데타 시도 요구를 사양하고 외국으로 도피함으로써 실패로 끝나고 말았다. — 옮긴이

의 미래를 위한 동맹' ─ 은 대의민주주의를 비판하며, 대중의 이익을 배신하고 자기 자신의 이익에 특권을 부여한다는 이유로 엘리트에 대해 반대 의견을 말한다. 그럼에도 불구하고 국민투표제적이든 참여제적이든 모든 민주주의는 대의제로 간주되며 그 동질 요소 중의 하나로서 대중에 대한 호소를 포함하기 마련이다. 따라서 민주제에서의 정당은 내재적 요인으로서 정도는 다양하더라도 포퓰리즘을 내포한다고 할 수 있다. 전통적으로 포퓰리즘은 두 가지 경향으로 나뉜다. 첫번째 항의 포퓰리즘은 대변인 기능에 우선순위를 부여하며 민중으로서의 대중 demos-people과 '부유한' 이들을 대비시킨다. 두번째 정체성 포퓰리즘은 민족주의적 관점을 선호하며 민족으로서의 대중ethnos-people을 '외국인'에 대한 투쟁에 몰두하는 존재로 묘사한다.[4]

위의 세 러시아 정당의 정치적 기획은 모두 포퓰리즘적 사상의 계통에 속한다. 이들은 엘리트, 특히 올리가르히를 러시아의 부활과 보다 평범한 계급들이 겪는 어려움에 무관심하다는 이유로 비난하고, 서구의 의회주의를 거부하며, 국가의 수반이 민족의 아버지처럼 행동하는 개인화된 체제를 지지한다. 이들의 교리는 혁명적이지 않고 보수적이며, 전체주의적이지 않고 권위주의적이다. 이들은 민주주의의 제한을

---

2 아르헨티나의 대통령으로 1946~1955년, 1973~1974년에 집권했던 후안 페론(Juan Domingo Perón, 1895~1974)과 뒤이어 1974~1976년에 집권했던 그의 아내 이사벨 페론의 정치 노선·이념을 일컫는다. 대통령 권한 확대, 산업 국유화, 재정지출 확대, 대중에 대한 직접적인 호소 등을 특징으로 한다. 페론주의의 결과에 대해서는 활발한 산업화와 부의 재분배 현상을 이루었다는 긍정적인 평가와 선심성 정책으로 인한 국가경제 몰락의 원흉이라는 부정적인 평가가 엇갈린다. ─ 옮긴이
3 1950년대 프랑스가 처한 산업화·도시화의 물결 속에서 소상인과 농민의 좌절감과 정치적 불만을 배경으로 하여 피에르 푸자드(Pierre Poujade, 1920~2003)가 일으킨 반의회주의·반유대주의 대중 운동을 일컫는다. 감세, 영세 상점 보호, 공직자 청렴 등을 요구했고, 1956년 의회 선거에서 12%에 이르는 250만 표를 얻기도 했으나, 내부 분열과 선거에서의 패배로 쇠퇴했다. ─ 옮긴이
4 P. A. Taguieff(ed.), *Le retour du populisme* (Paris: Universalis, 2004).

요구하지, 민주주의 원칙의 억압을 요구하지는 않는다. 이들은 사회의 군대화도, 대중의 세뇌도 바라지 않으며, 그보다는 질서, 위계 체계, 사회적·종교적 도덕 같은 가치의 존중을 원한다. 마지막으로, 이들의 교리는 외국인, 특히 이주자보다는 러시아 민족에게 우선순위가 부여될 것을, 그리고 러시아가 국제 무대에서 강대국의 지위와 존경심을 되찾을 것을 요구한다. 결코 원외 반대 세력에게만 속하지는 않는 민족주의 테마가 의회 포퓰리스트 정당들의 주요 요소들 중 하나를 이룬다. 이들의 대변인 기능이 민족주의 수사에 기대어 이들을 지탱해 주고 있는 것이다.

'건설적 반대파': 공산당과 자민당

2003년 12월 의회 선거 때까지 러시아 정치에서의 민족주의에 대한 연구는 두 '역사적' 정당, 러시아연방공산당과 러시아자유민주당에 한정되는 전통이 있었다. 두 정당 모두 1990년대 초부터 지속적으로 의회에서 의석을 차지하고 있고 동일한 대변인 기능을 함께하고 있다. 이들은 정치적 기득권층의 일부를 이루고 수많은 의회 위원회를 이끌었지만, 스스로를 아웃사이더이자 사회적 항의의 햇불을 든 사람으로 표현한다. 이런 식으로 두 정당 모두 권력층의 보조원이 되었음에도 불구하고 ─ 자민당의 경우에는 의도적으로, 공산당의 경우에는 본의 아니게 ─ 자신들을 권력층과 구별하려고 애쓴다. 이러한 민주주의의 외관은 지리노프스키의 정당에 의해 완벽하게 구현된다. 즉 자민당이 '야당'으로 불리는 것은 실제로는 이 정당이 크렘린이 주도하는 정치적 과정에 완전히 통합되었다는 것을 의미하는 것이다. 공산당은 자신들의 의

지와는 반대로 대통령 권력의 충실한 부관이 되었다는 점에서 보다 역설적인 역할을 차지하고 있다. 사실 1990년대 초 공산당은 옐친의 정책에 대해 유일하게 신뢰할 만한 정치적 대안이었고 개혁을 멈출 것을 요구하는 주장을 격렬하게 내세웠다. 그러나 푸틴 정권하에서 공산당은 반대의 목소리를 누그러뜨리지 않을 수 없었다. 크렘린에 대한 충성이 모든 정치적 참여의 전제 조건이 되었고, 이에 따라 공산당은 권력층에게 양보를 해야 하는 '건설적' 야당의 이미지를 지녀야 하게 된 것이다.[5]

공산당의 재탄생, 구조, 그리고 약화

1991년 8월 강경파의 쿠데타 이후 소련공산당은 금지되었다. 한편 빅토르 튤킨이 이끈 정교도 맑스주의자들과 겐나디 주가노프 및 알렉산드르 루츠코이가 이끈 민족주의자들 간의 단기적 합병의 결과로 1990년 6월에 이미 러시아공산당Kommunisticheskaia partiia RSFSR이 설립되었다. 공산당이 금지된 이 기간 동안 공산당원 수는 크게 감소했지만, 10여 개의 파벌이 소련공산당의 후계자라고 주장했다. 러시아공산당의 민족주의 담화에 맞서 빅토르 안필로프와 튤킨이 이끄는, 보다 맑스주의에 기반한 두번째 조직 러시아공산주의노동자당이 만들어졌다. 이 조직은, 당시 각각 약 10만 명의 멤버를 가졌다고 주장한 두 단체, 노동모스크바Trudovaia Moskva와 노동러시아Trudovaia Rossiia와 제휴하고 있었다.[6] 1992년 11월 공산당 금지가 해제되었고, 이에 따라 러시아공산당이 주요 경쟁

---

[5] V. Gel'man, "Political Opposition in Russia: A Dying Species?", *Post-Soviet Affairs*, vol.21, no.3 (2005), pp.226~246.
[6] G. Flikke, "Patriotic Left-Centrism: The Zigzags of the Communist Party of the Russian Federation", *Europe-Asia Studies*, vol.51, no.2 (1999), p.277.

자였던 러시아공산주의노동자당을 희생시켜 공산주의 단체의 리더 역할을 맡게 되었다. 1993년 2월 러시아연방공산당은 주가노프가 이끄는 민족주의 세력과 발렌틴 쿠프초프가 이끄는 온건파 맑스주의자들을 재통합하는 부활의 전당대회를 열었다. 이 두 집단은 모두 안필로프나 튤킨 같은 보다 보수적인 맑스주의자들을 권력으로부터 봉쇄하려고 했던 것이다. 역동적인 러시아연방공산당과의 합병을 거부하면서 트로츠키주의자, 무정부주의자, 노동조합주의자 등 모든 국제주의 운동뿐만 아니라 보수적 맑스주의자들도 빠르게 주변화되어 지금은 이들 중 그 누구도 정치적 중요성을 지니지 못한다.[7]

민족주의자 지식인들과의 관계를 책임진 전직 러시아공산당 이념서기였던 주가노프가, 페레스트로이카 초기에 고르바초프와 가까운 사이였기 때문에 당내에서 크게 인기가 없었던 경쟁자 쿠프초프를 앞서고 러시아연방공산당의 지도자로 선출되었다. 주가노프의 선출은, 슬로보단 밀로셰비치Slobodan Milošević의 세르비아공산당이 민족주의 운동단체로 전환됨으로써 고무된 역동적 과정의 승리를 확인시켜 주었다. 새로운 지도자는 러시아연방공산당이 소련공산당을 계승해야 하는지 말아야 하는지 같은, 특별히 민감한 문제에 대한 과도한 이데올로기 논쟁을 거부함으로써 통합의 전략을 추구했다. 주가노프는 가능한 한 많은 유권자들을 끌어들이기 위해 '조국의 수호'에 관한 합의적 담론을 중심으로 공산주의자들이 실용적으로 연합해 모일 것을 요구했지만, 과거 체제에 대한 언급은 하지 않기 위해 주의하였다. 1993년 가을의 유혈 사

---

7 A. Verkhovskii(ed.), *Levye v Rossii: Ot umerennykh do ekstremistov* (Moscow: Institut eksperimental'noi sotsiologii, 1997).

태는 이러한 전술적 신중함을 잘 보여 주었다. 알베르트 마카쇼프와 빅토르 안필로프는 의회에 충성한 부대의 오스탄키노 TV 타워 점령을 지지한 반면에, 주가노프는 타협을 요구했다. 이러한 신중한 태도로 인해 공산당은 등록을 유지할 수 있었던 데 반해, 다른 급진적인 정당들의 정치 활동은 금지되었다. 이에 따라 공산당은 대중적 정당성을 얻기 위해 주가노프가 거부하지 않기로 결정한 1993년 12월 의회 선거에도 참여할 수 있었다.[8]

12%의 득표율(48석)을 얻어 공산당은 러시아에서 세번째로 큰 정치 세력이 되었다. 당시의 반공산주의 분위기를 고려할 때 이러한 결과는 주목할 만한 것이었고, 이는 옐친 정권의 수난자로서의 이미지 덕분에 가능했다. 1995년 의회 선거에서 공산당은 22%의 득표율(157석)을 얻었는데, 이는 1993년 선거 때보다 두 배나 많은 것이었고 또한 주요 경쟁자인 지리노프스키의 자민당보다도 두 배 많은 것이었다. 농업당 Agrarnaia partiia Rossii이나 자민당이 예고르 가이다르와 빅토르 체르노미르딘의 자유주의 개혁을 일관되게 지지하면서 부분적으로 신뢰를 잃었기 때문에, 그 당시 공산당은 옐친 정부에 대한 반대 세력의 화신이 되었다. 그러나 1996년 대선에서 공산당은 뼈아픈 패배를 당했다. 1차 투표에서 얻은 32%의 득표율에 한껏 고양된 주가노프는 2차 투표에서 승리의 가능성을 확신했으나, 현직 옐친 대통령에 비해 불과 40%의 득표율만을 획득했을 뿐이다. 1999년 의회 선거에서 공산당의 지지율은 25%에 조금 못 미치는 득표율(113석)로 안정화되었다. 그러나 2000년 3월

---

8 S. M. Hashim, *Frozen Transition: The KPRF as Semi-Loyal Opposition in Russia's Post-Soviet Transition* (Thesis, Pennsylvania State University, 2000).

대선 1차 투표에서 공산당 후보의 29%에 비해 푸틴이 거의 53%의 득표율을 거두면서 공산당은 또다시 패배했다.

1990년대 내내 공산당은 모순적이고 이중적이며 부분적으로는 본의 아닌 역할을 수행했다. 공산당은 자유주의 정권을 비난하는 데 있어서는 가차 없었지만, 현 상태를 변화시킬 어떠한 결정도 고의로 회피함으로써 정권의 지지 세력 중 하나가 되었다. 예를 들어 공산당은 1997년 체르노미르딘에 반대 투표를 하지 않았고, 1998년 세르게이 키리옌코Sergei Kirienko의 총리 인준을 저지하지 않기로 결정했으며, 1999년 옐친에 대한 탄핵 조항을 제기하는 절차를 성립시킬 수 없었다.[9] 공산당원들은 대통령이 계속해서 두마를 해산하겠다고 하는 위협을 걱정했고, 다가올 선거에 거의 관심이 없었기 때문에 이미 의회에서 획득한 위치를 움켜쥐고 놓치지 않기를 보다 선호했으며, 따라서 이들의 동의는 쉽게 구할 수 있는 것이 되었다. 공산당 투표자들에게 당의 정책은 이해할 수 없는 것이었고, 주가노프가 기존 질서를 전복시킬 것을 지지하지 않는 것을 받아들이지 못한 가장 급진적인 당원들은 그에 대한 비판을 가했다. 푸틴의 첫번째 임기 동안 공산당은 좌우 이항 대립을 구성할 희망으로 크렘린과 긴밀하게 협력할 준비가 되어 있었지만, 공산당 의원들은 급속하게 주변화되었다. 2003년 의회 선거에서는 포스트소비에트 러시아 역사상 처음으로 공산당이 더 이상 선거의 전면에 서지 못했다. 공산당은 12.7%의 득표율(52석)을 얻고 투표자의 절반을 잃어버리면서 사실상 패배했다.[10] 실제로 주가노프는 2004년 3월 대선에 출마하지 않기

---

9 R. Sakwa, "The CPRF: The Powerlessness of the Powerful", in A. Bozoki and J. Ishiyama(eds.), *A Decade of Transformation: Communist Successor Parties in Central and Eastern Europe* (Armonk, NY: M. E. Sharpe, 2002), pp.240~267.

로 결정했고, 여기에서 공산당 후보 니콜라이 하리토노프Nikolai Kharitonov
는 13.7%의 득표율만을 얻었을 뿐이다.[11] 2007년 의회 선거는 공산당의
도저히 '건설적'일 수 없는 반대 세력으로서의 이상한 지위와 러시아에
서 두번째로 큰 정당으로서의 입지를 확인시켜 주었다. 그렇다고 하더
라도 공산당은 대통령 정당의 64%에 비해 겨우 11%의 득표율을 얻었
을 뿐이다('공정러시아'와의 경쟁으로 약화된 성적이다). 2008년 3월 대선
에서 주가노프는 약 17.7%의 득표율을 거두며 드미트리 메드베데프의
뒤를 이어 2위에 올랐다.

통합러시아와 함께 공산당은 견고한 정당 구조, 즉 전 소련공산당
으로부터 물려받은 전국적 네트워크를 가진 유일한 정당이다(1990년
대에는 당원이 50만 명에 가까웠다).[12] 또한 공산당은 『소비에트 러시아』
Sovetskaia Rossiia, 『러시아 프라우다』Pravda Rossii, 『프라우다』Pravda 등 튼튼한
언론 네트워크를 보유한 혜택을 누리고 있기도 하다. 그렇지만 공산당
에 가입한 지역 주지사들에 대해서는 중앙 기구가 거의 영향력을 행사
하지 못한다. 이들은 종종 독자적으로, 무엇보다도 지방의 전략적 동맹
관계에 기초해 행동하며 언제나 당 노선과 일치하지는 않는 이데올로
기적 신념을 옹호한다. 당의 사회적 기반은 러시아 북부 지역, 특히 모
스크바나 상트페테르부르크처럼 부유한 도시에서는 상대적으로 그리

---

10 V. Pasynkova, "The Communist Party in Contemporary Russia: Problems of Transformation", *Perspectives on European Politics and Societies. Journal of Intra-European Dialogue*, vol.6, no.2 (2005), pp.237~248.

11 J. W. Riggs and P. J. Schraeder, "Russia's Political Party System as a (Continued) Impediment to Democratization: The 2003 Duma and 2004 Presidential Elections in Perspective", *Demokratizatsiya*, vol.13, no.1 (2005), pp.141~151.

12 V. Likhachev, *Politicheskii antisemitizm v sovremennoi Rossii* (Moscow: Academia, 2007), pp.18~27.

대단치 않은 상태에 있고, 주로 보다 빈곤한 남부 지역 출신 투표자들로 이루어져 있다. 그 결과 공산당은 위기에 처한 농업 및 산업 지역, 소위 레드벨트에서 굳건하게 자리를 잡았다. 이 벨트는 볼가 강 유역의 일부인 중앙 흑토지대와 러시아 카프카스 지역으로 이루어져 있는데,[13] 여기에서 주민들은 국가 보조금에 크게 의존한다. 따라서 지방 공산당원 노멘클라투라에 대한 지지는 중앙기관을 포섭하여 그 지역을 위해 재정적 혜택을 얻을 수 있는 능력을 기반으로 하여 구축되어 있다.[14]

2003년 선거 이후 이 레드벨트는 크게 손상되었다. 많은 지역에서, 특히 농촌 지역에서 공산당의 표는 푸틴이나 농업당에 대한 지지로 인해 반감되었다. 공산당이 시베리아의 몇몇 선거에서 거둔 새로운 성공이 전통적인 지지 지역에서의 몰락을 상쇄하기에는 충분하지 못했다.[15] 이러한 지리적 유산에는 소비에트 전통의 흔적이 분명하게 남아 있는데, 이는 공산당 유권자층에서도 그러하다. 공산당 투표자는 주로 하위 국가 공무원과 1990년대에 상당 정도 위신을 상실한 전문 기술자(엔지니어, 기술 전문가, 보건 인력, 교사)로 구성되어 있다. 노동계급의 수는 매우 적지만,[16] 공산당은 당의 재정 능력에 크게 기여하는 몇몇 '붉은 보스'들의 지지를 누리고 있다.[17] 게다가 공산당의 유권자층은 비교적 나이가

---

13 Iu. Medvekov, O. Medvekov and G. Hudson, "The December 1993 Russian Election: Geographical Patterns and Contextual Factors", *Russian Review*, vol.55, no.1 (1996), pp.80~99.
14 I. Kurilla, "Civil Activism Without NGOs: The Communist Party as a Civil Society Substitute", *Demokratizatsiya*, vol.10, no.2 (2002), pp.392~400.
15 R. S. Clem and P. R. Craumer, "Redrawing the Political Map of Russia: The Duma Election of December 2003", *Eurasian Geography and Economics*, vol.45, no.4 (2004), pp.241~261.
16 L. March, *The Communist Party in Post-Soviet Russia* (Manchester: Manchester University Press, 2002), p.140.
17 R. Otto, "Gennadi Ziuganov, the Reluctant Candidate", *Problems of Post-Communism*, vol.46, no.5 (1999), pp.37~47.

많다. 즉, 공산당 투표자의 45%가 60세 이상인 것이다.[18] 공산당과 (그 자체는 1991년 금지된 이후로 다시는 재건되지 못한) 콤소몰Komsomol의 영향을 받은 당 청년조직에 참여한 젊은이들의 수는 극히 적었다. 사회적 기반을 새롭게 할 능력이 없으면 공산당은 주요 선거에서 실망을 겪을 수밖에 없다. 그렇지 않아도 공산당은 이미 2000년 이후로 당원의 거의 절반을 잃어버렸다. 그리고 이러한 사실은 크렘린이 공산당의 토대를 흔들기 위해 채택하고 있는 불안정화 전략(부정적인 언론 보도, 친공산당 주지사에 대한 압력, 유권자 분열시키기)으로 더욱 악화되었다.

'신공산주의' 건설의 어려움

이데올로기 차원에서 공산당은 원칙적 합의의 중요성을 빠르게 이해했고 소비에트의 유산과 '러시아 이념'에 대한 오래된 논쟁을 조화시키려고 한 첫번째 정당이었다. 1993년에 설립된 이후로 공산당은 몇몇 이데올로기 분파로 갈라졌는데, 이들은 크게 다음과 같은 세 가지 주요 범주로 분류될 수 있다. 첫번째는 주가노프가 이끄는 민족주의 운동으로, 이는 정교회와의 관계 회복에 동조하며 통계상 중앙 기구와 모스크바 당 기구 수뇌부에 있는 당원들의 다수를 이룬다.[19] 두번째는 쿠프초프와 겐나디 셀레즈뇨프Gennadi Seleznev가 이끄는 개혁파 맑스주의자 집단으로, 이들 중 일부는 스칸디나비아식 사회민주주의(혼합경제, 복지국가, 무신론적 혹은 불가지론적 담론, 초기 고르바초프 시기의 이념과 유사한 이념)를 옹호한다. 세번째는 니콜라이 빈듀코프Nikolai Bindiukov나 리차르트 코솔라

---

18 R. Sakwa, "Russia's 'Permanent' (Uninterrupted) Elections of 1999-2000", *Journal of Communist Studies & Transition Politics*, vol.16, no.3 (2000), p.88.
19 이러한 정보를 알려준 앙리 뒤켄(Henri Duquenne)에게 감사한다.

포프Richard Kosolapov 같은 보다 정통파 맑스-레닌주의자들과 '붉은 애국자들'이다. 빅토르 일류힌Viktor Iliukhin과 마카쇼프를 포함하는 마지막 집단은 러시아연방공산당이 소련공산당과 법적·이데올로기적 연속성을 지닌다고 주장하고 싶어 하며 공산당을 뒤흔든 주요 스캔들의 원인이 되었다.[20]

    1993년 이후 주가노프의 선동으로 공산당은 민족볼셰비즘을 지침으로 채택했다. 이로 인해 소비에트 과거에 대한 긍정적인 시각, 러시아 민족주의에 대한 전통적인 슬라브주의적이고 정교회적인 언급, 그리고 독립된 근대 러시아 국가를 인정하는 일종의 정치적 근대성을 결합한 합의적 이데올로기의 형성이 가능해졌다. 공산주의에 대한 당의 정의는 부정확한 상태로 남아 있다. 국제주의는 더 이상 인정되지 않고, 맑스-레닌주의에 대한 언급이 남아 있으며, 스탈린 시대에 대한 해석은 긍정적이지만 조심스럽고, 제2차 세계대전 같은 소비에트 과거의 면면들을 통합하는 데 초점이 맞춰져 있다. 서로 다른 공산당원 분파들 간의 연합은 지난 20년 동안 일어난 문제들에 대한 부정적인 인식을 기반으로 한다. 여기에는 고르바초프와 옐친에 대한 거부, 자본주의와 세계화와 서구에 대한 비난, 1990~2000년대의 사회적·문화적 변화에 대한 반응으로서의 보수주의, 소련의 해체를 설명하는 음모론의 공유, 러시아의 내부적·외부적 적들 간의 공모에 대한 인식과 그 결과 생겨난 '우리 대 그들' 담론 등이 포함된다.

    공산당은 몇몇 원칙상의 차이를 넘어 선거 전술의 측면에서도 분열

---

20 보다 자세한 사항은 J. Urban and V. Solovei, *Russia's Communists at the Crossroads* (Boulder, CO: Westview, 1997) 참조.

되어 있다. 이 논쟁으로 인해 원칙상의 문제에 대해 당 기관원이나 당원들의 의견에 우선권을 주는 이들과 보다 광범위한 유권자층을 끌어들이려는 실용적인 전략을 추구하는 이들이 서로 대립하는데, 전자는 보다 급진적인 이들 사이에서 지배적으로 선호되는 전술이고, 후자는 온건파 사이에서 널리 퍼져 선호되는 전술이다. 공산당은 다른 소규모 정당들을 포함하는 선거 연합을 창설함으로써 이러한 이원론을 유지하려는 시도를 했다. 또한 공산당은 애국주의에 집중함으로써 계급 갈등이라는 주제에 기반한 분쟁을 척결하려 했다. 1993~1995년에 가장 큰 내부 논쟁이 있었다. 1993년 의회 선거에서 공산당이 성공을 거둠에 따라 공산당은 헌법을 지지하고 주민 투표를 존중하게 되었는데, 이 때문에 체제의 대통령화를 거부한 가장 급진적인 맑스주의자들로부터 비난이 터져 나왔다. 그러나 1995년 의회 선거 이후 공산당 전당대회는 더 이상 두 분파 간의 대결에 적절한 토론장으로 여겨지지 않았다. 논의의 초점은 전적으로 전술과 전략에 맞춰졌다.

    이처럼 이의가 없어 보이는 겉모습에도 불구하고 이데올로기 분열은 그저 동결되었을 뿐 결코 해결된 것이 아니었다. 대중 앞에서 당 지도부는 맑스주의에 경도된 수사와는 거리를 두려 하면서 그 대신 애국주의에 초점을 맞췄다. 1995년 의회 선거 강령은 맑스-레닌주의를 전혀 언급하지 않았다. '러시아, 조국, 민중'이라는 1996년 대선 슬로건 역시 어떠한 형태의 사회주의에 대한 언급도 삼갔다. 그러나 그해 공산당의 패배로 원칙상의 논쟁을 재개하려는 열망이 일어났다. 1997년경 가장 맑스주의적인 당원들이 앙갚음하기 시작한 이후로 당 문서는 다시 계급투쟁을 언급하기 시작했다. 2000년 대선에서 공산당 후보가 부진한 성적을 보인 이후 공산당 성장의 위기가 심화되었다. 당 지도부와 주가노프 그 자신도 푸틴의 권력 장악으로 자신들의 환경이 크게 변화되었다는 것을 인정했다. 푸틴은 수많은 애국주의적 발언으로 이전에는 공산당이 점유했던 선거 공간을 장악할 수 있게 되었고, 공산당이 어쩔 수 없이 발언의 방향을 사회문제로 돌리도록 만들었다. 이러한 내부 논쟁으로 인해 계급투쟁과 올리가르히의 손으로부터 권한을 빼앗아 올 필요성을 주장한 『러시아연방공산당의 당면 과제』Ocherednye zadachi KPRF가 출판되었다.[21]

당이 옹호한 공산주의는 무엇보다도 조직 이데올로기이다. 당원들의 충성심, 민주집중제, 그리고 지도부 숭배 덕택에 공산당은 다른 민족주의 정당들을 약화시킨 무수한 분열과 숙청을 피할 수 있는 것이다. 1997년 레프 로흘린Lev Rokhlin, 마카쇼프, 일류힌이 창립한 군대지지운동 Dvizhenie v podderzhku armii은 1999년 선거에서 독자적인 선거인 명부를 제출하려고 시도했지만 실패했고, 그 이후로 이 단체는 공산당 안으로 되돌아왔다. 그러나 푸틴이 추진한 개혁정책은 당의 분리를 위한 새로운 비옥한 토양이 되었다. 당을 쇄신시키기 위해 셀레즈뇨프는 2000년 사민주의자들의 영향을 받은 중도좌파 정당이라고 표현한 자신의 운동단체 '러시아'Rossiia를 설립하기로 결정했다. '러시아'는 푸틴 대 주가노프라는 이항 대립을 무너뜨리려는 시도를 했으나, 그다지 성공하지 못했고, 양쪽으로부터 격렬한 반발을 불러일으켰다. 2002년 두마는 공산당원들이 의장을 맡고 있던 위원회 숫자를 줄이기로 결정했고 셀레즈뇨프에게 하원의장직을 사임하라고 요구했다. 다른 사민주의자들과 함께[22] 그

---

21 I. Mel'nikov and G. Kulikov, *Ocherednye zadachi KPRF* (Moscow: ITRK KPRF, 2000).
22 J. B. Urban, "The Russian Left and the French Paradigm", *Demokratizatsiya*, vol.11, no.1 (2003), pp.79~85.

는 당을 떠났고 이후에 러시아부흥당Partiia vozrozhdeniia Rossii이라는 소규모 정당의 당수가 되었다.[23]

2003년 선거에서 지지율이 급격하게 하락한 이후 공산당은 겐나디 세미긴Gennadi Semigin이 야기한 새로운 내부적 위기에 시달리게 되었다. 주가노프의 전 피후견인이자 러시아산업금융그룹Rossiiskaia finansovo-promyshlennaia gruppa 회장인 세미긴은 1990년대 후반 이후로 공산당의 주요 자금원 중 한 명이었고 1999년부터 2003년까지 두마 부대변인으로 임명되어 활동하였다. 정당 지도부의 정책적 선택에 매우 비판적이었던 이 '붉은 올리가르히'는 대안적인 전당대회를 조직하려 했고 하리토노프보다는 자신이 2004년 대선 후보가 되고 싶어 했다. 주가노프로부터 '크렘린의 대리인'이라는 비난을 받고 공산당으로부터 축출된 세미긴은 2005년 7월에 등록된 '러시아의 애국자'Patrioty Rossii라는 새로운 정당 대형을 조직했다. 현재 '애국자' 정당은 공산당의 전통적인 유권자층을 놓고 공산당과 경쟁하고 있으며,[24] 심지어는 몇몇 공산당 지역 지도부의 지지를 받기까지 한다.[25] 그럼에도 불구하고 이 정당은 대중적 가시성을 획득하지 못해 2007년 12월 선거에서 1% 이하의 득표율을 얻었다. 이러한 분열 이후에 공산당 지도부는 사민주의를 지향하는 경향이 보다 강한 집단뿐만 아니라 정통파 맑스주의자들로부터도 생겨나는 긴장 관계를 극복하려는 시도에서 내부 통합 달성을 핵심 목표로 설정했

---

23 셀레즈뇨프의 웹사이트 http://www.seleznev.on.ru/ (accessed 2009.4.23) 참조.
24 L. March, "Rossiiskie levoradikaly v postkommunistocheskuiu epokhy", in M. Laruelle(ed.), *Russkii natsionalizm v politicheskom prostranstve (issledovaniia po natsionalizmu)* (Moscow: INION, French-Russian Center for Research in Human and Social Sciences, 2007), pp.100~120.
25 H. Duquenne, "Le déclin des formations communistes?", *Kiosque du CERI* (Paris: CERI, May 2006), http://www.ceri-sciencespo.com/archive/mai06/arthd.pdf (accessed 2009.4.23), p.17.

다. 지금까지 15년 동안 자신의 전략적 유연성 덕택에 주가노프는 당 중앙 조직에 대해 권위를 유지하면서 민족주의자, 사민주의자, 맑스주의자 간의 분열을 피할 수 있었다.

공산당의 이데올로기 모체: 국가와 정교회의 조화
공산당의 이데올로기 구성은 주가노프가 원외 민족주의자들과 가까운 관계에 있었고 기꺼이 이들의 이념에서 많은 것을 승인한 데서 기인하는 바가 크다. 공산당의 교리에 영향을 미친 사람들 가운데 가장 유명한 인물로는 주간지 『내일』의 편집자이자 주가노프와 공저로 1994년 『강대국』Derzhava 같은 책을 몇 권 출판한 알렉산드르 프로하노프Alexander Prokhanov가 있다.[26] 『내일』의 편집진은 종종 공산당의 주요 싱크탱크로 여겨지며 공산당 지도부에 직접 접근할 수 있다. 또한 주가노프는 『내일』을 통해 알렉산드르 두긴과 연합하기도 하는데, 두긴의 신유라시아주의 이론은 러시아 지정학에 대한 주가노프의 견해에 큰 영향을 미치고 있다. 주가노프의 『승리의 지리학: 러시아 지정학의 기초』Geografiia pobedy: Osnovy rossiiskoi geopolitiki, 1999는 러시아 지정학의 독특한 성격과 유라시아 공간에서 안정의 보장자로서의 러시아의 역할에 대한 두긴의 고찰에 특히 의거한 책이다.[27] 또한 주가노프는 두긴으로부터 러시아 민족주의가 소수민족 민족주의의 표출과 상반되지 않는다는 이념을 차용했고, 그 덕택에 그는 공산당을 공화국 민족감정의 보호자로 표현할 수 있게 된다.

---

26 L. March, *The Communist Party in Post-Soviet Russia*, p.69.
27 G. Ziuganov, *Geografiia pobedy: Osnovy rossiiskoi geopolitiki* (Moscow: n.p., 1999).

1990년대 초반 이후로 주가노프는 러시아에 대한 자신의 시각을 밝힌 많은 이론서를 출간했고, 여기서 다양하지만 전혀 다른 종류의 영향을 결합하려는 시도를 한다. 그는 레프 구밀료프Lev Gumilev의 모델에 따른 '러시아 민족ethnos'을 언급하고, 니콜라이 다닐레프스키Nikolai Danilevski의 작품에서 발견되는 '역사적-문화적 유형' 개념과 새뮤얼 헌팅턴의 문명의 충돌 테제의 영향을 받았으며, 러시아는 핵심 지대heartland, 다시 말하면 대륙적 원칙의 구현이라는 해퍼드 매킨더 경Sir Halford Mackinder의 고전적인 공식에 기초한 지정학 이념을 끌어들인다. 알렉세이 포드베료즈킨Aleksei Podberezkin은 공산당의 주요 사상가로서 이러한 절충적인 이념의 수집에 영향을 미친 인물이다. 세계경제·국제관계 연구소IMEMO, Institut mirovoi ekonomiki i mezhdunarodnykh omnoshenii 회원이었던 포드베료즈킨은 1991년 8월 쿠데타 이후로 주가노프와 원외 민족주의 운동단체들 간의 매개자로서 활동했다. 1995년에 그는 자신의 싱크탱크 '정신적 유산'Dukhovnoe nasledie과 신문 『관찰자』Obozrevatel'를 설립했는데, 이들은 모두 그의 회사 라우-기업RAU-Korporatsiia으로부터 재정 지원을 받았다. 포드베료즈킨은 1996년 대선에서 주가노프를 지지하는 러시아민족애국연합Narodno-patrioticheskii soiuz Rossii이라는 선거 연합을 조직했다. 이 선거 연합의 주요 인물인 알렉산드르 프로하노프나 발렌틴 라스푸틴 같은 작가들은 공산당이야말로 러시아의 모든 애국주의 세력을 통합하여 '러시아 이념'에 기반한 강한 국가를 재건할 수 있는 유일한 정당이라고 주장했다.

1999년까지 '정신적 유산'은 스스로를 공산당의 개념적 중심지라고 표현했고, 그 몇몇 회원들은 공산당 정당 명부에 올라 두마 의원으로 선출되었다. 그러나 포드베료즈킨은 공산당에 공식적으로 가입하는 것을 거부했는데, 주가노프에 대한 그의 영향력을 우려한 다른 정당 지도자들은 이러한 행위를 알아주지 않았다. 1998년에 이 두 사람은 키리엔코의 새로운 행정부에 대한 의견 차이를 보였는데, 포드베료즈킨은 이에 찬성했고, 주가노프는 반대한 것이다. '정신적 유산'은 1999년 의회 선거에서 공산당으로부터 독자적인 정당 명부를 제출하기로 결정했지만, 1% 이하의 득표율을 얻었다. 또한 포드베료즈킨은 2000년 대선에도 출마했는데, 0.13%의 득표율을 거뒀다. 공산당과 갈라선 후 그는 서서히 야당 세력으로부터 물러나 시민사회의 발전을 위한 대통령위원회에서의 직분과 같은 행정직에 입문했다. 또한 그는 2002년부터 2006년까지 러시아사회주의통합당Sotsialisticheskaia edinaia partiia Rossii이라는 이름의 조그마한 사민주의 정당을 이끌기도 했다.[28]

포드베료즈킨은 주요 보수주의자 중 한 명이자 전간기 망명 사상가인 이반 일린Ivan Il'in, 1883~1954의 영향을 크게 받았다. 주가노프보다 더 종교적이고 공산주의 수사는 덜 눈에 띄는 포드베료즈킨은 공산당 당수에게 러시아 문화의 특수성에 대한 그의 애국주의적 호소를 더 많은 청중에게 펼쳐 나가라고 설득했다. 공산당의 선전은 10월혁명이 러시아 문화와의 단절을 의미한다는 것을 매우 빠르게 부정하기 시작했다. 공산당 선전은 이 사건에 대한 맑스주의적 관점으로부터 갈라져 나와 혁명은 러시아 문화의 연속이고 러시아의 본질을 상징한다고 주장했다. 또한 주가노프는 포드베료즈킨으로부터 권력의 조화라는 비잔틴 전통으로의 회귀에 관한 이념을 차용하기도 했다. 이러한 의미에서 슬라브주의자들이 체계화한 정교회적인 공동체성sobornost'의 전통이 공산주의

---

28 포드베료즈킨의 웹사이트 http://www.nasled.ru (accessed 2009.4.23) 참조.

적 집단주의의 선구적인 것으로, 그리고 러시아 민족의 선천적인 것으로 간주되었다. 1990년 프로하노프와 세르게이 쿠르기냔Sergei Kurginian이 주창한 이념에 공명한 주가노프는 공산주의를 조국과 같은 의미를 갖고 민족의 영성을 상징하는 메타 종교로 정의했다. 이러한 정의에 따르면, 공산주의는 사회를 조직하는 양식일 뿐만 아니라 '러시아 이념'과 양립 가능한 유일한 이데올로기이기도 하다.[29] 주가노프는 자신보다 앞선 이들보다 훨씬 더 나아갔다. 즉, 그는 공산주의와 기독교 간의 관계 회복을 이루어 내려는 열망으로 이 둘은 인류의 목표에 대한 공통된 정의를 공유하며 예수 그리스도가 사실은 첫번째 공산주의자였다고 주장한 것이다.[30]

교회에 대한 공산당의 발언의 도구적 성격은 매우 명백하다. 정교회의 명예가 회복되는 것은 정교회가 러시아의 국가권력을 지지하기 때문이다. 공산당은 전 세계 혁명이라는 소련의 사명에 대한 이미지와 일치하도록 러시아의 메시아주의적 전통을 작동시키기 위해 제3의 로마로서의 모스크바 개념을 도구화한다. 정교회 교회에 의해 고무된 영성 없이는 강한 러시아도 있을 수 없다는 이념은 공산당의 주요 신조 중 하나가 되었고, 이에 따라 공산당은, 사실상 19세기 러시아의 보수적 사고의 한 표시인 '전제정, 민족성, 정교회'라는 세르게이 우바로프Sergei Uvarov의 유명한 슬로건을 자기 자신을 위해 전유했다. 1990년대에는 러시아의 주요 '전통' 종교(정교회, 이슬람교, 불교)에 대한 신유라시아주의

---

29 G. Ziuganov, *Sovremennaia russkaia ideia i gosudarstvo* (Moscow: Obozrevatel', 1995). 그리고 J. Scanlan, "The Russian Idea from Dostoevskii to Ziuganov", *Problems of Post-Communism*, vol.43, no.4 (1996), pp.35~43 참조.
30 *Sovetskaia Rossiia*, February 11, 1993; June 17, 1993. L. March, *The Communist Party in Post-Soviet Russia*, p.74에서 재인용.

적 발언이 공산당의 수사에서 여전히 중요했던 반면에, 주가노프가 보다 노골적으로 정교회 투표자들에게 호소하기 시작하면서 이러한 언급은 부분적으로 삭제되었다. 주가노프는 이러한 호소의 목적으로 러시아의 정신적 부활의 핵심으로서의 정교회에 관한 몇몇 소책자를 발간하여 1999년 및 2003년 의회 선거에 앞서 이를 정교회 교구에 유포했다.[31] '러시아 정교회 사회주의'라고 불리는 혼성적인 견해를 지닌 『정교회 루시』*Rus' pravoslavnaia* 같은 기관지에서, 여러 정교회 운동단체들이 모스크바 총대주교구의 공공연한 지지로부터 이득을 보고 싶어 하는 주가노프의 마음을 좋게 받아들였다.[32]

주가노프가 지지한 공동체적 이데올로기는 '제국주의적'이자 동시에 '자민족중심주의적'ethnocentric인 것이 되고자 한다. 예를 들어 공산당 당수인 그는 시민적 러시아인과 에스닉 러시아인으로 구별되는 용어를 사용하지 않고 러시아성을 민족적·인종적·문화적으로 정의하는 입장을 취하는 것을 피하기 위해 러시아 민족보다는 러시아 문명에 대해서 말한다. 그는 포스트소비에트 국가들이 찬성한다는 조건에서 소비에트 영토 전체에 걸친 통합된 국가가 재건될 것을 요구한다. 그러나 그는 완강하게 저항하는 나라들에게는 무력으로 재통합을 강요하려는 자신의 라이벌 지리노프스키의 제안을 비난했다. 공산당이 제안하는 재통합은 모두가 법적으로 동등하다는 것을 인정하는 '민족 우호'를 위해서보다

---

31 G. Ziuganov, *Vera i vernost': Russkoe pravoslavie i problemy vozrozhdeniia Rossii* (Moscow: Izd. KPRF, 1999); G. Ziuganov, *Sviataia Rus' i koshcheevo tsarstvo: Osnovy russkogo dukhovnogo vozrozhdeniia* (Moscow: Rezerv, 2003).

32 A. Verkhovski, "L'orthodoxie politique dans la vie publique russe: l'essor d'un nationalisme antiséculaire", in M. Laruelle and C. Servant(eds.), *D'une édification l'autre: Socialisme et nation dans les pays (post)communistes* (Paris: Petra, 2007), pp.287~321.

는 제국의 주춧돌로 여겨지는 러시아 민족을 중심으로 이루어져야 한다고 주가노프는 주장했다. 에스닉 러시아인의 우위, 러시아어에 대한 존중, 정교회 교회에 부여된 우월한 법적 지위가 새롭게 만들어지고 있는 유라시아 제국의 핵심이라고 단언하는 것이다.

'유대인 문제'에 대한 공산당의 견해 또한 복잡하다. 비록 공산당이 러시아의 전통적인 적으로 그려지는 유대인과 카프카스인을 종종 비난하고 자본주의와 과두정치를 '유대인의 전통'과 동일시하긴 하지만, 공식적으로 반유대주의적 문헌을 승인하지는 않는다. 비록 주가노프의 민족주의적인 지지자들이 유대인 그 자체를 표적으로 삼지는 않지만, 공산당은 매우 명백하게 반유대주의적인 인물들을 흔쾌히 받아들인다. 예를 들어 2001년까지 크라스노다르 주지사였던 니콜라이 콘드라텐코Nikolai Kondratenko는 반유대주의적·동성애혐오적·음모론적 언행으로 유명했고, 이와 함께 1998년 가을 군대지지운동의 지도자 마카쇼프와 일류힌은 "유대놈들"Yids에 대해 불미스러운 발언을 했다. 그 당시 공산당은 이들의 언사를 제재하지도 처벌하지도 않은 난처한 상황에 놓여 있었다.[33] 확실히 러시아의 정치적 삶에서 공식 담론이 외국인혐오적이 되면 될수록, 공산당 투표자들이 가장 외국인혐오적이지는 않은데도, 공산당은 더욱 급진화되어 가는 듯이 보인다. 5월 1일 노동절이나 5월 9일 나치 독일에 대한 승리를 기념하는 집회처럼 공산당을 상징하는 시위가 때로는 불법이주반대운동 멤버들을 맞이하는 주인 역할을 하기도 한다.[34]

33 L. March, *The Communist Party in Post-Soviet Russia*, p.122.
34 "Al'ians kommunistov i natsional-radikalov krepnet", http://www.polit.ru/bbs/2006/04/10.als.html (accessed 2009.4.23).

자민당: 포퓰리즘적인 항의의 범위와 한계

종종 지리노프스키에게 반대하여 사용되는 부정확한 용어, 특히 '파시즘'이라는 꼬리표는 그저 유감스러울 뿐이지만, 특히 1993년 선거에서의 눈부신 결과 이후 개인으로서의 지리노프스키에 대해서는 많은 글이 쓰였다.[35] 1989년 봄에 창립된 러시아자유민주당은 소련공산당과 함께 소비에트 체제의 멸망 전까지 소련 법무부에 등록된 유일한 정당이었다. 1991년 대선에서 이미 자민당은 총 7.8%의 득표율과 요새 지역인 극동에서는 10~13%의 지지율을 얻으면서 옐친과 공산당 후보 니콜라이 리시코프Nikolai Ryzhkov의 뒤를 이어 3위를 차지할 수 있었다.[36] 권력층에 대해서 신중을 기하는 지리노프스키는 1993년 가을의 반란자들에게는 어떠한 약속도 하지 않았고 새로운 대통령제 헌법을 제정하려는 옐친의 열망을 지지했다. 1993년 12월 선거에서 자민당은 22%의 득표율(59석)을 얻으면서 최대의 성공을 거두었고, 이는 자민당에게 러시아에서 세번째로 큰 정당이라는 칭호를 선사했다. 이처럼 자민당이 절정기에 이르렀을 때 언론은 러시아와 서유럽 전역에 경보를 울렸고, 자민당과 그 당수가 새로운 '파시즘의 위협'을 의미한다는 공포를 부채질했다.

지리노프스키의 정당은 매우 불규칙한 결과를 거뒀다는 점에서 두드러진다. 즉, 자민당의 좋은 성적은 단일 의원 선거구 투표에서는 의원을 거의 당선시키지 못한 무능력을 참작하여 조망되어야 하는 것이다.

---

35 G. Frazer and G. Lancelle, *Absolute Zhirinovsky: A Transparent View of the Distinguished Russian Statesman* (New York: Penguin, 1994); E. Klepikova and V. Solov'ev, *Zhirinovsky: Russian Fascism and the Making of a Dictator* (Reading, MA: Addison/Wesley, 1995). 이러한 문헌에 대한 상세한 분석은 A. Umland, "The Post-Soviet Extreme Right", *Problems of Post-Communism*, vol.44, no.4 (1997), pp.53~61 참조.

36 Y. M. Brudny, *Reinventing Russia: Russian Nationalism and the Soviet State, 1953-1991* (Cambridge-London: Harvard University Press, 2000), p.257.

1995년 선거에서 자민당은 위기 상황에 처하게 되었다. 자민당 투표자가 절반으로 줄어들어 결국 자민당은 고작 11%의 득표율(51석)을 얻는 데 그치고 말았다. 1996년 대선에서 지리노프스키는 1991년보다도 낮은 5.76%의 득표율을 얻었을 뿐이다. 6% 이하의 지지율(19석)을 획득한 1999년 의회 선거에 이어 2.7%를 얻은 2000년 대선에서 자민당의 몰락은 확실해진 듯이 보였다. 그러나 2003년 의회 선거에서 자민당은 11.8%의 총득표율(36석)과 극동의 아성에서는 15%에 이르는 지지율을 얻으면서 다시 좋은 결과를 거두었다. 이렇듯 자민당은 러시아 정치 무대에서 공산당의 뒤를 이어 또다시 러시아에서 세번째로 큰 세력이 되었다. 또한 중국인의 '쇄도'에 대한 공포를 부채질함으로써 확보한 극동에서의 안정된 공간에 더해, 민족 간 긴장 관계와 관련한 우려가 널리 퍼진 덕택에 공산당의 레드벨트에서도, 그리고 북카프카스 및 볼가 지역에서도 표를 얻었다.[37] 주가노프처럼 지리노프스키도 2004년 대선에서 푸틴에 맞서 출마하지 않기로 했고 그 대신 별로 알려지지 않은 후보 올레그 말리슈킨Oleg Malyshkin을 내세웠는데, 그는 겨우 2%의 득표율을 얻었을 뿐이다. 2007년 의회 선거에서 자민당은 8.6%의 득표율, 즉 40석을 획득했고, 2008년 대선에서 지리노프스키는 9.3%의 표를 얻었다.

이처럼 고르지 않은 선거 결과는 대부분 자민당의 친정부 정책 및 이에 따른 지리노프스키의 기행에 대한 크렘린의 너그러운 태도 때문이다. 1993년 초기의 성공 이후 자민당의 사회적 기반이 꾸준하게 침식되었는데도, 2003년에 자민당이 좋은 결과를 이룬 것은 우호적인 언론 보도 탓이라고 할 수 있다는 점이 모든 선거 분석에서 확인된다. 또한

---

37 R. S. Clem and P. R. Craumer, "Redrawing the Political Map of Russia", pp.241~261.

지리노프스키의 결과는, 미하일 호도르코프스키가 체포된 지 불과 몇 달 뒤에 그 스스로 일구어 낸 올리가르히 반대라는 수사적 공간에 의해 신장된 것이기도 했다. 그러나 숫자라는 측면에서 볼 때 자민당의 성공은 상대적인 것일 뿐이다. 2003년에 자민당을 지지한다고 말한 사람들의 수는 300만 명이었던 데 비해, 1993년과 1995년에 그러했던 사람들의 수는 각각 1,200만 명과 750만 명이었다. 지지 기반이 노동자와 도시 중하층으로 구성된 자민당은 보다 넓은 계층의 주민들로부터 지지를 얻는 데 어려움을 겪고 있으며, 여전히 실업자나 하급 국가 공무원, 군인 같은 항의층 투표자들로부터 주로 지지자를 충원하고 있다.[38]

더욱이 비록 전체 숫자에서는 3위 혹은 4위에 위치하지만, 자민당은 두마에 실질적인 원내단체를 갖고 있지 않으며 일관된 입법 전략도 부족하다. 자민당 의원들은 자신의 개인적 선택에 따라, 혹은 다른 정당의 호의에 대한 보답으로 주로 대통령 다수당에, 때로는 드물지만 야당 세력인 공산당에 투표한다. 지리노프스키의 정치적 참여의 기저를 이루는 내적 논리는 — 그는 자신이 '꼭두각시' 이미지를 키우고 있다는 것을 숨기려 하지 않는다 — 모호한 상태다. 게다가 자민당은 자신의 정치적 사업의 상업적 성격을 나타내기 위해서 오랫동안 일종의 자조감을 가진 채 스스로를 '자민당 유한책임회사'LDPR Limited라고 표현해 왔다.[39] 실제로 자민당은 공통의 정치적 목표가 아니라 지리노프스키에 대한 개인적 충성심으로 연합한 서로 다른 부류의 정치 인사들이 모여서

---

38 M. Wyman and S. White, "Public Opinion, Parties, and Voters in the December 1993 Russian Election", *Europe-Asia Studies*, vol.47, no.4 (1995), pp.591~615.
39 V. Pribylovski, "The Attitude of National-Patriots Toward Vladimir Putin in the Aftermath of March 26, 2000", in A. Verkhovski, E. Mikhailovskaia and V. Pribylovski, *National-Patriots, Church, and Putin* (Moscow: Panorama, 2011), p.65.

구성되었다. 당내에서 지리노프스키는 개인숭배를 확립했고, 부권주의적 권력 개념을 재생산하며, 규칙적으로 만장일치 투표로 재선되고, 자기 기분에 따라 지역 당 후보를 지명한다.[40]

자민당이 공산당과 구별되는 점은 1990년대의 옐친이든, 2000년대의 푸틴이든 정치 권력층에 거의 무조건적인 지지를 한다는 것이다. 자민당은 1998년 자유주의적인 키리옌코 총리 임명을 지지했고, 몇 달 뒤 예브게니 프리마코프Evgeni Primakov 총리 임명에는 반대하려 했다가 그를 지지하는 대가로 프리마코프 정부의 장관직 — 노동부 장관에 세르게이 칼라슈니코프Sergei Kalashnikov — 을 얻어 낸다. 푸틴의 두 번의 임기 동안 자민당 지도부는 대통령의 정책을 지지하는 수많은 성명을 발표하는 한편, 계속해서 대중적 항의의 카드를 사용하기도 했다. 따라서 지리노프스키에 대해서는 원칙보다는 스타일을 가진 정치인이라고 말할 필요가 있겠다. 즉, 그는 "여러 상징 요인들을 이용하고 다양한 이데올로기적 위치에 자리 잡을 가능성이 높은 정치적 스타일"이라고 정의되는[41] 포퓰리즘을 전형적으로 보여 주는 사례인 것이다. 대중적인 개인의 매력, 세계시민주의적인 엘리트에 대한 비난, 세금에 반대하는 항의, 국민투표의 요구, 이른바 동화될 수 없는 자들, 러시아의 경우에는 카프카스 및 중앙아시아 주민들을 나라에서 제거할 것을 요구하는 것 등 자민당에는 포퓰리즘의 고전적인 요인들이 모두 존재한다.

---

40 D. Slider, "Pskov Under LDPR: Elections and Dysfunctional Federalism in One Region", *Europe-Asia Studies*, vol.51, no.5 (1999), pp.755~767.
41 P. A. Taguieff, *L'illusion populiste. De l'archaïque au médiatique* (Paris: Berg International, 2002), p.80.

지리노프스키 혹은 가짜 제국주의?

지리노프스키가 의도적으로 기행을 일삼고 적어도 최소한이나마 구조를 갖춘 정치 이데올로기조차 채택하기를 거부함으로 인해서 '지리노프스키 독트린'에 대한 분석은 매우 어려운 일이 되고 만다. 스캔들을 일으키려는 목적을 갖는 그의 우레와 같은 연설은 끊임없이 언론의 관심을 끄는데, 이러한 관심이 없었다면 그의 존재는 정치 무대에서 빠르게 사라져 버렸을 것이다. 하지만 자민당은 뚜렷하게 구별되는 몇몇 사상적 요인들을 제시한다. 비록 지리노프스키가 때로는 복지국가의 옹호와 신자유주의적 원칙 사이에서 동요하긴 하지만, 그는 무엇보다도 소기업인과 경제적 자유주의의 보호를 선호하는데, 이는 공산당의 국가주의적 주장과 그를 구분 짓는 중요한 차이점이다. 게다가 그는 경쟁자보다도 훨씬 더 현저하게 공산당에 반대하며, 공산당의 사상적 배경과 논리를 갖지 않는 제국주의적·외국인혐오적 정책을 공공연하게 옹호한다.

1990년대 초 의회 선거에서 예기치 못한 성공을 거둔 후 지리노프스키는 여러 인터뷰에서 정치적 도발의 전술을 사용했다. 그는 『이즈베스티야』*Izvestiia*[42] 기자들에게 국가사회주의를 긍정적으로 해석하는 것에 대해 상세히 설명하고 자신이 대통령이 된다면 "1933년의 히틀러처럼 행동할 것"이라고 말했다.[43] 그렇지만 가이다르가 지리노프스키를 "러시아에서 가장 인기 있는 파시스트 지도자"라고 부른 이후, 1994년에

---

42 "Krakh chetvertogo internatsionalizma", *Izvestiia*, August 28, 1993, p.10.
43 W. Korey, *Russian Anti-Semitism, Pamyat, and the Demonology of Zionism* (Chur, Switzerland: Harwood Academic Publishers for the Vidal Sassoon International Center for the Study of Antisemitism, Jerusalem, The Hebrew University of Jerusalem, 1995), p.222.

지리노프스키는 가이다르에 대해 법적인 소송을 제기하기로 결정했고 재판에서 승리했다. 즉 법적으로 '파시스트'라는 비난은 모욕이라고 인정된 것이다.[44] 그 이후로도 지리노프스키는 계속해서 급진적인 관점을 견지했지만, 아마도 그러한 종류의 이데올로기적 급진주의가 자신의 표를 잃게 만든다는 것을 깨달았기 때문에 1930년대 독일 모델에 대한 긍정적인 언급은 삭제해 버렸다. 이에 따라 2007년 발간된 『자민당의 역사, 근원과 사실』Istoriia LDPR, istoki i fakty이라는 자민당 선전 소책자는 당을 유럽의 자유민주주의적 가치에 개방적인 모델로 치켜세우고, 또한 당이 19세기 말과 20세기 초 러시아 지식인 사회의 자유주의적인liberal, 심지어는 자유지상주의적인libertarian 전통을 계승한다고 표현한다.[45]

그러나 지리노프스키는 권위주의와 지도자 숭배가 러시아 민족의 '국가의식'에서 중심적인 것이라고 주장하면서 거듭해서 권위주의 체제의 건설을 요구하기도 한다. 그는 격렬한 반유대주의적 주장을 주창하고, 10월혁명을 러시아인에 반대한 유대인의 음모라고 비난하며, 포스트소비에트 올리가르히를 이러한 과거 음모자들의 현대적 현현이라고 표현한다. 또한 그는 급진적인 반카프카스, 특히 반체첸 발언으로 두드러지기도 한다. 즉, 그는 자신의 도발적인 스타일로 이들을 '남쪽 사람들'에 대한 경멸적인 용어인 '양치기들'이라고 비난하는 것이다.[46] 이러한 외국인혐오증은 재군사화, 군대의 위신 회복, 군비 경쟁을 재개할

---

44 A. Umland, "Zhirinovski in the First Russian Republic: A Chronology of the Development of the Liberal-Democratic Party of Russia 1991–1993", *Journal of Slavic Military Studies*, vol.19, no.2 (2006), pp.193~241.
45 A. Mitrofanov, *Istoriia LDPR, istoki i fakty* (Moscow: n.p., 2007).
46 M. Gabowitsch, "L'Asie centrale dans la sphère publique en Russie: la grande absence", *Cahiers d'études sur la Méditerranée et la monde turco-iranien (CEMOTI)*, no.34 (2002), pp.77~99.

필요성, 그리고 오랫동안 군에서 상당한 지지를 받은 계획인 대테러 전쟁 수행부의 설립을 옹호하는 발언들을 수반한다.[47] 카자흐스탄 출신인 지리노프스키는 본국 출신이 아닌 민족들의, 그의 표현에 따르면, 과도한 권리에도 초점을 맞춘다. 그는 에스닉 러시아인이, 나중에는 독립을 주장한 중앙아시아인과 카프카스인의 경제적·문화적 발전을 위해서 희생당했다고 말한다. 이러한 일이 러시아연방에서도 일어날까봐 염려하는 그는 러시아인 지역을 희생시켜서 민족공화국들에게 특권을 주고 있다는 러시아의 연방적 성격을 폐기할 것을 지지하고 러시아인을 러시아라는 이름이 유래한 민족으로 인정할 것을 요구한다.[48] 따라서 자민당의 두마 원내단체는 주기적으로 '러시아 민족의 자결권'을 주장하는 법안을 통과시키려 한다.

그렇지만 보다 자민족중심적인 러시아에 대한 이러한 요구에도 불구하고, 공적인 무대에서 지리노프스키는 자신을 주로 제국의 열렬한 옹호자로 표현한다. 1990년대에 그는, 폴란드와 핀란드의 일부에 이르렀고 오스트리아–독일 제국과의 동맹에 따르면 정교회 발칸 국가와 나머지 중부 유럽까지 포함했을, 1900년 제국 국경의 회복을 추구했다. 인기가 절정에 달했던 1993년 출판된 유명한 팸플릿 『남쪽으로의 마지막 돌진』*Poslednii brosok na iug*에서 그는 러시아가 아시아를 가로질러 팽창할 것을 역설했고, 러시아 병사들에게 "인도양에 군화를 담글 것"을 요구했다.[49] 지리노프스키는 자신이 유라시아에서 러시아의 사명이라고 여기

---

[47] 1993년 군의 3분의 1은 자민당에 투표했다. W. Korey, *Russian Anti-Semitism, Pamyat, and the Demonology of Zionism*, p.226.
[48] 예를 들어 자민당 웹사이트 http://www.ldpr.ru (accessed 2009.4.23)에 있는 지리노프스키의 수많은 발언 참조.
[49] V. Zhirinovskii, *Poslednii brosok na iug* (Moscow: Pisatel', 1993).

는 것에 대한 주요 라이벌, 즉 터키의 부정적인 역할이라고 하는 것을 끊임없이 비난하며, 카프카스, 아프가니스탄, 그리고 '터키의 위협'에 관한 책을 여러 권 썼다.[50] 또한 그는 러시아에 대한 서구의 영향을 비판하는 주요한 인물들 중 한 명이기도 하고, 그 자신의 말에 따르면, 미국의 지휘를 받은 '색깔혁명'을 비난했다. 그리고 그는 포스트소비에트 국가들에서 새로운 합동 군사기구를 창설함으로써 러시아가 나토의 확대를 그대로 복제해야 한다는 생각을 지지한다.

정당하게 평가하자면 자민당은 '제국주의적' 혹은 '에스노민족주의적' 운동단체로 분류될 수 없다. 비록 지리노프스키는 구소련 공화국들이 러시아의 품 안으로 돌아와야 하고 이전 소련 국경 내에서 제국이 재건되어야 한다고 반복해서 주장해 오고 있긴 하지만, 동시에 그는 에스닉 러시아인이 법적인 우선권을 누리는 자족적인 체제에 찬성하는 캠페인을 벌이기도 한다. 그러나 그는 러시아성을 인종적으로 정의하는 것을 거부하고 그보다는 러시아 세계에 대한 언어적·문화적 소속감을 강조한다. 이러한 이데올로기의 상대적 유연성은 대체로 그의 아버지가 유대인이었다는 사실 때문인데, 그 자신의 반복되는 반유대주의에도 불구하고 이로 인해 그는 가장 급진적인 반유대주의자들 사이에서 적의를 산다. 따라서 지리노프스키는 제국주의적 주장과 고립주의적 주장을 결합하고, 자신은 올리가르히에 대해서 '평범한 사람'little guy을, 외국인에 대해서 러시아인을, 그가 표현하기를 사회의 열망과 접촉

---

50 예를 들어 V. Zhirinovskii, *Chechnia vsegda budet v sostave Rossii* (Moscow: Izdanie Liberal'no-demokraticheskoi partii Rossii, 2001); V. Zhirinovskii, *Kavkaz – iarmo Rossii* (Moscow: Izdanie Liberal'no-demokraticheskoi partii Rossii, 2001); V. Zhirinovskii, *Sarancha* (Moscow: Izdanie Liberal'no-demokraticheskoi partii Rossii, 2002) 참조.

이 끊어진 부패한 의회 제도에 대해서 진정한 국가를 옹호할 각오가 되어 있다고 말한다. 이렇듯 그는 대중과 민족의 동일화를 수반하는, 항의와 정체성이라는 포퓰리즘의 두 가지 원형 위에 성공적으로 자신의 입지를 확보했다.

자민당은 유사민족주의 반대 세력의 실험 무대로서 전략적인 역할을 수행하는데, 그 급진적인 담화는 정부에 대한 복종과 반비례한다. 모든 자민당원들이 자신들의 지도자만큼 민족주의적인 것은 아니지만, 동시에 자민당은 니콜라이 쿠리야노비치Nikolai Kurianovich처럼 급진적인 인물들을 데리고 있는 것으로도 유명하다. 지리노프스키 그 자신은 계속해서 원외 정당들과 의원들 사이에서 성공적인 중재자 역할을 하고 있다. 그렇지만 2006년에 지리노프스키는 스킨헤드 슬라브연합의 지도자 중 한 명인 쿠리야노비치를 축출했는데, 그 이유는 자민당이 별개의 집회를 열었는데도 그가 러시아행진에 적극적으로 참여했기 때문이었다. 2007년 선거에서 자민당은 민족주의와 도발을 '러시아인에게 좋은 것은 모두에게 좋다'라는 슬로건과 독특하게 결합하는 모습을 재연해 냈다.[51] 자민당은 러시아 및 서구 언론의 비난을 일으키려는 시도로 지리노프스키 그 자신, 그의 아들이자 자민당 원내단체의 리더 이고르 레베데프Igor Lebedev, 런던에서 전 KGB 요원 알렉산드르 리트비넨코를 독살한 데 가담한 혐의를 받은 안드레이 루고보이Andrei Lugovoi, 이렇게 세 명의 후보를 지명했다.

최근에 러시아 정치 무대에 제한이 가해지면서 공산당과 자민당 간에 커져 가던 차이점이 한층 두드러지게 되었다. 자신의 스타일을 다양

---

51 2007년 9~12월 모스크바에서의 개인적인 관찰.

한 정치적 영향력에 적합하게 조정한 자민당은 푸틴 정권의 대통령화를 완벽하게 수용할 수 있고 이에 따라 대중적 술책을 쓸 수 있는 공간이 넓게 허용된다. 자민당이 정치적 위험을 전혀 제기하지 않기 때문에 대통령 정당과 이에 영합하는 언론은 현상 유지에 위협이 되지 않는 '야당 후보'로서의 지리노프스키에 전적으로 만족한다. 공산당에 대해 말하자면, "원칙이 전술에 따르도록"[52] 해야 하는 한에 있어서 공산당은 보다 복잡한 전략을 개발해야 한다. 공산당이 가짜 야당으로 변모하는 과정에는 두마에서 공산당의 입법 행위의 비일관성을 정당화하는 어려움으로부터 야기되는 불만의 조장이 따르지 않을 수 없었다. 크렘린은 계속해서 자민당보다는 공산당에게 훨씬 더 직접적인 공격을 가하는데, 이는 그 상태가 약화되었는데도 여전히 공산당이 권력층의 많은 인물들에게 주요 경쟁자로 인식되고 있다는 것을 말해 준다. 마지막으로 그리고 무엇보다도, 러시아 사회 일부에서 여전히 공산당은 빈곤계급, 특히 퇴직자들을 위해 들고 일어서는, 그리고 소비에트 시기에 보편적이었던 사회적 평등의 의미를 살려 내기 위해서 고군분투하는 유일한 정당들 중 하나라고 여겨지고 있다.

공산당과 자민당 모두 포퓰리즘과 관련된 많은 사상적 요인들을 공유하고 있다. 무엇보다도 먼저 두 정당은 모두 민중으로서의 대중과 민족으로서의 대중을 주로 올리가르히, 유대인, 서구주의자, 이주자로 구체화된, 음모를 꾸미는 다양한 적들에 대해서 보호할 필요가 있는 단일한 실체로 융합한다. 이러한 융합의 이점은 이들이 민족주의적이면서

---

52 P. Milza, *L'Europe en chemise noire: Les extrêmes droites en Europe de 1945 à aujourd'hui* (Paris: Flammarion, 2002), p.316.

도 사회적·정치적 의제를 주장할 수 있다는 것이다. 그렇지만 공산당과 자민당의 유권자가 경제적 자유주의에 관해서 혹은 사회적 규제에서 국가의 역할에 관해서 유사한 견해를 공유하는 것은 아니다. 또한 두 정당의 이데올로기적인 기반도 다르다. 비록 두 정당의 지도자가 러시아성에 대한 인종적 정의를 채택할지 아니면 문화적 정의를 채택할지를 결정하지는 않았지만, 자민당에게 있어서 외국인혐오증은 마치 생계수단과도 같은 당 강령의 필수적인 요인인 데 반해, 공산당은 특히 카프카스인에 대한 외국인혐오증을 그다지 강조하지 않으며 포스트소비에트 사회의 통합을 재확립하는 데 있어서 보다 합리적이고자 한다. 또한 공산당은 일부 러시아 국민들로부터 지지를 받고 있는 것으로 보이는, 정교회-공산당 '러시아 이념'에 관한 보다 정교한 원칙을 개발하기도 했다. 러시아 국가는 본질적으로 강대국이라는 개념을 공산당이 옹호하는 것은 오래된 사상적 경향에 뿌리를 둔 것으로, 자민당에는 전혀 없는 명예로운 지적 유산을 공산당에게 전해 준다.

'조국': 올바른 생각을 지닌 민족주의의 새로운 얼굴

2003년 의회 선거에서 새로운 정치 대형 '조국' 당이 러시아 무대에 등장했다. 초기에 이 단체는 권력층의 폭넓은 호의로부터 이득을 보았지만, 곧 여러 분파로 분리되어 크렘린과 보다 긴밀한 관계를 맺을 것을 옹호한 이들과 반대 세력의 리더가 될 것을 원한 이들 사이에서 갈라지고 말았다. 분열이 반복되었음에도 불구하고, '조국'은 러시아 정치사에서 한 전환점의 상징이었다. 이 당은 '좌파'로 정의되긴 했지만, 대중적 기반도 없었고, 공산당과는 달리 사회적 활동의 조직을 통해 대중적 기반을 마련하려는 시도도 하지 않았다. '조국' 당의 성공은 국가기구의 구성원(관료chinovniki)들이 일정 수준까지 강화되었고, 정치 무대가 중앙 행정 압력단체들에 의해 독점되었다는 것을 의미하며, 이 당은 사회적 요구와의 실질적인 연결 관계가 결여된 내부적 반대 세력일 뿐이라는 것을 말해 준다.

'조국' 당을 통해 주변적 민족주의 집단에 있던 인물들이 처음으로 연합을 형성하여 한때는 급진적이라고 여겨졌던 수사를 정치적으로 올바른 원칙으로 전환시킬 수 있게 되었다. 이 정당은 급진적인 민족주의 운동단체들과 온건한 민족주의 운동단체들을 결합하는 데 성공하여 상황에 따라 어느 한쪽을 부각시키고 현대 정치 무대에서 받아들여질 만한 분석에 근거하여 자신들의 주장을 뒷받침한다. 공산당은 일관되게 일부 민족주의자들의 반공산주의를 과소평가했지만, '조국' 당은, 애국주의적 수사에 민감하고 대통령 정당의 경제적 자유주의와 공산당의 지나치게 독특한 사회주의적 발언 사이에서 '제3의 길'을 찾고 있던 유권자층에서 자신의 틈새 공간을 발견했다. 따라서 '조국' 당은 자신의 경제적·사회적 목표나 러시아 정체성에 관한 자신의 시각에 있어서 사상적으로 모호한 태도를 내세웠다. 이렇게 '조국'은 대통령 정당과 동일한 애국주의적 중도주의의 논리, 즉 합의와 서로 다른 의견들의 가교 역할을 추구하는 것에 기초한 논리를 공유했다.

복잡한 정치적 여정: 충성 혹은 반대?

2003년 9월 기자회견에서 '조국'이라는 이름의 새로운 선거 연합의 결성이 발표되었다. 이 단체는 3개의 전혀 알려지지 않은 조그만 정당들로 구성되었는데, 그 정당들은 알렉산드르 바타긴Alexander Vatagin이 당수였고 알렉세이 포드베료즈킨이 당원이었던 러시아사회주의통합당, 세르게이 바부린의 '민족의 의지'당, 그리고 1998년 결성되어 드미트리 로고진이 당수였고 세르게이 글라지예프Sergei Glazev가 부대표였던 러시아지역당Partiia rossiiskikh regionov이었다. 2003년 의회 선거에서 이 선거 연합은 9%의 득표율, 즉 약 550만 표를 얻어 깜짝 놀랄 만한 사건을 일으켰다. '조국'은 두마에 의석을 갖기 위해 필요한 5% 하한선을 넘은 마지막 정당이었고, 거의 하룻밤 사이에 통합러시아, 공산당, 자민당의 뒤를 이어 러시아에서 네번째로 큰 정당이자 통합러시아, 공산당의 뒤를 이어 39석을 갖는 세번째로 큰 원내단체가 되었다. 하지만 의회 선거가 끝나자마자 이 새로운 정치 대형은 대선에서 채택할 전략을 놓고 분열되었다. 바부린과 일부 사회주의통합당의 지지를 받은 글라지예프는 자신의 대통령 출마를 발표한 반면에, 로고진은 '조국' 선거 연합이 푸틴을 지지하기를 원했다. 2004년 2월 로고진은 러시아지역당을 '조국' 정당으로 전환시킬 수 있었고, '조국' 선거 연합을 중심으로 세력을 얻음으로써 두 경쟁자 ― 대통령 후보로서의 글라지예프와 원내단체 지도자로서의 바부린 ― 가 부상하지 못하도록 가로막았다.

  정당으로서 제도화되었다고 해서 선거 연합으로 탄생한 이 정당이 크렘린에서부터 생겨나는 압력은 말할 것도 없거니와 상충되는 개인적 야망이나 정치적 전략의 선택으로 인해 야기되는 주기적인 분열로 끊임없이 흔들리는 것을 피할 수 있었던 것은 아니다. 글라지예프는 바로 당을 떠나서 '고귀한 삶을 위하여'Za dostoinuiu zhizn'라는 명칭의 새로운, 보다 사민주의적인 운동단체를 설립했고, 이에 따라 그는 2004년 대선에 출마할 수 있었다. 그는 4.1%의 득표율을 거뒀는데, 이는 언론에 대한 접근성이 없는 야당 세력 후보에게는 괜찮은 결과였다. 바부린은 크렘린에 복종하는 로고진의 이미지에 불만을 품은 가장 급진적인 투표자들의 지지를 얻기 위해서 그 나름대로 '진정한' 민족주의자로서의 과거에 기대어 자신의 세력을 강화하려고 했다. 로고진은 두 연합 세력 '민족의 의지'와 사회주의통합당에 손해를 끼쳐 가면서 '조국'-러시아지역당에게 우선순위를 부여한다는 비난을 받았다. 2005년 6월 당시 두마 부의장이었던 바부린이 '분리주의 활동'을 전개하여 로고진의 권위에 도전했다는 이유로 원내단체에서 축출되면서 논란이 일어나기도 했다. 로고진은 의회에서 연줄을 넓힌 덕에, 자신의 분파가 최소 당원 수 필수 요건을 충족시키지 못했음에도 불구하고 이를 등록시키는 데 성공할 수 있었다. 이렇게 1년 넘게 '조국'의 두 분파 — 약 30명의 의원을 갖고 공식적으로 '조국'-러시아지역당이라고 알려진 로고진의 분파와 10여 명의 의원을 갖고 공식적으로 '조국'-'민족의 의지'·사회주의통합당이라고 알려진 바부린의 분파 — 가 두마에서 공존했다.

    2005년 2월 바부린의 정당은 글라지예프의 분파 및 전 공산당원 세미긴이 이끄는 '러시아의 애국자' 연합과 친선 관계를 주도했다. 그러나 이 동맹은 오래가지 않았다. 동맹이 두 개의 원내단체로 갈라지자마자 글라지예프는 로고진에게 가까이 다가섰고, 그 자신이 부의장으로 임명된 자신의 분파를 복원시켰지만, '조국' 당과 재결합하지는 않았다. 2006년 봄 다양한 내부 연합체들 간의 이 동맹은 더 큰 변화를 겪게 되었다. 4월에 갑자기 로고진이 인구·이주·귀환 문제 등을 대상으로 하는, '민족의 보호'라는 자신의 프로그램에 매진하겠다는 공식적인 목적으로 당직 사퇴를 발표했다. '조국'의 정치적 지도부가 화려한 팡파르를 울리는 가운데 시작된 이 프로그램은 다가올 선거가 끝난 이후에 시행될 민족 부흥 프로그램이라고 표현되었다.[53] 하지만 로고진은 몇 차례에 걸쳐 자신이 크렘린으로부터 압력을 받아 사임했다고 언급했다. 당 및 의회 지도부에서 로고진은 일반 대중에게는 상대적으로 알려지지 않은 사업가 알렉산드르 바바코프Alexander Babakov로 대체되었는데, 권력층은 바바코프의 차분하고 중도주의적인 담론에 만족한 듯이 보였다.

로고진, 글라지예프, 바부린 간의 이러한 다툼은 2003년에 처음 등장하여 2006년에 끝날 때까지 '조국'이 야기한, 러시아 정치 스펙트럼의 재조정 과정을 구체적으로 보여 준다. '조국'은, 정당과의 관계를 책임지고 있던 블라디슬라프 수르코프Vladislav Surkov, 그리고 푸틴과 가까운 '페테르부르크 비밀요원들'Peterburg Chekists을 대표한다고 여겨진 이고르 세친Igor Sechin, 이 두 명의 대통령 행정실 멤버의 지휘를 받아 사실상 크렘린이 만들어 낸 당이라는 점을 지적하는 이야기가 무성했다.[54] '조국'은 또한 거대 알루미늄 회사 루스알RusAl 회장 올리가르히 올레그 데리파스카Oleg Deripaska와 러시아국립은행 회장 알렉산드르 레베데프Alexander Lebedev의 지지를 받기도 했다. 크렘린이 이 좌파 민족주의 정당을 지지한 목표는, 글라지예프가 잠재적인 대통령의 경쟁자로 부상하는 것을 저지하고 공산당의 기반을 훼손시키며 야블로코와 우파연합이 의회 진입에 필요한 5%를 얻지 못하도록 하는 것이었다. '조국'의 선거 결과에 관한 사회학적 분석에 따르면, '조국'이 가장 성공적인 활동을 펼친 지역과 공산당이나 자유주의자들이 표를 잃은 지역 간에 상관관계가 있다는 것을 알 수 있다. 이 선거 연합은 (15% 이상의 표를 얻은) 모스크바와 주변 지역, 전통적으로 보다 자유주의적인 상트페테르부르크와 공

---

53 이 프로그램의 첫번째 버전은 www.rodina.tornado-ltd.ru/smi/sbereshenie_natsii.doc (accessed 2006.6.4)에서 볼 수 있다. D. Rogozin, *Vrag naroda* (Moscow: Algoritm, 2006), pp.261~304도 참조.
54 A. Titkov, *Party No.4 Rodina: Whence and Why* (Moscow: Panorama, 2006), pp.33~35.

산당의 요새 지역인 크라스노다르, 보로네슈, 로스토프, 크라스노야르스크 지역에서 많은 표를 얻었다.[55] 하지만 '조국'이 가장 좋은 결과를 달성한 것은 쇠퇴하고 있는 사회적 계층, 즉 높은 수준의 소비에트 교육을 받은 45세 이상의 국민들 사이에서였다.[56]

정치 권력층에 대한 '조국'의 행동은 양면적이었다. 로고진은 항상 푸틴에 대한 충성심을 표명했고, 따라서 일단 선출된 자신의 의원들은 조용히 크렘린을 지지할 것이고 그 덕분에 원한다면 통합러시아는 원칙적으로 헌법 개정에 필요한 3분의 2 다수표의 획득을 기대할 수 있을 것이라는 점을 암시했다. 초기에 '조국'은 기본적으로 두 얼굴을 가진 민족주의 정당이었다. 바부린으로 대표되는 그 한 부분은 공산당과 함께 야당 세력에 속했던 데 반해, 로고진으로 대표되는 다른 일부는 크렘린의 의회 발의를 지지했다. 이렇듯 '조국'은 대변인 역할을 했다. 즉, '조국'은 대체로 지나치게 자유주의적이라고 여긴 권력층에 대한 비난을 결코 멈추지 않았지만, 또한 결코 푸틴을 직접 공격하지도 않은 것이다. 예를 들어 당시 로고진은 자신이 실제로 항상 대통령과 같은 의견이었고, "'조국' 분파와 선거 연합은 푸틴의 '예비 관리'reserve of cadre가 될 수 있고 [또한] 이러한 방향에서 활동할 필요가 있다"라고 말했다.[57]

그렇지만 2005년 초에 상황이 보다 복잡해졌다. 1월에 국가는 현금을 받는 대가로 러시아 극빈층, 특히 연금 수령자에 대한 여러 물질적 혜택을 폐지했는데, 이로 인해 '조국'은 권력층과 충돌하는 노선을 걷게

---

55 R. S. Clem and P. R. Craumer, "Redrawing the Political Map of Russia", pp.241~261.
56 L. Rucker and G. Walter, "Russie 2003: Sous contrôle, mais pour quoi faire?", *Le Courrier des Pays de l'Est*, no.1041 (2004), p.8.
57 "Partiia rossiiskikh regionov sobralas', chtoby reshit' sud'bu Rodiny", http://www.polit.ru/nes/2004/02/15/rodinapart_print.html (accessed 2009.4.23).

되었다. 로고진을 포함한 선거 연합의 주요 지도자들은 이 법에 반대하는 항의의 표시로서 두마 부근에서 단식투쟁을 시작함으로써 자신들의 입장이 통합러시아와 적극적으로 대립된다는 점을 밝혔다. 2005년 여름 글라지예프가 '조국'으로 돌아오고 공산당과의 우호 협정이 체결됨에 따라 이러한 당의 방향 전환이 보다 확연해졌다. 2005~2006년에 걸쳐 의회 활동을 하면서 '조국'은 주로 공산당과 연합했고, 이로써 '조국'은 더 이상 지리노프스키의 자민당과 같은 방식으로 충성파의 노선을 추구하려 하지 않는다는 사실이 입증되었다. 심지어는 '조국'과 공산당의 가장 극렬한 민족주의자들이 함께 모여 콘드라텐코를 대표로 하는 두마 내 비공식 단체를 결성할 듯이 보이기까지 했다. 게다가 로고진은 민족볼셰비키당 지도자 에두아르드 리모노프Eduard Limonov와 함께 텔레비전에 출연하여 새로운 주체의 러시아연방 가입을 비준할 '대중 국민투표' 발의안을 옹호하는 발언을 함으로써 크렘린의 분노를 샀다.

'조국'이 보다 뚜렷하게 야당이 되어 감에 따라 권력층은 다양한 행정적·법적 이유를 들어 '조국'의 지방선거 참여를 불허하기로 결정했다. 보로네슈에서 21%의 득표율을 획득한 이후 '조국'은 2006년에 열린 8개 지방선거 가운데 7개에서 등록이 불허되었다. 하지만 '조국'은 알타이에서 열린 선거에는 출마할 수 있었고, 10%의 득표율을 얻어 대통령 정당에 이어서 2위를 차지했다. 2005년 11월 '조국'은 모스크바 시의회에 참여할 수 있는 권한을 박탈당했다. 여론조사는 '조국'의 지지율이 통합러시아에 이어 2위가 될 수도 있는 25%에 이를 것이라고 추정했다. 그렇지만 2006년 봄 정당 지도부로부터 로고진이 축출됨에 따라 '조국'은 충성스러운 반대 세력 대열과 크렘린의 품 안으로 돌아올 수 있게 되었다.

사회보장 혜택의 현금화에 반대하는 대규모 시위와 예상치 못한 '조국'의 선거에서의 성공 이후 크렘린은 야당 세력의 사회적 틈새 공간이 좌파에 있다는 것을 깨달았다. 그 결과 크렘린은 일부 지배 엘리트로 구성된 정치 대형을 창설함으로써 이러한 선거 공간을 차지하려는 시도에 착수했다. 2006년 10월에 '조국'이 두 개의 다른 충성파 정당, 생명당Rossiiskaia partiia zhizni 및 연금수령자정당Rossiiskaia partiia pensionerov과 합병한 이후 로고진을 해임한 데서 알 수 있는 것처럼, 크렘린에 대한 '조국'의 태도 변화가 보다 확실해졌다. 새로운 정치 대형 '공정러시아'는 2001년 이후로 연방회의 의장이었고 '페테르부르크 파'와 가까운 관계에 있는 세르게이 미로노프Sergei Mironov가 이끈다. 미로노프는 공식적으로 2004년 대선에 출마했으나, 이는 복수 후보가 참가하도록 하기 위한 것이었을 뿐이다. 2007년 3월 지방의회 선거에서 '공정러시아'는 심지어 공산당보다도 많은 의석을 얻었는데, 이는 크렘린의 관대한 '행정 자원' 제공이 없었으면 불가능했을 것이다. 그렇지만 2007년 의회 선거에서 '공정러시아'가 거둔 결과는 그 지도자들의 높은 기대 수준에는 미치지 못해서 이 정당은 두마에서 의석을 얻기 위해 필요한 7% 하한선을 간신히 넘었을 뿐이다.

'조국'이 대통령 행정실의 손아귀에 단단히 사로잡힌 두 정당과 합병함으로써 그 항의의 잠재력이 제거되었다. 미로노프는 새로운 정당 '공정러시아'의 당수로서 이 정당이 통합러시아에 반대하여 활동할 것이지만, 대통령이 주도한 정책은 지지할 것이라고 발표했다. 2008년 대선에서 미로노프의 정당은 메드베데프에게 투표하라는 지령을 내렸고 총리로서의 푸틴의 새로운 역할을 지원했다. '공정러시아'의 당 강령은 영리하게도 사회정의의 문제를 요구하고 민족적 주제에 대해서는 비교적 온건한 자세를 취한다. 이 당은 인종주의적 행위에 대한 법률의 강화를 요구하고, 러시아인의 시민적 정체성을 지지하며, 러시아의 다민족적 성격을 강조하고, 민족부部가 재설립되기를 원한다.[58] 이주 문제에 있어서 '공정러시아'는 불법 이주에 대해 보다 엄격한 법률을 제정하고 합법적 이주를 장려하는 크렘린의 정책을 지지하지만, 이는 합법적 이주가 "민족적ethnic 균형과 문화적 전통을 파괴하지 않는" 경우에 한해서이다.[59] 이 당은 이러한 균형을 유지하기 위해서는 재외동포에게 우선권이 주어져야 하고, 러시아 시민권은 러시아 언어 및 문화 시험을 통과해야만 발급되어야 하며, 국가는 특정 지역이나 도시에 이주자가 집중되는 것을 제한해야 한다고 주장한다. 이런 식으로 '공정러시아'는 대통령 정당보다는 더 사회적이지만, '조국'보다는 덜 노골적으로 민족주의적인, 대통령 정당의 좌파적 형태를 나타낸다고 할 수 있다.

    '공정러시아'는 자신이 '조국'의 합법적인 후계자라고 주장했지만, 새로운 친대통령 정당에서 내쫓긴 멤버들은 자신들을 재조직화하고자 했다. 2006년 12월 로고진은, 1995년 선거 이후 정치 무대에서 사실상 사라졌음에도 불구하고 민족주의자들에게서는 여전히 일정 정도 명성을 누리고 있던 러시아공동체회의를 다시 출범시켰다. 로고진에 의해 발족된 러시아공동체회의는 반이주자 정서라는 최근의 흐름에서 이득을 얻기 위해서 불법이주반대운동 의장 알렉산드르 벨로프나 슬라브연합 지도자 쿠리야노비치 같은 새로운 급진적 인사들을 내세우고 싶어 했다. 2007년 5월 러시아공동체회의의 영향력 있는 멤버들이 새로운

---

[58] 당의 웹사이트 http://www.spravedlivo.ru (accessed 2009.4.23) 참조.
[59] 선거 공약에 대해서는 http://www.spravedlivo.ru/information/section_11/section_54#18 (accessed 2009.4.23)에서 문의 가능.

정당 '대러시아'를 설립했는데, 이 정당은 '조국'의 유산이 자신의 것임을 주장했다. 로고진과 벨로프가 당 운영위원이었지만, 당의 공식적인 당수는 '조국'이 '공정러시아'로 전환되는 것에 반대한 유일한 '조국' 의원이었던 사벨리예프였다. '대러시아'는 자신을 "러시아의 길과 민족적 보수주의"를 주장하는 당이라고 표현했고, "권력층에 의해 영구화된 자유주의/사회주의의 분리를 중단시키고 유일한 진정한 분리, 즉 대립하는 민족/반민족 세력의 분리를 도입"하는 것을 그 목표로 삼았다.[60] 크렘린으로부터 보리스 베레조프스키의 재정 지원을 받았다는 비난을 받은 '대러시아'는 2007년 6월 등록되지 못했는데, 그 공식적인 이유는 불충분한 당원 수와 당규의 법적 불일치였다. 그렇지만 로고진은 반체제적인 태도에도 불구하고 여전히 대통령 행정실 내에서 지지자들을 보유하고 있으며 실제로 2008년 초 러시아의 나토 대사로 임명되었다.

'조국'의 만화경 같은 이데올로기와 많은 하위 집단들

'조국' 선거 연합의 지도부는 지적으로나 정치적으로 원외 진영과 친밀한 관계를 가졌다. '조국' 당은 거대한 민족주의적 연합체였는데, 그 안에서 4개의 주요 흐름이 구분될 수 있다. 첫번째는 근외에 있는 러시아인의 보호를 위해 활동하는 압력단체들이고, 두번째는 소련에 대한 향수를 간직한 이들 및 공산당과 일체감을 갖지 않는 '좌익' 활동가들이며, 세번째는 정치적 정교회를 옹호하는 이들이고, 네번째는 바부린 지지자들이다.

---

60 당수 사벨리예프와의 인터뷰 http://www.savelev.ru/article/show/?id=430&t=1 (accessed 2009.4.23) 참조.

근외의 러시아인을 보호하는 집단을 대표하는 이는 러시아 '디아스포라' 문제에서 자신의 경력 대부분을 쌓은 로고진이다. 1993년 그는 '중도우파 청년 지도자들의 연합'이라고 정의된 러시아부흥연합Soiuz vozrozhdeniia Rossii에 가입했고,[61] 그 후에는 러시아공동체회의에서 보다 안정적인 틈새 공간을 발견하게 된다. 1994년에 러시아공동체회의는 여러 포스트소비에트 공화국에서 거의 50개 단체를 대표하는 1,800명의 의원들을 끌어모았다. 1995년에 법무부에 등록된 러시아공동체회의는 유리 스코코프Yuri Skokov가 의장직을 맡은 정당으로 전환되었다. 그 지도부에는 알렉산드르 레베드 장군, 콘스탄틴 자툴린Konstantin Zatulin, 그리고 글라지예프가 있었다. 비교적 세력이 있긴 했지만 러시아공동체회의는, 스코코프와 레베드가 이끌었고 당시 영향력이 절정에 있었던 러시아인민연합 선거 연합의 일원으로서 1995년 12월 선거에 나섰다. 그럼에도 불구하고 이 단체는 두마에서 대표권을 갖기 위해 필요한 5%를 얻지 못했다.[62]

러시아공동체회의는 소비에트 체제를 복구시키려는 기획을 지지하지는 않았지만, 크림반도, 벨라루스, 카자흐스탄에 집중적인 관심을 기울였고, 카자크인들이 러시아와 중앙아시아 사이에서 방역선을 구축해 주기를 원했다. 러시아공동체회의 강령 성명서는 "역사적 영토에 위치한 하나의 국가 안에서 러시아 민족의 통합, 조국의 영향력 회복, 러시아 모든 민족들의 안녕과 발전"을 요구했다.[63] 러시아공동체회의의

---

61 A. Ingram, "A Nation Split into Fragments: The Congress of Russian Communities and Russian Nationalist Ideology", *Europe-Asia Studies*, no.4 (1999), pp.687~704.
62 S. Lebedev, *Russkie idei i russkoe delo. Natsional'no-patrioticheskoe dvizhenie v Rossii v proshlom i nastoiashchem* (Saint Petersburg: Aleteiia, 2007), pp.402~404.
63 이 단체의 강령 문구는 http://www.rau.su/observer/N18_94/18_21.htm (accessed 2009.4.23).

이데올로기는 1994년 1월 두번째 전당대회에서 채택된 두 개의 문서, 즉 『러시아 부흥 선언』과 『재외동포 권리 선언문』에 공식적으로 규정되었다. 러시아공동체회의는 '디아스포라'에 초점을 맞춘 정책 목표를 공식화하는 능력을 통해 소위 재외동포의 보호에 헌신하는 정치적 환경을 현실화하는 데 있어서 핵심적인 역할을 수행했다.[64]

    1990년대 후반 로고진은 자신이 활동하던 주변적 환경을 떠나 정책 결정 집단에게로 보다 가까이 옮겨 갔다. 그는 두마 민족정책위원회 부의장으로 임명되어 주로 러시아 북카프카스의 민감한 문제를 다루었다. 1999년 의회에 재선된 그는 인민의원Narodnyi deputat이라는 원내단체의 일원이 되어 두마 국제문제위원회 및 유럽회의 총회에 파견된 두마 상임사절단을 통솔했다. 2002년 7월 푸틴은 크렘린에 대한 그의 충성심을 인정하여 유럽연합의 팽창 때문에 설치된 칼리닌그라드 지역문제 위원회 의장으로 그를 임명했다. 스코코프와 로고진의 우애 덕분에 '디아스포라' 문제에 민감한 계층이 러시아지역당과 역시 근외에서의 러시아인 보호로 유명했던 바부린의 '민족의 의지' 간의 친선관계 회복에 기여했다. 이렇듯 '조국' 내에서 로고진, 바부린, 빅토르 알크스니스Viktor Alksnis 같은 정치적 인물들이 결합한 것은 '디아스포라' 보호를 위한 압력단체들이 제도화된 보다 일반적인 과정을 구체적으로 보여 주었다. 소비에트 건설에 향수를 품은 이들뿐만 아니라 군주주의자들이나 정교도들 사이에서 출현한 이러한 압력단체들은 2000년대 들어 국가기관에 스며들어 대통령 행정실에 보다 가까이 다가설 수 있었다.

---

64 M. Laruelle, "La question des Russes du proche-étranger in Russie (1991–2006)", *Étude du CERI*, no.126 (May 2006), p.38.

글라지예프는, 그다지 뚜렷하게 민족주의 정책을 옹호하지 않던 주가노프의 공산당을 인정하지 않고 맑스주의나 소비에트에 대한 향수보다는 서구의 사민주의에 보다 가까웠던 일부 러시아 좌파를 대표한 '조국'의 두번째 하위 집단을 이끌었다. 경제학을 전공한 글라지예프는 빠르게 자신의 경제개혁에 대한 지지를 널리 알렸고, 처음에는 예고르 가이다르 행정부의 대외경제관계부 차관으로, 다음에는 장관으로 임명되었지만, 옐친이 의회에 무력행사를 한 이후에는 사임했다. 1995~1999년에 글라지예프는 연방회의에서 근무했고 자신을 안보회의 경제국장으로 임명한 레베드와 가까워졌다. 이 시기에 글라지예프는 경제문제에 있어서 자신의 자유주의 원칙을 일부 철회하고 개입주의 정책을 옹호하기 시작했다. 경제 영역에서 강력한 국가의 존재에 대한 지지자가 된 글라지예프는 공산당과 가까워졌으나, 결코 소비에트 모델의 귀환을 요구할 정도로 나아가지는 않았다. 즉, 1999년에 그는 공산당 원내단체에 참여하기까지 했지만, 실제로 공산당에 가입한 것은 결코 아니었다. 2003년 초기 사전 선거 협상에서 '조국' 선거 연합은 자신이 외견상 비공산당 좌파를 대표하며 민족주의 수사에는 관심이 없다고 주장했다. 그렇지만 로고진과 바부린이 곧 '조국'의 방향을 전환시켜 민족주의를 당 의제의 한가운데에 위치시키는 데 성공했다.[65]

2003년에 글라지예프는 사회주의 이념과 '조국'에 의해 구체화된 민족주의의 결합에 관심이 있다고 주장한 '유라시아'Evraziia라는 소규모 정당의 당수였던 두긴과 협상을 진행했다. 하지만 두 사람 사이의 논의는 성격 다툼 때문에 곧 중단되었다. 신유라시아주의에 대한 공감에

---

65 A. Titkov, *Party No.4 Rodina*, pp.13~15.

더해 글라지예프는 정교도시민연합Soiuz pravoslavnykh grazhdan의 부의장이기도 하고 모스크바 총대주교구의 충실한 협력자라고 여겨지기도 한다. '고귀한 삶을 위하여' 운동에 참여했던 두 명의 유명한 정교회 성직자 안드레이 쿠라예프Andrei Kuraev와 블라디슬라프 스베슈니코프Vladislav Sveshnikov는 글라지예프의 사회적 요구를 정교회 의식의 일신이야말로 러시아 사회를 구원할 수 있는 유일한 수단이라는 이념에 기반을 두게 하려고 했다. 1990년대 초 이래로 로고진도 글라지예프만큼이나 정교회 정치단체와 협력하고 있다. 이 두 사람에게 있어서 정교회에 대한 관심이 순전히 종교적인 것은 아니다. 그보다 이들은 신앙이란 민족 정체성의 한 요소이면서 정신적·애국적 순응을 보장하는 방법일 뿐이라고 간주한다.

이처럼 교회와 가까운 관계에 있음으로 해서 이들은 정치적 정교회 모임에서 중요한 개인적 네트워크를 유지할 수 있었고, 이것이 '조국'의 세번째 하위 집단을 이룬다. 글라지예프와 로고진 덕택에 1990년대 전반기에 전세계러시아민족회의Vsemirnyi russkii narodnyi sobor에서 중요한 역할을 했던 정치 분석가 나탈리야 나로츠니츠카야Natalia Narochnitskaia가 '조국'에 가담했다.[66] 세계경제·국제관계연구소의 연구원이자 유명한 정교회 평론가인 나로츠니츠카야는, 특히 에스닉 러시아인의 우월함에 기초를 두고 있고 무엇보다도 반서구적 태도를 특징으로 하는 독특한 '정교회 문명' 개념에 관해서 모스크바 총대주교구의 주장을 체계적으로

---

66 1990~1993년 사이에 설립된 전세계러시아민족회의는 처음에는 총대주교의 직접적인 후원으로 혜택을 보았지만, 그 정치적 급진주의, 특히 군주정의 회복에 대한 호소는 정교회 고위층의 우려를 불러일으켰다. 1996년에 정교회 고위층은 키릴 대주교가 이끌고 가장 급진적인 인물들은 참여하지 않은 협력 단체를 등록시켰다.

지지한다. 그녀는 공적인 무대에서 유고슬라비아를 지지하는 범슬라브주의적인 수사로 돋보였고 두 차례의 체첸전을 확고부동하게 지지했다. 이러한 정교회적인 환경에서 '조국'은 신문 『루스키 돔』Russkii dom 및 동명의 텔레비전 방송 편집자 알렉산드르 크루토프Alexander Krutov와 예전에 러시아기독교민주당Rossiiskaia khristiansko-demokraticheskaia partiia 의장이자 두마 종교·사회단체위원회 부의장이었던 알렉산드르 추예프Alexander Chuev를 영입하기도 했다.[67]

'조국'의 네번째이자 마지막 하위 집단은 바부린의 단체이다. 원외 진영에서 인기 있는 민족주의 정치인이었음에도 불구하고 바부린은 1990년부터 2000년까지 의원직을 유지할 수 있었다. 1991년에 그는 소연방을 해체한 벨라베자 협정을 인정하지 않는 다른 정치인들과 함께 러시아범민족연합을 창설했다. 1994년에 이 운동단체는 5만 명의 당원과 기관지 『시간』Vremia을 보유한 정당이 되었다.[68] 과거 소비에트 구조에 매우 헌신적인 이 정당은 사민주의와 제국적 민족주의의 결합을 요구했고, '백군'과 '적군' 간의 화해를 추구했으며, 민주적 가치의 고수를 주장했는데, 이로 인해 미하일 아스타피예프와 빅토르 아크슈치츠Viktor Aksiuchits의 지지를 얻을 수 있었다. 러시아범민족연합의 전략은 여러 선거 연합에서 분파 집단을 설립해 공산당이 장악한 지역에서 공산당을 공격하는 것이었지만, 이는 대체로 성공적이지 못했다(1995년 선거에서 이 당은 1.6%의 지지율을 얻었다). 2001년 바부린은 러시아범민족연합과

---

67 "Vsled za blokom 'Rodina' Soiuz pravoslavnykh grazhdan", Portal.credo, http://www.portal-credo.ru/site/print.php?act=news&id=18353 (accessed 2009.4.23).
68 A. Verkhovskii, E. Mikhailovskaia and V. Pribylovskii, Politicheskaia ksenofobiia: Radikal'nye gruppy, predstavleniia liderov, rol' tserkvi (Moscow: Panorama, 1999), p.34.

다른 세 개의 소규모 운동단체를 포함시킨 '민족의 의지'라는 새로운 운동단체를 설립했는데, 이 세 운동단체는 사실주의자연합Soiuz realistov, 이 교의 영향을 받은 네오나치 발레리 스쿠클라토프Valeri Skurlatov가 이끈 '러시아의 부흥'Russkoe vozrozhdenie 당, 그리고 1999년 선거에서 알렉산드르 바르카쇼프를 선거인 명부 상단에 올려놓은 블라디미르 다비덴코Vladimir Davidenko가 이끈 '구세주'Spas였다. 바부린은 예를 들면 '국가적 우선 프로젝트 및 인구정책 실현 협의회'에 참여하는 등 몇몇 두마 및 대통령 위원회에서 직위를 갖기도 했다.[69]

또한 '민족의 의지'는 러시아 민족주의 스펙트럼에서 또 다른 중요한 인사, 즉 라트비아 태생 러시아인이자 전직 발트함대 군사 기술자인 알크스니스를 포함하기도 한다. 1990년대 이래로 그는 소련의 회복과 근외 러시아인의 보호를 내세우는 여러 정치 연합에 참여했다. 1991년 12월에 그는 러시아범민족연합 창당대회에 가담했고 민족구국전선의 주요 지도자 중 한 명이 되었다. 1993년 9월에 그는 옐친에 반대하는 의회를 지지하는 입장을 취했고, 그 뒤에는 루츠코이의 '강대국'Derzhava이라는 운동단체에 참가하여 이 단체의 민족위원회 의장으로 선출되었다. 1996년에 그는 다시 바부린의 정당에 합류했고, 한동안은 두긴의 신유라시아주의 출판물에 기고했다. 3대 두마 의원이었던 그는 2001년에 바부린의 새로운 정당 '민족의 의지'에 참여하기로 결정했고, 그 부의장으로 임명되었으며, 2003년 12월 의회 선거에서 또다시 선출되었다. 바부린은 러시아가 시민적 성격이 아니라 민족적ethnic 성격을 띤다는 신념

---

69 L. Belin, "Sergei Baburin: Leftist Looking for a Home", RFE/RL, n.d., http://www.rferl.org/specials/russianelection/bio/baburin/asp (accessed 2009.4.23).

을 우선적으로 갖고 있는 교조적 민족주의자인 데 반해, 알크스니스는 소비에트 노스탤지어를 전형적으로 보여 주며, 러시아를 무엇보다도 군사적·지정학적 강국으로 정의하면서 민족적ethnic 함의를 갖지 않는 제국주의를 옹호한다.

'조국'은 두 명의 유명한 이론가의 직간접적인 지지를 받기도 했는데, 그 첫번째는 1990년대 러시아 민족주의를 구현한 인물이며, 두번째는 2000년대의 그러한 인물이다. 첫번째 이론가는 다름 아닌 1980년대 초 이래로 핵심적인 인물이 되어 현재는 『내일』의 편집자인 프로하노프였다. 오랫동안 공산당의 비공식 기구로 여겨진 이 신문은 2005년 말 동맹 관계를 공표한 프로하노프와 로고진의 친선 무드로 인해 점차 '조국' 쪽으로 이동해 갔다.[70] '조국' 내에서 로고진은, 오랫동안 자신의 멘토라는 그늘 속에 있었지만 이제는 점차 정치 무대에서 독립적인 행위자로 부상하고 있던 사벨리예프로부터도 도움을 받았다. 로고진처럼 사벨리예프도 러시아부흥연합과 러시아공동체회의에 참여했고, 이 단체의 『러시아 부흥 선언』을 작성했으며, 그 후에는 로고진을 따라 칼리닌그라드로 향했다. 2003년 두마에 선출되자마자 이 '조국'의 2인자는 입헌 및 국가건설 위원회에 임명되었고, CIS 관계 및 재외동포 문제 두마 위원회 부의장이 되었다. 2005년에 그는 구두로 지리노프스키를 공격하여 관심을 끌었는데, '조국'과 공산당이 공동으로 지리노프스키에게서 자민당 당수직을 박탈하려는 시도를 했음에도 불구하고 지리노프스키는 그를 고소했다.

사벨리예프는 '조국'의 주요 이론가로서의 이러한 경력 외에도 '인

---

70 A. Titkov, Party No.4 Rodina, p.25.

종학적' 운동에서의 중심적인 역할로도 유명하다. 그는 블라디미르 아브데예프Vladimir Avdeev와 함께 '인종적 사고의 서재'를 운영하며, 『백색 세계의 마지막 세기』, 『러시아 이념의 인종적 의미』, 『적 이미지: 인종학 및 정치적 인류학』 같은 인상적인 제목의 저서를 여러 권 출간했다.[71] 그의 말에 따르면, "인종은 인간의 생활양식, 성격, 정신 등 많은 것을 설명해 준다. 이것이 사회적인 것과 생물학적인 것 사이에 경계가 없는 이유이다".[72] 그는 에스닉 러시아인, 정교회, 그리고 전제적 정치체제의 우월성에 기반한 제국 국가로 돌아갈 것을 요구한다. 또한 사벨리예프는 2006년 말 시작된 로고진과 불법이주반대운동 사이의 친선 관계 회복에 있어서 핵심적인 인물이라고도 할 수 있다. 그해 10월에 사벨리예프는 공식적으로 불법이주반대운동에 참여한 첫번째 의원이 되었다. 사벨리예프는 벨로프의 개인 고문으로서 러시아행진 조직위원회에 동참했고, 벨로프가 카렐리야와 스타브로폴에서 체포되었을 때 그를 변호하기도 했다.[73] 콘도포가 포그롬 사태에 대한 사벨리예프의 분석은 명료했다. 즉, 그는 이를 '민족의 탄생'이라고 표현했고, 에스닉 러시아인이 마침내 이주자의 멍에에 대한 저항을 조직할 필요성을 인식하게 된 것을 환영한 것이다.[74]

---

71 A. N. Savel'ev, "Poslednyi vek belogo mira"(2004), www.savelev.ru/article/show/?id=1918&t=1 (accessed 2009.4.23); A. N. Savel'ev, *Rasovyi smysl russkoi idei* (Moscow: Belye al'vy, 2000); A. N. Savel'ev, *Obraz vraga: Rosologiia i politicheskaia antropologiia* (Moscow: Belye al'vy, 2007).
72 A. N. Savel'ev, *Vremia russkoi natsii* (Moscow: Knizhnyi mir, 2007), p.378.
73 사벨리예프의 웹사이트 http://www.savelev.ru (accessed 2009.4.23) 참조.
74 A. N. Savel'ev, *Vremia russkoi natsii*, p.56.

'조국'의 강령 담화와 의회 활동

존재했던 짧은 기간 동안 '조국'은 자신의 두 경쟁자, 공산당과 자민당으로부터 항의 및 정체성 포퓰리즘을 포함한 이들의 성공 요인을 차용하려 하는 동안에도 내내 이들을 비난하려 했다. 정체성 포퓰리즘은 로고진과 바부린으로 대표되었고 민족주의적 목표를 특징으로 한 반면에, 글라지예프는 주로 사회문제에 초점을 맞춘 항의 분파의 상징적 인물이었다.

'조국'은 대변인 정당으로서 천연자원, 특히 석유 세수를 경제적으로 '올리가르히의 독재'를 없애려는 사람들 사이에 재분배할 것을 요구했다.[75] 이러한 항의의 측면은 특히 2005년 1월의 사회보장 현금화 위기 시기 동안 눈에 띄었는데, 이로 인해 '조국'은 이전에는 공산당이 장악한 사회문제에서 강세를 보일 수 있게 되었다. 그 이후로 '조국'의 활동에서 주요한 요소는 올리가르히에게 싸움을 거는 것이 되었다. 그래서 2005년 6월에 대규모 전력 감축이 있은 뒤에 '조국'은 주요 러시아 기업 경영진의 급여, 특히 전력 공기업 통합에너지시스템RAO-UES과 그 회장 아나톨리 추바이스의 급여가 공개될 것을 요구하는 캠페인을 전개했다. 전통적으로 러시아 정치 스펙트럼에서 이러한 사회적 요구는 소비에트 체제를 회복시키려는 욕망과 결합된다. 비록 '조국'이 공산당처럼 첨예하게 소비에트 노스탤지어를 부각시키지는 않았지만, 예를 들면 볼고그라드를 이전의 명칭 스탈린그라드로 부르자는 '조국'의 주장은 매우 상징적인 것이었다. '조국'은 많은 고위 장교들, 그 중에서도 특

---

[75] 예를 들어 S. Glaz'ev, "Soprotivlenie, partnerstvo ili soglashatel'stvo", *Rossiia*, http://www.glazev.ru/position_glazev/1608 (accessed 2006.9.4) 참조.

히 발렌틴 바렌니코프Valentin Varennikov 장군을 끌어들일 수 있었다. 고르바초프에 반대한 1991년 8월 쿠데타의 지지자이자 러시아소련영웅협회Russiiskaia assotsiatsiia Geroev Sovetskogo Soiuza 의장이었던 바렌니코프는 공산당의 명부에 올라 1995년 의회에 선출되었다. 실제로 로고진은, '조국'은 모든 '좌파 애국주의 세력'이 당원으로 들어오는 것을 환영한다고 거듭해서 말하면서 지금까지 공산당이 차지했던 공간을 정복하고 싶다는 욕망을 숨기지 않았다.

그렇지만 '조국'의 항의 포퓰리즘은 정체성에 대한 강조와 비교하면 대단치 않은 요인일 뿐이었다. '조국'의 교리에서 '제국주의적' 이론과 '에스노민족주의적' 이론은 본질적으로 연관되어 있었기 때문에 이들 간에는 차이가 없는 듯이 보였다. '조국'의 정치 강령은 근외에 대한 러시아의 영향력 회복 및 트란스니스트리아, 압하지야, 남오세티야 같은 친러 분리주의 지역은 물론 러시아, 벨라루스, 카자흐스탄을 포괄하는 초국가suprastate의 건설을 목표로 하는 것이었다.[76] 2005년 3월에 '조국' 원내단체는 '러시아연방 가입과 그 새로운 주체의 형성'이라는 명칭의 법안 개정에 관한 투표를 추진했으나, 이는 거부되었다. 로고진, 사벨리예프, 나로츠니츠카야가 제안한 이 개정안은 다른 CIS 국가의 자치지역이 포스트소비에트 국경을 인정하는 국제조약을 위반하지 않고 러시아에 가입하는 것을 보다 용이하게 했을 것이다. 따라서 '조국'의 궁극적인 목표는 남오세티야, 압하지야, 트란스니스트리아가 러시아와 합쳐지기 위한 법적인 수단을 제공하고, 이로써 신생 포스트소비에트 국

---

[76] S. Glaz'ev, "K voprosu ob ideologii organizatsii", http://ww.glazev.ru/print.php?article=87 (accessed 2006.9.4).

가들의 현재의 국경은 '인위적'이라는 사실을 완곡하게 강조하는 것이었다. 마지막으로, '조국'은 두마를 뒤흔들어 놓은 외교정책, 특히 CIS 국가들과의 관계에 대한 여러 논쟁에 적극적으로 참여하기도 했고, 크렘린이 우크라이나, 조지아, 몰도바와 대립하기로 한 결정을 강력하게 지지하기도 했다.

로고진과 근외의 러시아인에 대한 그의 관심은 '조국' 강령에서 이주정책을 다룬 부분에 그 흔적을 남겨 놓았다. '조국'은 포스트소비에트 국경이 러시아 민족을 갈라놓았다는 것을 러시아 법률이 인정할 것을 요구하고 당국이 '디아스포라'의 귀환을 촉구하는 법 규정을 제정할 것을 촉구한다. 두마 국제문제위원회 의장 로고진과 두마 CIS 관계 및 재외동포 문제 위원회 부의장 사벨리예프 모두 이 문제를 놓고 벌어진 입법 논쟁에 영향력을 행사하려고 했다. 2004년에 '조국'은 귀환 이주에 관한 법안 초안을 제출했고, 이 안이 두마에서 채택되지는 않았지만, 2006년 6월 '자발적 러시아 귀환 동포들을 위한 국가 원조 프로그램'의 출현과 명문화에 기여했다.[77] 이처럼 '조국'이 러시아 민족의 통합 문제에 집착한 것은 해외에 있는 러시아인뿐만 아니라 러시아연방 내에 살고 있는 러시아인을 겨냥한 것이기도 했다. '조국'은 에스닉 러시아인이 러시아라는 이름이 유래한 민족으로 인정되어야 한다고 주장했고, 심지어는 영토 법령에서 이들이 소수민족으로 인정되어야 한다고까지 요구했다. 이러한 에스노민족주의적 이념은 정치적 정교회, 특히 나로츠니츠카야의 저술에서 주요한 특징을 이루고 있다.[78]

---

77 M. Laruelle, "Les 'Russes de l'étranger proche': le thème diasporique et ses lobbies en Russie", *Revue d'études comparatives Est-Ouest*, no.4 (2008), pp.5~28.

이러한 담론에는 러시아의 미래에 대한 파국적인 예언이 수반되었다. '조국'은 부정적인 인구 상황이 러시아를 위협하고 있고, 러시아인은 '위험에 처한' 민족이며, 이들은 자기 나라에서 소수민족이 될지도 모른다고 주장했다. 따라서 '조국'은 '이주보다는 귀국, 외국인 노동자보다는 재외동포'라는 슬로건 아래 다른 공화국들로부터 에스닉 러시아인이 대규모로 귀환해야 한다는 이념을 지지했다.[79] 또한 이 단체의 주요 인물들은 정교회가 국교가 되기를 바라는 총대주교구의 열망을 지지했고, 친출산정책 및 결혼, 가족, 이성애, 금주 등 '도덕적 가치'의 보호를 요구했다. 2005년 3월에 '조국' 원내단체는 낙태 상환금의 폐지를 요구하면서 공공의료 재정 법률을 놓고 또다시 연이어 언론의 주목을 받게 되었다. 이 법을 비난한 주요 인물인 추예프는 소수민족, 특히 카프카스 출신 소수민족의 역동적인 인구 발전에 이미 압도당한 민족인 러시아 민족의 소멸을 촉진한다는 점에서 이 법이 러시아 혐오적이라고 비난했다.[80] 이렇듯 '조국'의 목표는, 자신들의 인식으로는 지나치게 세속적이고 다민족적인 러시아 전역에 걸쳐 러시아인의 민족적·언어적·종교적 우월성을 부과하는 것이었다.

반유대주의 문제로 당에서 의견이 갈라졌다. 한편으로 바부린이나 니콜라이 파블로프Nikolai Pavlov 같은 일부 '민족의 의지' 인사들과 몇몇 '조국' 멤버들은 공공연하게 반유대주의적이었다. 다른 한편으로 로고

---

78 이러한 다양한 글 중에서 특히 "Chtoby vyzhit' – nam nado spokoino i uverenno oshchushchat' sebia russkim", http://www.narochnitskaia.ru/cgi-bin/main.cgi?item=1r200 (accessed 2009.4.23) 참조.
79 A. N. Savel'ev, *Vremia russkoi natsii*, p.31.
80 E. Mikhailovskaia, "Fraktsiia Rodina v kontekste natsionalisticheskogo diskursa v gosudarstvennoi Dume", in M. Laruelle(ed.), *Russkii natsionalizm: sotsial'nyi i kul'turnyi kontekst* (Moscow: NLO, 2008).

진 같은 다른 이들과 나로츠니츠카야 같은 정교회 민족주의자들은 '올리가르히'나 '러시아에서 외국의 영향'에 대해 언급함으로써 이 문제에 대해 완곡한 발언을 했다. 반면에 알크스니스 같은 또 다른 이들은 여전히 보다 국제주의적인 이념에 충실한 상태였다. 그러나 2005년 1월에 '조국'은, '유대인의 세계 지배'에 맞선 투쟁과 형법 282조의 적용을 받을 수도 있는 극단주의 활동을 전개한 혐의를 받은 러시아의 유대인 단체에 대한 조사를 요구한, 공적 인사들과 의회 의원들의 탄원서인 '500인 서신' 이후 스캔들의 수렁에 빠지게 되었다. 이 탄원서에 몇몇 '조국' 멤버들 — 5명의 바부린 지지자와 4명의 로고진 지지자 — 이 서명했지만, 로고진 자신은 서명을 하지 않은 반면에, 추예프는 그 문서를 읽지 않았다고 잡아떼면서 서명을 철회했다. 공공연한 반유대주의적 의견의 수용은 당내에서 논쟁을 불러일으켰는데, 이로써 러시아 민족의 주적을 이주자뿐만이 아니라 유대인이라고도 여긴 급진파 핵심 단체가 당에 존재했다는 것을 확인할 수 있었다.

　'조국'은 반유대주의에 대해서는 의견이 갈라졌지만, 외국인혐오증에 있어서는 의견의 일치를 보았다. '조국'의 의제는 무엇보다도 카프카스인이든 중앙아시아인이든 '불법 이주자'를 향한 것이었다. 2005년 가을 이주 문제에 관한 패널 토론회에서 로고진과 사벨리예프는 모스크바에서 범죄율이 높아지고 있는 것이 이주자의 상업 활동 탓이라고 주장했다. 이들은 당국이 CIS 국가 시민들에게 비자 요건을 도입하지 않는 것을 격렬하게 비난했고, 유라시아경제공동체Eurasian Economic Community가 회원국 내에서 사람들의 자유로운 이동에 근거해 설립되어서는 안 된다고 요구했다.[81] 로고진은 앞으로 "불법 이주자 때문에 러시아가 불행해지고 국가권력이 부패할 것이며, 이러한 불법이주자로 가장 이득을 얻는 이들은…… 대기업, 상업적 마피아…… 그리고 마약 밀매업자일 것"이라고 단언했다.[82] 2004~2006년에 '조국' 의원들은 러시아에서 외국인의 사업 거래를 제한하는 법안에 찬성하는 캠페인을 전개했는데, 이는 다름 아닌 불법이주반대운동 지도자 벨로프가 시작한 것이었다. 두마는 이 법안을 수정하지 않은 채로 통과시키지는 않았지만, 이 법안은 2006년 11월 제정된, 러시아 시장에서 외국인의 거래를 금지하는 법에 직접적으로 영향을 미쳤고, 이 법은 2007년 4월에 발효되었다. 그렇지만 같은 해 크렘린이 수십만 명의 이주자를 합법화하자, 이는 로고진의 분노를 불러일으켰다. 즉, 그는 테러리즘과 불법 이주라는 쌍둥이 위협에 대처하기 위해 아무것도 하는 일이 없다고 권력층을 비난한 것이다.[83]

 2005년 가을 모스크바 두마 선거 유세 기간에 '조국'은 수도를 뒤흔들고 있던 외국인혐오증의 물결을 유리하게 이용하려 했는데, 이러한 흐름은 언론이 프랑스 교외에서 일어난 폭동을 '아랍인'과 '무슬림'이 프랑스 국가에 반대해 일으킨 조직적인 반란으로 다룸에 따라 두드러지게 나타난 것이었다. 널리 방영된 '조국'의 주요 텔레비전 광고는, 슬라브인의 특징을 갖는 젊은 금발 여인이 미는 유모차 바퀴 밑으로 카프카스인임을 알 수 있는 청년이 수박의 남은 조각을 던지는 모습을 '도시에서 쓰레기를 없애자'라는 슬로건과 함께 묘사했다. 역설적이게도 '조

---

81 "Problemy migratsii?", *Materik*, no.131, http://www.materik.ru/index.php?year=2005&month=10&day=1 (accessed 2006.6.12).
82 "Russkie i predstaviteli drugikh korennykh narodov Rossii dolzhny poluchat' grazhdanstvo RF avtomaticheski", *Delovaia pressa*, http://businesspress.ru/newspaper/article_mid_33_aid_361175.html (accessed 2009.4.23).
83 "Dmitri Rogozin osudil planiruemmuiu v 2006 g. amnistiiu nelegal'nykh migrantov", *Regnum.ru*, http://www.regnum.ru/news/moskva/541341.html (accessed 2009.4.23).

국'의 선거 캠페인으로 직접적인 도전을 받게 된 지리노프스키의 자민당이 '민족적 증오를 선동한' 혐의로 불만을 제기했고, 이는 러시아 법원이 '조국'의 선거 참여를 취소시키는 결과를 낳았다. '조국'은 공공연하게 외국인혐오증을 표현하여 값비싼 대가를 치렀고, 그 이후로 크렘린의 직접적인 공격을 받게 되었다. 그러나 '조국'은 자신의 목적을 달성했다. 즉, '조국'의 슬로건은 사실상 선거 캠페인을 지배했고, 크렘린의 희생자로 인식된 지도부는 민족주의 진영에서 일종의 정당성을 부여받아 이주자의 공격에 처한 러시아 민족의 보호자로 알려지게 된 것이다.[84]

존재한 기간이 짧았음에도 불구하고 '조국'은 이전에는 뚜렷이 구별되었던 많은 민족주의자들을 하나의 당 깃발 아래 통합할 수 있었다. 이들 중 어떤 이들은 이전에는 공산당에도, 자민당에도 속하지 않았거나 의회에서 대표되지 않는 운동단체들과 연계되어 있었던 반면에, 다른 이들은 민족주의가 중심적인 요인이 아닌 정당에서의 당원 자격을 통해 의회 활동에 접근할 수 있었거나 그렇지 않으면 바부린이나 알크스니스처럼 실질적으로는 정당에 가입하지 않고 독립적인 활동을 수행했다. 이렇듯 '조국'은 이전에는 분산되어 있던 개인들의 행동과 민족주의 담론을 정당과 원내단체의 형태로 조직화하는 역할을 했다. 그렇지만 민족주의적 의지 그 자체는 통합의 충분조건을 이루지 않는다. 사실 러시아의 정치적 삶은 보다 구조적인 성격의 균열, 즉 대통령 기구를 지지할 것인가 말 것인가에 지배되어 있는 것이다. 이 문제가 반드시 민

---

84 S. Charnyi, "Ksenofobiia, migrantofobiia i radikal'nyi natsionalizm na vyborakh v Moskovskuiu gorodskuiu dumu" (Moscow: Moskovskoe biuro po pravam cheloveka, n.d.), www.antirasizm.ru/english_rep_019.doc (accessed 2009.4.23).

족주의적 주장의 온건화를 필요로 하는 것은 아니기 때문에 사상적 차원에서는 거의 영향을 미치지 못하지만, 각 정치인의 활동 전술은 명백하게 밝혀 준다. 어떤 이들은 체제 내에서 체제를 활성화하는 기능을 할 수 있는 자신의 능력을 믿는 반면에, 다른 이들은 현재 권력층에 있는 자들의 지배를 끝장낼 사회적 항의의 물결에 기대는 편을 선호한다. 결국 '조국'이 해체된 것은 크렘린으로부터의 압력으로 인해 더욱 심화된 이러한 구조적 문제 때문이었다.

3년이라는 짧은 기간 동안 '조국'은, 자민당이나 공산당, 혹은 원외 운동단체들이 제안하면 이전에는 급진적이라고 여겨졌던 민족주의 이념을 그럴듯하게 보이게 한 표현을 제시할 수 있었다. '조국'의 지도자들 모두가 주변부에 있는 군주주의자 단체, 정교도 단체, 혹은 소비에트에 대한 향수를 지닌 단체 등에서 활동을 시작했다는 사실에도 불구하고, '조국'은 대통령 다수당의 구성원들로부터 지지를 얻어 낼 수 있었다. 당시 이들은 인구, 근외 러시아인의 귀환 이주, 이주 문제 등 — 모두 언론이 집착하고 있던 문제들 — 앞을 내다본 문제들을 유리하게 이용할 수 있었고, 그래서 이들은 올바른 생각을 지닌 민족주의를 고취시킬 수 있었다. 따라서 '조국'의 원칙과 전술은 공산당이나 자민당이 옹호한 그것과는 다르다. 원칙의 측면에서 '조국'은, 주가노프가 개발하여 공산주의와 정교회에 대한 언급을 결합한 그것보다 현대 러시아의 근대적인 정치적·경제적 풍경과 훨씬 더 조화를 잘 이룬다. 공산당이 과거 회고적이고 향수에 지배된 듯이 보이는 데 반해, '조국'은 대통령 정당 통합러시아와 유사하게 대단히 근대적이고 포스트소비에트적으로 보였다. 전술적인 차원에서 '조국'은, 신망을 얻으려 하면서 독선적인 설교를 하는, 자민당의 도발적이고 모순되는 행동을 취하는 것을 거부했다. '조국' 덕분에 민족주의는 주변부로부터 정치적으로 올바른 것으로 이동해 왔다. 그렇지만 이러한 과정이 촉진된 것은 민족주의적 주제를 회복시키는 방향으로의 유사한 변화가 크렘린 내에서도 일어나고 있었기 때문이다.

4장

보수적 중도주의로서의 민족주의

통합러시아

　이 장에서는 민족주의를 수년간 반대 세력의 수중에 있었던 민족주의 수사를 크렘린이 전유할 수 있게 해준 보수적 중도주의로 정의하고자 한다. 1990년대 후반 지배 엘리트는 이러한 담론 영역에 참여하기 시작했고, 2000년대에는 사실상 민족에 대한 언급을 독점하는 데 성공하여 원외 반대 세력과 포퓰리스트 의회 정당들에게서 이를 박탈해 버렸다. 계속해서 민족의 필요와 관심을 표현할 권리를 주장하는 원외 반대 세력과 포퓰리스트 의회 정당들은 자신들의 의견을 표명하는 데 많은 어려움을 겪으며, 대개 이들의 목소리는 크렘린이 내세우는 애국주의 슬로건에 파묻히고 만다.

　이러한 보수적 중도주의는 지배 엘리트에게 그 내부 갈등을 표출할 수 있는 독특한 제도적 구조, 즉 통합러시아라는 구조를 제공한다. 몇 년 사이에 대통령 정당은 오늘날 권력이 있는 지위를 차지하고 있는 정치·경제·군사 엘리트 간의 합의를 구현할 수 있게 되었다. 비록 푸틴의 두번째 임기 동안에 소비에트 과거와 관련되지 않은 젊고 새로운 계층도 출현하긴 했지만, 대다수의 지도자들은 1991년 이전의 노멘클라투라[1]였기 때문에 이 정당은 엘리트의 연속성을 확인시켜 준다. 블라디미르 겔만은 통합러시아가 전통적인 의미에서의 정당이 아니라 국가기구에 얽매인 권력 집단이 선거에 참여하여 승리하기 위해 만들어 낸 산물이라고 정의한다.[2] 따라서 이 정당은 관료들의 길드나 연합체와 비교될 수 있으며 어떤 이데올로기 강령의 뒷받침도 받지 않는다. 다른 정당들과는 대조적으로 통합러시아는 야당으로서는 존재할 수 없을 텐데, 이는 행정적 선거 기구로서의 통합러시아의 특수한 지위를 말해 준다.

현재의 러시아 정권은, 정치적 경쟁은 축소시키고 있지만 다원주의 원칙을 거부하지는 않는 보수적 안정화 이념에 입각해 있다. 장기적으로 통합러시아의 우월성을 공고히 하기 위해서 러시아 정치학에서 '정치공학자들'political technologists이라고 불리는 크렘린의 홍보 담당관이나 이데올로기 주창자들이 일련의 권력 장치, 정치적 원칙, 선전 수단을 조직하고 있으며, 애국주의적 테마에 대한 통제를 강화하여 이를 정치적 정당성의 중심적인 요인으로 전환시키기를 바라고 있다. 교화라는 새로운 전략을 실행함으로써 이데올로기 분야에 보다 확실하게 뛰어들 것인지의 문제는, 민족의 내용에 대한 상세한 설명과 따라서 통합러시아가 구현하려고 애써 온 화해의 논리와의 단절을 전제로 하는 것이기 때문에 지배 엘리트에게 근본적인 도전을 제기한다.

---

1 노멘클라투라는 원래 임명 전에 소련공산당의 허가를 필요로 하는 지도부 지위의 목록이다. 그러나 이 용어는 정책 결정 권한이 집중된 지배층을 가리키는 보다 넓은 의미를 갖게 되었다. 이렇듯 노멘클라투라는 소비에트 위계질서의 피라미드를 이루면서 물질적 특권을 향유하고 특정한 형태의 사회성으로 결합된 계급의 동의어가 되었다.

2 V. Gel'man, "Le parti dominant en Russie: Quelles perspectives?", in A. Merlin(ed.), Où va la Russie? (Bruxelles: Éditions de l'Université de Bruxelles, 2007), p.51.

크렘린의 비호 아래 애국주의의 재탄생

자주 언급되는 옐친과 푸틴 간의 성격 차이로 인해 정책의 연속성이 흐려져서는 안 된다. 1993년 헌법 이후로 러시아에서는 총리가 국가정책을 수립하는 데 있어서 주요한 역할을 하지 못하도록 대통령제가 제도화되었다. 이는 애국주의에 대해서도 마찬가지이다. 즉, 푸틴은 자신보다 앞서 일어난 역동적인 움직임의 결말을 받아들였을 뿐인 것이다. 개혁은 사회적 폭력과도 같이 전개되고 국가기관들은 점점 허물어져 가면서 러시아 국가의 생존 문제는 그늘에 가려졌다. 이것이 1990년대에 애국주의를 회복시키려는 움직임이 일어난 핵심적인 이유였고, 이는 그 자체로서 푸틴의 두 번의 임기 동안 애국주의가 공식화되는 현상의 직접적인 전조가 되었다. 1994~1995년에 크렘린은 조국이라는 통합의 테마를 매우 빠르게 재생시켰고, 1996년에는 이를 공식화하려는 크렘린의 첫번째 시도가 있었으며, 1997~1999년에는 이 테마가 정치 무대의 지배적인 특징이 되기 시작했다. 따라서 과도한 양극화에 대한 두려움으로 인해 애국주의적 중도주의가 등장했고, 이에 따라 정당들 간 이데올로기 차이의 약화와 애국주의적 슬로건을 중심으로 하는 국민적 화해가 대등한 것으로 여겨지게 되었다.

1994~1995년: 정치적 양극화의 감소

1993년 가을 옐친이 최고소비에트에 승리를 거뒀음에도 불구하고 의회와의 갈등으로 인해 그의 권력은 약화되었다. 해외에서 일정 정도 신용이 떨어진 그의 정당성은 러시아의 투표에서도 타격을 받았다. 스스로를 민주주의자와 자유주의자로 자처한 이들은 폭력의 사용을 용인했고, 약화된 입법부와 강화된 행정부를 그 내용으로 하는 새로운 헌법에 찬성하는 12월 12일 국민투표를 지지했다. 체제의 대통령화에도 불구하고, 크렘린과 연관된 두 정당 모두 12월 12일 의회 선거에서 결정적인 결과를 얻어 내지 못했다. 당시 총리였던 예고르 가이다르가 앞장선 '러시아의 민주선택'은 16%의 득표율을 얻은 데 반해, 부총리이자 민족정책국가위원회 의장이었던 세르게이 샤흐라이Sergei Shakhrai가 이끈 러시아통합·화합당Partiia rossiiskogo edinstva i soglasiia은 겨우 8%의 지지를 받았다.

1994년 이후로 크렘린은 최고소비에트와 대통령 간의 폭력을 낳은 정치적 양극화를 피하려는 노력을 해오고 있다. 크렘린의 첫번째 조치는 소위 민족주의 진영과 화해하려는 것이었고, 그래서 1994년 1월에 옐친은 빅토르 체르노미르딘을 총리로 임명했다. 산업 부문의 압력단체와 특히 군산복합체를 대표하던 체르노미르딘은 곧바로 자유주의 개혁이 보다 강도 낮고 보다 덜 이데올로기적인 방식으로 수행될 것이라고 알렸다. 2월에 자민당과 공산당이 지배한 두마는 1991년 8월 쿠데타를 계획한 이들과 1993년 10월 반란을 일으킨 이들에게 사면을 허락했고, 이로써 루슬란 하스불라토프Ruslan Khasbulatov나 알렉산드르 루츠코이 같은 인물들이 정치 활동을 재개할 수 있게 되었다. 그 후 4월에 크렘린은 시민 협약을 제안했고, 이에 서명한 이들은 이로써 헌정 질서를 전복한다거나 대규모 원외 체제 변화 운동단체를 조직하지 않겠다고 맹세한 것이 되었다. 자민당, 자유주의자들, '러시아의 민주선택'을 포함한 200개 이상의 단체가 이에 서명한 반면에, 공산당과 농업당은 이를 자신들의 자유를 제약하는 것으로 여겨 서명을 거부했다. 대통령은 '민족의 공동시민권co-citizenship이라는 새로운 개념'을 통해 러시아의 문제를 해결할 것을 요구하는 공식 성명을 발표했다. 같은 해 그는 민족주의 화가 일리야 글라주노프Ilia Glazunov의 전시회를 방문하여 그가 소비에트 반유대주의의 주요 인물 중 한 명을 상징적으로 인정한 것에 당황한 자유주의자들 사이에서 스캔들을 일으켰다.

개혁을 반대한 이들이 누린 예상치 못한 대중적 지지에 충격을 받은 자유주의자들은 점점 더 러시아의 이데올로기 분할을 민주주의와 시장경제의 확립을 위해 지불해야 하는 과도한 비용으로 여기게 되었다. 1995년 5월에 열린 제2차 세계대전 종전 50주년 기념행사는 민족감정의 중요성과 러시아의 명예로운 과거에 대한 기쁨을 재확인할 기회를 제공해 주었다. 공산당은 소비에트 애국주의와 겐나디 주가노프 개인을 연결시킴으로써 이 행사를 거머쥐려고 한 데 반해, 크렘린은 군대에 대한 예찬을 중심으로 하여 '백군'과 '적군' 간의 화해라는 카드를 사용했다. 1995년 5월 9일 모스크바 근교 포클로나야 고라Poklonnaia Gora에서 거대한 전쟁기념공원 준공식이 거행되었다. 마네지 광장에 베를린의 승전장군 주코프Georgii Zhukov 원수의 동상이 복원되었고, 쿠투조프스키 대로에 몽골인, 나폴레옹, 나치 독일에 대한 러시아의 역사적인 승리를 표현하는 새로운 조각물이 세워졌다. 스탈린, 루스벨트, 처칠을 기념하는 우표가 발행되었다.³ 페레스트로이카의 원동력이었던, 과거의 범죄, 특히 스탈린의 범죄를 참회하는 담론은 서서히 사라져 갔다. 1996년 3월 15일에 공산당이 지배하는 두마는 1991년 12월 8일 서명되어 최고 소비에트의 승인을 받은 벨라베자 협정의 승인을 취소했다. 또한 두마는 국민의 70%가 소연방을 유지하는 데 투표한 1991년 3월 17일 국민투표에 합법성을 부여했다.

3 R. Davis, *Soviet History in the Yeltsin Era* (London: Macmillan, 1997).

크렘린이 조국이라는 상징을 재전유하려는 시도를 했음에도 불구하고, 1995년 의회 선거에서 자유주의자들이 당한 패배는 1993년보다도 훨씬 더 심각한 것이었다. 체르노미르딘 총리가 이끈 '우리 집 러시아'Nash dom-Rossiia는 10%, 야블로코는 7%, 가이다르가 이끈 '러시아의 민주선택'은 겨우 3.9%를 얻으면서 자유주의자들의 총득표 수는 전체의 4분의 1에도 미치지 못했다.⁴ 소위 애국주의 세력은 약 4,000만 표, 즉 투표 인구의 거의 절반을 얻었다. 주가노프의 높은 인기에 직면한 옐친은 결코 장담할 수 없게 된 자신의 재선 가능성에 대해 염려하게 되었다. 이때 그는 개혁을 계속하겠다는 캠페인이 아니라 보다 중도적인 문제에 관한 캠페인을 펼치기로 결정했다. 그가 기꺼이 실용적인 타협에 임할 마음이 있다는 것은 벨라루스와 보다 긴밀한 관계를 맺어 러시아-벨라루스 연합을 구성하겠다고 주장했을 때 증명되었다. 공산당 후보를 약화시키고 모든 '애국적인' 목소리가 옐친과 관련된다는 것을 확실하게 하기 위해 크렘린은 알렉산드르 레베드 장군을 끌어들였는데, 그는 대선 1차 투표에서 14.5%의 득표율을 얻은 뒤 2차 투표에서 현직 대통령에게 합세하여 그렇지 않았더라면 주가노프에게 갔을 표를 옐친에게 안겨 주었다. 언론이 '과거의 정당'으로 표현한 공산당을 악마화한 덕택에 옐친은 약 55%의 득표율로 선거에서 승리했지만, 대중의 열정은 그다지 이끌어 내지 못했다. 설문조사에 따르면, 러시아인들 사이에서 주된 감정은 선택의 여지가 부족했다는 것이었고, 이들은 차악의 논리에 따라 투표했다는 것을 알 수 있다.⁵

4 B. Kernen, "The Russian Parliamentary Election of 1993: A Quasi-Historical Interpretation in Light of the 1995 Elections", *East European Quarterly*, vol.30, no.2 (1996), pp. 235~250.
5 H. Philips, "Leaving the Past Behind: The Russian Presidential Elections of 1996", *Kennan*

1996년: 새로운 민족 이데올로기에 대한 첫번째 요구

일단 두번째 임기에 재선되자 옐친은 곧바로 러시아 민족 정체성을 고취하는 데 착수했고 재빨리 애국주의적 테마에 부과되었던 이데올로기적 금지를 해제했다. 1995년부터 연방회의 의장 블라디미르 슈메이코Vladimir Shumeiko와 대통령 공보 비서관 뱌체슬라프 코스티코프Viacheslav Kostikov가 러시아는 '민주적 애국주의'를 가질 필요가 있다고 일깨우기 시작했다. 이 용어는 '러시아에서의 법치의 강화'에 관한 대통령 의회 연설에서도 사용되었는데, 여기에서 그는 시민적 러시아 정체성의 구성에 대해, 강한 국가를 건설하고 러시아를 중심으로 하여 포스트소비에트 공간을 재통합하며 러시아의 통일성과 불가분성을 재확인할 필요성에 대해 언급했다.

1990년 러시아연방의 주권 선언 채택을 기념하는 국경일이었던 1996년 6월 12일에 옐친은 새로운 민족적 이상을 수립할 가능성을 제기했다. "러시아의 20세기 역사에는 군주정, 전체주의, 페레스트로이카, 민주주의적 발전 경로 등 서로 다른 시기가 존재했다. 각 시대마다 나름의 이데올로기가 있었다. 그런데 지금 우리에게는 이데올로기가 없다."[6] 그러고 나서 그는 "러시아에게 가장 중요한 것은 민족 이념, 민족 이데올로기를 찾는 것"이라고 설명하면서 말을 마쳤다.[7] 이 성명은 몇몇 정치인들과 지식인들 사이에서 우려를 불러일으켰는데, 이들은 헌법 13조에 따르면 러시아는 공식적인 혹은 의무적인 이데올로기를 제정하

Occasional Papers, no.273 (1999); R. Rose and E. Tikhomirov, "Understanding the Multi-Party Choice: The 1995 Duma Election", *Europe-Asia Studies*, vol.49, no.5 (1997), pp.799~824.
6 "El'tsyn o 'natsional'noi idee", *Nezavisimaia gazeta*, July 1, 1996, p.1
7 Ibid.

는 것이 금지된 나라라고 규정되어 있다는 점을 지적했다. 한편 옐친에 반대하는 민족주의 세력은 대통령의 발언이 결코 자유주의자들의 것이 아니었던 주제에 대한 간접적인 인정이자 또한 이를 강탈하려는 시도이기도 하다고 해석했다. 10월에 자민당이 이끈 두마 지정학위원회는 '러시아 이념'에 관한, 그리고 러시아에 새로운 이데올로기를 제시해야 할 필요성에 관한 의회 독회를 개최했다. 자민당과 러시아공동체회의 의원들은 두마가 러시아성의 민족적ethnic 정의에 찬성표를 던질 것을 요구했고 신유라시아주의가 전개되는 것을 비판했다.[8]

대통령의 연설에 뒤이어 일련의 공식적인 발의가 잇따랐다. 페레스트로이카에 대한 헌신과 서구와의 친선 관계로 유명해진, 대통령 보좌관이자 사회학 연구센터 인뎀INDEM 소장 게오르기 사라토프Georgi Saratov가 이끄는 연구회가 설립되었다. 이 연구회는 최종적인 문서에 관한 합의에는 이르지 못했고 이 문제에 관한 핵심적인 논문 선집의 출판을 준비했을 뿐이다. 1997년 1월 국영 『러시아신문』Rossiiskaia gazeta은 새로운 '러시아 이념' 콘테스트를 실시하여 독자들이 보낸 수백 개의 슬로건을 받아 모았다. 사회학분석연구소는 이 문제에 관한 여론조사를 주관했지만, 연구자들은 대다수의 응답자들이 '포스트소비에트 개인주의자'로 분류되면서 합의된 견해가 도출되지 못했다는 것을 지적할 수밖에 없었다.[9] 정교회가 스스로를 여론에 대해 규범적인 이데올로기를 제시해 줄 수 있는 유일한 기관이라고 주장하려 함에 따라 총대주교구와 내무부 간에 몇 차례 공식적인 모임이 있었다.

---

8 E. Sytaia, "Ocherednoi proekt geopolitiki", *Nezavisimaia gazeta*, October 18, 1996.
9 T. Kutkobets and I. Kliamkin, "Russkie idei: Postsovetskii chelovek", *Nezavisimaia gazeta*, January 16, 1997.

옐친의 성명이 있고 난 몇 달 뒤 당시 경제부 장관이던 아나톨리 추바이스의 형 이고리 추바이스Igor Chubais가 그 당시의 공적인 논쟁, 특히 지배 엘리트에게 커다란 영향을 미친 『러시아 이념으로부터 새로운 러시아의 이념까지』Ot russkoi idei k idee novoi Rossii라는 책을 출판했다.[10] 저자는 오래된 논쟁의 요점을 되풀이하여 말한 후 "이념이 없으면 국가도 없다"고 주장하면서 새로운 이데올로기 구상을 지지하는 쪽으로 나아갔다.[11] 그는, 노멘클라투라의 권력을 박탈하기는커녕 오히려 이를 강화한 충격요법과 사유화를 비난했고, 영성spirituality, 집단주의와 개인주의, 사민주의, 시민적 정체성, 민족의 과거에 대한 자부심, 언어 순수주의 등을 결합한 새로운 합의적 러시아 정체성을 요구했다. 이 책은 '새 이정표'Novye vekhi라는 저작집에 들어 있는데, 이는 니콜라이 베르댜예프Nikolai Berdiaev, 세르게이 불가코프Sergei Bulgakov, 표트르 스트루베Peter Struve, 세묜 프랑크Semion Frank를 포함하는 20세기 초 몇몇 중요 인물들이 급진적 인텔리겐치아의 이데올로기에 반대하여 발표한 실제 성명서인 논문집 『이정표』Vekhi가 그 토대가 되었음을 직접적으로 말해 준다. 1909년에 출판된 『이정표』는 혁명적 인텔리겐치아에게 물질적인 것에 대한 정신적인 것의 우선성을 주장하고 지식과 신앙의 융합에 매진하며 러시아의 지적·정신적 발전에서 종교철학의 역할을 회복시킬 것을 요구했다. 따라서 저작집 '새 이정표'의 메시지에는 모호함이 없다. 즉, 일부 엘리트가 자신들을 대표하여 발표된 자유주의적 급진주의를 거부했고 보다 합의적인 발전 과정, '러시아 이념'과 보다 조화를 이루는 발전 과정을

---

10 I. Chubais, *Ot russkoi idei k idee novoi Rossii* (Moscow: CITIS, 1996).
11 Ibid., p.6.

요구했다는 것이 그것이다.

　　많은 자유주의자들이 민족 이념의 필요성에 대한 옐친의 성명을 이렇게 해석한 것을 비판했다. 이들에게 있어서 중요한 문제는 소비에트적인 의미에서의 새로운 이데올로기의 창출이 아니라 '러시아 이념'에 대한 집단적인 성찰이었는데, 당시에 이는 위로부터 부과된 문서 더미가 아니라 건설하고자 하는 사회에 대한 생산적인 질문으로 정의되었다.[12] 블라디미르 필라토프Vladimir Filatov나 세르게이 파테예프Sergei Fateev 같은 경제학자와 안드레이 코코신Andrei Kokoshin 같은 군사 문제 연구자는 '러시아 이념'을 국익의 보호와 동일시하려고 했다. 전자에게 있어서 이 '이념'은 경쟁적인 자유주의 경제체제에서만 존재할 수 있는 것이고, 후자에게는 강한 군대와 외교정책 논리를 갖는 강력한 국가에서만 존재할 수 있다.[13] 1994~1996년에 피오나 힐Fiona Hill 같은 몇몇 외국인 관찰자들은 특히 언론에서 강대국 이념에 대한 논쟁으로의 회귀가 대대적으로 일어났다고 지적했다.[14] 심지어는 자유주의자들 사이에서조차 러시아의 상황에 대한 분석은 비판적인 것밖에 없었다. 러시아 국가는 허약하고 궁핍했으며 군대에 자금을 조달할 수 없었고, 국제 무대에서의 영향력도, 명확하게 정의된 지정학적 이해관계도 가지고 있지 않았다. 그리고 국내적으로 중앙정부는 민족자치공화국들이 요구하고 얻어 낸 양보와 관련하여 끊임없이 약화되어 가고 있었다. 1996년 8월 그로즈니[체첸의 수도]와 서명한 하사뷰르트 협정은 거대한 러시아에 대해 승리

---

12 N. A. Kosolapov, "An Integrative Ideology for Russia", *Russian Social Science Review*, vol.37, no.1 (1996), pp.60~96.
13 A. Kokoshin, *Natsional'naia bezopasnost' i voennaia moshch' Rossii* (Moscow, 1995).
14 F. Hill, *In Search of Great Russia: Elites, Ideas, Power, the State, and the Pre-Revolutionary Past in the New Russia, 1991-1996* (Ph.D., Cambridge: Harvard University, 1998).

를 거둔 조그마한 체첸이 입힌 굴욕으로 여겨졌고, 1905년 일본에 대한 패배와 공공연하게 비교되기도 했다.

알렉산드르 레베드: '제3의 길'의 인물?

크렘린은, 나름대로 대변인 기능을 계속하면서 지배층에 속하는 이점을 누리길 원했던 반대 세력과 화해하려 했던 데 반해, 새로운 인물들이 합의적 중도주의 담론을 사용하면서 러시아 정치 무대에서 자리를 차지하기 시작했다. 국내정책에서는 러시아를 강한 국가로, 외교정책에서는 세계 주요 강국으로 간주하는 것은 부끄러운 일이 아니라고 주장함으로써 이러한 인물들은 애국주의적 의제를 강화하여 마지막 얼마 되지 않는 친서구적 자유주의자들의 어조를 더욱 주변화시켰고 크렘린의 중도주의로의 방향 전환을 확고하게 만들었다. 소련 붕괴 이후 처음으로 조국을 언급하는 것은 더 이상 별나거나 급진적이라고 여겨진, 혹은 지리노프스키처럼 '파시즘의 위협'을 담지한 이들이라고 여겨진 인물들의 영역이 아니라, 정책 결정 집단에 참여하는 훌륭한 인물들이 주창하는 그러한 것이 되었다.

알렉산드르 레베드, 유리 루시코프, 예브게니 프리마코프, 이 세 명의 인물이 1990년대 후반에 형성된 '제3의 길'을 대표한다. 이 세 명은 정치적 역정, 이데올로기적 확신, 여론에 비친 이미지 등이 크게 다른 사람들이었다. 레베드는 가장 급진적이었고 사자후와 솔직한 비순응주의적 담론으로 유명한 군인으로서의 이미지를 자주 이용했다. 루시코프는 중간적인 위치를 차지했고, 투표자들이 편하게 대하는 서민적인 인물로 보이고 싶어 하기도 했지만, 정교회를 부흥시키고 근외의 러시아인들을 보호하는 데 강한 의지를 보임으로써 유명해졌다. 프리마코프는 소비에트 외교의 주요 인사들에게서 나타나는 진지함과 절제를 구현한 인물이었다. 자신의 두 동료들보다 더 기술 관료적인 그는 이들과 마찬가지로 러시아 국가가 막강한 경제력, 국내 정치적 안정, 동양과 서구 사이에서의 전통적인 역할을 되찾는 데 도움이 되는 '건강한 애국주의'의 장점에 대해서 확신하는 입장에 서 있었다. 이렇듯 **권력**이라는 기본적인 테마는 이 정치인들이 러시아 민족감정의 공공연한 표출을 정치적으로 올바른 화제로 만들 수 있었던 주요 담화 요인이었다고 할 수 있다.

1990년대 후반에 레베드는 이처럼 오랫동안 찾아온 '제3의 길'을 구현한 인물인 듯이 보였고, 공산당의 신공산주의neo-Communism나 자민당의 팽창주의 수사와는 전혀 다른, 독특한 형태의 민주주의·민족주의 포퓰리즘으로 민족, 민중, 국가에 대한 호소를 결합했다. 레베드는 소위 민족주의 진영 내에서 높은 수준의 정통성을 인정받았다. 군사교육을 받은 그는 아프가니스탄에서 지휘관이었고, 페레스트로이카 시기의 주요 분쟁마다 참전했으며(1988년 숨가이트, 1989년 트빌리시, 1990년 바쿠), 몰도바에서 전투에 참여했던 명예로운 14군단의 사령관으로서 트란스니스트리아의 러시아인을 보호하는 활동을 펼쳤다. 그랬었던 그가 최고소비에트 반란자들과 가까웠고 옐친에 대해서는 매우 비판적이었는데도 1993년 충돌 시에 어느 편도 들지 않자 권력층은 그를 비교적 온건한 인물로 간주하게 되었다.[15] 당시 레베드는 국방부 장관 파벨 그라초프Pavel Grachev와 관계가 좋지 않았고 체첸전을 비판했으며, 그 결과

---

15 W. Allensworth, "Aleksandr Lebed's Vision for Russia", *Problems of Post-Communism*, vol.45, no.2 (1998), pp.51~58.

1995년 14군단에서 사임해야 했다. 그러자 레베드는 러시아공동체회의에서 정치인으로서의 경력을 쌓아 나가기 시작했는데, 이 단체에서 그는 유리 스코코프, 드미트리 로고진, 이고리 로디오노프Igor Rodionov 장군보다도 가장 언론 친화적인 인물로 여겨졌다. 로디오노프 장군은 1992년 신군사 독트린의 작성에서 중요한 역할을 했고 신유라시아주의자 알렉산드르 두긴을 군인 사회에 소개했다.[16]

러시아공동체회의가 1995년 선거에서 패배한 뒤 레베드는 공산당과 연합을 형성하려 했으나, 주가노프가 이를 가로막았다. 공산당과 자민당의 최대 강적 중 한 명이 되자 레베드는 크렘린과 보다 가까워졌지만, 러시아 '디아스포라' 문제에 관심을 가진 원외 단체들과의 관계를 끊지는 않았다. 그는 전직 소비에트 총리 니콜라이 리시코프의 인민당과 연합했고, 1996년 대선 2차 투표에서 옐친에게 지지자를 모아 줌으로써 그의 승리를 위해 노력하기로 동의했다. 레베드는 두마 국방위원회에서 직위를 얻었고, 그 후에는 1996년 6월부터 10월까지 짧은 기간 동안 러시아연방 안보회의 서기직을 맡았다. 레베드는 그라초프가 사임할 수밖에 없게 했고, 그를 로디오노프로 대신했으며, 하사뷰르트 협정에 서명하도록 영향력을 행사했다. 레베드의 명성이 절정에 있었던 이 몇 달 동안 언론은 자주 그를 러시아 대통령직의 후계자로 묘사했지만, 그는 갑자기 서기직에서 해임되었다. 그래서 그는 야당세력으로 옮겨 가기로 결정했고, 선거 전 여론조사에서 순위가 좋았던 러시아인민공화당Rossiiskaia narodno-respublikanskaia partiia을 창설했다.[17] 1998년에 그는 크

---

16 J. W. Kipp, "The Political Ballet of General Aleksandr Lebed", *Problems of Post-Communism*, vol.43, no.4 (1996), pp.43~54.
17 정당의 웹사이트 http://webboss.narod.ru/nrpr/index.html (accessed 2009.4.23) 참조.

라스노야르스크 지역 주지사로 선출되는 데 성공했으며, 그 후에는 활동의 초점을 다시 지역 문제에 맞추기 시작했다. 그는 올리가르히 아나톨리 비코프Anatoli Bykov로부터 크라스노야르스크의 거대한 알루미늄 공장을 인수함으로써 정부의 역할에 대한 자신의 정치적 신념을 실행에 옮기려 했다.[18] 또한 그는 올리가르히와의 싸움에서 프리마코프의 지지를 받기도 했다.

레베드는 대통령직에 대한 야망을 나타내기 위해 두 권의 주요 저서에서 자신의 이데올로기적 전제에 대해 보다 체계적인 설명을 하려는 시도를 했다.[19] 그의 견해는 국가의 권위를 회복하고 최소한의 관료제로 운영되며 조직범죄와 싸울 능력이 있는 대통령제에 관한 것이었다. 그는 수시로 경제적 애국주의의 중요성을 주장했고, 보호주의를 옹호했으며, 동료 시민들에게 '자존심'의 이름으로 국제 원조를 거절할 것을 요청했다. 그는 강하지만 제국적이지는 않은 러시아와 시민적 러시아 이데올로기의 출현을 요구했고, 프라하의 봄에서부터 아프가니스탄 침공까지 국토 바깥에서 싸운 모든 전쟁을 비난했다. 그는 군대를 정치권력에 불러들이는 것을 원치 않았고, 피노체트보다는 아마도 드골 장군의 영향을 받은 모델에 의거했다. '수직적 권력'의 재주장, 국내적·국제적 굴욕의 종식, 팽창주의의 거부, 국가 효율성으로 측정되는 정치적 성공 등 러시아가 어떻게 되어야 하는가에 관한 그의 정의는 나중에 푸틴이 공유하는 것이 되었다.

---

18 J. W. Kipp, "A. Lebed: The Man, his Program, and his Political Prospects", *Problems of Post-Communism*, vol.46, no.5 (1999), pp.55~63.
19 A. Lebed', *Za derzhavu obidno* (Kirov: Viatskoe slovo, 1995); A. Lebed', *Ideologiia zdravogo smysla* (Moscow: Rus'Film, 1997).

이렇듯 주가노프나 지리노프스키와는 달리 레베드는 소비에트 체제에 대한 향수를 드러내지 않았고, 1990년대 이후로 러시아가 겪은 변화가 필요한 것이었다는 것을 인정하면서 근대성의 확대를 요구했다. 그는 민주주의적인 목적으로 민족주의 포퓰리즘을 옹호했다. 그의 두 중도주의적 경쟁자이자 동료인 프리마코프와 루시코프와는 대조적으로 그는 기술 관료가 아니라, '우리의 길은 질서와 상식'이라는 당 슬로건에서 나타난 바와 같이, 진정한 카리스마를 지닌 대중적인 인물로 여겨졌다. 2002년 그의 사고사는 전국적 잠재력을 가진 정말로 독창적인 인물이 러시아 정치에서 갑자기 사라져 버렸음을 의미하게 되었다. 하지만 중앙 권력 구조에서 입지를 탄탄히 확립한 두 인물 루시코프나 프리마코프와는 상반되게도 레베드는 자신의 근거지인 시베리아로부터 자본이라는 수단에 대한 접근성도, 대통령직에 대한 야망을 펼치기 위해 필요한 국가 구조로 진입할 네트워크도 갖지 못했었다.

1996~1999년: 애국주의적 중도주의의 선구자들의 출현

구브킨 모스크바 석유화학·가스대학에서 교육을 받은 루시코프는 화학산업부에서 수년간 근무한 뒤 고르바초프 및 옐친과 가까운 관계에 있었던 덕분에 1986년 모스크바 시 행정위원회에 임명되었다. 그는 수년간 모스크바 시장 가브릴 포포프Gavril Popov 밑에서 부시장으로 근무했고, 그 후 1992년에 시장으로 선출되었다. 1990년대 초부터 그는 중도주의적인 정치적 입장을 옹호했고, 가이다르와 추바이스가 추진한 충격요법이 지나치게 폭력적이라고 비판했으며, 대규모 사유화가 러시아의 역사적 전통에 '순응적이지 않다'고 비난했다. 모스크바에서 그는 자신의 생각을 실행에 옮길 방법을 찾아냈다. 즉, 모스크바 지자체는 여전히 많은 건물과 공간, 연구소와 사업체를 소유하고 있었기 때문에 감독권을 보유하는 합작회사를 받아들이라고 외국 기업에게 강요할 수 있었던 것이다. 루시코프는 러시아의 수도 일부를 개인 자산처럼 운영한다. 그는 도시의 경제적 역동성을 크게 확장했고, 시스테마Sistema 그룹을 중심으로 하는 자신의 후견인 네트워크를 설립했으며, 모스크바 프라우다Moskovskaia pravda 언론 그룹과『로시야』Rossiia,『문학신문』Literaturnaia gazeta 같은 신문을 포함하는 언론 제국을 건설했다.[20]

옐친 측근들과의 몇 차례 불화 끝에 1995~1996년경 모스크바 시장은 자신의 국가적 야망을 드러내기 시작했다. 그는 자신을 실용적 정치인 혹은 '관리자'로 표현했다. 모스크바를 대통령직에 이르는 발판으로 여긴 그는 전국적 수준에서 가시성을 얻기 위한 전략을 개발했는데, 이는 민족주의에 대한 공감을 특징으로 하는 것이었다. 원래는 1812년 나폴레옹에 대한 승리를 기념하기 위해 건설되었지만, 1931년 스탈린에 의해 파괴되었다가 1995~1997년에 재건된 구세주 그리스도 성당의 개관식에서 그는 종교적 테마를 성공적으로 도구화했다. 그는 이 성당을 러시아의 정신적 중심지로 표현하면서 모스크바 총대주교구와의 친분을 과시했다. 그리고 나서 그는 모스크바 강변에서 표트르 대제 동상 제막식을 열었고, 1997년 수도 850주년 축하 행사를 성대하게 조직했다. 그는 우크라이나-러시아 관계, 특히 세바스토폴의 지위에 관한 어려운 문제에 있어서 자신의 완고한 입장을 나타낼 수 있었다. 그의 말에 따르면, 크림반도를 우크라이나에 양도한 1954년 조약은 흑해 항구를

---

20 T. J. Colton, "Understanding Iurii Luzhkov", *Problems of Post-Communism*, vol.46, no.5 (1999), pp.14~26.

포함하지 않았고, 따라서 이는 러시아의 수중에 남아 있어야 한다는 것이다. 오늘날까지도 그는 자신의 명분을 수호하기 위해 주기적으로 그곳에 다녀왔고, 세바스토폴을 키예프에 '포기'한 1999년 러시아-우크라이나 우호조약을 격렬히 비난했다. 또한 그는 러시아와 벨라루스 간에 긴밀한 관계를 발전시킬 것을 지지하는 주요 인물이고, 알렉산드르 루카셴코Alexander Lukashenko 대통령의 친구이며, 나토와 싸우는 '세르비아 형제들'에 대한 무기 제공을 옹호하는 사람이기도 하다. 마지막으로, 그는 1990년대 이래로 수도에서 외국인혐오 정서가 고조된 데서 이득을 보았고, 이 주제가 연방 언론의 최우선적인 관심의 대상이 되기 훨씬 전부터 이주자가 범죄에 미치는 부정적인 영향을 비난하기 시작했다.

루시코프는 또한 근외 러시아인 문제에 유달리 민감한 것으로 알려졌는데, 이는 특히 '디아스포라' 문제의 주요 활동가 중 한 사람이자 디아스포라 및 통합 연구소 소장 콘스탄틴 자툴린의 영향을 받은 것이다. 1997년에 자툴린은 시장의 가장 가까운 보좌관 중 한 명이 되어 지자체가 재외동포 문제에 관심을 기울이는 데 크게 영향을 미쳤다. 따라서 2001년에 모스크바 행정부는 이 문제에 전념하는 행정 부서와 재외동포들과의 협력을 위한 부서 간 위원회를 설립했다. 또한 모스크바는 광범위한 프로그램을 운영하기도 하는데, 그 일환으로 이웃 공화국에 수십만 권의 교과서를 발송했고, 재외동포들에 대한 법적인 보호책을 마련했으며, 발트 국가와 우크라이나의 젊은 러시아인 학생들에게 장학금을 수여했으며, 세바스토폴에 있는 모스크바국립대학교 분교 개관식에 자금을 지원했다.[21] 게다가 지자체는 러시아재외동포국제위원회를

---

21 보다 자세한 사항은 지자체 웹사이트 http://www.russiane.org (accessed 2009.4.23) 참조.

설립했고, 2004년에는 근외 러시아인들과의 협력을 위한 주요 시설로 기획된 '모스크바 재외동포들의 집'을 개원했다.[22]

1998년 12월에 루시코프는 대통령직에 대한 자신의 야망을 지지하는 새로운 정당 '고국'Otechestvo을 창설했는데, 이 정당은 스스로를 중도주의 정당, 때로는 사민주의 정당이라고 표현하면서 '조국과 자유'라는 슬로건을 중심으로 하여 경제개혁과 국가 통제를 결합시키려고 했다. 이를 통해 모스크바 시장은 '우리 집 러시아'와 마찬가지로 정부 구성원, 지역 엘리트, 에너지 부문 지도자들로 이루어진 연합에 기반한 새로운 정당을 창립함으로써 체르노미르딘의 총리직 박탈과 '우리 집 러시아'의 몰락으로부터 이득을 얻고자 했다. '고국'은, 이전까지 공산당에 공감은 했지만 주가노프의 전략을 공유하지는 않은 몇몇 민족주의 집단을 끌어들였다. 이러한 경우로는 자툴린의 도움을 받아 전직 총리 루츠코이가 1994~1995년경에 설립한 운동단체 '강대국'이 있었는데, 자툴린과 루츠코이 모두 1995년 선거에서 공산당에 투표할 것을 요구했었다. 하지만 루시코프는 훨씬 불확실한 장관으로서의 경력을 위해 모스크바에서의 자신의 직위를 포기하고 싶어 하지는 않았다. 그 대신 그는 프리마코프와 연합을 구축하고자 했는데, 그는 프리마코프의 정치적 관점에서 많은 부분을 공유하기도 했고, 프리마코프의 대통령 출마는 전국적으로나 국제적으로 보다 공고한 잠재력을 가지고 있었다.

루시코프 자신이 인정하는 바와 같이, 그는 고전적인 방법으로 정치에 입문하지 않은 데 반해, 프리마코프는 소비에트 외교 엘리트의 전문성을 구현하는 인물이다. 아랍 세계 전문가이자 전 『프라우다』 중동

---

22 '모스크바 재외동포들의 집' 웹사이트 http://www.mosds.ru (accessed 2009.4.23) 참조.

특파원이었으며 세계경제·국제관계연구소 및 동방학연구소 소장을 지냈던 그는 외교관으로서의, 그리고 소비에트 및 포스트소비에트 동양학자로서의 능력으로 크게 존경받는 인물이다. 페레스트로이카 시기 동안 그는 고르바초프의 대외정책 보좌관으로 임명되었고, 1991년 8월 쿠데타가 실패로 끝난 뒤에는 KGB 제1부국장으로 임명되었다가 그 후 대외정보국Sluzhba vneshnei razvedki 국장이 되어 1996년까지 이 직위를 유지했다. 그는 소련공산당 제1서기가 임명한 관료들 가운데 옐친이 퇴출시키지 않은 몇 안 되는 인물들 중 한 명이다. 그의 정치적 부상은 옐친 집권 2기 동안 일어난 크렘린의 정책 전환을 상징적으로 보여 주는데, 이 당시 당국은 변화를 매우 내켜 하지 않은 러시아 사회와 자유주의적 정부 사이의 간극을 좁혀 줄 보다 보수적인 인물을 찾고 있었다.

외무장관 안드레이 코지레프Andrei Kozyrev가 지나치게 친서구적이라고 여겨졌기 때문에 1996년 1월 옐친은 그를 해임했고, 그 자리에 프리마코프를 임명했다. 프리마코프는 장관직을 맡자마자 다자주의를 주장하면서 1970년대 소비에트 외교정책에서 이미 성공을 거뒀던 현실주의적 태도를 분명히 밝혔다. 그는 아시아 국가들, 주로 중국 및 인도와의 협력 관계를 강조하는 동시에 서구, 특히 유럽연합과의 선린 관계를 계속해서 발전시키는 균형정책을 요구했다. 바로 첫 연설에서부터 프리마코프는 정치 엘리트 대다수가 감히 공개적으로 인정하지 못했던 것을 반복해서 말했는데, 그것은 러시아가 강대국으로 인정받기 위해서는 미국과 갈등을 빚으려 하지 않으면서 현대 세계의 단극체제를 비판하고 아시아와 중동에서 대안적인 지정학적 동맹 관계를 발전시키는 '전방위' 정책을 추구해야 한다는 것이었다. 이러한 프리마코프 독트린의 궁극적인 목적은 결코 냉전으로의 회귀가 아니라 진정한 고르바초프 방식으로 러시아의 '문명국가 클럽' 가입을 얻어 내는 것이었다.[23] 따라서 워싱턴과 브뤼셀은 세계 경영에서 러시아를 상징적으로 동등한 파트너로서 인정하라는 권고를 받게 되었다. 그럼에도 불구하고 프리마코프는 외무부 재직 기간 동안 나토의 동진과 유고슬라비아 분쟁으로 야기된 외교적 긴장 관계에 직면하여서는 이처럼 서구의 인정을 요구하는 주장을 지지할 수 없었다.

1998년 8월에 금융위기가 닥치고 세르게이 키리옌코와 빅토르 체르노미르딘으로 이어진 정부가 정치적·경제적 안정을 이루어 내지 못한 이후에 옐친은 프리마코프를 총리로 임명하기로 결정했다. 공산당도 그를 용인했고 자민당과 '러시아의 민주선택'만이 그렇게 하지 않았기 때문에 그는 좋은 타협안으로 여겨졌다. 프리마코프는 자신이 외교정책에 성공적으로 적용했던 균형 독트린을 국내 정치 영역에서도 그대로 되풀이하려 했다. 그는 우선 공산당의 사민주의자 당원 유리 마슬류코프Yuri Masliukov를 차관으로 선택했다. 곧이어 그는 금융위기로부터 벗어나기 위해 러시아판 뉴딜을 제안했고, 경제적으로 강한 국가를 지지한다는 점을 분명히 했으며, 올리가르히, 특히 보리스 베레조프스키에 대한 전쟁을 선포했다. 짧은 재임 기간 동안 그는 러시아가 안정을 되찾을 수 있게 해준 경제·금융 개혁을 실행하는 데 성공했다. 여론조사에서 절정기에 이르렀을 때 그는 '민족의 구원자'로 여겨졌고, 러시아에서 가장 인기 있는 인물로 평가되었으며, 언론에서 옐친의 잠재적 후계자로 간주되었다.

그러나 공산당이 대통령 탄핵을 준비하고 있을 때 공산당원 장관들

---

23 F. Hill, *In Search of Great Russia*, p.418.

의 경질을 거부함에 따라 그는 곧바로 크렘린과 공개적으로 충돌하기 시작했다. 1999년 5월에 그는 사임했고, 세르게이 스테파신Sergei Stepashin이 그의 후임자가 되었다.[24] 2000년 여름 대선에 출마하기를 바라던 프리마코프는 새로운 정당에 가입하는 것을 경계했고 독자 출마를 고려했다. 그렇지만 그는 첫번째 안을 선택하기로 했고, 공산당과의 친선 관계를 시도해 본 후 8월에 루시코프의 '고국'과 협력하기로 합의했다. 이 두 사람 간의 연합이 확정되자 '고국'은 지역적 영향력이 없는 모스크바 정당이라는 이미지를 변화시키기 위해 1999년 의회 선거에서의 연합 세력을 찾기 시작했다. 이러한 목적에서 '고국'은 타타르스탄 대통령 민티메르 샤이미예프Mintimer Shaimiev, 바슈코르토스탄 대통령 무르타자 라히모프Murtaza Rakhimov, 상트페테르부르크 주지사 블라디미르 야코블레프Vladimir Yakovlev 등이 이끈 '전소러시아'Vsia Rossiia와 연합했다.

1999~2000년 선거와 패권 정당의 건설

이러한 연합의 결과로 공개적으로 옐친의 뒤를 잇고자 했고 스스로를 지역 엘리트, 산업가, 주요 금융 집단, 안보기관 요원들로 이루어진 '주지사들의 정당'이라고 표현한 '고국-전러시아' 선거 연합이 탄생했다. 그렇지만 두 주요 지도자 프리마코프와 루시코프의 인기에도 불구하고, 이 선거 연합은 중앙-지방 관계라는 중대한 문제에 대해서 의견이 갈라졌다. '고국'은 국가에게는 보다 강력한 역할을, 올리가르히에게는 보다 약화된 역할을 부여하는, 일종의 '계몽 자본주의'를 발전시키기 위

---

24 R. V. Daniels, "Evguenii Primakov, Contender by Chance", *Problems of Post-Communism*, vol.46, no.5 (1999), pp.27~36.

해 모스크바를 중심으로 하는 국가의 재중앙집권화 정책을 지지했다. 이와 대조적으로 '전러시아'는 주지사가 보통선거에 의해 선출되고 지역 운영 문제에서 더 큰 자치권을 누리는, 상당한 정도의 지방분권 정책을 주장했다. 이러한 의견 차이는 선거 연합 내에서 긴장 관계를 야기했는데, '전러시아'가 러시아에 반대하는 소수민족 엘리트의 도구라는 사실을 이유로 로고진이 '고국'을 이탈한 사건이 이를 상징적으로 보여 주었다. 중앙-지방 문제를 제외하면 '고국-전러시아' 선거 연합은 비교적 일관된 이데올로기 강령을 보유했는데, 이는 러시아 정치 무대 내에서 애국주의적 중도주의가 부상하고 있음을 보여 주는 것이었다.

1999년 가을 선거 유세 기간의 초반 몇 주 동안에는 강력한 지지를 받았던 '고국-전러시아'가 빠르게 선거에서의 잠재력을 상실했다. '주지사들의 정당'의 형성을 실질적인 정치적 위협으로 간주한 크렘린과의 예상치 못한 경쟁에 직면한 것이다. 옐친과 가까운 인물들 및 베레조프스키 같은 올리가르히로 이루어진 대통령 주변 모임은 프리마코프가 대통령이 되면 지난 10년간 자신들이 축적한 부에 대한 조사를 진행할까 두려워하여 그가 승리할 가능성에 대해 심각하게 우려했다. 언론을 통제한 루시코프는, 대통령과 가까운 올리가르히는 러시아의 경제적 어려움에 대해 책임을 져야 하는 마피아라는 사고를 유포시켰고 대통령의 법적 면책특권이 해제되면 그는 법원의 기소를 당할 것이라고 말했다. 크렘린은 서둘러 새로운 운동단체 '곰'Medved을 설립하기로 결정했고, 이는 후에 '통합'Edinstvo 정당으로 전환되었으며, 비상사태부 장관 세르게이 쇼이구Sergei Shoigu가 그 대표직을 위임받았다. '통합'은, 레베드가 크렘린의 승리를 굳히기 위해 주가노프로부터 표를 빼앗아 온 1996년 대선 캠페인에서 했던 것과 같은 역할을 프리마코프와의 경쟁에 있어서 수행하는 정당이라고 할 수 있다.

몇몇 인물들이 잠시 동안 총리직을 맡은 뒤 1999년 8월 9일에 푸틴이 급하게 그 자리에 임명되었고, 대통령 주변 모임은 그를 황태자라고 선언했다. '통합'은 권력당으로서 자신에 대해 친정부, 따라서 친푸틴 정당이라는, 그러면서도 대중적으로 인기가 없는 대통령과는 함께 하지 않기 위해 반옐친 정당이라는 교묘한 표현을 사용했다. 푸틴은 옐친에 대한 충성을 선언하면서, 그러나 또한 자신을 새로움의 상징으로 표현하면서 실패의 위험을 분산시켰다. 선거 유세 초기 여론조사에서는 거의 주목받지 못했음에도 불구하고, '통합'은 2차 체첸전으로 인한 푸틴의 인기 상승을 좋은 기회로 이용했고, 총리가 '통합'에 투표하겠다고 말한 후인 11월에는 선거 의향 조사에서 최고치에 이르렀다. '고국-전러시아'와 '통합' 간의 경쟁이 모든 선거 논쟁을 독점했고 자유주의자나 공산당원 가리지 않고 다른 정당들을 주변화시켰는데, 이는 체제의 대통령화가 심화되었고 정당 기구의 역할이 커졌음을 나타내는 것이었다. '통합'은 이용할 수 있는 모든 '행정 자원'을 기회로 활용하여 선거에서의 승리로 순항해 나아갔다. 권력층에 복종하는 언론은 루시코프에 대해서는 세찬 공격을 퍼붓고 프리마코프에 대해서는 간접적인 비난을 가했는데, 프리마코프의 긍정적인 이미지는 더럽혀지지 않았다.[25]

선거 결과를 통해 크렘린의 즉흥적인 전략이 성공을 거두었음을 확인할 수 있다. '통합'은 23.3%의 득표율을 획득한 반면에, '고국-전러시아'는 겨우 13.3%만을 얻었다. 자유주의자들은 약 15%에서 정체되었

---

25 R. Sakwa, "Russia's 'Permanent' (Uninterrupted) Elections of 1999-2000", *Journal of Communist Studies & Transition Politics*, vol.16, no.3 (2000), p.98.

고, 그마저도 몇몇 대형으로 분열되었다. 즉 가이다르, 키리옌코, 보리스 넴초프Boris Nemtsov가 소속된 우파연합이 8.5%를 얻으며 자유주의를 대표하는 주요 정당이 된 데 반해, 야블로코는 겨우 5.8%를 얻었을 뿐이고, '우리 집 러시아'의 투표율은 1.2%로 크게 떨어져 버린 것이다. 동시에 공산당은 자신의 유권자 일부를 프리마코프-루시코프 애국주의적 중도주의 연합에게 빼앗겨 버렸다.[26] 2대 두마는 실질적이라기보다는 상징적인 의미에서 공산주의 및 민족주의 의회에 반대하는 자유주의적 대통령 행정실의 무대가 되었다. 3대 두마는 더 이상 행정부와 입법부 간의 대결의 장소가 아니라 크렘린이 내린 결정을 비준하는 도구나 심지어는 그저 '등록 관청'으로 여겨지게 될 것이다.[27] '고국-전러시아'의 몰락에 실망한 프리마코프는 2000년 3월 대선에서 후보로 출마하지 않기로 결정했다. 독자적으로 출마하기보다는 정당을 건설하려는 그의 전략은 실패로 끝나고 말았다. 뒤이어 실질적인 경쟁이 부재함으로써 푸틴은 53%의 득표율을 얻어 공산당 라이벌에게 1차 투표에서 승리를 거둘 수 있었다.

애국주의적 중도주의 연합 세력은 신임 총리의 강한 개성에도, 크렘린에게 유리한 상황으로 전개된 2차 체첸전에도 제대로 대처하지 못했다. 이슬람에 대한 프리마코프의 미묘한 입장으로 인해 그는 '친이슬람주의자'라는 불리한 이미지를 얻은 데 반해, 푸틴은 체첸 문제에 대해서 공공연하게 대결적인 이미지를 구축할 수 있었다. 게다가 소련 멸망

---

26 J. R. Raviot, "Le triomphe de l'ordre établi", *Le Courrier des Pays de l'Est*, no.1004 (2000), pp.4~26; M. McFaul, "One Step Forward, Two Steps Back", *Journal of Democracy*, vol.11, no.3 (2000), pp.19~33.

27 S. Oates, "The 1999 Russian Duma Elections", *Problems of Post-Communism*, vol.47, no.3 (2000), pp.3~14.

이후 처음으로 약 600만 명에 이르는 군과 그 가족들이 야당 세력 대신에 집권 정당에 압도적인 표를 던졌다고 할 수 있다.[28] '고국-전러시아' 선거 연합은 다음 10년간 러시아의 정치적 삶에서 원동력이 될 애국주의적 중도주의를 주장했기 때문이 아니라, '통합'처럼 이미 크렘린에 존재하는 권력당의 대안으로서 자신을 표현한 또 다른 권력당이었기 때문에 실패했다. 애국주의적 중도주의의 저명한 인물들이 정치에서 민족감정을 복원시키는 데 있어서 근본적인 역할을 했지만, 그럼에도 불구하고 이들은 선거에서 얻은 것을 빼앗기고 말았고, 크렘린은 이를 능숙하게 되찾아 갔다.

헨리 헤일Henry Hale이 설득력 있게 지적한 바와 같이, '통합'은 의회 제도를 억제하려는 대통령 정당으로서가 아니라 푸틴이 대통령직을 얻기 위한 선거 전술로서 기획되었다. 정당 제도에 힘을 실어 줌으로써 푸틴이 선거에서의 기세를 기반으로 할 수 있게 된 것은 이 승리 이후에야 가능한 것이었다.[29] 러시아 국가의 대통령제가 유별난 것이라 하더라도 행정부가 입법부의 지지를 포기할 수는 없다. 그래서 푸틴은 교묘하게 수를 써서 두마에 진출한 정당들을 분열시켰다. 2000년 1월에 '전러시아' 분파는 '고국-전러시아' 연합에서 탈퇴하여 '통합'에 가세했다. 프리마코프가 두마 지도부 후보에 나서는 것을 막기 위해, 그리고 '고국-전러시아'가 중요한 위원회 직위를 차지하는 것을 방지하기 위해 '통합'은 공산당 및 무소속 의원들과 전술적 연합을 형성하기로 결정했다. 대통령 정당은 두마 지도부 지위를 공산당 개혁주의자 겐나디 셀레즈뇨

---

28 R. Sakwa, "Russia's 'Permanent' (Uninterrupted) Elections of 1999-2000", p.102.
29 H. E. Hale, "The Origins of United Russia and the Putin Presidency: The Role of Contingency in Party-System Development", *Demokratizatsiya*, vol.12, no.2 (2004), pp.169~194.

프에게 주었고, 다른 공산당 의원들에게는 비전략적인 위원회 직위가 부여되었다. 그러나 이러한 '통합'과 공산당 간의 연합은 오래가지 않았다. 크렘린의 주요 목표는 유일하게 경쟁을 벌인 정당 '고국'을 포섭하는 것이었기 때문이다.[30]

2000년 4월에 프리마코프가 '고국' 원내단체 의장직에서 물러난 후 '고국'은 태도를 바꿔 전적으로 '통합'을 지지하는 쪽으로 움직였다. 곧바로 루시코프와 쇼이구는 2001년 12월 1일자로 자신들의 두 단체가 합병을 이루었음을 알리는 공동성명을 발표했다. 이 새로운 정당은 통합러시아라는 의미심장한 이름을 채택했고, 이로써 그 전신들의 성공의 모체였던 통합과 조국을 능숙하게 소환하는 일을 반복했다. 대통령 정당의 일원이 되자 '고국-전러시아'의 지도자들은 공적 조직에 완전히 통합되었고 자신들의 충성에 대한 감사의 표시를 받았다. 루시코프는 통합러시아에서 중요한 인물이 되었고, 대통령에게 충성심을 보였으며, 따라서 예를 들어 2005년 모스크바 두마 선거에서 '조국'이 금지되도록 함으로써 크렘린의 '행정 자원'으로부터 이득을 보게 되었다. 프리마코프도 푸틴과 연합했고 러시아 상공회의소 의장으로 임명되었다. 2007년 1월에 있은 유명한 연설에서 그는 "러시아가 회복되는 두번째 단계가 시작되었다"라고 선언했고 외교 및 국내 정책에서 러시아 대통령이 자신의 기대를 넘어섰다고 주장했다.[31] 다시 한번 어조는 화해와 연속성의 그것이었다. 이로써 크렘린은 애국주의적 중도주의를 선거에서의

---

30 T. F. Remington, "Putin, the Duma, and Political Parties", in D. H. Herspring, *Putin's Russia: Past Imperfect, Future Uncertain* (Lanham, MD: Rowman & Littlefield, 2005), pp.31~54.
31 E. Primakov, "The Second Stage of the Russian Recovery Has Started", *Mercury Club*, http://www.voltairenet.org/article145298.html (accessed 2009.4.23).

반대 의견으로 전환시키려는 시도를 통제할 수 있게 되었다. 대통령 정당은, 이와는 별개로는 그리고 이에 반대해서는 더욱 실현될 수 없는 바로 그 합의의 구현이라고 할 수 있는 것이다.

이데올로기를 찾고 있는 대통령 정당?

장기간 확실하게 권력을 보유하는 대통령 정당의 건설은 푸틴의 두 번의 임기에서 중요한 요인들 중 하나를 이루며 러시아 정치 스펙트럼의 재편에 크게 기여했다. 1장에서 본 것처럼, 이러한 과정은 선거에서 패권 정당을 발생시키고 권력의 강한 개인화를 낳았을 뿐만 아니라, 이와는 상반된 움직임으로 정당 제도의 강화, 국가와 지배 정당 간의 혼동이라는 오래된 소비에트 유산의 반복, 그리고 새로운 선전 수단의 개발을 일으켰다. 통합러시아가 보다 조직화됨에 따라 선거 캠페인을 위한 언론용 슬로건과 대통령의 연설은, '보수주의'를 진작시키고 선전 활동에 관여하려는 의지를 표명하는 보다 정교한 내용을 갖추게 되었다.[32] 푸틴의 두번째 임기 동안 통합러시아는 이후 시기에도 러시아의 정치적 삶에 자신의 흔적을 남기고 싶다면 대통령 개인을 찬양하는 데 스스로를 제한할 것이 아니라 보다 일관된 원칙을 정립해야 한다는 것을 서서히 이해하게 되었다. 그 결과 통합러시아의 유일한 이데올로기는 대통령에 대한 충성이라고 주장하는 서구의 분석은 대통령 정당 내부에서 진행 중인 재구성의 과정과 이 정당을 작동시키는 논쟁을 포착할 수 없다.

---

32 S. Prozorov, "Russian Conservatism in the Putin Presidency: The Dispersion of a Hegemonic Discourse", *Journal of Political Ideologies*, vol.10, no.2 (2005), pp.121~143.

통합러시아의 일부 선전가들에게 이데올로기는 체제의 영속성에 있어서 결정적인 요인으로 여겨진다. 2003년 이후로 통치 권력은 중요한 예술인 및 지식인들이 소집하는 국가이데올로기협의회Sovet po natsional'noi ideologii[33]의 창설을 부지런히 논의해 오고 있지만, 지금까지 이루어진 것은 아무것도 없다. 2006년에 알렉세이 차다예프Aleksei Chadaev가 『푸틴: 그의 이데올로기』Putin: Ego ideologiia라는 저서를 출판하자 당내에서 혼선이 야기되었다. 일부 정치공학자들이 무엇보다도 '주권민주주의'라는 테마를 기반으로 한 이데올로기 정립으로의 움직임을 지지하고 있는 듯이 보인다면, 드미트리 메드베데프 같은 다른 인물들은 이러한 표현에 대한 이해가 부족하다는 것을 숨기지 않는다. 이렇듯 국가 독트린의 탐색이 대통령 행정실이나 대통령 정치 보좌관들 사이에서 만장일치의 지지를 받지는 않는다. 국가 이데올로기가 합의로부터의 단절을 의미한다고 하더라도 정말로 러시아는 민족 정체성에 대해 단 하나의 정당한 시각만을 확립시켜 줄 그러한 국가 이데올로기를 필요로 할 것인가? 2000년대 초 이래로 존재한 애국주의는 민족을 동원하는 데 충분치 못하다는 것인가?[34] 이는 정당의 중앙집권화 정도와 내부 반대와 분파주의를 차단할 능력을 간접적으로 보여 줄 것이기 때문에 커다란 이해관계가 걸려 있다. 이는 또한 이러한 새로운 이데올로기 주입으로부터 기대되는 대중적 지지도의 문제를 제기하기도 한다.

이 문제에 관한 푸틴의 개인적 의견은 정확하지 않은 상태이다. 그

---

[33] "Prochat v glavy soveta po natsional'noi ideologii", http://www.businesspress.ru/newspaper/article_mId_33_aId_286900.html (accessed 2009.4.23).
[34] 동원의 문제에 관한 보다 복잡한 분석에 대해서는 A. Chadaev, Putin. Ego ideologiia (Moscow: Evropa, 2006), p.20 참조.

는 이데올로기보다는 경영 원칙을 정치에 적용하기를 선호하는 것으로 알려져 있다.[35] 그렇지만 그는 종종 통합러시아에는 이데올로기가 없다고 불평하곤 했다. 2000년에 그는 러시아가 공통의 도덕적 가치를 공유할 필요성과 '공산주의 건설자의 도덕률' 간의 유사점을 분명하게 비교했고, 이로써 스스로 소비에트 체제의 이데올로기적 엄격성에 대한 긍정적인 언급을 용납했다.[36] 2007년 12월 의회 선거에 관한 기자회견 중에 그는 다음과 같이 이러한 이데올로기의 결여를 강조해 비난했다. "통합러시아가 이상적인 정치조직이라고 입증되었습니까? 분명히 그렇지 않습니다. 통합러시아는 당원들 대다수가 싸워서 권위를 걸 각오를 할 만한 이데올로기도, 원칙도 만들어 내지 못했습니다."[37] 따라서 대통령은 실패의 위험을 분산시켜야 했다. 즉, 그는 애국주의를 적어도 가치 있는 것으로서, 어쩌면 이데올로기로서 복원시켜야 했던 동안에도, 조금이라도 정확한 어떠한 원칙이라도 대통령 기구로 구현된 화해의 동력을 훼손시킬 위험이 있기 때문에 가능한 한 정확하지 않은 상태로 있었던 것이다. 따라서 통합러시아의 이데올로기화에 대한 요구는 끊임없이 반복된 실용주의에 대한 필요성과 모순된다고 할 수 있다. 그럼에도 불구하고 2008년의 권력 이양과 당에 부여된 새로운 기능으로 인해 지도부가 전환되는 동안 정책의 연속성을 보장하기 위해 보다 이데올로기적인 관점에서 대통령에 대한 충성을 재고하지 않을 수 없게 된다.

---

35 V. Shlapentokh, "Putin as Flexible Politician. Does He Imitate Stalin?", *Communist and Post-Communist Studies*, vol.41, no.2 (2008), pp.205~216.

36 푸틴의 2000년 7월 8일자 러시아연방의회 교서(Poslanie Federal'nomu Sobraniiu Rossiiskoi Federatsii). http://www.kremlin.ru/appears/2000/07/08/0000_type63372type63374type82634_28782.shtml (accessed 2009.4.23).

37 V. V. Putin, "Zachem ia vozglavil spisok 'Edinoi Rossii'", http://www.kreml.org/media/165463628?mode=print (accessed 2009.4.23).

소련공산당의 유산: 모든 국가 수단의 통제

이데올로기화의 정도에 대한 논쟁이 계속될 수밖에 없다면, 대통령 정당이 권력을 행사하는 방식은 이미 잘 연마되었다. 사실상 통합러시아는 소련공산당의 방식과 다르지 않은 방식으로 국가 기구와 구조를 융합시켜 공적인 것res publica과 지배 정당 간의 혼동을 심화시켰다. 공식적으로 170만 명이 넘는 당원과 4만 5,000개의 광역·지방·기초 지부를 가진[38] 대통령 정당은 지역 유관단체나 후원 위원회의 형태로 러시아 전역에 걸쳐서 막강한 행정 네트워크를 보유하고 있다. 또한 통합러시아는 러시아에서는 드물게도 청년층의 상당 부분과 많은 수의 국가 공무원과 개인 사업가도 포함하고 있다. 예를 들어 이 당은 전체 교사의 4분의 1, 전체 민간 부문 노동자의 3분의 1의 지지를 받고 있으며, 당원의 40%가 대학 교육을 받았다.[39] 대통령 정당의 유권자층은 경쟁 정당들의 그것보다 훨씬 더 고르게 분포되어 있어 모든 행정 단위에서 적어도 득표율의 4분의 1을 점유한다. 이 당은 특히 중·동부 시베리아, 북카프카스, 볼가 지역에서, 특히 타타르스탄에서는 샤이미예프 대통령의 영향력 덕분에 많은 표를 얻었다.[40]

푸틴의 두번째 임기 동안 정당과 국가 간의 혼동은 그 절정에 달했다. 즉, 2007년 말 통합러시아는 연방회의에서 111명의 의원(176명 중에서), 연방주체에서 75명의 주지사(83명 중에서), 시장직의 90%,[41] 그리

---

38 V. Ivanov, *Partiia Putina: Istoriia "Edinoi Rossii"* (Moscow: Olma, 2008), p.331.
39 http://www.edinros.ru/news.html?rid=3123 (accessed 2009.4.23).
40 R. Clem, "Russia's Electoral Geography: A Review", *Eurasian Geography and Economics*, vol.47, no.4 (2006), pp.381~406.
41 T. Remington, "Patronage and the Party of Power: President-Parliament Relations Under Vladimir Putin", *Europe-Asia Studies*, vol.60, no.6 (2008), pp.959~987.

고 지자체와 행정구역에서 1,400명의 단체장(1,800명 중에서)을 통제하게 된 것이다.[42] 대통령 행정실의 언론 보좌관들은 통합러시아가 러시아의 유일무이한 실질적인 정당이라고 보이기 시작하면 반대 의견을 야기할 위험이 있다는 것을 잘 알고 있다. 당 지도부는 통합러시아의 핵심적인 문제는 "책임감 있는 야당의 형태로서 진지한 정치적 파트너가 부재한 것"이라는 사실을 당혹스러울 정도로 솔직하게 표현한다.[43] 이러한 문제에 대처하기 위해서 2007년 선거 캠페인이 공식적으로 시작되기 몇 달 전 푸틴은 미국과 영국의 그것과 필적할 만한 양당제 정치를 발전시키고 싶은 바람을 말하면서 이를 근대화의 신호라고 표현했다. 이러한 목적에서 크렘린은 통합러시아의 중도좌파적 형태라고 해석되는 두번째 친정부 정당 '공정러시아'를 만들었다. 그렇지만 통합러시아는 국가와의 혼동을 조성하기 위해 정치적 경쟁의 게임에 임하는 것을 거부한다. 2003년 의회 선거 기간에 통합러시아는 텔레비전 토론회에 참여하는 것을 거부하면서 자신을 비정치적인 행정 정당이라고 주장했다. 2007년에 통합러시아는 다시 한번 텔레비전 토론회에 참여하지 않고 푸틴이 시행한 정책을 계속할 것을 요구하는 강령을 채택하는 데 자신의 역할을 한정시켰다.

이러한 국가와의 융합은 통합러시아의 선거 마케팅에서 명백하게 나타난다. 즉, 통합러시아의 포스터는 모두 러시아 국기를 배경으로 하고 있는데, 이에 따라 선관위가 발행한 유권자 안내물과 통합러시아에 투표할 것을 요청하는 홍보물을 시각적으로 구분하는 것은 사실상 불

---

42 그러나 농촌 지역에서 절반 이하(1만 9,000명 중 겨우 9,500명)를 장악한 것은 농촌 지대에서 푸틴의 인기에 대한 저항을 확인시켜 준다. V. Ivanov, *Partiia Putina: Istoriia "Edinoi Rossii"*.
43 A. Chadaev and V. Bykova(eds.), *Tekhnologiia sozdaniia partii* (Moscow: Evropa, 2007), p.53.

가능해진다. 게다가 2007년 거의 모두가 대통령 정당의 편을 드는 대도시 시장들이 왜 통합러시아에 투표할 필요가 있는지를 설명하고 있는 전단지를 우편함에 배포했는데, 이를 통해 통합러시아는 지자체의 '행정 자원'을 마음대로 이용할 수 있다는 것을 확인할 수 있다.[44] 또한 이 정당은 전통적으로 국가의 권한 내에 속하는 프로젝트를 운영하기도 한다. 예를 들어 특별히 많은 예산과 지방 행정부 및 대기업과의 긴밀한 관계 덕택에 통합러시아는 도로, 농촌 도서관, 역사적 건물의 복원 등에 재정 지원을 할 수 있게 되었는데, 이들은 모두 통합러시아의 핵심적인 홍보 수단으로서의 측면을 지닌다. 국가와 정당 간의 이러한 결탁으로 인해 점점 유사해지고 있는 통합러시아와 소련공산당 간의 연속성의 가능성을 검토할 필요성이 제기된다. 일부 러시아 연구자들은 통합러시아를 '가벼운light 소련공산당'이라고 정의하기까지 한다.[45]

    2005년 이후로 통합러시아의 의제는 '국가적 우선 프로젝트'에 의존하고 있다. 2005년 9월에 푸틴은, 이제 러시아는 자신이 개인적으로 주재하는 우선 프로젝트 실행위원회를 통해서 국가의 특별한 관심을 받게 될 몇몇 주요 프로젝트에 집중해야 한다고 선언했다. 당시 대통령 행정실장이었던 메드베데프가 이 프로젝트의 실행을 책임질 부총리로 임명되었는데, 이로써 이 프로젝트 또한 장관들에 대한 대통령 측근의 영향력을 강화하고 '유사 정부'로서 대통령 행정실의 역할을 강조하기 위해서 기획되었다는 것을 알 수 있다. 5개의 우선 프로젝트는 보건, 교육, 주택, 농업, '가스화' — 즉 러시아 전역의 천연가스에 대한 접근성

---

44 2007년 10~11월 모스크바에서의 현지 조사 관찰.
45 V. Ryzhkov, "Tranzit zapreshchen: Edinaia Rossiia kak KPSS light", *Neprikosnovennyi zapas*, vol.43, no.3 (2007), p.25.

개발 — 로 정의되었다.⁴⁶ 공식적인 목표는 서로 다른 부서들 간의 활동을 보다 잘 조정하고 프로젝트의 효율성을 확보하기 위해 프로젝트에 특별 예산을 배정하는 것이다.

이 프로젝트를 진두지휘하는 통합러시아는 항의 유권자층의 핵심을 이루는, 러시아에서 가장 낙담한 직업적 범주(교사, 의료진, 농업 계층)에 속하는 사람들의 마음을 얻고 싶어 한다. 스티븐 웨그렌Stephen Wegren과 안드레이 코니처Andrei Konitzer가 설명한 바와 같이, "농촌에서의 정치는 관리 민주주의를 추구하는 과정에서 이전에 완전히 '정복되지' 않은 '최후의 미개척지'를 의미한다".⁴⁷ 이렇듯 '국가적 우선 프로젝트'의 목적은, 여전히 전체적인 합의에 이르는 것을 내켜 하지 않는 이들이 시장경제의 혜택으로부터 배제되어 있다고 하더라도 석유 및 가스 호황으로 창출된 부의 적절한 재분배로부터 이득을 얻도록 해줌으로써 정치적 현상 유지의 장점을 알게 하는 것이다. 따라서 우선 프로젝트는 1990년대의 개혁이 정말로 사회 대부분의 빈곤화를 낳은 사회적 비극이었다고 말하기 때문에 화해의 논리를 따르게 된다. 이런 식으로 과도한 경제적 자유주의는 반대 세력에게 유리할 것이라는 점을 잘 아는 통합러시아는 사회적 국가를 추진함으로써 좌측에 위치한 사회적 틈새를 장악하려 하고 있다. 또한 이 우선 프로젝트는 '승리하는 러시아'에 관한 애국주의적 수사와도 연관되어 있다. 즉, 프로젝트의 추진을 둘러싼 담론에는 현대적 기술에 대한 언급, 그리고 변화하는 세계에서 능률적이 되어 경쟁력을 갖추고 국가의 인적 잠재력을 이용하며 개인적 자아

---

46 *Prioritetnye natsional'nye proekty: Tsifry, fakty, dokumenty* (Moscow: Evropa, 2007).
47 S. K. Wergen and A. Konitzer, "Prospects for Managed Democracy in Russia", *Europe-Asia Studies*, vol.59, no.6 (2007), pp.1025~1047.

를 실현할 필요성 등에 관한 언급이 가득한 것이다.

또한 이 프로젝트의 기저를 이루는 이데올로기는 바로 소비에트식의 어조로 인텔리겐치아가 크렘린이 내미는 손을 받아들여 권력층을 지지하고 권력층의 목표의 실현을 도우며 사회와의 가교 역할을 하는 '창조적 계급'[48]으로 변모할 것을 요구한다. 사실상 통합러시아의 목표는, 수동적이고 원자화되었으며 국가에 대해 전적으로 무관심한 사회를 재동원하고, 사회가 국가에 헌신하여 이데올로기적으로가 아니라 생활수준의 향상을 통해 실제적으로 국가로부터 무언가를 얻어 내라고 제안하는 것이다. 통합러시아가 추진하고 공적 자금(2007년 한 해 동안 150억 루블)의 재정 지원을 받으며 언론이 요란하게 선전하는 프로젝트 '아이디어 공장'fabrika mysli의 기저에도 같은 논리가 놓여 있다. CIS 문제 및 재외동포와의 관계 위원회 의장 안드레이 코코신 의원이 이끄는 이 '공장'은 "지식과 첨단 기술의 사용에 기반하여 고효율의 현대적 경제를 건설하고 …… 세계시장에서 러시아의 기술 생산을 확고히 하기 위한 전략을 수립하며 외국인 투자를 유치하는" 임무를 맡고 있다.[49] 대통령 정당은 '강대국 러시아'에 대한 수사적 표현이 시민들의 일상생활을 실제적으로 변화시키지 않고서는 사회적 영향력을 가질 수 없다는 것을 깨달았으며, 따라서 경제적 애국주의와 시장경제의 근대화에 강조점을 두고 있다.

---

48 V. O. Kazantsev, *Prioritetnye natsional'nye proekty i novaia ideologiia dlia Rossii* (Moscow: Vagrius, 2007).
49 보다 자세한 사항은 웹사이트 http://fabrikamisli.ru/about/ (accessed 2007.10.12) 참조.

선전 도구: 예브로파 출판사

통합러시아가 필요로 하는 이데올로기 체계를 정교화할 목적으로 2005년에 예브로파라는 출판사가 설립되었는데, 그 목표는 "정치적 교육, 시민사회 및 유럽 국가로서 러시아의 정치체계 강화"이다.[50] 이 출판사의 대표는 공공회의소 지역발전 및 지방자치 위원회 의장 뱌체슬라프 글라지체프Viacheslav Glazychev와 대통령 고문이자 책임 편집자인 글레프 파블로프스키Gleb Pavlovski이다. 이러한 핵심 인물들의 존재는 크렘린이 얼마나 간절하게 출판 시장을 장악하여 양질의 선전물을 출판하고 싶어 하는지를 말해 준다. 예브로파 출판사는 파블로프스키가 세르게이 체르니체프Sergei Chernychev와 공동으로 운영하는, 1996년에 설립된 러시아 연구소라는 조직의 일부이다. 이 연구소의 목적은 "러시아의 문화적 의식을 확립하고 새로운 사회적 정체성을 대표하는 기구를 구성하는 것"이다.[51] 예브로파의 출판물은 방대한 영역을 아우르는 듯한 외양을 지닌다. 즉, 그 출판물은 철학적·역사적·이념적 관점에서 본 민족주의에 관한 이론서로 가득하고, 푸틴의 사고를 소개하는 책자와 (콘도포가 포그롬이나 CIS를 강타한 반러 운동 같은) 중요한 정치적 사건에 대한 분석은 물론이며, 반미 에세이, 통합러시아 홍보 소책자, 정치 기술과 국가 구조의 작동에 관한 안내서 등이 포함되어 있다.

예브로파의 출판물 목록을 살펴보면, 놀랍게도 소련공산당의 유산을 주장하면서도 동시에 거부하고자 하는 통합러시아의 역설적인 의도를 발견할 수 있다. 당 이론가들은 많은 러시아 국민이 '당 기구', '선

---

50 출판사의 소개 책자는 2007년 모스크바 '예브로파' 서점에서 입수. 또한 http://europubish.ru/ (accessed 2009.4.23) 참조.
51 보다 자세한 사항은 그 웹사이트 http://www.rinst.ru/ 참조.

전', '선동', '직업 간부' 같은 개념에 부정적인 함의를 부여한다는 것을 인식하고 있다. 하지만 그들은 현대적이고 긍정적인 의미에서 이러한 경험을 반복하고 싶다는 희망을 표현한다. 예를 들어 『정당 건설 기술』 Tekhnologiia sozdaniia partii은, 자신이 하는 역할의 중요성을 잘 아는 당원, 즉 '보통의 러시아인들'과 사회 활동가의 모집, 당내에서의 수직적·민주적 집중제에 대한 지지, 공적·공동 공간을 점유하기 위해 선거가 없는 기간 동안 다양한 활동의 수행, 명백하게 선전을 목적으로 하는 언론과의 친밀한 관계, 기타 등등 통합러시아를 모델로 하여 적절한 정치적 대형에 요구되는 교과서적인 방법을 설명한다.[52] 예브로파의 모든 글은 정당이 특별한 조직의 이익을 보호해야 한다는 개념을 거부하고 정당은 오히려 국가에 봉사할 유능한 인력을 훈련하는 기구에 가깝다는 견해를 지지한다. 이러한 논리에 따라 예브로파의 출판물에서 통합러시아는 '최고들의 정당',[53] 러시아의 정치·경제·문화 엘리트가 당연히 가입하는 조직이라고 묘사된다.

유권자들이 던지는 주요 질문에 대한 올바른 응답을 열거하는, 열성 당원을 위한 일종의 작은 목록집인 『통합러시아의 선동자』Agitator Edinoi Rossii는 스스로 이전의 소비에트식 훈련 및 감시 방법을 채택한다. 예를 들어 이 책은, 통합러시아의 당원 수가 크게 증가하면 국가적 차원의 선발 시험을 조직하거나 기존 당원으로부터 추천서를 요구할 수도 있다고 언급한다. 이렇듯 이 책은 당원 신분이 사회적 지위의 확인이자 수행한 활동에 대한 보상으로 여겨졌던 소련공산당의 기능을 되살려

---

52 A. Chadaev and V. Bykova(eds.), *Tekhnologiia sozdaniia partii*.
53 *Agitator Edinoi Rossii: Voprosy, otvety, politicheskie poniatiia* (Moscow: Evropa, 2006), p.51.

내고 싶어 한다.[54] 그렇지만 통합러시아가 자신을 국가의 기반을 이루는 '간부 기구'로 표현하고 싶어 함에 따라 다른 정당이나 의회 민주주의 제도와의 관계는 복잡해지고 만다. 당 간부회의 부의장 안드레이 이사예프Andrei Isaev는 여러 기구가 정부에서 복무하려고 경쟁할 수 있기 때문에 이 기구가 그 자체로서 일당국가로 전환되는 것은 아니라고 말한다. 그러나 동시에 그는 선거 과정에서 등장하는 새로운 정당이나 선거연합을 비판하고 4년마다 열리는 '달력상의 쇼'라고 경멸적으로 부르는 것에 대해서 거의 존중심을 보이지 않는다.[55] 그는 또한 러시아는 전통적으로 권력의 개인화를 신봉하며, 고대 러시아의 보야르Boyar[56] 회의나 20세기의 소비에트, 그리고 현재의 '민주적 합의'의 모색처럼 지도자의 권위는 합의에 기반한다고 여겨지기 때문에 이러한 권력의 개인화가 없으면 필연적으로 권위주의 체제를 의미하게 된다고 주장한다.[57]

정치 무대에서 자신의 특수한 역할을 확실하게 하기 위해 통합러시아는, 특히 푸틴의 두번째 임기 동안 분명하게 나타난 것으로서, 다른 정당들의 신뢰성을 떨어뜨리거나 이들을 악마화하는 전술을 구사한다. 따라서 대통령 정당과는 달리 다른 정당들은 이른바 '간부 기구'가 아니라 협소하고 개별주의적인 이익의 대변자가 되고 만다. 예를 들어 소련과 소련공산당의 유산은 통합러시아가 스스로를 위해 간접적으로 요구하는 것이기 때문에 러시아연방공산당에게는 이러한 유산을 주장할

---

54 *Ibid*.
55 A. Isaev, *Edinaia Rossiia, partiia russkoi politicheskoi kul'tury* (Moscow: Evropa, 2006), p.38.
56 10~12세기경 키예프 루시 시기에 형성된, 세습 영지를 보유하는 대귀족을 일컫는다. 이들이 중심이 되어 구성한 보야르 의회(두마)는 국가권력의 핵심적인 기구였지만, 그 기능은 군주의 권력을 제한하는 것이 아니라 군주의 조언자 내지는 협력자 역할을 하는 것에 지나지 않았다. 18세기 초 표트르 대제에 의해 보야르 신분과 칭호가 폐지된다. ― 옮긴이
57 *Ibid*., p.27.

권리가 부인된다. 통합러시아의 주장에 따르면, 공산당은 실제로는 매우 반소비에트적이었던 민족주의적 작가연맹의 '농촌' 지부만을 대변할 뿐이다.[58] 야블로코든 우파연합이든 자유주의자는 올리가르히와 동일하다고 여겨지는데, 우파연합은 올리가르히의 러시아로의 귀환을 무조건적으로 지지한다고 주장된다. 따라서 『통합러시아의 선동자』는 자유주의 정당을 '올리가르히의 복수'의 담지자나 '해외 귀족계급'의 지지자로 정의한다.[59] 이 책자에 따르면, 자유주의자와 파시스트는 "러시아에 대한 증오"로 연합하였고, "이들의 목적은 러시아의 부활을 막기 위해서 외부로부터 [러시아를] 통제하는 것이다."[60] 책 제목으로 이보다 더 노골적일 수는 없는, 예브로파가 출판한 『푸틴의 적』Vragi Putina에서 저자들은 보리스 베레조프스키, 미하일 카시야노프, 가리 카스파로프, 에두아르드 리모노프가 "2000년에서 2007년 사이에 건설된 모든 것을 파괴"하려 한다면서 이들을 무턱대고 비난한다.[61] 이들이 푸틴의 성공을 인정하려 하지 않음에 따라 이들은 자동적으로 "국가와 민족의 적, 우리 조국의 적"이라고 간주된다.[62]

다른 정당들의 권위가 실추되면서 통합러시아는 러시아에 대한 대내외의 위협을 가려냄으로써 민족 전체를 대표하는 권리를 사칭하려 한다. 이러한 위협은 '극단주의'라는 단일한 용어로써 모두 포괄된다. "극단주의자는 러시아의 정치적 상황을 불안정하게 만들려는 목적을 가진 모든 세력"이며,[63] 이슬람주의자부터 '오렌지들', 즉 '색깔혁명'의

---

58 A. Isaev, *Edinaia Rossiia, partiia russkoi politicheskoi kul'tury*, pp.16~17.
59 *Agitator Edinoi Rossii*, pp.74~75.
60 *Ibid.*, p.87.
61 P. Danilin, N. Kryshtal' and D. Poliakov, *Vragi Putina* (Moscow: Evropa, 2007), p.3.
62 *Ibid.*

지지자들에 이르기까지 모든 것을 망라하는 포괄적인 범주이다. 러시아를 위협하는 여러 위험들 가운데 통합러시아의 목록 맨 위에는 이슬람 테러리즘이 있고, 분리주의의 위험과 영토적 일체성에 대한 공격, 나토의 동진, 미국의 카스피 해 에너지 문제 개입, 시베리아의 파괴, 포스트소비에트 공간의 반러시아 체제에 대한 서구의 지원, 그리고 친러 소수민족(조지아의 오세티야인과 압하지야인, 아제르바이잔의 다게스탄인)이나 러시아 주민에 반대하여 조직된 행위(근외의 러시아 소수민족에 대한 차별 대우, 발트 국가에서 제2차 세계대전 참전용사에 대한 재판 등)가 그 뒤를 잇는다.

서구에 의해 조직된 반러시아적인 음모의 한 예로서 '색깔혁명'을 비난하는 것은 통합러시아의 가장 두드러진 테마 중 하나이다. 이 문제의 '전문가'이자 반反혁명 웹사이트(www.antirev.ru)를 만든 비탈리 이바노프Vitali Ivanov는 예브로파에 의해 출판된 책 한 권 전체를 '반反색깔혁명론'에 바쳤다. 그의 목적은 조지아와 우크라이나에서 일어난 사건을 비난하는 것이 아니라 그런 시나리오가 러시아에서는 있을 법하지 않다는 것을 증명하는 것이었다. 그에 따르면, 거리에서부터 압력을 가하는 정치적 대안의 이념은 이를 푸틴에 대해 복수할 기회로 인식하는 고故 옐친 지지자들과 올리가르히가 낳은 것이다. 이미 러시아는 1990년대의 불안정과 혁명으로부터 얻을 수 있는 것보다 더 많은 것을 얻었다고 그는 말한다. 러시아는 '위대한 밤'의 신화에 여전히 사로잡혀 있는 낭만주의자가 아니라 실용적인 기술자를 필요로 한다. 또한 이바노프는 '다른 러시아'가 민족볼셰비키당원들 및 서구주의자들에 합세한 것

63 Ibid., p.137.

의 이데올로기적 비일관성에 대해 비판적이고, 만일 혁명이 일어날 경우 러시아인에 반대하여 카프카스 소수민족들이 봉기를 일으킬 수 있다는 카스파로프의 견해를 비난하며, 모스크바에서 또 다른 '마이단' Maidan[64]을 조직하겠다고 주기적으로 크렘린을 위협하는 로고진 같은 정치인을 나무란다.[65]

'색깔혁명'의 무용성을 증명하기 위해 통합러시아는, "러시아의 자유로운 민족들이 자신의 역사적 운명을 정의하고, 천연자원을 포함하는 민족적 자부심을 과시하며, 특정 올리가르히 집단이나 유력한 외부 세력이 아닌 민족에게 이익이 되는 발전을 이룰, 양도할 수 없는 권리"의 재다짐에 기반한 '쇄신 전략'을 제안한다.[66] 민주주의와 시장경제는 대통령 정당의 담화에서 강조되는 가치이지만, 이는 그 자체로서 목적이 아니라 그보다는 국가를 바로잡을 수단으로 간주된다. 이러한 가치는 보편적인 성격을 갖지 않으며 특정 국가 모델, 즉 주권민주주의의 맥락에서만 적용될 수 있다. 이렇듯 이 정당의 민족 담화는 인구 문제(사망률 감소와 출생률 증가를 통한 러시아 인구 위기의 해결), 경제적 애국주의('혁신적' 경제의 건설), 대내외적 적의 결탁('색깔혁명'에 대한 반복되는 언급)이라는, 세 가지 중심 테마를 중심으로 구축되었는데, 이는 예브로파의 편집 영역에서 압도적인 부분을 차지한다.

---

64 우크라이나의 수도 키예프 중심부에 위치한 '독립광장'을 일컫는 말로 2004년 오렌지혁명을 상징하는 장소 — 옮긴이
65 V. Ivanov, *Antirevoliutsioner: Pochemu Rossii ne nuzhna "oranzhevaia revoliutsiia"* (Moscow: Evropa, 2006), p.161.
66 http://www.edinoros.ru/nes.html?rid=3125 (accessed 2009.4.23).

대통령의 담론에서 애국주의 대 민족주의

1990년대 후반에는 지배 엘리트가 민족적 자부심을 되살려 내기 위해 노력하기 시작했다면, 개인과 국가 간의 동일화가 다시 이루어진 것은 푸틴이 직무를 맡은 이후였다. 취임한 지 6개월이 지난 2000년 10월 러시아 대통령은 알렉산드르 솔제니친을 방문했고, 널리 알려진 이 방문에서 두 사람은 거의 모든 문제에 대해서 동의를 표명했다.[67] 이 회담의 뒤를 이어 푸틴은 러시아 민족 정체성의 정립에 대한 소유권과 정당성을 전유하려는 시도를 했다. 이 문제에 관한 2000~2001년의 첫 성명에서 그는 러시아가 회복되는 전제 조건은 러시아인들이 민족에 대한 자부심을 갖는 것이라고 주장했다. 이러한 논리는 2007~2008년 선거 캠페인의 최전선에 위치해 있었고, 이 기간 동안 '러시아를 믿고 자신을 믿어라'나 '러시아, 그것은 나' 같은 슬로건은 개인의 잠재력이라는 개념과 국가의 발전을 결부시키려는 공식적인 계획을 전형적으로 보여 주는 것이었다.[68] 주로 젊은이들을 겨냥한 이 메시지는 개인적 성공을 국가적 성공을 위한 내재적 조건으로 표현하면서 시민들을 끌어들이려는 의도를 가진 것이었다.

1999년 12월 당시 총리였던 푸틴은 흔히 '밀레니엄 선언'이라고 일컬어지는 민족에 관한 장문의 논설을 발표했다.[69] 그의 장래 대통령직에 관한 이 선언문은 공산주의 체제와 서유럽의 자유주의를 모두 거부하는 러시아식 제3의 길을 주창했다. 푸틴은 "나는 러시아에서 어떤 형

---

67 T. Poliannikov, "Russie: la logique de l'autoritarisme", *Le Courrier des pays de l'Est*, no.1049 (2005), p.82.
68 2007년 9~12월 모스크바에서의 현지 조사 관찰.
69 V. V. Putin, "Rossiia na rubezhe tysiacheletiia", *Nezavisimaia gazeta*, http://www.ng.ru/poltics/1999-12-30/4_millenium.html (accessed 2009.4.23).

태의 이데올로기 복원에도 반대한다"⁷⁰면서 자신을 바로 비이데올로기적인 인물로 표현했다. 러시아에서 '이데올로기'라는 용어는 부정적인 함의를 내포하며 바로 맑스-레닌주의와 연관된다. 그러나 가치를 중심으로 하는 대안적인 용어가 출현했다. 이데올로기는 교조적이고 위로부터 부과되는 것이라고 여겨지는 반면에, 가치는 모두가 공유하고 국민 각자의 개인적 경험에서 내재화된 유연한 개념이라고 이해된다. 따라서 푸틴은 이른바 세 가지 근본적인 가치, 즉 애국주의, 강대국, 국가주의를 호명했다. 그는 애국주의를 자신의 조국, 그 역사, 그 성공에 대한 자부심, 그리고 자기 나라를 보다 아름답게, 보다 부유하게, 보다 강하게, 보다 행복하게 만들려는 염원이라고 정의했다.⁷¹ 하지만 이 표현과 연관된 부정적인 함의와 쇼비니즘적인 정서를 잘 알고 있는 그는 다음과 같이 자신의 입장을 명백히 하고자 했다. 즉, 그는 "이러한 감정에 민족주의적 자만심과 제국적 야망이 없으면, 이 감정에는 잘못된 점이 없다"면서 "애국주의를 잃어버리면 우리는 위대한 업적을 이룰 능력을 가진 민족으로서 우리의 정체성을 잃어버리게 된다"는 결론을 내린 것이다.⁷² 국가에 대해서 푸틴은 유럽 국가들은 개인주의를 특징으로 한다고 주장하면서 러시아와 유럽 국가를 분리시키고 독특하게 러시아적인 국민과 국가 간 관계를 가리키는 방향으로 나아갔다. "강한 국가는 러시아 국민에게 이례적인 것이 아니고, 이것은 우리가 맞서 싸워야 하는 그 어떤 것이 아니라, 그 반대로 질서의 원천이자 보증자이고, 모든 변화의 기폭제이자 주요 원동력이다."⁷³

---

70 V. V. Putin, "Rossiia na rubezhe tysiacheletiia".
71 Ibid.
72 Ibid.

이 문서에서 푸틴은 자신이 애국주의를 이념이 아니라 가치로 여긴다고 주장했지만, 실제로는 이 두 가지 항목을 결합시켰다. 2003년 러시아 소도시 발전에 관한 회의에서 그는 매우 노골적으로 애국주의가 러시아를 통합시키는 이데올로기가 되었으면 좋겠다고 요구했다.[74] 같은 해 고등교육기관장들과의 모임에서 그는 "이데올로기적 공백 상태에서 대규모 변화가 일어났다. 이데올로기는 사라졌고, 그 뒤를 이을 새로운 것으로 제시된 것은 아무것도 없었다. …… 보다 긍정적인 의미에서의 애국주의가 이 새로운 이데올로기의 근간이 되어야 한다"라고 설명했다.[75] 2007년 4월 대국민 연설에서 그는 언어에 대한 존중심, 독특한 문화적 가치, 선조들에 대한 기억, 민족사의 각 장면들을 예로 들면서 민족의 통합은 단지 경제적·정치적 안정에 의해서만이 아니라 정신적인 통합과 '공통의 도덕적 지향점'에 의해서 성취된다는 점을 재확인했다.[76] 군, 고위 성직자, 교사, 청년, 사업가, 외교관들과의 여러 기념행사와 공식 모임에서 대통령은 위로부터 추진되는 것이 아니라 아래로부터 올라오는 애국주의의 중요성을 강조하면서 러시아는 애국주의와 국가에 대한 이해로 가득 찬 시민사회를 필요로 한다고 말했다.[77]

푸틴의 담론에 대한 텍스트 분석을 통해 크렘린이 애국주의와 민족주의에 부여하는 의미를 규명할 수 있다. 애국주의는 타자에 대한 증오

---

73 Ibid.
74 V. V. Putin, "Ideologiei v Rossii dolzhen stat' patriotizm", *Gazeta.ru*, www.gazeta.ru/2003/07/17/box_3248.shtml (accessed 2009.4.23).
75 Ibid.
76 푸틴의 2007년 4월 26일자 러시아연방의회 교서. http://www.kremlin.ru/appears/2007/04/26/1156_type63372type63374type82634_125339.shtml (accessed 2009.4.23).
77 V. V. Putin, "Nam nuzhno grazhdanskoe obshchestvo, pronizannoe patriotizmom", www.lawmix.ru/content.php?id=182 (accessed 2009.4.23).

보다는 자신에 대한 자부심으로 향하게 되는 긍정적이고 건설적인 가치로 여겨지는 반면에, 민족주의는 부정적이고 파괴적이며 공격적인 현상으로 이해된다. 이러한 고전적인 구분은 소비에트 시기에 전개된 이항 대립이 재개된 것인데, 이에 따르면 소비에트 애국주의만이 긍정적이고 국제주의적인 반면에, 소비에트 민족들과 서유럽 민족들의 민족주의는 부정적이고 쇼비니즘적이었다. 마찬가지로 애국주의는 전 국민이 이에 공감하기 때문에 진정한 것으로 생각되는 반면에, 민족주의는 엘리트에 의해 추진되고, 따라서 현실과는 단절된 것이기 때문에 공허하고 환상과도 같은 것이라고 간주된다. 러시아에서 외국인혐오적 폭력 행위가 증가함에 따라 푸틴은 자주 이러한 어의론적인 분리를 구사할 필요가 있었다. 2005년 12월 국가안보요원의 날에 그는 '민족적 ethnic 증오의 선전'을 통해 국가의 통합을 위태롭게 하는 이들을 지목하면서 연방보안국이 또 다른 소비에트식 문구인 전투적 민족주의 및 외국인혐오증과의 싸움을 개선할 것을 요구했다.[78]

따라서 민족주의는 고의적으로 극단주의적이라고 정의되는 반면에, 애국주의라는 이름 아래 일어나는 민족감정의 온건한 표현은 괜찮을 뿐만 아니라 필요하다고까지 여겨진다. 민족주의는 리모노프 지지자, 러시아민족통합의 후계 집단, 스킨헤드를 포함하는 파시즘의 위협과 국가의 통합에 의문을 제기할 수도 있는 러시아의 다른 민족들의 민족감정에 한정된다. 대통령 기구가 동의어로 간주하는 네 가지 용어인 민족주의, 외국인혐오증, 파시즘, 극단주의와의 싸움은 크렘린이 내세

---

[78] "Putin: Natsisty ugrozhaiut Rossii", *Komsomol'skaia pravda*, http://www.businesspress.ru/newspaper/article_mId_40_aId_365464.html (accessed 2009.4.23).

운 정치 전략에서 중심적인 요인들 중 하나이다. 2006년 2월에 통합러시아, 그리고 자민당을 포함하는 11개의 다른 정치단체들이 반파시즘 정당을 불러 모으기 위해 기획된 협정에 서명했다.[79] 공산당, 야블로코, '조국'만이 서명을 거부했고 이 문서를 외국인혐오증의 사회적 원인에는 아무런 영향을 미치지 못하는, 푸틴 지지자들이 주도한 촌극이라고 비난했다. 실제로 정치적 정통성을 결정하는 크렘린의 능력은 애국주의의 이름표에 대한 통제를 기반으로 하고 있다. 이 이름표는 공적인 영역에 참여하는 것이 허용된 정당들을 승인해 주는 반면에, 야당 세력은 고의적으로 민족의 반역자나 민족주의적 극단주의자로 폄하된다.

블라디슬라프 수르코프: 주권민주주의 이념의 아버지

푸틴이 애국주의적 언설을 부활시키고 이를 부정적 함의를 지닌 민족주의로부터 분리시키는 데 만족했다면, 통합러시아의 숨은 실력자이자 푸틴의 개인 보좌관인 수르코프는 정당 독트린의 필요성을 공론화하기로 결정했다. 1990년대 러시아의 첫번째 텔레비전 채널의 일원이었던 그는 베레조프스키 및 미하일 프리드만Mikhail Fridman과 가까운 사이였고, 1999년에 그에게 대통령 행정실 차장 지위를 맡긴 대통령 행정실장 알렉산드르 볼로신의 주목을 받기 전까지는 다소 전형적이지 않은 경력을 지녔었다. 이때 이후로 수르코프는 통합러시아의 언론정책을 감독했고 최선의 정책안을 논의하면서 독트린 문제에 관한 논설을 발표했다. 2006년 2월 당 간부 훈련 및 준비 센터에서 열린 세미나에서 수르코프는 이데올로기의 필요성에 관해 오랫동안 연설했고 장래의 분열을

---

[79] 이 협약의 본문 http://ww.edinoros.ru/news.html?id=110431 (accessed 2009.4.23) 참조.

피하기 위해서는 보다 정교한 이론적 틀을 갖출 필요가 있다는 점을 언급했다.[80] 소련공산당의 공식 선언문과 유사한 것으로 되돌아간 듯한 느낌의 「일반 노선」General'naia liniia이라는 반어적인 제목으로 『모스크바 뉴스』Moskovskie novosti에 실린 이 논설[81]은 몇 달 뒤 통합러시아 강령에 포함되었다. 수르코프가 말한 대로, "통합러시아의 목적은 2007년 선거에서 승리하는 것뿐만이 아니라 적어도 앞으로 10~15년 동안 지배 정당의 역할을 보장하는 것이기도 하다".[82] 이를 이루기 위해서 당은 국가 이데올로기를 정립하고, 선전가 계급을 창출하며, 거리의 기술을 습득하고, 당에 대한 봉사에 청년층이 참여해 줄 것을 요청할 수 있어야 한다.

수르코프에게 있어서 주권민주주의는 미래의 어떠한 이데올로기에서도 그 첫번째 토대가 된다. '주권'이라는 형용사는 러시아가 독특한 발전 경로를 가진다는 이념을 나타내기로 되어 있다. 따라서 러시아는 워싱턴으로부터 강요되는 미국의 지배에 의한 평화pax americana를 거부하고 고유한 발전 리듬과 우선순위를 정의해야 한다. 주권민주주의는 2003~2005년에 일어난 '색깔혁명'에 대한 크렘린의 직접적인 대응이다. 즉, 민주주의적 가치의 이름으로 수행되는 서구의 어떠한 개입도 용납되지 않을 것이라는 점을 말하는 것이다.[83] 따라서 수르코프는 주권민주주의라는 용어를 사용하면서 자신의 국가 프로젝트가 기본적으로 근대화의 특성을 띠고 있다는 것을 강조하고 싶어 하는데, 그의 주요 프로

---

80 V. Surkov, "Nasha rossiiskaia model' demokratii nazyvaetsia suverennoi demokratiei", http://www.er.ru/news.html?id=111148 (accessed 2007.10.12).
81 V. Surkov, "General'naia liniia", Moskovskie novosti, no.7 (1324), March 3-9, 2006, pp.10~11.
82 V. Surkov, "Suverenitet - eto politicheskii sinonim konkurentosposobnost'", in N. Garadzha (ed.), Suverenitet (Moscow: Evropa, 2006), p.76.
83 A. Okara, "Sovereign Democracy: A New Russian Idea or PR Project?", Russia in Global Affairs, vol.5, no.3 (2007), pp.8~20.

그램 문서 중 하나의 제목이 설명해 주는 바와 같이, 이 프로젝트의 임무는 러시아에게 '미래의 민족화'를 보장하는 것이다.[84] 이러한 미래의 민족화는 과거에 대한 견해들이 잠잠해진 뒤에야 비로소 실현될 수 있다. 소련은 주권을 가졌었지만 민주적이지는 않았고, 1990년대의 러시아는 민주적이었지만 주권을 가지진 않았던 반면에, 푸틴의 러시아는 이처럼 반대되는 두 가지를 하나로 종합하여 성공적으로 조화시킬 예정이다. 이러한 틀 내에서 수르코프는 소련에 관한 미묘한 담론을 전개한다. 그는 소련이 러시아의 산업화를 가능하게 해주었고 세계에서 자유와 정의를 고취한 이데올로기를 낳았다고 주장하는 것이다. 그리고 소련은 독재국가이기는커녕 세계화의 행위자 중 하나이기도 했다는 것이다.[85] 따라서 소련으로부터 유지되어야 하는 것은 "분명히 군 병영이 아니라 근대화 프로젝트"라고 그는 주장한다.[86]

그렇지만 실용적인 논리가 아니라 교조적인 논리에 따라 기능했고 자신에 대해서 지나치게 폐쇄적이었던 소비에트 체제는 자신의 효율성을 확고히 하는 데 성공하지 못했다. 이를 근거로 하여 수르코프는 소련을 무너뜨리려는 음모가 있었다고 주장하는 이론을 거부하고, 러시아 국민 스스로 이 모델로부터 아무것도 얻지 못했고 이를 거부했기 때문에 그 붕괴는 사실상 '객관적인 과정'에 따른 것이었다고 주장한다.[87] 그는 러시아가 민주주의로의 결정을 내린 당사자였다는 견해를 주장하고, 냉전에서의 패배 이후 민주주의가 강요되었다는 의견을 거부한다.

---

84 V. Surkov, "Natsionalizatsiia budushchego (paragrafy pro suverennuiu demokratiiu)", http://www.edinoros.ru/news.html (accessed 2009.4.23).
85 *Suverennaia demokratiia: Ot idei k doktrine* (Moscow: Evropa, 2007), p.6.
86 *Ibid.*, p.8.
87 V. Surkov, "Nasha rossiiskaia model' demokratii nazyvaetsia suverennoi demokratiei".

그가 말하는 바에 따르면, "러시아는 자신이 전쟁에서 패배했다고 여기지 않는다. 러시아 스스로 자신의 전체주의를 패배시켰다".[88] 1990년대를 격렬하게 비판함에도 불구하고 수르코프는 페레스트로이카 이후로 진행된 변화의 연속성 내에 위치하면서 국제사회에 통합된, 그러나 이에 종속되지는 않은 민주국가의 건설을 요구하는 고르바초프의 담론을 전유한 듯이 보인다. 새로운 국가 이데올로기 원칙으로서 형용사가 붙은 민주주의를 주장하고자 하는 이러한 바람은 현대 세계에 대한 그의 분석에 입각한 것이다. 그의 말로는, 러시아 사회가 세계에 문을 열지 않으면, 즉 부분적으로라도 민주적이 되지 않으면 근대화를 계속할 수 없을 것이고 생존의 기회도 없을 것이다.

따라서 수르코프에게 있어서 큰소리로 주장한 주권이란 '경쟁력의 동의어'가 된다.[89] 이러한 경쟁력은 경제적 차원(풍부한 에너지와 산업 부문뿐만 아니라 신기술 개발 덕택에 확실하게 발전을 이룰 수 있는 러시아의 능력), 군사적 차원(국방을 확보할 수 있는 능력), 그리고 정치적 차원(서구에서 내려지는 결정에 저항함으로써 여타 세계에 영향을 미칠 수 있는 능력)에서 작동한다. 따라서 러시아의 '주권민주주의'는 자신들의 경제 발전에 호소함으로써 서구의 압력으로부터 자유로워지고 싶어 하는 다른 나라들을 위한 하나의 모델로 제시될 수 있으며, 확실히 수르코프는 다른 브릭스BRICs 국가들(브라질, 인도, 중국)을 염두에 두고 있다. 소비에트 경험과 자유주의에 대한 이러한 화해적 해석의 필수적인 부분으로서 수르코프는 또한 러시아 청년 엘리트의 능력주의 담론을 명민하게 포

---

88 V. Surkov, "Nasha rossiiskaia model' demokratii nazyvaetsia suverennoi demokratiei".
89 V. Surkov, "Suverenitet – eto politicheskii sinonim konkurentosposobnost'", p.60.

착하여 국가의 미래가 무엇보다도 진정한 민족 부르주아의 출현에 얼마나 크게 의존하는지를 상기시키기도 한다. 이에 따라 2008년 말 그는 경제위기의 정치적 영향에 대한 자신의 불안감을 숨기지 않았고, 자신감을 상실하지 않도록 중간계급의 소비를 지원할 자발적인 조치를 요구했다. 그가 말하는 대로, "1980년대가 지식인의 시대였고, 1990년대가 올리가르히의 시대였다면, 2000년대는 중간계급의 시대"이고,[90] 크렘린은 이들에게 자신의 모든 에너지를 쏟아야 한다.

세계화의 용인은 수르코프의 담론에서 핵심적인 요인들 중 하나를 이룬다. 세계에서 지도력 일부를 되찾기 위해서는 러시아는 자신 속으로 침잠할 수 없다. 그 반대로 러시아는 자신이 세계화를 책임질 수 있도록 이를 받아들여야 한다. 그가 말하는 대로, "러시아가 세계 정치에서 물러나 세계적 결정에 영향력을 행사하기를 그만둔다면, 곧 모든 결정은 러시아에게 해가 되도록 내려질 것이다".[91] 1996~1999년 동안 발표한 프리마코프의 성명과 유사하게 수르코프는, 러시아의 목적은 세계의 유일한 지도자가 되는 것이 아니라 — 이는 유토피아적인 관념일 뿐이다 — 미국, 유럽연합, 중국, 인도와 나란히 국제정치의 주요 지도자들 중 하나가 되는 것이라고 주장한다. 이러한 주장은 종종 다음과 같이 고민과 실망이 특징적으로 나타나는 방식으로 표현된다. "이것이 우리가 세계에서 우리 자신을 바라보는 방식이며, 우리는 시간이 흐름에 따라 우리의 이웃과 파트너가 이를 인정하기를 희망한다."[92] 그리고 수

---

90 "Surkov poobeshchal spasti srednii klass ot krizisa", Lenta.ru, http://www.lenta.ru/news/2008/11/28/middle/ (accessed 2009.4.23).
91 V. Surkov, "Nasha rossiiskaia model' demokratii nazyvaetsia suverennoi demokratiei".
92 Ibid.

르코프는 자신이 에스노민족주의자라고 정의하는 이들과 그의 견해에 따르면 러시아를 중세 모스크바 공국의 영토로 회귀시키려고 하는 이들에 대한 비판을 삼가지 않는다. 그는 소비에트 국가 관료주의로의 회귀를 의미하게 될, 고립주의자들의 승리의 가능성을 걱정하며 특히 '조국'과 로고진을 목표로 삼는다. 그의 견해에 따르면, "올리가르히나 관료주의의 복귀 모두 러시아를 미래로부터 멀어지게 하고 러시아를 과거 속에 혹은 세계 경쟁이라는 가상의 '악몽' 속에 숨기려는 목적만을 가질 뿐이다".[93]

수르코프는 대통령 정당 내의 라이벌 흐름들보다 러시아에 대한 보다 친유럽적인 시각을 지지하며 민족 정체성의 본질에 관한 논쟁에 지나치게 관여하지 않으려 한다. 그의 담론은 정체성 문제에 대해서 대체로 모호한 노선을 견지한다. 즉, 그는 로시스키 민족rossiiskaia natsiia이라는 용어를 사용하기도 하지만, 또한 '루스키 다민족 국가'russkoe mnogonatsional'noe gosudarstvo를 언급하기도 하는 것이다.[94] 그의 글에서 '러시안'이라는 용어는 에스노문화적 의미로도, 시민적 의미로도 사용될 수 있다. 그는 이따금 러시아인들의 주된 역할을 강조하는 것을 유일한 사명으로 하는 러시아의 다른 민족들과 그 자신이 러시아의 원동력이라고 여기는 러시아 민족을 구별하기도 한다.[95] 하지만 그는 러시아의 러시아화에 대한 요구는 거부한다. 그에게 있어서 국가 이데올로기의 필요성은 이른바 공고화될 필요가 있다는 러시아 정체성의 내재적 취

---

93 *Suverennaia demokratiia: Ot idei k doktrine*, p.40.
94 *Ibid.*, p.41.
95 O. Karpenko, "'Suverennaia demokratiia' dlia vnutrennego i naruzhnogo primeneniia", *Neprikosnovennyi zapas*, vol.51, no.1 (2007), http://magazines.russ.ru/nz/2007/1/kar15.html (accessed 2009.4.23).

약성에 의해서가 아니라 국제적인 수준에서의 러시아의 취약성에 의해서 설명될 수 있는 것이다. 수르코프는 "모든 국민은 아니더라도 적어도 대다수의 국민이 받아들이는, 우리 자신의 담론, 우리의 도덕, 우리의 이데올로기(민족이라는 용어는 만족스럽지 못하고 이 용어에는 뭔가 잘못된, 평가절하된 것이 있긴 하지만, 나는 국가 이데올로기가 아니라 민족 이데올로기에 대해서 말하고 있는 것이다)를 우리가 창출하지 않는다면, 이렇게 침묵하는 자들과 이야기를 나눌 이유가 어디에 있겠는가? 아무도 우리와 그 무엇도 논의하지 않을 것이다. 그리고 우리가 말하지 않는다면, 우리는 더 이상 중요하게 생각되지 않을 것이다"라고 주장한다.[96] 따라서 수르코프의 생각에, 러시아의 부활은 러시아의 독특함에 대한 오래된 이념 논쟁의 반복에 의해서가 아니라 국제 무대에서의 러시아의 역할과 세계화된 지구촌에서 주도적인 역할을 할 수 있는 러시아의 능력을 통해서만 일어날 수 있다.

정체성 문제에서 원칙의 부재?

특수한 러시아의 발전에 관한 이념에 강조점을 둠에도 불구하고 통합러시아는 공개적으로 그리고 명백하게 러시아의 유럽성에 대한 명제를 지지한다. "러시아가 유럽을 선택하는 것은 유행이나 정치적 상황의 결과가 아니다. 그것은 수세기에 걸친 국가 및 사회 발전의 자연스러운 결과이다."[97] 이런 식으로 몇몇 문서들은 물질적 성공, 자유, 정의 같은, 러시아가 유럽과 공유하는 공통된 가치들을 지적한다. 그렇지만 이것이

---

[96] V. Surkov, "Kontseptsiia suverennoi demokratii apelliruet k dostoinstvu rossiiskio natsii", http://www.edinoros.ru/news.html?id=115114 (accessed 2009.4.23).
[97] *Agitator Edinoi Rossii*, p.35.

러시아가 브뤼셀로 하여금 러시아에게 '유럽성 테스트'를 치르도록 허용해야 한다는 것을 의미하는 것은 아니다. 즉, 지배 엘리트는 더 이상 서구를 도덕적 권위로서 인정하지 않는 것이다.[98] 당의 웹사이트에 있는 유럽연합에 관한 언급은 거의 모두 부정적인 것들이다. 즉, 통합러시아는 유럽연합이 대중적 정통성이 결여된 관료 조직이라고 비난하고 모스크바에 대한 편견을 갖고 있다고 비판하는 것이다. 이렇게 통합러시아는 서구와 유럽을 차별화하는 이미 오래된 전통을 나름대로의 방식으로 되풀이한다. 즉, 서구는 미국을 포함한다고 이야기되는 반면에, 유럽은 미국을 배제한다. 또한 전자는 개입의 권리를 구현하는 반면에, 후자는 보다 거대한 역사적 가치들을 가리킨다. 유럽 개념으로부터 분리된 유럽연합은 이러한 이분법을 더욱 복잡하게 만드는 세번째 요인을 추가한다. 앤젤라 스텐트Angela Stent가 언급하는 바와 같이, 크렘린의 목표는 유럽적 가치 그 자체를 고취하는 것이 아니라, 유럽연합과 긴밀한 관계를 구축함으로써 러시아를 근대화하고 러시아의 경제를 강화하며 러시아를 세계화의 한 행위자로 변모시키는 것이다.[99] 그럼에도 불구하고 정체성으로서의 유럽성은 현대 러시아의 공식 담론에서 특권적인 요인으로 남아 있다. 수르코프가 말하는 바대로, "우리 자신을 유럽으로부터 분리하지 않는 것, 유럽에 대해 우리 자신을 보호하는 것, 이것이 러시아를 건설하는 데 있어서 핵심적인 요인이다."[100]

---

[98] 이 문제에 대해서는 D. Trenin, *Integratsiia i identichnost'. Rossiia kak "novyi zapad"* (Moscow: Evropa, 2006)에서 제시된 설명 참조. 이 책의 영역본은 다음과 같다. *Getting Russia Right* (Washington, D.C.: Carnegie Endowment for International Peace, 2007).

[99] A. Stent, "Reluctant Europeans: Three Centuries of Russian Ambivalence toward the West", in R. Legvold(ed.), *Russian Foreign Policy in the 21st Century and the Shadow of the Past* (New York: Columbia University Press, 2007), pp.393~439.

[100] *Suverennaia demokratiia: Ot idei k doktrine*, p.43.

통합러시아 내의 다양한 흐름들이, 서구적이 아닌 유럽적인 러시아에 대한 시각에 있어서는 최소한으로 의견이 일치하고 러시아 정치체제의 원형으로서 주권민주주의 이념을 주장한다면, 그럼에도 불구하고 이 정당은 민족 정체성의 정의에 대해서는 의견이 갈리고 있다. 지금까지도 루스키/로시스키 용어처럼 민감한 문제에 대해서는 표준화된 원칙이 없다. 통합러시아 내의 소수민족 대표자들은 유라시아주의 담론의 영향을 받아 러시아의 민족적 다양성에 대해 호의적인 견해를 표명한다. 예를 들어 이들은 러시아가 "로시스키 문명의 전통에 기초하여 건설되었고, 독자적인 문명 프로젝트와 세계종교 간의, 슬라브적인 서구와 투르크적인 동양 간의, 유럽과 아시아 민족들 간의, 정교회 기독교와 유라시아 이슬람교 간의 통합이라는 자연스러운 역사적 과정의 산물"이라고 주장한다.[101] 이러한 의견에는 당의 가장 자유주의적인 인물들이 공감을 표시하는데, 이들은 정교회의 공식화, 국가의 연방적 성격의 억압, 소수민족 권리의 삭제를 원치 않는다. 이들은, 러시아의 모든 국민들이 시장경제 내에서 제자리를 찾아 사유재산을 소유하고, 러시아가 국제 무대에서 인정을 받게 되면 이러한 국내 요인들은 마침내 완전히 잊혀져 버릴 이차적인 문제라고 생각한다.

그 결과 크렘린은 러시아 정체성을 정의하는 데 있어서 최대한 불명료함을 유지하는 법안이나 문서를 발행하면서 능숙하게 균형을 잡는 행위를 하는 것으로 자신의 역할이 축소되어 버린 상황에 처하게 되었다. 여러 연설에서 푸틴은 민족은 개인들의 산술적 총합이 아니라 유

---

101 "Strategiia natsional'nogo razvitiia: Interv'iu s koordinatorom 'Edinoi Rossii' po natsional'noi politike i vzaimodeistviiu s religioznymi ob"edineniiami Abdul-Khakimom Sultygovym", http://www.edinoros.ru/news.html?id=116191 (accessed 2009.4.23).

기적 통일체라고 진술했다. 2006년 콘도포가 사태 이후 그는 '이주자'로 정의되는 존재와 대조적으로 러시아의 모든 민족을 포함하는 명칭인 '토착 주민'을 보호하기 시작하는 일에 나섰다.[102] 비록 그는 빈번하게 러시아의 다민족적 역사 유산을 보존해야 한다고 주장하긴 하지만,[103] 1990년대 동안 공식 담론에서는 어느 정도 사라진 '루스키'라는 용어를 재도입함으로써 주의를 끌기도 했다. 예를 들어 2000년 5월 9일 경축 행사에서 그는 '로시스키'라는 용어를 사용하지 않고 러시아 민족의 자부심은 영원하며 어떠한 세력도 러시아 군대를 패배시킬 수 없다는 말을 했다.[104] 동시에 그는 카자크인들의 역할 같은, 고유하게 러시아적이라고 여겨지는 요인들을 특히 전면에 내세웠다.[105] 2006년에 그는 자신의 정책이 "로시스키 민족과 루스키 민중의 이해관계"에 의해 좌우된다고 주장했는데,[106] 언론과 소위 급진적 민족주의 단체들은 이러한 구분을 재빨리 알아차렸다.

순수하게 이론적인 것과는 거리가 먼, 러시아성의 정의에 관한 이러한 생각은 두 가지 전략적인 영역에서의 정치적 결정, 즉 이주정책과 러시아의 연방 구조에 영향을 미친다. 러시아를 루스키로 정의하는 것

---

102 "Putin prizval zashchishchat' 'korennoe naselenie' RF ot migrantov", *CentrAsia*, http://www.centrasia.ru/newsA.php4?st=1160078700 (accessed 2009.4.23).

103 V. V. Putin, "Vystuplenie na robochei vstreche po voprosam mezhnatsional'nykh i mezhkonfessional'nykh otnoshenii", http://www.putin2004ru/putin/press/4023D18A?session (accessed 2009.4.23).

104 S. G. Simonsen, *Pain of Partition: Nationalism, National Identity, and the Military in Post-Soviet Russia* (Oslo: PRIO, 2001), p.66.

105 "Vladimir Putin otmetil rol' kazachestva v vospitanii patriotizma", *Pravda*, http://www.pravda.ru/news/politics/29-05-2007/226065-putin-0 (accessed 2009.4.23).

106 I. Torbakov, "Putin's New Deal: Kremlin Plays Up Nationalist Card", *Eurasia Daily Monitor*, vol.3, no.93, May 12, 2006, http://jamestown.org/edm/article.php?article_id=2371076 (accessed 2009.4.23).

과 로시스키로 정의하는 것 간의 차이는 이주의 유입과 관련한 차이와 상당히 체계적으로 교차한다. 예를 들어 『통합러시아의 선동자』는 민족을 부활시키기 위해 내려진 조치가 러시아가 인구 위기를 극복할 수 있게 하기에는 충분치 않다고 주장하면서 스스로를 위한 공식 담론을 채택한다. 즉, 필요한 것은 CIS 출신자들, 즉 이미 러시아 문화에 익숙한 러시아어 사용자의 이주를 대규모로, 그러나 통제된 방식으로 허가하고, 체첸인이나 인구시인처럼 소수민족에 속하는 러시아 시민들이 자신들의 자치공화국 밖에서 거주하는 것을 허가하는 정책이라는 것이다.[107] 그러나 이러한 접근법에 대해서는 합의가 존재하지 않는다. 또 다른 공식 책자에서 이사예프는, 대규모 이주는 역사적 러시아가 소멸하고 이주자의 처신과 러시아인의 그것이 충돌하는 미국식 용광로로 변모하는 것을 나타내는 신호가 될 것이라고 주장하면서 반대되는 담론을 주장한다. 그는 대통령 정당과 대통령의 정책이 이주에 대해 상반되는 관점을 — 전자는 신중한 관점을, 후자는 지나치게 자유주의적인 관점을 — 지지한다고 암시하면서 통합러시아를 자립적인 민족의 부활을 위한 정당이라고 표현한다.[108]

정체성에 관한 논쟁의 두번째 관심 사항은 민족정책과 연방주의의 미래와 관련된 것이다. 통합러시아는 이 문제에 대해서도 단일한 원칙을 가지고 있지 못하고, 이 문제에 관한 구체적인 정책을 만들어 내려는 목적으로 두마에서 벌어진 토론으로 의원들의 의견이 갈라졌다.[109] 민족

---

107 *Agitator Edinoi Rossii*, pp.37~39.
108 A. Isaev, *Edinaia Rossiia*, pp.12~14.
109 S. Stepanishchev and S. Charnyi, "Natsionalizm, ksenofobiia, antisemitizm v gosudarstvennoi dume RF"(Moscow: Moskovskoe biuro po pravam cheloveka, s.d.), www.antirasizm.ru/publ_038.doc (accessed 2009.4.23).

문제위원회 의장 예브게니 트로피모프Evgeni Trofimov 같은 일부 의원들은 연방 내에서 에스닉 러시아인의 우위를 공식화하고 싶어 한다. 실제로 점점 더 많은 통합러시아 의원들이 러시아인들에게 국명의 유래가 되는 민족의 지위가 부여되고, 따라서 '러시아의 다민족적 국민'만을 언급하고 있는 1993년 헌법이 개정되어야 한다는, 소위 급진적 민족주의자들(자민당이나 '조국' 의원들 등)이 자주 내놓는 제안에 우호적인 태도를 취하고 있다.[110] 통합러시아의 가장 자유주의적인 인물들은 이러한 러시아의 러시아화를 거부하고 있으며 지금까지도 동등한 이들 가운데 최고로서의 러시아 민족의 지위에 대해 지나치게 명시적인 법안을 성공적으로 저지해 오고 있다.

이렇듯 통합러시아의 독트린은 본질적으로 합의적이다. 그리고 그 합의란 바로 민족적 화해의 원동력으로서 대통령 정당의 역할을 인정하는 것에 관해서이다. 선전 책자에서 이사예프는 통합러시아를 "러시아의 정치적 전통의 정당"이라고,[111] 즉 그 명칭이 지시하는 바와 같이, 현대적 민족의 정치적 통합뿐만 아니라 때가 이르면 민족의 통합까지 이루어 낼 수 있는 유일한 정당이라고 정확하게 표현한다. 이사예프에 따르면, 어떠한 시기도 민족 역사의 연속성에서 제외되거나 금지되어서는 안 된다. 이와는 대조적으로 페레스트로이카 시기와 1990년대 동안에 각 정치 세력은 모델로서 내세울 수 있는 황금기를 찾았지만(브레즈네프나 스탈린이나 레닌 시기, 제국적 절대주의, 표트르 대제, 고대 모스크

---

110 S. Sokolovski, "Essentsializm v rossiiskom konstitutsionnom prave (na primere termikologii, ispol'zuemoi v konstitutsiiakh respublik v sostave RF)", in M. Laruelle(ed.), *Russkii natsionalizm: sotsial'nyi i kul'turnyi kontekst* (Moscow: NLO, 2008), pp.184~232.
111 A. Isaev, *Edinaia Rossiia*, p.4.

바 공국 등), 이사예프가 주장하기를, 이는 끝없는 논쟁을 낳았고 안정화되지 못했던 시기의 가치를 쓸데없이 훼손시켰을 뿐이다. 이사예프가 말하는 바대로, "역사에 대한 동시대의 견해가 많아지는 현상은 민족적 위기의 신호이다".[112] 각 시대가 자신의 자리를 차지하는 과거에 대한 합의적 해석을 표명함으로써 통합러시아는 미래를 열면서 과거를 화해시키기를 바란다. 당의 궁극적인 목표는 '미래로의 회귀'이기 때문이다.[113]

통합러시아의 정치적 논리는 주로 고위 국가 공무원을 통합하는 것인데, 이에 대해서는 국가성의 핵심적인 역할을 강조함으로써 지적인 차원에서의 추가적인 보완이 이루어진다. 즉, "국가 밖에서는 그 어떤 러시아의 정치적 전통도 가능하지 않다"는 것이다.[114] 이러한 국가의 연속성은 시간을 초월한 두 가지 특징으로 구현된다고들 말한다. 그 첫번째는 메시아주의적 전통에 기초해 있다. "세계적인 역할은 국내 정치를 위해 반드시 필요한 요인이자 러시아 국가의 안정에 필수불가결한 조건"이라는 것이다.[115] 두번째는 러시아가 세계의 교차로에 위치해 있다는 감정과 관련된다. 이에 따르면, "세계에서 러시아의 역할을 회복해야 할 때가 왔다. 러시아는 민족주의들의 연합이자 세계화에 대한 진정한 대안으로서 국제주의가 중심적인 문제로 설정된 계획을 지지할 수 있다. 러시아는 '문명화의 최전선'으로서의 역할을 감당할 준비가 되어 있다".[116] 이렇듯 대통령 정당의 막후에서는 여러 논쟁이 전개되고 있지만, 공식적으로 발표되는 애국주의 수사는 문명의 교차로에 선 러시아의

---

112 *Ibid*.
113 *Agitator Edinoi Rossii*, p.130.
114 A. Isaev, *Edinaia Rossiia*, p.19.
115 *Ibid*., p.22.
116 *Agitator Edinoi Rossii*, p.131.

역할, 정치적 분리 위에 있는 국가의 연속성, 그리고 러시아 정신의 타고난 원대함에 대한 오래된 상투적 문구를 사용하면서 러시아를 정의하는 데 있어서 의도적으로 모호하고 부정확한 상태이다.

대통령 정당은 자신이 유권자의 일부가 아니라 그 전체를 대표한다고 주장하며, 자신이 전체 정치 영역에서 완화 작용을 한다고 생각한다. 이 정당은 자신의 기능을 늘려 가고 있으며, 자신을 국가적 우선 프로젝트 같은 거대한 국가 프로젝트를 관리하려는 욕구가 생겨나는 국가의 구현이자 국가의 실제적인 적용이라고 표현한다. 따라서 통합러시아의 선전이 강조하는 가치들은 당원들의 신념에 반드시 호응하는 것은 아니고 표를 끌어모으는 기술적 수단으로서 당의 언론 보좌관들이 고안해 낸 것이다. 사실상 당원 자격은 공직에 참여하여 정치 혹은 행정직에 종사하고 싶어 하거나 공적인 직무 혹은 문화적 환경에서 경력을 쌓고 싶어 하거나 특권적인 경제 시장을 차지하고 싶어 하는 모든 이들에게 불가피한 티켓과도 같은 것이 되어 버렸다. 이런 식으로, 비록 통합러시아가 분명히 소련공산당의 복제물은 아니지만, 자신을 '다당제 정당' pluripartite party이라고 생각하는 통합러시아가 확립한 논리와 과거 공산당 조직 사이에 존재하는 유사성에 주목하지 않을 수 없다.[117] 유력 집단들은 정당성을 입증하기 위해 대중의 동의를 얻으려 하는 것이 아니라 국가 직위를 통제하려 하기 때문에 이제 이러한 집단들 간의 갈등은 더 이상 공적 영역에서가 아니라 단일한 정당 구조 내에서 펼쳐지고 있다.

앞으로 통합러시아의 기능과 정당성에서 이데올로기의 위상은 높

---

117 V. Martiianov, "Mnogopartiinaia partiia vlasti", *Neprikosnovennyi zapas*, vol.43, no.3 (2007), p.12.

아질 것이다. 지금까지는 지나치게 철저한 이데올로기화를 거부한 것이 당의 성공에 기여했다. 이로 인해 통합러시아는 경제적인 차원에서는 자유주의적(친시장적)이면서 매우 국가주의적인, 그리고 반서구적이면서 친서구적인 담론을 동시에 주장할 수 있었다. 메드베데프는 수르코프 같은 이론가의 말에 푸틴보다 더 귀를 기울이고 싶어 하지 않는 듯하고 러시아의 소위 역사적 예외성을 주장하지 않는 '형용사 없는 민주주의'를 요청한다.[118] 통합러시아 지도자들 상당수는 정치 활동가나 가능하다면 사회 대부분을 교화시키는 것을 여전히 적절한 지도 방식으로 생각하지만, 이는 대규모 강제 기구에 대한 엄청난 투자를 필요로 하기 때문에 아무도 그 대가를 치르려 하지 않는 듯이 보인다.[119] 따라서 러시아의 여러 적대 관계를 화해시키려는 의지 때문에 크렘린은 역설적인 자세를 취하지 않을 수 없을 듯하다. 비록 독트린을 제정하지는 않았지만 통합러시아는 보수주의를 (자유주의적) 혁명과 (공산주의적) 반혁명에 대한 이중의 거부와 중도주의적 입장에 기반한 합법적 담론으로 전환시키는 데 성공했다. 또한 통합러시아는 국가에게 사회 근대화의 원동력이자 민족 발전의 정점이라는 명예를 되찾아 주었다. 비록 국민들이 정말로 이러한 견해에 동의하는지를 알기는 어렵지만 말이다.[120]

---

118 A. B. Evans Jr, "Putin's Legacy and Russia's Identity", *Europe-Asia Studies*, vol.60, no.6 (2007), pp.899~912.
119 G. M. Easter, "The Russian State in the Time of Putin", *Post-Soviet Affairs*, vol.24, no.3 (2008), pp.199~230.
120 A. S. Makarychev, "Politics, the State, and De-Politicization: Putin's Project Reassessed", *Problems of Post-Communism*, vol.55, no.5 (2008), pp.62~71.

5장
사회적 합의로서의 민족주의
애국주의 브랜드

크렘린이 정치 스펙트럼을 통제하는 수단으로서만 민족에 대한 언급을 이용하는 것은 아니다. 그것은 사회적 기능, 즉 국민 자신들 간의 합의와 국민과 정치 엘리트 간의 또 다른 합의라는 이중의 합의를 창출하는 기능을 갖기도 한다. 첫번째 합의는 1990년대 초 러시아를 위협했던 이데올로기적 양극화를 종식시키고 오늘날 극단적인 사회적 분열을 겪고 있는 러시아에서 통합을 재창출하는 것을 목적으로 한다. 사실상 하나의 러시아가 아니라, 불규칙한 시간과 사회적·문화적 세계에서 같은 영토에 공존하는 여러 개의 러시아가 존재한다고 할 수 있다. 빈곤의 감소에도 불구하고 사회적 불평등은 심화되고 있다. 올리가르히는 나머지 러시아와는 완전히 단절되어 세계화된 지구촌에서 살고 있다. 중간계급의 열망은 농촌 주민이나 일부 지방의 일상적인 걱정거리들로부터 크게 동떨어져 있다. 그리고 모든 민족공화국과 소수민족들이 서로 다른 관점에서 러시아 국가를 바라본다. 두번째 합의는 정치로부터 분리된 환경에서 사는 데 익숙한 러시아 사회를 재동원하려는 크렘린의 주요한 목표로부터 생겨난다. 통합러시아와 대통령 행정실은, 만일 국민들이 일상생활에서 강대국으로서의 러시아의 회생을 지지하고 따라서 이러한 부활을 구현하는 당을 지지하는 데 재동원되기만 한다면, 현재 자신들에게 유리한 정치적·사회적·경제적 현상 유지가 장기적으로도 가능하다고 확신하고 있다.

이 장에서는 사회적 합의의 건설에서 중심적인 요인으로서 민족주의에 대해 접근할 것이다. 크렘린은 사회와 재접속하기 위해서는 문화적 합의와 상징적 징표의 보고寶庫에 의존하는 것 외에는 대안이 없다고 생각한다. 조국이라는 주제는 민족이 위험에 처해 있고 보호되어야만 한다는 이념에 담론의 중심을 둠으로써 정치적 분열을 약화시키고, 사회적 갈등의 잠재력을 무효화시키며, 문화적 기준의 다양성을 지워 버리는 작용을 한다는 점에 있어서, 이 주제보다 더 합의적이고 자명한 것은 없다. 따라서 크렘린의 애국주의 의제는 조국이라는 상징의 복원과 제도화된 역사적 기억, 상징자원으로서 정교회의 도구화, 소비에트 향수에 기반한 군사화된 애국주의의 전개라는 세 가지 합의의 원동력에 초점을 맞추고 있다. 여기서는 러시아 산업 및 기업의 보호라는 이름의 경제적 애국주의,[1] 청년층에 대한 주입 교육, 콤소몰의 영향을 받은 청년운동단체를 통한 이들의 정치화 등과 같은, 언급될 수도 있을 다른 형태들은 살펴보지 않을 것이다.

---

[1] 상업적 목적으로 이루어진 외국 상표의 러시아화에 대해서는 G. Robert, "Palimsestes ou âmes mortes? La russification des marques européennes de grande consommation", *La Russie et l'Europe: autres et semblables* (Paris: Sorbonne, 2007), http://institut-est-ouest.ens-lsh.fr/spip.php?article129 (accessed 2009.4.23) 참조.

애국주의를 통한 민족적 자부심의 공식화

소련 붕괴 시기 및 옐친 초기의 여론조사는 만장일치로 러시아인들이 자신들에 대한 매우 부정적인 견해를 지니고 있음을 보여 주었다. 전러시아여론조사센터 설문조사에 따르면, 1991년 초와 말 사이에 "우리는 다른 누구보다도 나쁘다"나 "우리는 세계에 부정적인 것들만 가져온다"라는 문구를 인정하는 사람들의 비율이 7%에서 57%로 치솟았다.² 이러한 감정은 강한 국가가 되돌아와야만 이러한 수치심을 극복할 수 있다는 생각과 빠르게 결합되었다. 응답자의 거의 절반은 강대국 이념이 당파적 구분을 초월할 수 있는 통합의 요인이라고 생각했다.³ 1995~1996년에 실시된 설문조사에 따르면, 대다수의 러시아인들은 러시아의 현재 상태를 수치스러워했고 표트르 대제 시대를 역사상 가장 위대한 시기로 여겼다. 1995년에 실시한 설문조사에 기초하여 블라디미르 슐라펜토흐Vladimir Shlapentokh는, 러시아인들은 주로 그리고 실제적으로 개인적인 문제에 관심을 가짐에도 불구하고 3분의 2는 강대국 이념의 중요성을 인정하고 소비에트 과거에 대한 향수를 품고 있다고 말했다.⁴

이러한 역설은 지속되고 있다. 현대 러시아의 어떠한 면이 자부심

---

2 L. D. Gudkov, "Ethnic Phobias in the Structure of National Identification", *Russian Social Science Review*, vol.39, no.1 (1998), pp.89~104.
3 *Mass Consciousness of the Russians During the Period of Social Transformations: Realities versus Myths* (Moscow: Russian Independent Institute of Social and Nationalities Problems, 1996). F. Hill, *In Search of Great Russia: Elites, Ideas, Power, the State, and the Pre-Revolutionary Past in the New Russia, 1991-1996* (Ph.D., Cambridge: Harvard University, 1998), p.456에서 재인용.
4 V. Shlapentokh, *How Russians See Themselves Now: In the Aftermath of the Defeat in Chechnya* (Brussels: NATO, Special Adviser for Central and Eastern European Affairs Brief, December 4, 1995), p.15.

을 심어 주는지를 질문한 2002년의 사회학 조사에서 조사 대상자의 절반은 대답할 것이 없다거나 질문이 부적절하다고 여긴 반면에, 20%는 자부심을 느끼게 해주는 것이 아무것도 없다고 말했다.[5] 그렇지만 이후에는 이러한 수치가 빠르게 감소했다. 2006년에는 응답자의 3%만이 자신들은 러시아의 그 어떤 것도 자랑스러워하지 않는다고 대답한 것이다.[6] 이러한 전개는 2000년대에 일어난 용어상의 변화에 따른 당연한 결과이다. 페레스트로이카 시기 및 1990년대에는 원외 운동단체나 공산당 같은 야당들이 애국주의라는 용어를 독차지했지만, 2000년대에는 권력층 자신이 갈수록 더 이를 전유하여 사회적 규범을 가리키는 데 이 용어를 사용하고 있다. 성공은 권력층의 것인 듯이 보인다. 2006년 12월 설문조사에 따르면, 응답자의 57%는 자신이 애국자라고 주장한 데 반해, 30%는 그렇지 않다고 주장했다.[7] 판단에 있어서의 이러한 급격한 변화는 자기 자신에 대한 자부심과 주로 민족이라는 상징의 시각적·축제적 재건으로 구현된, 자기 나라에 대한 자부심 간에 유사성을 만들어 냄으로써 가능해졌다.

차르 체제 및 소비에트 상징의 복원

소비에트 상징의 재건은 애국주의 표지標識의 주창을 향한 핵심적인 조치였다. 푸틴은 2005년 4월 연방의회에게 행한 연설에서 "소련의 붕괴는 20세기의 거대한 지정학적 재앙이었다"라고 인정함으로써 과거에

---

[5] "Rossiia: chem gordimsia, chego stydimsia?", *Fond obshchestvennogo mneniia*, http://db.fom.ru/report/cat/man/patriotizm/d020608 (accessed 2007.10.15).

[6] "Patriotizm: kriterii i proiavleniia", *Fond obshchestvennogo mneniia*, http://db.fom.ru/report/cat/man/patriotizm/dd064825 (accessed 2007.10.15).

[7] Ibid.

대한 자신의 견해를 매우 분명하게 밝혔다.[8] 오랫동안 정치적으로 올바르지 못하다고 여겨졌던, 이러한 널리 퍼져 있는 견해 — 러시아인의 4분의 3 이상이 이 성명에 찬성한다 — 가 공식화됨으로써 이전 차르 체제나 소비에트 상징이 순환되어 재도입되는 한 주기가 완료되었다.[9] 1991년에 상실한 지정학적 권력을 되찾으려는 욕구가 명백하긴 하지만, 이러한 상징들이 복구된 것은 순전히, 그리고 단순히 이데올로기적인 가치 때문이 아니라 — 공산주의 그 자체는 복원되지 않았다 — 그것들이 전 국민에게 공통적인 문화적 배경의 일부를 이루고 정상성의 표시로 여겨지기 때문이다.

실제로 러시아인의 여론에서 소련은 긍정적인 이미지를 지니고 있다. 1990년대 말 러시아인의 78%는 자신들의 삶에서 가장 좋았던 시기가 브레즈네프 치하였다고 생각했다.[10] 2001년에는 조사 대상자의 7%만이 소련은 긍정적인 특성을 가지고 있지 않다고 말했다. 구체제는 특히 직업 안정성, 민족 간 평화, 그리고 경제적 안정을 보장해 준 것으로 높은 평가를 받는다. 하지만 소비에트 관료제에 대한 기억은 매우 부정적인데, 정치적 억압에 대한 기억보다도 훨씬 더 그러하다(각각 31%와 11%).[11] 2005년 여론조사에 따르면, 장년층에서 가장 향수가 강하게 나

---

8 푸틴의 2005년 4월 25일자 러시아연방의회 교서. http://www.kremlin.ru/appears/2005/04/25/1223_type63372type63374type82634_87049.shtml (accessed 2009.4.23).
9 S. E. Mendelson and T. P. Gerber, "Failing the Stalin Test", *Foreign Affairs*, vol.85, no.1 (2006), p.6.
10 B. Dubin, "Litso epokhi: brezhnevskii period v stolknoveniiakh razlichnykh otsenok", *Monitoring obshchestvennogo mneniia: ekonomicheskie i sotsial'nye peremeny*, no.3 (2003), pp.25~32. www.ecsoman.edu.ru/images/pubs/2006/11/13/0000294315/04-dubin-25-32.pdf (accessed 2009.4.23)
11 S. White, "Ten Years On, What Do the Russians Think?", *Journal of Communist Studies & Transition Politics*, vol.18, no.1 (2002), pp.35~50.

타나지만, 성인으로서 소비에트 체제를 경험하지 못한(1970년대 후반 이후에 태어난) 젊은 세대의 60%도 이에 대한 향수를 지니고 있다.[12] 사회적 환경과 연령대를 초월하는 이러한 소비에트 과거에 대한 노스탤지어는 동유럽권 국가들에서도 존재한다. 2004년에 전前 사회주의 8개 국가 국민의 반 이상이 공산주의 체제에 대해 긍정적인 견해를 나타낸 것이다.[13] 그렇지만 이러한 노스탤지어가 이전의 상태로 돌아가고자 하는 반동적인 열망이나 이전 체제의 복구와 혼동되어서는 안 되며, 이는 무엇보다도 현재의 상황에 대한 일정한 불만을 드러낸다.

2000년 12월의 러시아 국기, 국장, 국가國歌에 관한 새로운 법률은 차르 체제, 소연방, 독립 러시아라는 세 가지 주요 시기를 화해시키는 데 있어서 새로운 이데올로기적 타협을 이루어 내는 데 기여했다. 흰색, 푸른색, 붉은색의 삼색 국기는 1917년 임시정부하에서의, 그리고 그 후에는 다시 포스트소비에트 시기에서의 젊은 민주주의의 상징으로서 채택되었다. 국장은 이전의 두 체제를 결합한다. 즉, 붉은 바탕의 기는 소비에트 시기를 의미하는 반면에, 중앙에 위치한 쌍두독수리는 제국 시대를 상징하는 것이다. 그리고 1990년대 초에 제정되었던, 미하일 글린카Mikhail Glinka가 작곡한 19세기 국가를 대신해 소비에트 국가가 되돌아왔다. 알렉산드르 알렉산드로프Alexander Alexandrov가 작곡한 국가의 멜로디는 변하지 않고 그대로 남았지만, 그 가사는 수정되어 공산주의를 언급하는 내용이 삭제되었다. 유명한 영화감독 니키타 미할코프Nikita Mikhalkov의 아버지 세르게이 미할코프Sergei Mikhalkov가 새로운 가사를 작

---

12 B. Dubin, "Litso epokhi: brezhnevskii period v stolknoveniiakh razlichnykh otsenok".
13 N. Munro, "Russia's Persistent Communist Legacy: Nostalgia, Reaction, and Reactionary Expectations", *Post-Soviet Affairs*, vol.22, no.4 (2006), p.252.

사했다. 대중 시인인 세르게이 미할코프는 이전에도 국가의 가사들을 지었었는데, 하나는 스탈린 시기에, 다른 하나는 탈스탈린화 기간에 쓴 것이다. 세번째로 미할코프가 청탁받은 것은 푸틴이 체현하고자 하는, 단절 속에서 역설적인 연속성을 강화하는 한 방식이었다.

2000년에 과거 소비에트 군대의 붉은 기가 러시아군의 깃발로 재도입되었다.[14] 2003년에 이 깃발은 차르 체제를 상징하는 쌍두독수리, 트로츠키가 제안했던 4개의 오각별,[15] 그리고 18세기 차르 군대가 사용했던 '조국, 의무, 명예'라는 슬로건이 들어가도록 새롭게 디자인되었다.[16] 2007년에 연방회의는 5월 9일 같은 주요 의식에서 낫과 망치가 들어간 소비에트 기가 다시 사용되는 것을 허가하는 법률을 승인했다. 하지만 두마는 낫과 망치가 없는 붉은 기에 찬성표를 던져 양원 간에 불화가 야기되었다.[17] 국가적 기념 상징의 정치화는 의회 내에서뿐만이 아니라 애국주의 단체들 사이에서도 일어난다. 2005년 이후로 여러 참전용사 단체들이 승전기념일 의식에서 영광스러운 소비에트 과거를 기념하는 상징으로서 소비에트 시기에 수호자의 리본이라고 불렸던, 노란색과 검은색의 성 게오르기 리본을 널리 배포했다(100만 개 이상).

2007년에 푸틴은 세계에서 가장 인기 있는 화기를 제작한 미하일 칼라슈니코프 Mikhail Kalashnikov를 '민족의 창조적 재능의 상징'이라고 정의했다.[18] 그리고 2008년에 통합러시아 원내단체는 국기의 사용이 공식

---

14 "Duma Approves Restoring Soviet Anthem", *Eurasian Daily Monitor*, vol.6, no.229, http://jamestown.org/publications_details.php?volume_id=23&issue_id=1918&article_id=17859 (accessed 2007.10.15).
15 "And Backs Defense Ministry's Request to Restore the Red Star", *RFE/RL Newsline*, November 27, 2002.
16 "New Banner for Military Taken Up", *RFE/RL Newsline*, June 5, 2003.
17 http://en.rian.ru/russia/20070504/64887592/html (accessed 2009.4.23).

적인 용도로만 제한되지 않도록 시민들이 러시아 국기를 광범위하게 사용할 수 있는 규정을 담고 있는 법안을 제출했다.[19] 이러한 맥락에서 붉은 광장에서 러시아의 신형 미사일과 탱크를 과시하고 군사 강국으로서의 러시아의 귀환을 기념하기 위한 2008년 5월 9일의 군사 행진과, 2014년 소치 동계올림픽 공식 마스코트로서 1980년 모스크바 올림픽 대회의 상징이었던 곰 미샤Misha를 사용할 것인지에 대한 논쟁은 소비에트 시기의 위용이 여전히 합의의 핵심적인 요인으로 작용한다는 것을 확인시켜 준다.

기념을 통한 합의

크렘린은 차르 체제 및 소비에트 상징을 재공식화한 후 휴일과 기념일 문제에 고개를 돌렸다. 5월 9일과 관련된 경축 행사는 정치체제와 관계없이 언제나 기본적인 것이었지만, 권력층은 결코 대중적인 행사가 되지 못했던, 1990년대 초 이후로 공식 휴일인 6월 12일 러시아의 날을 복원시키기로 결정했다. 2003년에 대통령 행정실은 이날을 국가 상징을 중심으로 하고 수천 명의 학생들의 행진을 포함하는 대규모 애국주의 축전으로 변모시키고자 했다. 2006년 6월 12일 모스크바 지자체는 '러시아에게 영광을'이라는 슬로건을 담고 있는 포스터를 수백 장 게시했다. 이것은 1930년대 만주 하얼빈의 러시아 파시스트 망명자들과 알렉산드르 바르카쇼프의 러시아민족통합이 사용했던 모토이기도 했다. 몇

18 "AK-47 Inventor Says Conscience Is Clear", CBS News, http://www.cbsnews.com/stories/2007/07/06/world/main3025193.shtml?source=RSSattr=World_3025193 (accessed 2009.4.23).
19 "Gosduma snimet organicheniia na ispol'zovanie flaga Rossii", Rosbalt.ru, http://www.rosbalt.ru/2008/06/24/496992.html (accessed 2009.4.23).

몇 지방 도시에서는 보다 적극적인 노력이 조직되었다. 예를 들어 레닌의 출생지인 울리야노프스크에서는 시민들의 애국주의 정신을 자극해 러시아의 하향 인구 곡선을 역전시키려는 목적으로 '애국적 출산' 프로젝트가 시작되었다. 지방정부는 6월 12일에 태어난 아이들에게 선물을 제공하고, 지역의 모든 지자체 직원들이 아홉 달 뒤의 출산을 희망하여 9월 12일에 반나절의 공휴일을 갖는 것을 공식적으로 허가한다.[20]

소비에트의 전통적인 직종별 휴일은 옐친 시기에도 손대지 않아 그대로 남아 있었고 푸틴의 두번째 임기 동안에는 확대되기까지 했다. 지방 당국은 자신들의 도시나 지역에서 특별한 축전을 조직하라는 권유를 받았고, 텔레비전 방송국은 갈수록 더 많은 방송시간을 특별 프로그램 편성에 할애했다. 비록 모든 직업이 자신만의 기념일을 갖도록 되어 있긴 하지만, 경찰관, 우주비행사, 세관원, 안보요원, 공군, 해군에게는 개별적인 날이 있어 군은 언제나 크게 과대 대표되어 왔다. 특히 러시아 군을 위한, 2006년 5월의 새로운 휴일과 직업의 날에 관한 대통령령은 "국가의 군사 전통과 군의 명예를 되살려 발전시키기 위해, 그리고 국가를 수호하는 군사 전문가들을 표창하기 위해" 이러한 기념일의 수를 더욱 늘렸다.[21] 군 변호사, 군 경찰, 이주국 직원, 대통령 경호원, 대공對空 군대, 핵 산업, 탱크 요원, 정보요원, 생화학무기 방어요원의 날들을 포함하여 특히 군 관련 직업을 위한 14개 휴일이 새로이 도입되었다.[22]

이처럼 많은 기념일 가운데 특별히 중요한 위치를 차지하는 것이

---

20 "V Ul'ianovske rozhaiut patriotov", Pravda.ru, http://www.pravda.ru/news/society/25-06-2007/229466-rodi-0 (accessed 2007.10.17).
21 http://www.vz.ru/society/2006/6/1/35866.html (accessed 2009.4.23).
22 전체 목록에 대해서는 http://base.consultant.ru/nbu/cgi/online/cgi?req=doc&base=NBU&n=19238 (accessed 2009.4.23) 참조.

하나 있는데, 그것은 바로 2월 23일이다. 이날은 1918년 적군 창설을 경축하기 위해 1922년에 적군의 날로 선포되었다. 1995년에 옐친은 이날의 명칭을 조국 수호자들의 날로 변경했고, 2006년에 푸틴은 단수형 단어를 넣어 이날을 조국 수호자의 날로 만들었다. 이러한 변화로 당국은 이 축전을 더 이상 군인에게만이 아니라 어떠한 방식으로든 국가적 대의에 응답하는 모든 시민들에게 바친다고 명시했다. 최근의 사건을 위해 조직된 축제 행사는 바로 이처럼 민간인의 애국주의와 영광스러운 군사적 업적을 결합시킬 것을 강조한다. 이러한 점은, 비록 근무를 쉬는 날로 정해지지 않긴 했지만, 조국 영웅의 날에 대해서도 마찬가지이다. 2007년 1월 두마가 채택한 이 새로운 휴일은 1769년 예카테리나 여제의 성 게오르기 훈장 설립을 기념하여 12월 9일에 경축된다.[23]

또한 크렘린은 특정한 범주의 기념일, 즉 정식 '비근무일'이 아닌 휴일인, 러시아의 군사적 영광에 관한 날들에 대한 축전을 강화했다.[24] 역사가들 사이에서 율리우스력에 따라 제기되는 독특한 문제점들에 대한 다양한 논쟁이 일어난 뒤 2003년 11월에 두마는 크렘린의 명령을 받아 이러한 기념일에 관한 1995년 2월 법률을 개정하여 몇몇 기념일을 축하하는 날짜를 변경했다.[25] 이 법률은 약 15개의 군사 기념일을 제정하거나 개정했다. 두 기념일은 러시아의 중세 역사 ── 1242년 튜턴 기사단에 대한 알렉산드르 네프스키Alexander Nevski의 승리와 1380년 쿨리코보 전투에서 타타르인에 대한 드미트리 돈스코이Dmitri Donskoi의 승

---

23 http://www.nashi.ru/nashi.php?n=11564 (accessed 2009.4.23).
24 *Dni voinskoi slavy Rossii: Khrestomatiia* (Moscow: Izd. Patriot, 2006).
25 1917년 혁명 때까지 러시아에서 사용된 율리우스력은 그레고리력보다 13일이 늦다. [러시아는 1918년부터 그레고리력을 도입했지만, 성탄절 같은 몇몇 축일은 아직도 율리우스력에 따라 기념한다. ── 옮긴이]

리 — 와 관련된다. 푸틴의 제안에 따라 두번째 기념일은 7월 18일부터 7월 21일까지 4일로 연장되었고, 정교회가 종교의식으로 기념식을 연 2005년에는 성대한 축하를 받았다. 하지만 프로이센 세계에 대한 네프스키의 승리는 러시아의 반서구 감정을 통합하는 역할을 하는 반면에, 돈스코이라는 인물은 연방 내에서 문제를 야기한다. 예를 들어 타타르스탄은 이 승리가 서로 다른 민족적 기억의 화해를 가로막는 반타타르 축전이라고 생각하기 때문에 반대 의사를 밝히고 있다.

표트르 대제가 상트페테르부르크를 건설하여 발트 해를 지나 그 유명한 유럽으로 향한 창을 얻을 수 있게 해준, 18세기 초 러시아와 스웨덴 간의 여러 충돌 — 1709년 폴타바에서의 러시아군의 승리와 1714년 스웨덴에 대한 러시아 해군의 승리 — 을 축하하는 다른 두 기념일이 선택되었다. 또한 러시아와 오스만 제국 간의 오랜 충돌 — 1790년 오스만 제국의 이스마일 요새 함락, 같은 해 오스만 제국에 대한 러시아군의 승리, 크림전쟁(1853~1856년) — 을 기억하기 위해 사흘이 바쳐진다. 또한 1812년 보로디노에서의 나폴레옹 군대에 대한 승리도 경축되고, 1918년 독일 황제에 대한 적군의 승리도 마찬가지이다. 마지막으로, 제2차 세계대전은 다른 무엇보다도 특권을 갖는다. 5월 9일에 더해서 1941년 나치의 모스크바 포위에 대한 소비에트 공세의 시작, 1943년에 일어난 쿠르스크 전투[26]와 스탈린그라드 전투[27]에서 나치에 대한 소

---

26 제2차 세계대전 중인 1943년 여름 우크라이나와 인접한 모스크바 남서부의 쿠르스크에서 벌어진 역사상 최대의 전차전이다. 이 전투에서의 소련군의 승리는 독일군에 막대한 피해를 입혔고, 이후 독소전쟁은 새로운 전환점을 맞게 되었다. — 옮긴이
27 1942~1943년 러시아 남서부 볼가 강 연안에 위치한 스탈린그라드(현재의 볼고그라드)에서 벌어진 전투로 약 200만 명의 사상자가 발생했다. 단일 전투로는 최대 규모의 전투로 알려져 있으며, 소련군의 반격으로 전쟁 국면이 전환되는 계기가 되었다. — 옮긴이

비에트 군대의 승리, 그리고 1944년 레닌그라드 봉쇄[28]의 해제를 기념하는 공식 축전이 개최된다.

이러한 날들이 제정되면서 기념일에 대한 논쟁은 11월 7일을 대신할 날을 찾는 문제로 넘어갔다. 1996년 대통령령에 따라 10월혁명 기념일은 화합과 화해의 날로 변경되었다. 2004년 9월에 러시아종교위원회는 날짜가 대략 10월혁명 기념일에 해당하는 1612년 사건을 기념하자는 제안을 했다(역사가들에 따르면, 이는 11월 첫 열흘 동안 어느 때에 기념해도 된다). 이 제안은 알렉시 2세Aleksii II 총대주교의 후원을 받았고, 곧바로 통합러시아의 원내단체 부의장 발레리 보고몰로프Valeri Bogomolov의 지지를 얻었다. 11월에 두마는 11월 4일을 민족 통합의 날로 도입하는 것에 압도적으로 찬성하는 표를 던졌다. 통합러시아, 자민당, '조국'이 이러한 선택에 박수를 보냈고, 공산당만이 반대했는데, 이는 공산당이 이 국가 상징 자체를 거부해서가 아니라 이날이 10월혁명 기념일과 경합하기 때문이었다. 또한 새로운 휴일의 제정에 관한 대통령령은 최고소비에트에 대한 옐친의 승리에 이어 1993년 12월에 채택된 헌법을 기념하는 12월 12일 공휴일의 폐지를 명문화했다. 대다수의 의원들은 이 대단히 상징적인 사건의 삭제를 지지한 반면에, 자유주의적·민주적 정당들은 이를 푸틴 행정부가 1990년대 자유주의에 대한 기억을 결국 청산한 것이라고 해석했다.

11월 4일은 1612년 폴란드-리투아니아 연방Rzecpospolita에 대한 모스크바 주민의 승리를 기념하기 위해 선정되었다. 차르도 대주교도 없

---

28 1941~1944년 독일군이 소련 제2의 도시 레닌그라드(현재의 상트페테르부르크)를 900일 가까이 포위하여 육해상 교통을 차단하며 벌인 전투이다. 기아와 포격으로 70~100만 명의 사망자가 발생했다고 알려져 있다. ─ 옮긴이

이 코즈마 미닌Kozma Minin과 드미트리 포자르스키Dmitri Pozharski가 이끈 러시아 민간인들은 어렵게 폴란드 팽창의 발길을 멈춰 세울 수 있었다. 통치 왕조가 없어짐에 따라 — 류릭 가문의 대가 끊겼다 — 러시아 국가 자체가 거의 사라져 버린 시기였던 동란의 시대(1598~1613년)가 이 승리로 인해 마침내 끝났다. 전통적으로 러시아와 소비에트 역사가들은 이 시기를 러시아 역사상 최악의 시대로 간주한다. 따라서 11월 4일 기념일은 이중의 유사성을 공식화한다. 그 첫번째는 동란의 시대와 옐친 시기 간의 유사성으로, 이 두 시기는 모두 민족에 대한 위험의 상징이다. 두번째는 1613년 로마노프 왕조의 첫번째 황제 미하일의 즉위와 푸틴의 임명 간의 유사성으로, 이들은 민족의 두 구원자를 상징하게 된다. 또한 11월 4일은 또 다른, 보다 덜 합의를 이룬 기념일을 포함하기도 한다. 비록 당국이 정교회와의 연관성을 주장하려고 하지는 않았지만, 1649~1917년에는 이날에 카잔 성모 마리아 성상이 기념되기도 했다. 그리고 1721년의 11월 4일은 북방전쟁에서 러시아가 스웨덴에게 승리한 뒤 표트르 대제가 황제의 칭호를 수여받은 날이기도 하다.

정교회, 제국의 과거, 폴란드라는 서구에 의해 제기된 위험을 결합시키는 이러한 연관성은 크렘린이 러시아를 적에게 둘러싸인 요새로 묘사함으로써 확립하고자 하는 합의의 분위기에 부합한다. 러시아는 우수함(거대함, 독특함, 포괄성, 강력함)과 끝없는 적(서구로부터 유래하는 외부의 적과 소수민족이라는 내부의 적)을 모두 가지고 있다는 정서가 2007년 민족 통합의 날에 개봉한 영화 「1612」에서 그려지고 있다. 또한 언론과 정부 관료들이 "블라디미르로부터 블라디미르까지" — 9세기에 러시아를 기독교화한 첫 러시아 공후로부터 푸틴까지를 의미한다 — 이르는 영원한 러시아를 자주 언급하는 것에도 유사한 역사관이

반영되어 있다. 이렇듯 러시아 역사의 고리는 그 양 끝이 연결되어 있고, 화해의 과정은 이러한 기념의 전략을 통해 실현되고 있다고 할 수 있다. 애국주의를 주창하는 데 있어서 정교회에게 배정된 역할에 대해서도 마찬가지가 적용되고 있다. 즉, 대체로 종교는 민족의 통합을 공고히 할 수 있는 일종의 합의의 상징자원으로 여겨지고 있는 것이다.

상징자원의 고취: 도구로서의 정교회

정교회는 러시아의 풍경에서 역설적인 위치를 차지하고 있다. 이는 근대적 양식의 신앙의 다수성 — 결코 러시아에게 독특한 것이 아닌 — 이나 러시아의 다양성, 그리고 민족 정체성과 종교적 정체성을 연결시키는 강한 전통에 의해 설명될 수 있다. 러시아의 종교성에 관해 시행된 설문조사에 따르면, 국민의 70~80%는 자신이 정교도라고 주장하는데, 이는 자신을 에스닉 러시아인이라고, 즉 소수민족에 속하지 않는 이들이라고 정의하는 사람들보다 약간 적은 수치이다.[29] 그렇지만 조사 대상자의 40~60%만이 자신은 신을 믿는다고 말했는데, 이는 많은 수의 국민들이 자신을 신을 믿지 않는 정교도라고 여긴다는 것을 의미한다고 할 수 있다. 게다가 러시아의 종교적 실천은 유럽에서 가장 낮은 수준이다. 즉, 조사 대상자의 40%는 자신이 부활절이나 크리스마스 예배에 참석한다고 말한 반면에, 국민의 8% 이하만이 매월 종교의식에 참여하며, 매주 참석하는 수치는 2%로 떨어진다.[30] 사회학적으로 볼 때, 실

---

29 이 문제에 관한 참고문헌으로는 K. Kaariainen and D. Furman, *Religioznost' v Rossii v 90e gody: Starye tserkvi, novye veruiushchie* (Saint Petersburg-Moscow: Letnii Sad, 2000)이 있다.

천하는 신자 가운데에는 남성보다는 여성이, 청년층보다는 중장년층이, 도시보다는 농촌 출신이 많다.[31] 그렇지만 페레스트로이카 시기에 등장한 소위 신앙의 르네상스의 일부로서 비교적 젊은 도시 엘리트 가운데에는 합리적인 독실한 신자들도 흩어져 존재한다.[32]

사회학 조사에 따르면, 모든 국가기구에 대한 일반화된 불신이라는 배경하에서 러시아인들은 교회를 자신들이 가장 신뢰하는 기관들 중의 하나로 여긴다.[33] 그렇지만 총대주교구는 여론에 대해 주목할 만한 영향력을 갖지 못한다. 러시아인의 3분의 2는 교회가 선거나 정치적 결정에 대해 영향력을 가져서는 안 된다고 생각하고 있으며, 거의 절반은 교회가 현재의 국가 문제에 있어서 전혀 경험이 없다고 여기고 있는 것이다.[34] 이와는 반대로 조사 대상자들은 정교회가 도덕적 가치의 확산에 기여하고 민족 정체성의 재구성에 적극적으로 관여해야 한다고 주장한다.[35] 페레스트로이카 시기 및 소련 붕괴 이후 초기에 정교회는 정치 권력층과의 관계에 대해 되돌아보아 숙고했고 민주 세력을 지지했다. 이러한 다양한 과정은 교회가 더 이상 자신을 민주주의와 자유주의의 개

---

30 A. Agadjanian, "Revising Pandora's Gifts: Religious and National Identity in the Post-Soviet Societal Fabric", *Europe-Asia Studies*, vol.53, no.3 (2001), pp.473~488.
31 B. Dubin, "Religion, the Church, and Public Opinion", *Russian Social Science Review*, vol.39, no.6 (1998), pp.51~67.
32 B. Dubin, "Orthodoxy in a Social Context", *Russian Social Science Review*, vol.39, no.3 (1998), pp.40~52; J. Garrard and C. Garrard, *Russian Orthodoxy Resurgent: Faith and Power in the New Russia* (Princeton-Oxford: Princeton University Press, 2008).
33 S. Filatov and R. Lunkin, "Statistika rossiiskoi religioznosti, magiia tsifr i neodnoznachnaia real'nost'", *Sotsiologicheskie issledovaniia*, no.4 (2005), pp.35~45, http://www.starlightsite.co.uk/keston/russia/articles/june2005/09Statistics.html (accessed 2009.4.23).
34 E. Bacon, "Church and State in Contemporary Russia: Conflicting Discourses", in R. Fawn and S. White(eds.), *Russia After Communism* (London-New York: Routledge, 2002), pp.97~116.
35 K. N. Kostiuk, "The Russian Orthodox Church and Society: Moral Cooperation or Ethical Conflict?", *Russian Social Science Review*, vol.44, no.4 (2003), pp.59~77.

념 안에서 인식할 수 없었던 1993년 가을 사태와 함께 대략 끝이 났다.[36] 총대주교구는 러시아에서 일어난 사회적·문화적 변화에 반응하면서 1990년대 후반에 자신의 이데올로기적 입장을 확고히 했다. 즉, 총대주교구는 정교회가 개인의 종교가 아니라 공동체의 종교라는, 다시 말해 교회법에 따른 영토 및 정교회 문명 개념을 중심으로 건설된 종교라는 개념을 발전시키기 시작한 것이다.[37]

총대주교구: 이데올로기적으로 분열된 기구

모스크바 총대주교구는 많은 내부적 갈등과 분열을 마주하고 있다. 성직자와 평신도 간의, 교구 성직자와 수도원 성직자 간의 갈등과 분열 등과 같이, 어떤 것들은 모든 교회 조직 기구에도 존재하는 문제들이다. 다른 갈등과 분열은 보다 명백하게 이데올로기적인 성격을 띠면서 흐루시초프 시기에 생겨난 것들인데, 이들이 소비에트 국가 및 KGB와의 협상의 의지의 다양한 정도, 상트페테르부르크와 모스크바 신학교의 교육 훈련의 차이에서 연유하였음은 말할 나위도 없다.[38] 하지만 분열은 보다 현대적인 정치적 이해관계로 설명될 수도 있다. 1990년대부터 교회는 세계교회주의나 자유주의적 흐름에 속하는 사제들을, 다시 말하면 알렉산드르 멘Alexander Men이라는 주요 인물의 영향을 받은 이들을 중요 기구의 직위에서 배제해 왔다.[39] 혁신자obnovlentsy라고 불린 이들은 모

---

36 C. Marsh, "Orthodox Christianity, Civil Society, and Russian Democracy", *Demokratizatsiya*, vol.13, no.3 (2009), pp.449~462.
37 K. Rousselet, "Les enjeux du pluralisme religieux en Russie post-soviétique", *International Journal on Multicultural Societies*, vol.2, no.2 (2001), pp.57~77; K. Rousselet, "L'Église orthodoxe russe entre patriotisme et individualisme", XXᵉ siècle. Revue d'historie (April, 2000), pp.13~24.
38 보다 자세한 사항은 N. Mitrokhin, *Russkaia pravoslavnaia tserkov': sovremennoe sostoianie i aktual'nye problemy* (Moscow: NLO, 2004), pp.174~232 참조.

스크바나 상트페테르부르크, 그리고 다른 지역의 몇몇 구역에서 계속해서 교구를 운영하고 있지만, 총대주교구의 중요한 행정 기능은 전혀 통제하지 못하고 있다.[40] 세속화에 대단히 비판적이기는 하지만, 알렉시 2세 총대주교 그 자신은 정교회의 가장 반동적인 경향의 일부가 아니었다. 그러나 이전에는 대외관계국을 책임지고 있었고 그 기구의 주요 이론가로 여겨졌던, 그의 차석이자 2008년 12월부로 그를 승계한 키릴 대주교는 이러한 반동적인 흐름에서 중요한 역할을 맡고 있다.

보수적인 집단은 눈에 띄게 총대주교구에 진출했고 주요 교구, 교육기관, 정책 결정 직위를 통제하면서 현재 유력한 지위를 차지하고 있다. 2007년의 화해 이전까지는 가장 급진적인 구성원들이 분열을 일으켜 보다 민족주의적이고 보수적인 해외러시아정교회Russkaia Pravoslavnaia Tserkov' zagranitsei에 가담하러 떠날 가능성이 중대한 관심사였기 때문에, 이들은 교회 내의 통합을 유지하는 데 여념이 없었던 알렉시 2세로부터 여러 가지 양보 조치를 얻어 낼 수 있었다.[41] 이에 따라 1990~2000년대에 일어난 변화는 총대주교구 측의 새로워진 이데올로기적 개입의 신호를 나타냈고, 총대주교구는 몇몇 매우 의미 있는 상징적 제스처를 취

---

39 알렉산드르 멘(1935~1990)은 소비에트 체제에 대한 정교회의 저항에서 가장 위대한 인물 중 한 명이다. 서구 교회와의 긴밀한 세계교회주의적 관계를 발전시켜야 한다고 열렬히 주장한 그는 비밀 기도자 집단을 이끌었고 KGB의 압력에 성공적으로 저항했다. 1990년 그는 아마도 급진적인 민족주의자들에 의해 살해당한 것 같다. 그의 생애에 대해서는 Y. Hamant, *Alexander Men, un témoin pour la Russie de ce temps* (Paris: Mame, 1993) 참조.
40 N. Mitrokhin, *Russkaia pravoslavnaia tserkov'*, pp.209~216.
41 10월혁명과 소비에트 체제를 받아들이기로 한 총대주교구의 결정을 인정하지 않기로 한 이후인 1920년대에 해외러시아정교회는 모스크바 총대주교구로부터 독자적인 조직이 되었다. 해외러시아정교회는 러시아 내의 몇몇 교구를 포함하여 세계 곳곳에 300개 이상의 교구를 갖고 있다. 해외러시아정교회는 모스크바 총대주교구가 무신론자 체제와 협력한 것을 인정하고 세계교회주의적 재통합에 참여하는 것을 그만두기를 원한다.

했다. 수년간 총대주교구는 황제 가문을 시성諡聖하는 데 반대해 왔지만, 1998년 알렉시 2세는 마침내 마음을 바꿨다. 언론은 이 시성을 소비에트 체제에 대한 비판이자 군주제 원칙에 대한 지지의 선언이라고 해석했다. 그러나 정치화를 경계하는 총대주교구는 차르 정치체제가 아니라 황제 가문의 고난과 마지막 로마노프 황제의 순교를 인정하여 행동했을 뿐이라고 진술했다.[42]

총대주교구는 교회 내의 보다 극단적인 흐름에서 발표되는 어떠한 성명도 비난할 생각을 하지 않았다. 에스닉 러시아 민족주의에 찬성하는 발언으로 유명했던 상트페테르부르크의 요안Ioann 대주교(1927~1995)는 사망할 때까지 계속해서 『내일』, 『소비에트 러시아』, 『정교회 러시아』Pravoslavnaia Rossiia 같은 여러 신문에 지독하게 외국인혐오적이고, 특히 반유대주의적인 논설을 발표했다. 정교회는 결코 그를 공공연하게 부인하지는 않았고, 그의 가르침은 계속해서 교회 내에서 널리 유포되었다.[43] 또한 총대주교구는 세계교회협의회World Council of Churches에 참여하는 것을 줄여 나갔고 이전에 수립했던 세계교회주의적인 관계를 주변화시켰다. 총대주교구가 2001년 교황의 우크라이나 방문을 반대한 후, 바티칸이 러시아 영토에 남아 있는 임시 가톨릭 관구 조직을 온전한 관구로 만들고 싶다고 선언하자 총대주교구는 바티칸과 공개적인 갈등관계에 들어섰다. 2003년 이후로 총대주교구는 자신의 세계교회주의에 근본적으로 반대하는 것으로 알려진 해외러시아정교회와 긴밀한 관계

---

42 A. Morozov, "Chto stoit za kanonizatsiei Nikolaia II?", *Nezavisimaia gazeta*, http://www.ng.ru/ideas/2008-08-12/1_nikolai.html (accessed 2009.4.23). M. Leeper, *The Schism of the Russian Orthodox Church and the Canonization of Nicholas II and the Royal Family* (Ph.D., Arlington: University of Texas, 2001), p.66.

43 총대주교구가 교회 출판사에 그의 글을 출판하지 말라고 분명히 요구했음에도 불구하고 그랬다.

를 재수립했다.[44]

총대주교구 외부에서 정교회, 러시아 민족주의, 군주제를 다양하게 조합하여 대표한다고 주장하는 몇몇 단체들이 출현했다. 교회 조직 기구와 정당 사이에서 매개자가 되고자 하는 이들은 언론의 주목을 끌기 위해 정교회와의 연관성을 정치화하려 했다.[45] 이들 중 일부는 두마 의원 몇 명을 지닌 정교도시민연합이나 티혼 대수도원장의 스레텐스키 수도원 모임 같은 정교도 인텔리겐치아를 대표한다.[46] 이러한 단체들은 도덕성, 애국주의, 정신적 가치로의 회귀를 중심으로 하는 강경한 사회적 보수주의를 내세운다. 이들은 군주정에 대한 지향과 현대 세계에 대한 종말론적인 견해가 훨씬 더 급진적인 운동단체들과 경쟁 관계에 있다. 그 한 예로는 1990년대 초 이래 정교회 급진주의가 발전한 주요한 장소 중 하나를 이룬 정교회형제단 Soiuz pravoslavnykh bratstv을 들 수 있다. 이 단체는 정교회 신자들만큼이나 많은 수의 평신도를 회원으로 지니고 있다.[47]

레오니드 시모노비치가 이끄는 정교회기수연합 같은 가장 급진적인 형제단은 검은 100인단의 이론을 채택했고,[48] 이 이론을 시간의 끝에

---

44 Z. Knox, "Russian Orthodoxy, Russian Nationalism, and Patriarch Akeksii II", *Nationalities Papers*, vol.33, no.4 (2005), pp.533~545.
45 A. Verkhovski, *Politicheskoe pravoslavie: Russkie pravolavnye natsionalisty i fundamentalisty, 1995-2001* (Moscow: SOVA, 2004); A. Verkhovski, "Politizirovannaia pravoslavnaia obshchestvennost' i ee mesto v russkom natsionalizme", in M. Laruelle(ed.), *Russkii natsionalizm v politicheskom prostranstve (issledovaniia po natsionalizmu)* (Moscow: INION, French-Russian Center for Research in Human and Social Sciences, 2007), pp.180~199.
46 A. Mitrofanova, *Politizatsiia "pravoslavnogo mira"* (Moscow: Nauka, 2004), pp.174~188.
47 K. Rousselet, "Le mouvement des fraternités orthodoxes en Russie", *Revue d'études comparatives Est-Ouest*, no.3-4 (1993), pp.121~138.
48 1905년 혁명 기간에 탄생한, 러시아의 주요 극우 운동단체인 검은 100인단은 1917년까지 계속해서 제국 당국, 특히 재정을 지원하고 포그롬이 있는 동안 경찰의 개입을 막은 비밀경찰조직 오흐

대한 종말론적인 정서와 결합시켰다. 라도네시 형제단Radonezhskoe bratstvo 같은 다른 단체들은 그렇게 급진적이지 않다.[49] 1999년에는 모든 전자 코드가 적그리스도에 이르는 문이라고 주장하면서 이에 반대하는 새로운 종말론적인 운동단체가 등장했다.[50] 이러한 단체들은 일종의 민족적 독재라고 이해되는 모든 군주체제에 대한 지향을 공개적으로 표명하고, 러시아의 전통적인 전제정과의 역사적 연관성에서 자신들의 주장의 근거를 찾는다. 이 단체들은 알렉산드르 네프스키와 드미트리 돈스코이의 축성祝聖을 모델로 하여 (반유대주의에 더해 각각 1552년과 1556년에 카잔과 아스트라한을 정복한 것으로 찬양을 받는) 이반 뇌제Ivan Grozny나 (이들의 주장으로는 프리메이슨에게 암살된) 라스푸틴 같은 새로운 인물들의 시성을 요구한다.[51] 현재까지 총대주교구는 이러한 제안을 고의적으로 거부하고 있다.

2000년대에 교회 조직 기구들의 이데올로기적 입장은 다소 복잡해졌다. 알렉산드르 베르호프스키Alexander Verkhovski는 이를 자유주의나 근대성 같은 개념의 거부에 기초하지만 과거로의 회귀의 가능성을 믿지

라나(Okhrana)의 조종을 받았다. 세계이스라엘연맹의 음모라고 하는 것을 폭로했다고 주장한 검은 100인단의 지독한 반유대주의는 그 유명한 『시온 의정서』(The Protocols of the Elders of Zion)를 근거로 한 것이었다.

49 S. Rock, "'Militant Piety': Fundamentalist Tendencies in the Russian Orthodox Brotherhood Movement", *Religion in Eastern Europe*, vol.22, no.3 (2002), http://www.georgefox.edu/academics/undergrad/departments/soc-swk/ree/rock_mpf_01.html (accessed 2009.4.23).

50 이 유파는 러시아 행정부가 여권용 전자 서명과 신원 확인 목적의 세금을 도입한 것이나 제품의 상업용 바코드에 반대한다. N. Mitrokhin, "Infrastruktura podderzhki pravoslavnoi eskhatologii v sovremennoi RPC. Istoriia i sovremennost'", in M. Laruelle(ed.), *Russkii natsionalizm v politicheskom prostranstve*, pp.200~254.

51 S. Rock, "Making Saints or How to Rewrite History: Orthodox Nationalist Heroes in Post-Soviet Russia", *VII Association for the study of Nationalities Conference* (Harriman Institute, Columbia University, April 3-5, 2003).

는 않는 일종의 근본주의라고 묘사한다.⁵² 알렉산드르 아가자냔Alexander Agadjanian 같은 다른 이들은 전통주의라는 표현을 선호하는데, 이로써 총대주교구가 옹호하는 사회적 견해의 근본적인 보수성을 강조한다.⁵³ 어떠한 정의를 내리든지에 관계없이 러시아정교회 그 자신은 사회의 점진적인 탈세속화에 찬성한다는 입장을 분명하고도 빈번하게 발표했다. 2000년에 발표된 「러시아정교회의 기본적 사회 개념」Osnovy sotsial'noi kontseptsii russkoi pravoslavnoi tserkvi(이하 「기본 개념」)에서 총대주교구는 차르 시기 정교회의 정치적 예속이 결코 영적인 독자성을 보장해 주지 않았다는 점을 상기하면서 교회와 국가의 분리를 인정한다고 말한다.⁵⁴ 그렇지만 문서에서 언급된 바와 같이, 정교회는 국가와의 분리를 받아들이기는 하지만, 사회로부터 분리되기는 거부하며, 자신이 사회적·문화적·정치적 문제를 주관할 권리를 가진다고 주장한다. 정교회는 정신적·애국적 시민 교육뿐만 아니라 군대 및 교육기관과의 특권적 협조 관계, 사회적·도덕적 문제(결혼, 이혼, 출생, 동성애자 권리)에 관한 법적인 결정에 관여하는 것 등과 관련된 문제에 있어서 국가와 협력하고자 한다.⁵⁵

총대주교구는 자신이 어떤 특정한 유형의 체제를 선호하지 않는다고 장담해 왔지만, 「기본 개념」은 명백한 정치적 위계질서를 내세운다.

---

52 A. Verkhovskii, "Religiia i konstruirovanie rossiiskoi 'natsional'noi idei' v nachale novogo veka", in A. Verkhosvkii(ed.), *Demokratiia vortikali* (Moscow: SOVA, 2006), p.173.
53 A. Agadjanian, "Breakthrough to Modernity, Apologia for Traditionalism: The Russian Orthodox View of Society and Culture in Comparative Perspective", *Religion, State & Society*, vol.31, no.4 (2003), pp.327~346.
54 "Osnovy sotsial'noi kontseptsii russkoi pravoslavnoi tserkvi", 2000, http://www.patriarchia.ru/db/text/141422.html (accessed 2009.4.23).
55 V. Chaplin, "Orthodoxy and the Societal Ideal", in C. Marsh(ed.), *Burden or Blessing: Russian Orthodoxy and the Construction of Civil Society and Democracy* (Boston: Institute of Religion, Culture and World Affairs, 2004), pp.31~36.

즉, 민주주의는 국민의 심오한 필요에 응답할 능력이 없다는 이유로 비난을 받는 반면에, 군주정과 신정체제는 세속 권력과 영적인 권력의 비잔틴적인 조화를 보장해 준다는 점에서 우월한 형태라고 간주되는 것이다.[56] 또한 정교회는 종교적인 차원에서 러시아가 단일한 국가라는 생각을 굳건하게 견지하고 있다. 즉,「기본 개념」은, 소수민족에 속하지 않는 시민은 누구나 정교도라고 가정할 수 있기 때문에 러시아인에 대해서는 정교도 민족이라고 말해야 한다고 주장하는 것이다.[57] 총대주교구는 정체성 소속과 종교적 실천을 같은 차원에 둠으로써 러시아에서 교회에 나가는 사람의 비율이 낮다는 것을 과소평가할 뿐만 아니라 개종현상의 의미를 약화시키려고 한다. 즉, 총대주교구의 목적은 모든 러시아인이 실제로 신자임을 증명하는 것이 아니라 모든 러시아인이 **다름** 아닌 정교도라는 것을 증명하는 것이다. 총대주교구가 내세우는 도식은 단순하다. 그것은 소수민족은 자신의 공동체 내에서는 예배 의식을 수행할 권리를 갖지만, 정교회는 전체 러시아의 공식 종교로서의 책임을 맡고 있다는 것이다.

　　이러한 민족 정체성과 종교적 정체성의 동일화는 문화주의 혹은 문명주의라는 거대한 지적 맥락 속에 각인되어 있다. 정교회의 주요 이론가이자 현재 총대주교인 키릴의 저서는 새뮤얼 헌팅턴의 주장을 신봉하는데, 이 주장에 따르면 세계는 종교에 의해 정의되는 문명들로 구분된다. 각각의 문명이 자기 지역 외부에 개입하기를 그만두거나 다른 문화 공간의 기능에 영향을 미치지 않는다는 조건에서만 세계의 안정이

---

56 Z. Knox, "The Symphonic Ideal: The Moscow Patriarchate's Post-Soviet Leadership", *Europe-Asia Studies*, vol.55, no.4 (2003), pp.575~596.
57 이에 대해서는 http://www.patriarchia.ru/db/text/141422.html (accessed 2009.4.23) 참조.

유지될 수 있다. 이러한 관점에서 보면 인간적 가치의 보편주의, 자유민주주의, 세속주의에 대한 언급은 다른 문화에는 적용될 수 없는 서유럽에 적합한 창조물이라고 여겨진다. 이 대신 정교회는 자신의 고유한 '인간의 권리와 명예 선언'을 제창하는데, 이는 인권에 반대되는 소위 국민권right of peoples 이론을 채택하고 개인보다는 공동체를 강조하면서 정체성에 관한 원초주의적 견해를 옹호한다. 이러한 문화주의적 이론에 따라 정교회는 세계화와 '서구 패권주의', 그리고 이것이 초래한다고 알려진 민족적 차이의 파괴를 통렬하게 비판한다.[58]

총대주교구의 논리에 따르면, 러시아는 현재의 국경을 훨씬 넘어 전체 포스트소비에트 공간과 정교회 발칸 국가들을 포함하는 데까지 이르는 정교회 문명의 일부이자 핵심적인 모체이다.[59] 이를 기반으로 하여 정교회는 정교회 문명에 포함된 (기본적으로 구소비에트 영토와 일치하는[60]) 교회법적 영토와 러시아 외교정책 간의 고유한 관계를 수립하고자 한다. 따라서 종교적인 의미에서의 형제국들은 모스크바에 유리한 정책을 추진하라는 요구를 받게 되고, 이에 따라 정교회는 우크라이나의 정책은 이해할 수 없고 세르비아, 벨라루스, 분리주의적인 트란스니스트리아 공화국의 친러적인 태도에는 찬사를 보내게 되는 것이다.[61]

---

58 A. Verkhovskii, "Tserkovnyi proekt rossiiskoi identichnosti", in M. Laruelle(ed.), *Sovremennye interpretatsii russkogo natsionalizma* (Stuttgart: Ibidem Verlag, 2007), pp.171~188.
59 N. K. Gvosdev, "The New Party Card? Orthodoxy and the Search for Post-Soviet Russian Identity", *Problems of Post-Communism*, vol.47, no.6 (2000), pp.29~38.
60 독립적인 에스토니아 정교회와 우크라이나 자치 정교회를 제외하면 포스트소비에트 국가의 모든 정교회는 모스크바 총대주교구의 일부를 이루는 반면에, 또 다른 독립적인 조직인 우크라이나 정교회-키예프 총대주교구는 자신도 자치적이지만 다른 총대주교구가 이를 인정하지 않는다고 주장한다.
61 A. Mitrofanova, *Politizatsiia "pravoslavnogo mira"*, pp.227~261.

그렇지만 비非정교도 러시아 시민에 의해 조성된 내부적 타자성이나 모스크바가 많은 갈등을 빚고 있는, 형제국이나 특히 콘스탄티노플 총대주교구 같은 다른 총대주교구로 대표되는 국가 영토 외부의 정체성 문제로 생각이 이르게 되면 이러한 문명주의적 원칙은 어려움에 부딪히게 된다.[62] 이러한 정교도 문명은 동심원과도 같이 상상된다. 즉, 러시아 태생이 아닌 러시아인과 형제국은 경계가 유동적인 하나의 단위를 이루지만, 그 중핵은 정교도인 에스닉 러시아인으로 구성되는 것이다. 총대주교구의 출판물 또한 기본적으로 민족중심적인ethnicist 이론을 선전하며, 국민의 다수는 직관적으로 이를 인식하고 있다. 예를 들어 키릴은 러시아인이 다른 존재들과 동화된다든지 혼합 결혼을 하길 바라지 않고, 러시아인을 이들과 뚜렷하게 구분되는 에스닉 집단으로 정의하면서 구밀료프식 표현으로 에스노스ethnos에 대해 논의한다.[63]

러시아정교회와 국가 간의 지난한 관계

페레스트로이카 초기의 종교적 자유주의 이후로 러시아정교회는 보다 규제를 가하는 법률을 요구해 오고 있으며 지나친 종교의 자유에 반대하는 캠페인을 전개해 오고 있다. 러시아정교회의 우려를 전혀 고려하지 않은 1993년 헌법은 국가의 세속화와 모든 종교의 평등을 보장하고 있다. 그럼에도 불구하고 1995년에 옐친은 아나톨리 크라시코프Anatoli Krasikov를 위원장으로 하는 종교단체와의 협력위원회를 창설했는데, 이

---

62 K. Rousselt, "L'église orthodoxe Russe et le territoire", *Revue d'études comparatives Est-Ouest*, no.4 (2004), pp.149~171; Z. Knox, *Russian Society and the Orthodox Church: Religion in Russia after Communism* (London-New York: Routledge Curzon, 2005).
63 A. Verkhovskii, "Tserkovnyi proekt rossiiskoi identichnosti", pp.171~188.

는 곧바로 정교회 구성원들의 지배를 받게 되었다. 이들은 러시아의 정교회 전통을 보존하고 자신들이 전체주의적이고 파괴적이라고 간주한 종파들에 맞서 싸울 필요가 있다고 주장했고 서구 선교단체들의 경쟁을 비난했는데, 이는 서구 선교단체들의 막대한 재정 지원으로 이제는 개방된 종교 시장에서 정교회가 불리해졌기 때문이었다.

1997년 6월에 양심의 자유와 종교단체에 관한 법안이 두마에 제출되었지만, 국제사회의 반응을 우려한 옐친은 이 법안의 위헌적 성격을 언급하면서 거부권을 행사했다. 그럼에도 불구하고 옐친 대통령은 당시 공산당과 자민당이 지배하던 의회와 정교회로부터 압력을 받아 신속하게 물러서야만 했다. 같은 해 9월 결국 그는 거의 변경되지 않은 내용의 안을 승인하고 말았다. 이 법안은 종교의 평등을 침해하고 러시아에 존재하는 일부 종교의 자유를 제한한다. 이 법안의 전문前文은 "러시아의 역사에서, 러시아의 영성과 문화의 구성과 발전에서 정교회의 특별한 역할"을 인정한다고 규정하고 있으며,[64] 정교회는 기독교라는 종교에 속하지 않는 것처럼 기독교에 대해서 언급해 나간다. 게다가 이 문서는 종교를 두 개의 법적 범주로, 즉 종교단체와 종교집단으로 구분하는데, 전자는 후자보다 더 많은 권리를 누린다.[65] 종교단체의 지위를 얻기 위해서 종교 공동체는 법무부에 등록하여 러시아에서 15년간 존재해 오고 있다는 것을 증명해야 한다. 이러한 규제의 목적은 1990년대에

---

64 "러시아 연방의회는 개인의 양심과 신앙의 자유, 그리고 종교나 신념에 관계없이 법 앞에서의 평등을 승인하고, 러시아연방은 세속국가라는 사실을 기반으로 하며, 러시아의 역사에서, 러시아의 영성과 문화의 구성과 발전에서 정교회의 특별한 역할을 인정하고, 러시아 민족들의 역사적 유산의 확고한 일부를 이루는 기독교, 이슬람교, 불교, 유대교 및 다른 종교들을 존중하며, 이것이 양심과 종교의 자유의 문제에 있어서 이해, 관용, 상호 존중을 진작시키기 위해 중요하다고 간주하면서 본 연방법을 채택한다."
65 종교단체는 출판, 재산 소유, 인력 고용, 대외 관계 등에 관한 권리를 지닌다.

러시아로 유입된 선교 집단의 권리를 제한하는 것이지만, 역설적이게도 이는 종교적인 면에서 소비에트 시기를 법적으로 타당하게 해주는 것으로 귀결되고 만다.

1997년 법안은 특별한 지위를 부여하지 않으면서 4개의 주요 종교(정교회, 이슬람교, 불교, 유대교)를 언급하고 있는데, 이 종교들은 2001~2003년에 러시아의 '전통 종교'로서 공식화된다. 이 4개의 종교만이 러시아종교간위원회Mezhreligioznyi sovet Rossii에서 회원 자격을 갖는데, 이 위원회는 정교회가 러시아에서 주요한 역할을 맡고 있음을 인정하고, 전통 종교는 사실상 민족적 정체성으로 간주된다는 이유로 전통 종교에 대한 선교 활동을 허락하지 않는다. 따라서 다른 종교 유파, 가톨릭, 개신교, 해외 단체들은 비전통적이라고 정의되며 때로는 종파와 합치되기도 한다. 2002년 법 이후로 극단주의에 대한 비난은 종교가 자신의 우월성을 주장하는 것을 포함하도록 확장되었고 바람직하지 않다고 여겨지는 종교운동 단체에도 적용될 수 있게 되었다. 민족부 장관 블라디미르 조린Vladimir Zorin이 작성했지만 두마에서 거부당한 초안은 개신교 운동단체와 가톨릭교회까지도 극단주의라고 언급했다.[66] 그 뒤를 이어 푸틴의 두번째 임기 동안 NGO의 활동과 관련 단체에 대한 외국의 재정 지원을 제한하고 이미 축소된 소수 종교 공동체의 권리를 약화시킬 목적의 몇몇 법안이 통과되었다.[67]

정교회는 점점 더 특권적 지위를 누리는데, 이는 모호하긴 하지만

---

66 B. Admiraal, "A Religion for the Nation or a Nation for the Religion? Putin's Third Way for Russia", in M. Laruelle(ed.), *Russian Nationalism and the National Reassertion of Russia* (London: Routledge, 2009), pp.203~217.
67 미국 국제종교자유위원회(United States Commission on International Religious Freedom)의 정책 포스(Policy Focus) 메뉴 참조. 웹사이트는 www.uscirf.gov.

러시아의 종교적 평등 이념에 위배된다. 총대주교구는 크렘린에 측근이 많다는 것을 자랑하는 반면에, 다른 종교들은 전혀 그러하지 못하다. 알렉시 2세는 1996년 옐친의 두번째 취임식에 초대받았고, 2000년과 2004년에는 푸틴의 취임을 축복했다. 전임자와는 대조적으로 푸틴은 공개적으로 자신이 신자임을 밝혔고, 대통령으로서 직무를 수행하는 동안에 정기적으로 수도원에 다녔으며, 총리로서도 계속해서 그렇게 하고 있다. 게다가 그는 종종 개인 자격으로 교회를 방문하고 교회 조직 기구 내에서 매우 영향력 있는 인물인 요안 크레스티얀킨Ioann Krestiankin 신부와 빈번하게 만난다.⁶⁸ 정교회가 제기하여 형법 282조에 따라 착수된 재판에서 정교회에 부여된 특권적 지위가 보다 확고해졌다. 그 재판은 2003년 사하로프 박물관에서 열린 '주목하라, 종교여!'라는 전시회가 종교적 증오의 선동이었다는 고소에 뒤따른 것이었다. 2005년 예술사 전문가들의 보고서가 제출된 뒤에 전시회 조직위원들이 기독교 상징을 희화하는 회화를 통해서 정교회에 대한 종교적 증오와 러시아인에 대한 민족적 증오를 선동한 혐의로 형을 선고받았다.⁶⁹

푸틴은 연설 중에 러시아의 영적 부흥에 있어서 정교회의 역할이 중요하다고 종종 언급했다. 2000년 신년 연설에서 그는 그리스도 탄생 2천 년에 대해 열광적으로 발언했고 정교회가 "국민과 국가 전체의 변치 않는 영적인 핵심"이라고 주장했는데,⁷⁰ 이는 소수 종교 대표들의 비

---

68 A. Verkhovskii, *Religion et "idée nationale" dans la Russie de Poutine*, Les Cahiers Russie, no.3 (2006), p.6.
69 논쟁과 재판에 관한 상세한 사항은 사하로프 박물관 웹사이트 http://www.sakharov-center.ru/museum/exhibitionhall/hall_exhibitions_religion_ostorojno.htm (accessed 2009.4.23)에서 참조할 수 있다.
70 "Putin nadeetsia, chto pravoslavie ukrepit Rossiiu", *Interfax*, January 7, 2000.

난을 받은 논쟁적인 표현이었다. 알렉시 2세 선출 10주년 기념일에 푸틴은 "신앙이 없었고 도덕적으로 타락했으며 무신론이 지배한 수많은 세월이 지나간 뒤에 러시아의 영적인 통합에서 정교회가 수행한 중요한 역할"을 다시 한번 강조했다.[71] 2004년에 그는 수도원을 방문하여 "물론 우리의 정교회는 국가로부터 분리되어 있지만, 사람들의 정신 속에서는 모든 것이 융합되어 있다"면서 정교회와 러시아 민족이 특별한 관계로 맺어져 있다고 말했다.[72] 게다가 대통령은 모스크바 총대주교구와 해외러시아정교회 간의 화해 과정에 개인적으로 관여하기도 했다. 2003년 뉴욕에서 그는 해외러시아정교회 대표들과의 회담에 참여했고, 2004년에는 알렉시 2세와 함께 해외러시아정교회 고위 성직자 라우루스Laurus 대주교를 영접했다. 그는 두 정교회가 화해하기를 권유했고, "러시아정교회의 재통합 과정은 정교회의 내부적 과정 그 훨씬 이상이다. 그것은 러시아 민족 자체의 재탄생과 재통합의 상징이다"라고 말하면서 다시 한번 이 행위에 상당한 민족적 중요성을 가미했다.[73] 2007년 5월에는 두 교회 사이에 종교법적 친교 협정이 체결되었다. 특히 모스크바 총대주교구가 소비에트 과거를 전적으로 비난하기를 거부함으로써 야기된 것과 같은 여러 의견 차이들로 인해서 두 기구가 여전히 갈라져 있기는 하지만, 이 협정 덕택에 분열이 종식되었고, 이에 따라 소비에트 문제는 괄호 안에 닫히게 되었다.

---

71 "Putin Lauds Church Role as Patriarch Marks 10 Years", *Johnson's Russia List*, #4359, June 9, 2000.
72 B. Admiraal, "Failing Freedom: Parties, Elites and the Uncertainty of Religious Life in Russia", in C. Marsh(ed.), *Burden or Blessing*, p.18에서 재인용.
73 *Orthodox Press Service*, no.290, http://www.orthodoxpress.com/index.php?action=article&group=display&numero=290&page=4 (accessed 2009.4.23).

국가 부흥의 수단으로서 정교회를 장려하는 대통령의 전략은 특히 근외에서 러시아의 역할을 재천명하는 것과 관련하여 외교정책 영역에서 명백하게 드러난다. 크렘린은 교회법적 영토에는 구소련 전체가 포함된다는 총대주교구의 성명을 지지한다. 총대주교구는 에스토니아와 우크라이나의 자치 교회 선언을 비난하고 발칸 국가들과의 정교회적 연대를 강조한다. 2000년 5월 제2차 세계대전 종전 50주년 기념일에 푸틴과 레오니드 쿠치마Leonid Kuchma 우크라이나 대통령, 알렉산드르 루카셴코 벨라루스 대통령은 알렉시 2세가 집전한 종교의식이 있은 뒤에 쿠르스크 전투에 헌정된 기념비의 베일을 함께 벗겼고, 이는 우크라이나와 벨라루스의 동방가톨릭교도Uniates와 가톨릭교도의 비난을 불러일으켰다.[74] 같은 해 보이슬라브 코슈투니차Vojislav Koštunica 세르비아 대통령이 방문했을 때 러시아 대통령은 세르비아와의 정교회적 연대를 주장하는 연설을 했다. 2005년 9월에는 아토스 산[75]을 방문하여 그리스와 러시아를 결합하는 긴밀한 종교적 관계에 대해 열광적으로 언급했고 "러시아의 힘은 다른 그 무엇보다도 영성에 있으며 …… 신앙의 부활은 현재 러시아 부활의 기초 가운데 하나이다"라고 선언했다.[76] 2007년 2월 푸틴은 국가와 국가 안보를 위한 두 개의 지주는 바로 핵 억지력과 정교회 신앙이라고 선언하면서 이러한 정교회적인 발언의 도구화를 강력하게 밀어붙여 그 논리적인 결과로서 외교정책을 희화화하기에 이르렀다.[77] 또한 2008년 외교정책 독트린은 처음으로 '세계적 경쟁은 문명적

---

74 "Russia, Ukraine, Belarus Leaders Recall WWII Unity", *Reuters*, May 3, 2000.
75 에게 해를 향한 그리스 북부 할키디키 반도에 위치한 산으로 9~10세기 무렵부터 그리스정교회 수도원이 들어서기 시작하면서 성산(神山)으로 여겨진다. ― 옮긴이
76 "Russia's Putin Visits Mount Athos Monastic Community", *The Pen Forum on Religion and Public Life*, http://pewforum.org/news/displays/php?NewsID=5335 (accessed 2009.4.23).

차원을 띠고 있다'고 지적하면서 '특별한 문명'에 관한 생각이 얼마나 널리 퍼져 있는지를 보여 주는 모호한 용어를 사용했다.

특히 외교정책 문제와 관련해서는 다른 정치 지도자들도 정교회 문명의 존재에 관한 교회 측의 신념을 받아들였다. 예를 들어 2003년 9월 로도스 섬에서 열린 '문명의 대화'에 파견된 러시아 사절단이,[78] 2004년에는 외무부 장관 이고리 이바노프Igor Ivanov가, 같은 해 유코스Yukos 사태와 관련하여 런던에서는 국방부 장관 세르게이 이바노프Sergei Ivanov[79]가 이러한 개념을 옹호했다. 정교회가 작성한 '인간의 권리와 명예 선언'이 1993년 헌법에 의해 승인된 인권의 국제적 정의와 모순됨에도 불구하고 2006년 외무부 장관 세르게이 라브로프Sergei Lavrov는 이를 공개적으로 옹호했다.[80] 이러한 정교회의 도구화는 대통령 측근과 정부에만 국한된 것이 아니라 사실상 정치 스펙트럼 전체에 걸쳐 지배적으로 나타난다. 즉, 많은 중요 유명 인사들이 개인적인 신념에 의해서가 아니라 선거상의 타산을 이유로, 즉 동정심과 정당성이라는 자산 ─ 그것이 실제적인 것이든 상상된 것이든 ─ 중 일부를 얻어 내기 위해서 종교의식에 참석하며, 교회는 이로부터 이득을 얻는 것이다. 이 현상이 워낙에 대대적으로 일어나자 러시아 언론은 홍보차 종교의식에 나가는 정치인들을 '촛대'podsvechniki라고 비꼬아 말한다.

두마에 의석을 가진 정당들은 모두 정교회를 보호할 필요성이 있다

---

77 2007년 2월 1일 있었던 푸틴의 기자회견문. http://www.kremlin.ru/appears/2007/02/01/1219_type63380type63381type82634_117588.shtml (accessed 2009.4.23).

78 "'Dialog tsivilizatsii' na Rodose", *Novyi konservatizm v Rossii*, http://neocon.sova-center.ru/25F21B4/28F837B/2C6C19C (accessed 2009.4.23).

79 "Rossiia trebuet ot Gruzii vernut' rakety", *Gala.Net*, http://news.gala.net/?cat=&id=157469 (accessed 2009.4.23).

80 A. Verkhovskii, *Religion et "idée nationale" dans la Russie de Poutine*, p.15.

고 강조하고 있다.[81] 1990년대 초 이래로 공산당은 러시아의 특수성 이념에 의해 뒷받침되고 있는데, 이 이념에서 정교회는 특별한 위치를 차지한다고 여겨지고 있으며, 공산당은 노골적으로 총대주교구의 지지를 얻어 내려고 한다. 지리노프스키의 자민당, '조국', 불법이주반대운동 모두 자신들이 서구의 선교사나 소위 광신적 이슬람으로부터 정교회를 보호한다고 주장한다. 특히 구세주 그리스도 성당의 재건축과 준공식 시기에 유리 루시코프의 정치 전략은 정교회 활동가로서의 이미지 구축에 바탕을 둔 것이었다. 통합러시아도 이러한 전통으로부터 크게 벗어나지 않는다. 비록 통합러시아 의원들 중 일부는 계속해서 국가 세속주의의 필요성을 강조하긴 하지만 말이다. 콘스탄틴 자툴린 같은 정교도 인물이나 정교도시민연합 출신 의원들, '러시아의 전통적인 영적·도덕적 가치를 지지하여'v podderzhku traditsionnykh dukhovno-nravstvennykh tsennostei Rossii라는 명칭의 과거 운동단체의 많은 멤버들을 공개적으로 포함하고 있는 대통령 정당에서 이러한 일부 의원들은 소수에 속한다고 할 수 있다. 또한 모든 정당들이 총대주교가 조직한, 그리고 푸틴 역시 참석하는 세계러시아민족회의Vsemirnyi russkii narodnyi sobor 모임에 대표를 파견하겠다는 점을 확실히 하고 있다.[82]

그럼에도 불구하고 푸틴은 정교회의 의견이 국익과 상반된다고 생각할 때마다 그 의견에 반대하는 일이 종종 있다. 2003년에 그는 디베예보에서 열린 사로프의 성 세라핌 시성식 50주년 기념식에 참석했는데, 이 축전의 정교회적인 성격을 지우기 위해 그는 다른 '전통 종교'의 대

---

81 I. Papkova, "The Russian Orthodox Church and Political Party Platforms", *Journal of Church and State*, vol.49, no.1 (2007), pp.117~135.
82 그렇지만 이 점에서 우파연합은 예외이다. N. Mitrokhin, *Russkaia pravoslavnaia tserkov'*, p.247.

표들과 동행했다. 같은 해 그는 총대주교구 측으로부터의 비난에도 불구하고 로마에서 교황 요한 바오로 2세와 만났다. 정교회가 자유롭게 구사할 수 있는 실질적인 상징자본과 경제적 특권을 가지고 있긴 하지만,[83] 그럼에도 불구하고 국가기구에 대한 정교회의 영향력은 비교적 미미한 편이라고 할 수 있다. 1997년 법안을 제외하면 정교회는 종교의 자유에 대한 법률을 더 이상 수정하지 못했다. 또한 정교회는 바라던 국가 공식 종교로서의 지위를 얻지도 못했다. 즉, 정교회는 공적 자금 지원을 공식적으로 받지 못하고 군대나 교육의 영역에서 원하는 만큼 나서서 활동하지도 못하고 있는 것이다. 게다가 정교회의 공식적인 기억은 국가의 그것과 크게 다르다. 예를 들어 정교회는 소비에트 체제의 희생자들을 여러 차례 시성한 반면에, 이와는 대조적으로 국가는 소연방과의 연속성이 화해의 과정에서 핵심적인 요인을 이룬다고 주장하는 데서 이러한 점이 분명하게 나타난다.

정교회, 군대, 학교 간의 기능하지 않는 애국주의 연합

총대주교구는 국가에 대한, 그리고 국가를 통한 사회에 대한 자신의 주요 영향력 수단은 민족감정의 찬미에 있다는 것을 충분히 인식하고 있다. 따라서 정교회는 순전히 종교적인 이유로는 접근할 권리가 없는 학교나 군대 같은 공식적으로는 세속적인 영역에 접근하는 전략의 중심에 '애국주의적 주장'을 두고 있다. 교회 조직 기구는 크렘린이 애국주의 교육을 추진하려는 시도를 할 것이라고 기대하고, 이와 관련한 국가

---

83 모스크바 총대주교구는 특별세가 면제되며 석유 수출 사업체나 면세 담배 수입업체 같은 여러 기업을 소유하고 있다.

프로그램의 개발로부터 이득을 얻는 데 큰 관심을 갖고 있다. 예를 들어 총대주교구는 애국주의 교육에 관한 몇몇 저서를 출판했고, 여러 신학교들은 정교회 신앙, 민족감정, 국가권력의 강화 사이에 자연스러운 등식 관계가 성립한다는 것을 증명하려는 회의를 조직했다. 이러한 점에 있어서 정교회의 논거는 꽤 반복적이고, 이 논거에는 권력의 조화라는 비잔틴 전통의 찬미, 19세기의 위대한 슬라브주의 작가들이나 이반 일린 같은 전간기 보수주의 사상가들에 대한 언급, 젊은 세대 사이에서 애국주의 감정의 우위를 확보하기 위해 문화에 수직적 권력을 적용할 것을 주장하는 것 같은 요인들이 포함된다.[84] 정교회 텔레비전 채널 '구세주'Spas에서도 유사한 테마의 결합이 발견된다. 2005년에 이반 데미도프Ivan Demidov가 출범시킨 이 채널은 군사 채널 '별'Zvezda을 모델로 하고 있으며, 오랫동안 자신의 채널을 요구해 온 총대주교구의 지지를 받고 있다. 러시아 민족의 영적인 필요에 응답해 주기를 희망하는 '구세주' 채널은 다양한 성직자들과 나탈리야 나로츠니츠카야나 알렉산드르 두긴 같은 정교회 평론가들에게 발언권을 주고 있다.[85]

1990년대 이래로 정교회는 군대와 특권적인 관계를 발전시키려고 노력하고 있다. 이러한 목적을 달성하기 위해 정교회는 자신이 민족 종교였고 군 기구에 대대적으로 존재했던 시기인 혁명 이전 러시아의 상황을 강조하기 시작했다. 역사적인 기념행사, 특히 러시아의 군사적 영광의 날들을 축하하는 행사에서 정교회는 러시아 군대의 승리는 정교회의 영적인 지지가 있었기 때문에 비로소 가능했다는 주장을 일관되

---

84 여러 출판물 가운데 *Pravoslavie i patriotizm: Materialy nauchno-prakticheskoi koferentsii Sobora pravoslavnoi intelligentsii, 26-27 marta 2004* (Saint Petersburg: Aleteiia, 2005) 참조.
85 이 채널의 프로그램 내용은 웹사이트 www.spastv.ru (accessed 2009.4.23)에서 찾아볼 수 있다.

게 되풀이하고 있다. 정교회는 민족의 부흥을 위해서 군대에 필요한 영적인 무장을 제공해 줄 수 있는 유일한 기구로서 자신을 내세운다. 1994년 3월 총대주교구와 국방부 장관 파벨 그라초프는 협력에 관한 첫번째 협정을 체결했다. 종무원은 그 주요 목적 중 하나가 군대와 협력하는 것이라고 말했고, 1995년에는 군대 및 방위 기구와의 관계에 관한 종무국이라는 특수 기관을 설립했다.[86] 1997년 4월에 원외 민족주의 단체들과 가까운 관계에 있었고 공개적으로 정교도라고 밝힌 당시 국방부 장관 이고리 로디오노프는 정교회의 특권을 확대하는 새로운 협력 협정을 체결했다. 또한 정교회는 다른 권력기관, 즉 내무부, 비상사태부, 국경수비대 등과도 유사한 문서에 서명했다.[87]

이러한 협정들은 다른 종교들의 불만을 샀다. 특히 이슬람 당국은 정교회가 자신의 우위를 주장하는 것을 비난했고 이슬람도 동등한 권리를 갖는다고 주장한다.[88] 또한 몇몇 군 인사들도 러시아의 내부적 안정을 염려해서든, 아니면 세속주의를 확고하게 지지해서든 러시아의 법률은 국가기관에서의 종교 활동을 금지한다는 점을 상기시킴으로써 이의를 제기했다. 정교회는 나름대로 혁명 이전 시기를 준거점으로 들면서 자신의 요구를 다양화하고 있다. 정교회는 성직자가 모든 병영에 들어가 의식을 거행할 권리를 가지며 군사기지에 예배당을 설치해 상주해야 한다고 요구하고 있다. 정교회는 군 인사와 함께 근무하는 군목

---

86 종무국 웹사이트 www.pobeda.ru (accessed 2009.4.23) 참조.
87 S. Mozgovoy, "Vzaimootnosheniia armii i tserkvi v Rossiiskoi Federatsii", *The Journal of Power Institutions in Post-Soviet Societies*, no.3 (2005), http://www.pipss.org/ducument390.html (accessed 2009.4.23).
88 여러 차례의 항의 끝에 2003년에 러시아무프티위원회(Sovet muftiev Rossii)는 결국 군과 협력 의정서를 체결했다. 게다가 정교회 사제들은 모든 군 인력에 대해 선교 활동을 전개할 수 있지만, 이슬람 대표들은 이미 이슬람교도인 병사들에게만 제한된 활동을 할 수 있다.

에게 법적인 지위가 주어져야 한다고, 그리고 마지막으로 이 군목 활동이 국방부로부터 직접적인 특별 재정 지원을 받아야 한다고 요구하고 있다. 하지만 처음의 두 가지 요구 사항은 이미 1990년대에 협력 협정의 체결과 함께 실행된 반면에, 세번째 요구 사항은 계속 거부당하고 있다.

또한 정교회는 군사훈련기관에 접근하는 데 성공했다. 예를 들어 정교회 사제가 수행한 정교회 문화 수업이 1996년에는 표트르 대제 군사학교에서, 그리고 2000년에는 대공방어 군사학교에서 실시되었다. 오늘날 이러한 교습은 거의 모든 군사기관과 사관학교에서 표준이 되었다. 프랑수아즈 도세Françoise Daucé가 지적한 바와 같이, "신성종무원은 신도들이 무기를 소지하는 것을 금지하지 않고 조국을 수호할 것을 격려한다".[89] 그렇지만 군사 성직자, 말하자면 군인 사제는 해결하기 어려운 문제로 남아 있다. 국가기구는 이들의 보유에 찬성하지 않으며, 총대주교구 또한 이 문제에 대해 의견이 갈라져 있는데, 이는 몇몇 사제들이 성경은 성직자의 무기 소지를 금지하고 있다는 것을 지적하기 때문이다. 사제 서품을 받은 군 인사가 기록된 경우가 있지만, 이는 개인적인 결정에 의한 것이었다. 또한 정교회는 전쟁과 관련해서도 입장이 모호하다. 총대주교구는 체첸 분쟁에서 크렘린을 지원했고, 수십 명의 종교인이 부대에 영적인 지도를 해주기 위해 군대에 합류했다. 그러나 동시에 정교회 기구는 젊은 병사 예브게니 로디오노프Evgeni Rodionov의 경우처럼 체첸에서 살해당한 군인에게 바쳐진 대중적 숭배의 예기치 못한 출현으로 곤란한 상황에 처한 듯이 보이는데, 많은 정교회 지지자들이

---

89 F. Daucé, "L'institution militaire face à la pluralité religieuse dans l'état russe", *Journal on multicultural Societies*, vol.2, no.2 (2001), http://www.unesco.org/most/vl2n2dau.htm (accessed 2009.4.23).

로디오노프의 시성을 요구하고 있기 때문이다.

상징적인 우위에도 불구하고 정교회는 아직 기대했던 결과를 얻지 못했다. 정교회는 군사기지에 200개의 예배당을 건설할 수 있는 허가를 받았고, 현재 약 2,000명의 사제가 군대에서 직무를 보고 있지만(군 인력의 8%), 이러한 수치는 크게 부족하다.[90] 따라서 사제 활동은 매주 예배를 수행하고 주요 의식을 집전하며 선전 책자를 배포하는 데 제한되어 있고, 실질적인 선교 활동은 이루어지고 있지 않다.[91] 군대에 관해 드물게 실시된 사회학 설문조사에 따르면, 군 인사는 특별한 정치적·종교적 견해를 지닌 독특한 사회계층을 이루지 않는 것으로 나타난다. 여타 사회에서보다 군대에서 신자나 교회에 나가는 사람의 수가 더 많은 것도 아니다. 게다가 정교회는 군대 내부의 사회적 어려움을 중단시킬 수 없다. 즉, 종교 인력이 상주하는 병영이라고 해서 군사 인력 간의 높은 폭력행위 비율, 알코올중독, 우울증, 범죄행위가 줄어들지는 않은 것이다. 또한 총대주교구가 조국에 대한 봉사라는 도덕적 의무에 호소하는 것도 의무의 이행을 거부하는 청년층에게 전혀 영향을 미치지 못한다.

총대주교구가 밝힌 의도에도 불구하고 종교적 재정복이라는 면에서 볼 때 군대는 총대주교구의 주요 우선순위 중 하나가 아닌 듯이 보인다. 총대주교도, 신성종무원 의원들도 군대에 관련된 활동에 개인적으로 참여하지도 않고, 군사기지를 공개적으로 방문하지도 않는다. 이러한 무관심은 대체로 상호적이다. 국방부는 ― 공개적으로 자신의 신앙

---

90 N. Mitrokhin, *Russkaia pravoslavnaia tserkov'*, p.337.
91 N. Mitrokhin, "Liubov' bez udovletvoreniia: Russkaia pravoslavnaia tserkov' i rossiiskaia armiia", *The Journal of Power Institutions in Post-Soviet Societies*, no.3 (2005), http://www.pipss.org/ducument401.html (accessed 2009.4.23).

을 밝히는 인사들이 있음에도 불구하고 ─ 정교회의 실질적인 능력에 회의적인 듯이 보이며, 정교회가 예전에 누렸던 혁명 이전의 지위로 완전히 복귀하는 것이 허용되어야 한다는 생각을 받아들이려 하지 않는다.[92] 2001~2005년에 국방부 장관이었던 세르게이 이바노프는 정교회와의 협력이 갖는 종교적인 역할보다는 애국적인 역할을 분명하게 강조했고 군대의 세속적 지위에 대해 자주 반복해 언급했다.[93]

국가와 교회의 공통된 애국주의 의제에서 두번째 갈등의 대상을 이루는 것은 학교 제도 내에 정교회가 존재하는 문제로, 이는 훨씬 더 양면적인 성격을 띠는 것으로 나타난다. 가장 급진적인 단체들을 제외하면 총대주교구는 학교 제도로 진입하는 전술에 대해 비교적 현실주의적이며 결코 학교 제도의 완전한 성직화를 요구하지는 않는다. 그럼에도 불구하고 이러한 교회-학교 관계에 관한 문제에 있어「기본 개념」은 다소 모호한 입장에 있다. 한편으로는 일부 구절에서 이 문서는 부모들이 원한다면 공립학교에서 아이들에게 종교 수업을 실시할 권리를 정교회가 갖는다고 주장한다. 다른 한편으로 다른 구절에서는 최소한의 정교회 문화 교육만이 모든 아이들에게 필수과목이 되어야 한다고 암시하기도 한다. 게다가 이 문서는 다른 종단이나 종교의 유사한 권리에 대해서는 어떠한 규정도 갖고 있지 않다. 여기에서 또다시 정교회가 세속주의를 수용한 것은 다른 신앙의 동등한 권리에 대한 인정을 의미하는 것이 결코 아닌 것이다. 그보다 정교회가 주장하는 것은 러시아 시민들은 단순한 선택을 할 수밖에 없다는 것이다. 즉, 이들은 자신이 정교

---

92 N. Mitrokhin, "Liubov' bez udovletvoreniia: Russkaia pravoslavnaia tserkov' i rossiiskaia armiia".
93 "Sergei Ivanov poblagodaril Russkuiu Pravoslavnuiu Tserkov' za vklad v patrioticheskoe vospitanie", Itar-TASS, April 13, 2005.

도라고 밝히거나, 아니면 어떠한 신앙도 결코 실천할 수 없다는 것이다.

1990년대 초 정교회는 각 학교 교장과 개별적인 협상의 대상이었던 선택 종교교육 과목을 제공함으로써 교육제도에 진입하려고 했다. 1994년에 역력해진 이러한 진입정책은 국가의 반대를 불러일으켜 국가는 학교에서 신학 수업을 금지했고 종교 학교에 대한 공적 자금 지원에 반대했다. 따라서 총대주교구가 확실히 종교교육을 가르칠 수 있기 위해서는 자신만의 네트워크(특히 정교회 학교, 소위 러시아 민족 학교, 종종 카자크인에 의해 운영된 사관학교)를 개발해야 했지만, 이는 통계적으로 유의미하지 않았다. 1990년대가 끝나 가면서 전반적인 상황이 변했다. 당시 교육부는 콤소몰이 주관하던 시민교육 과목이 없어짐에 따라 남겨진 공백을 염려하게 되었고, 선택 종교교육 과목을 제공하던 개신교 선교 NGO의 존재를 주로 규제하려고 했다.[94] 선교단체들이 야기한 스캔들은 총대주교구가 교육부 종사자와 총대주교구 구성원들로 이루어진 합동위원회의 창설을 요구하는 데 유리하게 이용되었다. 키릴 대주교는 성 티혼 정교회 신학원 총장이자 총대주교구 교육위원회 부위원장인 블라디미르 보로비예프Vladimir Vorobiev와 함께 정교회 문화에 관한 필수과목의 도입에 영향을 미쳤다.

수차례의 논의 끝에 2002년 10월 공문서에서 교육부 장관 블라디미르 필리포프Vladimir Filippov는 11학년 동안 내내 일주일에 1시간씩 가르치는 정교회 문화의 기초에 관한 과목이 도입될 것이라고 발표했다. 종교인이 가르치는 이 과목은 총 500시간 이상의 수업을 제공할 예정이었

---

[94] P. L. Glanzer, "Russian Orthodoxy, the Russian Ministry of Education, and Post-Communist Moral Education", in C. Marsh(ed.), *Burden or Blessing*, pp.53~60.

다. 하지만 이 제안은 푸틴의 확실한 지지를 받지 못했고, 그래서 연방 차원에서 대통령령으로 승인되지는 못했다. 따라서 이 수업의 필수과목 혹은 선택과목으로서의 지위는 지역 주지사의 재량에 맡겨졌다. 이 교육부 문서는 다른 지역 대표들과 러시아의 세속적 성격에 애착을 갖고 있는 모든 이들에게서 곧바로 격렬한 반응을 불러일으켰다. 몇몇 고위 지역 지도자, 특히 모스크바, 상트페테르부르크, 예카테린부르크 지도자들은 곧바로 이 계획을 실행하지 않겠다고 발표했다.[95] 2003년 2월 자신의 결정에 대한 강력한 반발에 놀란 장관은 이 수업의 시행은 지역 주지사가 아닌 학교장의 재량에 맡겨질 것이라고 발표함으로써 이 계획을 철회했다.[96]

2002년에 정교회 문화의 기초에 관한 첫번째 교과서 수만 부가 출판되었다. 이 교과서는 고위 부서의 승인 없이 합동위원회의 허가만을 받았고 곧바로 많은 비난을 받았다. 비록 이 과목은 정교회 문화 개론으로 소개되었지만, 그 안에서 논의된 문제는 분명히 신학적인 것이었고 종교 주일학교에서 가르치는 교리문답과 유사한 것이었다. 게다가 교과서 본문은 다른 종단과 종교에 대해 비판적인 태도를 취했고 반유대주의에 물들어 있었으며 창조론을 지지했다.[97] 2003년에 교육부는 정교회 문화의 기초에 관한 이 과목이 친親정교회적인 편향 없이 학생들에게 세계 거대 종교의 역사를 접하게 하려는 의도로 고안된 과목으로 전환될 것이라고 발표했다. 지자체의 승인에 따라, 권력층 수반의 이해관

---

95 N. Mitrokhin, *Russkaia pravoslavnaia tserkov'*, p.375.
96 N. Mitrokhin, *Klerikalizatsiia obrazovaniia v Rossii* (Moscow: Institut grazhdanskogo analiza, 2005), p.39.
97 *Ibid*., p.14.

계에 따라, 선생의 자발적인 활동에 따라 일부 학교에서 이 새로운 과목을 가르쳤지만, 이 과목이 만장일치의 지지를 받은 것은 아니었다. 2007년 11월 새로운 교육제도 개혁은 지역과 지자체가 소위 학교 교과과정의 지역적 요인을 제공하고 실시할 권리를 폐지했다. 정교회는 이러한 재중앙집중화에 염려하기도 했고 동시에 기뻐하기도 했다. 이제 국가가 정교회 문화에 관한 과목을 필수과목으로 만들 가능성이 존재하게 되었지만, 다른 대안을 열어 놓지 않고 선택과목의 제공을 거부할 수도 있는 것이다.[98]

이렇듯 정교회는 매우 역설적인 상황에 놓이게 되었다. 정교회는 통치 권력이 수립한 ― 국가의 종교적 다양성을 모호하게 관리하는 ― '위계적 다원주의'hierarchical pluralism[99] 내에서 지배적인 위치를 차지하고 있지만, 신앙의 문제에 관한 정교회의 요구가 권력의 동의를 얻은 것은 아니다. 즉, 다른 '전통' 종교의 자유에 대해서 제한이 두어지지 않고 있고, 세속주의가 러시아 국가의 법률적 준거점으로 남아 있으며, 총대주교구가 군사 기구에서 부분적으로만 성공을 거뒀을 뿐 지금까지도 학교 제도에서는 굳건히 뿌리내리지 못한 것이다. 정교회가 자신의 통제력 밖에 있는 사회에 대한 영향력을 획득하려고 한다면, 자신의 사회적 실천이 부족하다는 인정을 얻기 위해 국가에 호소하는 수밖에 없다. 이에 상응하게 국가는 자신을 민족적 화해의 동력으로 주장하는 것을 가능하게 해줄 상징자본을 획득하려고 하고 있다. 국가와 총대주교

---

98 "6 noiabria 2007: rasprostraneno zaiavlenie Patriarkha po povodu reform obrazavaniia", http://vera.impt.ru/nes/refobr07.html (accessed 2009.4.23).

99 A. Agadjanian, "Pluralisme religieus et identité nationale en Russie", *International Journal on Multicultural Societies*, vol.2, no.2 (2001), p.98.

구가 똑같이 공유하는 이러한 통합의 추구에서 중심적인 요인은 민족 정체성과 종교적 정체성의 동일화 및 문화주의적 전제 조건에 있다. 그렇지만 공식 담론에서 나타나는 정교회의 러시아적 특수성의 지역화는 정교회가 자신의 목적을 달성하지 못했다는 것을 알려 준다. 즉, 크렘린의 입장에서 총대주교구의 유일한 합법적인 기능은 러시아의 위대함을 정당화하고 러시아의 국가적·국제적 부활을 뒷받침하는 것이다. 국가는 결코 정교회가 아닌 자신만이 애국주의를 구성하는 문화적 요인들의 보고를 다룰 자격이 있다고 생각한다.

민족의 은유로서의 군대

또한 크렘린은 군사화된 교육 프로그램을 시행함으로써 애국주의적 의제를 성취하고 싶어 한다. 무엇이 사회 현실을 구성하는지에 대한 합의가 결여된 권력층은 군사적 은유의 문화적 보고를 활용하려고 한다. 군대는 정치체제를 가로지르는 국가의 역사적 연속성과 에스닉·종교적·지역적 차이에 대한, 그리고 이를 넘어서는 민족적national 통합을 상징한다. 군대는 국가권력을 구현한다. 즉, 전쟁보다 숭고한 국가의 목적은 없다. "군대가 없으면 러시아도 없다"는 푸틴의 발언은 이를 매우 분명하게 표현해 준다.[100] 그렇지만 이러한 사회의 군사화는 군대에 의한 민간인의 정치적 지배가 아니라 마치 소비에트 시기의 모델과도 같이 권력, 국가, 군대의 동일화로 귀결된다.[101] 따라서 제2차 세계대전이 새로운 애

---

[100] V. V. Putin, "Nam nuzhno grazhdanskoe obshchestvo, pronizannoe patriotizmom", www.lawmix.ru/content.php?id=182 (accessed 2009.4.23).

국주의 프로그램의 초점이 되는 것은 자연스러워 보인다. 러시아과학아카데미 산하 러시아역사연구소의 애국주의 전집에서 표현된 바와 같이, "군사적 역사만이 실제적인 세계관을 갖기"[102] 때문에 러시아는 "제2차 세계대전의 잠재력을 현실화할" 필요가 있다.[103] 이에 따라 제2차 세계대전이라는 합의적 역사에 대한 언급은 미래의 사회적 동원 능력이나 국가와 사회 간의 공통된 기반을 향하는 것이 될 수 있다.

사회가 군사력에 대해 깊은 의심을 품고 있던 역설적인 배경에서 민족의 은유로서 군대를 이용하는 일이 일어나고 있다.[104] 1990년대 내내 러시아 군대는 아프가니스탄 철군(63만 명이 동원되어 1만 5,000명 사망), 수차례에 걸친 체첸에서의 실패, 군 인력의 열악한 생활 조건, 군 고위 인사의 법 위반, 폭력적인 신병 괴롭히기(데도프쉬나dedovshchina)의 전통[105] 등에 따른 대체로 부정적인 군 이미지에 대처하려 했으나, 이는 소용이 없었다. 1990년대 초 군 예산을 대폭 삭감한 옐친은 1998년 승전 기념일 축하 행사 때에 다시 군의 긍정적인 역할을 강조했다.[106] 모든 국

---

101 M. Sapper, "Povsednevnost' voinstvennosti v Rossii: nasledie militarizovannogo sotsializma", *The Journal of Power Institutions in Post-Soviet Societies*, no.3 (2005), http://www.pipss.org/documenet381.html. 러시아 군대는 특별한 정치적 견해를 지닌 실체로 보이지 않는다는 점을 지적할 필요가 있겠다. 비록 1990년대 초반 군 고위 인사들은 주가노프나 지리노프스키에게 투표했지만, 군 그 자체는 민간인과 같은 견해를 공유한다. S. G. Simonsen, "Marching to a Different Drum? Political Orientations and Nationalism in Russia's Armed Forces", *Communist Studies and Transition Politics*, vol.17, no.1 (2001), pp.43~64.

102 V. A. Zolotarev, "Slovo k chitateliam", in *Patriotizm – dukhovnyi sterzhen' narodov Rossii* (Moscow: Ekonomicheskaia literatura, 2006), p.9.

103 S. A. Tiushkevich, "Mogushchii istochnik patriotizma", in *Patriotizm – odin iz reshaiushchikh faktorov bezoposnosti rossiiskogo gosudarstva* (Moscow: Ekonomicheskaia literatura, 2006), p.280.

104 F. Daucé, *L'État, l'armée et le citoyen en Russie post-soviétique* (Paris: L'Harmattan, 2001).

105 F. Daucé and E. Sieca-Kozlowski, *Dedovshchina in the Post-Soviet Military: Hazing of Russian Army Conscripts in a Comparative Perspective* (Stuttgart: Ibidem Verlag, 2006).

106 V. Sperling, "The Last Refuge of a Scoundrel: Patriotism, Militarism and the Russian National Idea", *Nations and Nationalism*, vol.9, no.2 (2003), pp.235~253.

가 기념행사에서 반복적으로 군을 찬양한 푸틴 시기에 이러한 과정은 한층 강화되었다. 푸틴의 전체 프로그램에는 2002년과 2007년 신군사 독트린의 작성, 소비에트 군 계급의 재도입, 징집제의 유지와 대체복무제의 거부, 예비역 장교 훈련 과정의 재개와 전체 동원 훈련을 통한 사회의 재군사화, 군비·해군·미사일 같은 전략 부문에 대한 군 예산 증가, 러시아 우주 계획의 재개 등이 포함된다.

푸틴의 두 번의 임기 동안 군사 부문에 투입된 자금(8년간 군 예산은 500% 증가했다)이 소비에트 군대의 논리를 정말로 현대화한 것은 아니다. 군 엘리트는 인구 위기가 한창인 러시아에서 징집병을 충원하는 데 드는 비용을 이해하거나 대체복무제와 직업군인제 개념을 받아들이는 데 어려움을 겪고 있다. 신병 길들이기는 거의 처벌받지 않고 있고, 장교들의 대규모 부패는 줄어들지 않고 있으며, 아프가니스탄전에서 두 차례의 체첸전 사이에 험준한 지형에서의 군사기술의 질적인 개선은 이루어지지 않았다. 졸탄 바라니Zoltan Barany에 따르면, 군 엘리트가 징집제로 제공된 막대한 노예적 무급 노동력의 상실이나 장교단 감축에 저항했기 때문에 군은 자체 개혁을 할 수 없었다.[107] 군 장교들은 대통령의 주요 지지자 일부를 이루기 때문에 푸틴 자신도 이러한 문제에 대해서 조치를 취할 여지가 거의 없었고, 따라서 영향력 있는 이 집단과 직접적인 대결을 펼치는 것을 내켜 하지 않았다.

군대가 정치 권력층에 대한 영향력을 회복하는 데 성공했다 하더라도, 다른 국가 안보기관, 특히 인력과 예산이 급격하게 증가했고 가장

---

107 Z. Barany, *Democratic Breakdown and the Decline of the Russian Military* (Princeton: Princeton University Press, 2007).

수익률 높은 상업·산업·금융기관에 사업체를 설립한 내무부나 정보기관에 비하면 여전히 불쌍한 의붓자식과도 같다. 하지만 스스로를 위해 활동하는 군대는 소비에트 과거에 기반한 광범위한 문화적 합의를 누리고 있고, 7,000개의 국가기업과 가족을 제외하더라도 약 200만 명의 직원으로 이루어진 군산복합체와 관계된 국민들의 지지를 받고 있다. 그렇지만 군대의 상징적·물질적 지위의 개선조차 군 복무를 회피하려는 청년 세대의 의심을 약화시킬 수는 없다. 2006년에 국방부와 아프가니스탄참전용사연합은 "군 복무는 무섭지 않다"고 주장하는 주요 광고 캠페인에 착수했다. 따라서 애국주의 프로그램의 주요 목표는 징집 대상자와 군대를 화해시키는 것이다.

애국주의 교육을 위한 국가 프로그램

2001년에 크렘린은 두마에게 '2001~2005년 러시아연방 시민 애국주의 교육'에 관한 첫번째 국가 프로그램에 표결하라고 지시했다. 이 프로그램의 서문은 러시아의 애국주의 의식의 상태에 대해 부정적인 평가를 내리며 소비에트 용어로 점철되어 있다. 이 프로그램은 국제주의적 감각의 상실을 애석해하고, 이기주의, 개인주의, 냉소주의, 제도에 대한 존중의 결여 같은 부정적인 태도의 만연을 비난하며, 위에서 언급한 어의론적 분리를 보여 주는 전형적인 예로서 "애국주의가 민족주의로 변모하기 시작했다"는 것에 대해 유감을 표명한다.[108] 이러한 상황을 바로 잡기 위해서 이 프로그램은, 박물관 전시회 같은 다양한 문화 활동의 조

---

108 "Gosudarstvennaia programma 'Patrioticheskoe vospitanie grazhdan Rossiiskoi Federatsii na 2001-2005 gg.'", http://www.ng.ru/oficial/doc/postan_rf/122_1.shtm (accessed 2009.4.23).

직, 군사적·애국적 주제의 역사·스포츠클럽이나 아마추어 군사 장비 단체의 설립, 참전용사 및 종교단체와의 협력, 유명한 역사적 전투나 작전의 재연, 전사한 소비에트 병사의 매몰지 조사 등을 통해 모든 세대와 사회계급에서 애국주의 의식이 배양되어야 한다고 요구한다. 이러한 애국주의 프로그램의 궁극적인 목표는, 시민들에게 군 복무를 각오하도록 하는 것, 러시아의 정신적 가치가 되살아나도록 하는 것, 그리고 보다 이데올로기적인 것으로서 '국가에 대한 이데올로기적 반대를 약화시키는 것', 이렇게 세 가지이다.[109]

2005년에 이 프로그램은 제2차 세계대전 종전 60주년 기념일에 전념했다. 이 프로그램은 다양한 계획에 관여했지만, 거의 모든 것이 군대에 관한 회의, 참전용사들과의 만남, 소련의 '영웅 도시' 방문,[110] '러시아, 난 너를 사랑해'라는 애국주의 노래 경연, '러시아의 젊은 애국자'가 되기 위한 예술 경쟁처럼 군사적 테마와 직접적으로 관련이 있었다. 그렇지만 이 프로그램에 배정된 낮은 수준의 자금 지원 — 1억 7,700만 루블, 즉 약 700만 달러 — 은 이 프로그램이 국가 예산의 우선순위로 여겨지지 않았다는 것을 말해 준다. 게다가 이 프로그램은 부처 간 프로젝트였기 때문에 국방부, 교육과학부, 문화언론부, 연방보안국, 대외정보국을 포함하는 여러 기관의 감독하에 있었고, 이로 인해 행정적 비효율성을 더한 혼선이 발생했다. 이 첫 프로그램이 끝날 무렵에 권력 부처들

---

109 "Gosudarstvennaia programma 'Patrioticheskoe vospitanie grazhdan Rossiiskoi Federatsii na 2001-2005 gg.'".
110 소비에트 정권은 제2차 세계대전 기간 동안 주요 전투가 벌어졌던 대도시에 '영웅 도시'라는 칭호를 수여했다. "Plan meropriiatii patrioticheskoi napravlennosti", 2005, http://ww.ed.gov.ru/files/materials/1640/plan_meropr_2005.doc (accessed 2009.4.23). [모스크바, 상트페테르부르크(구 레닌그라드), 볼고그라드(구 스탈린그라드) 등이 대표적이다. — 옮긴이]

은 프로그램이 연장되어야 한다고 주장했고, 푸틴은 이 제안을 즉각적으로 승인했다. 2006년 5월 대통령은 두마에서의 연설에서 애국주의 교육과 군 복무 간의 관계에 대해 분명하게 언급했다. 즉, 러시아 청년들이 군 복무에 대해서 동기부여가 부족한 것은 애국주의에 대한 긍정적인 재평가에 의해서만 방지될 수 있다는 것이다.[111] 애국주의적 자부심과 군대에 대한 숭배 간의 고유한 관계에 관한 개념은 귀중한 소비에트 전통의 일부이기 때문에 이러한 개념은 사회에서 좋은 반응을 얻고 있는 것으로 보인다. 2003년 레바다센터의 여론조사에 따르면, 응답자의 83%가 학교에서 기본 군사훈련을 도입하는 것에 찬성했다. 2004년에는 62%의 응답자가 애국주의 군사교육이라는 소비에트 시기의 관행을 부활하자는 생각을 지지했는데, 이에 비해 22%만이 이에 반대했다.[112]

그 기간이 2006년부터 2010년에 이르는 두번째 프로그램의 본문은 첫번째 프로그램의 주요 목적이 달성되었다고 선언한다. 그러나 비록 애국주의 교육의 전체적인 틀은 완성되었지만, 많은 지역들은 여전히 지방 조정위원회를 갖고 있지 않다.[113] 각 지방이 이 프로그램에 전념하도록 하는 것 외에도 이 새로운 문서는 청년층에 초점을 맞추고 있다. 이 문서는 초·중등학교 교사들에게 이 주제에 관한 특별 과정을 제공해야 하는 과학아카데미, 교육아카데미, 주요 고등교육기관이 수행하는 활동을 통해 교사들을 위한 애국주의 교육이 강화될 것이라고 내다

---

111 푸틴의 2006년 5월 10일자 러시아연방의회 교서. http://www.kremlin.ru/appears/2006/05/10/1357_type63372type63374type82634_105546.shtml (accessed 2009.4.23).

112 E. Vovk, "Patrioticheskoe vospitanie: slovom ili delom?", Fond obshchestvennogo mneniia, http://bd.fom.ru/report/map/d040530 (accessed 2009.4.23).

113 "Gosudarstvennaia programma 'Patrioticheskoe vospitanie grazhdan Rossiiskoi Federatsii na 2006-2010 gg.'", http://www.ng.ru/oficial/doc/postan_rf/122_1.shtm (accessed 2009.4.23).

본다. 이러한 논리에 따라 러시아과학아카데미 산하 러시아역사연구소는 중세부터 제2차 세계대전에 이르기까지 러시아 군대의 용맹스러움을 보여 주는 위대한 행위를 열거하는, 군사적 애국주의의 역사에 관한 전집을 발간했다. 그리고 이 전집은 이러한 역사적 일깨움의 현대적 중요성을 숨기지 않는다. 즉, 전집의 도입부는 애국주의를 "국민들의 조국에 대한 사랑, 조국의 이익과 안녕을 위해서는 모든 것, 필요하다면 자신의 생명까지도 바칠 준비가 되어 있는 마음"이라고 정의하고 있는 것이다.[114]

새로운 프로그램의 목표는 애국주의가 국가의 '정신적 중추'가 되도록 "러시아 시민의 애국주의 의식을 가장 중요한 가치 중의 하나, 도덕적·정신적 통합의 기초 중의 하나로 만드는 것"이다.[115] 비록 애국주의에 대한 보다 정확한 정의가 제시되고 있지는 않지만, 이 문서는 러시아 국가에 대한 자부심, 보다 무미건조하게는 조국에 봉사하고 조국에 대한 자신의 의무를 다할 필요성을 언급하고 있다.[116] 이러한 목적에서 이 프로그램은 국가기관뿐만 아니라 보다 중요하게는 시민사회까지 동원하려고 하며 텔레비전이라는 매체에 애국주의를 고취하는 데 관여할 것을 권장한다. 예를 들어 이 문서는, 국가가 애국주의에 관한 예술·문화 활동을 위임하고, 애국주의의 '예술적 잠재력' 개발에 재정을 지원하며, "언론·문학·예술 분야에서 애국주의 이념의 명예를 손상시키거나 가치를 저하시키려는 시도"에 반대할 것임을 시사했다.[117] 따라서 국가

---

114 *Patriotizm – dukhovnyi sterzhen' narodov Rossii*, p.2.
115 "Gosudarstvennaia programma 'Patrioticheskoe vospitanie grazhdan Rossiiskoi Federatsii na 2006-2010 gg.'", pp.1, 4.
116 Ibid., p.5.
117 Ibid., p.6.

의 언론 인수, 학문 분야에 대한 통제 강화, 몇몇 형태의 검열 부활 등 관리 민주주의의 모든 요소들이 이 프로그램의 명백한 일부를 이룬다.

보다 야심적인 두번째 프로그램은 첫번째 프로그램보다 세 배나 많은 재정 지원을 받았다. 이 프로그램에 5억 루블, 즉 2,000만 달러가 배정되었는데, 이는 약 60쪽의 부속 문서에 상세하게 언급된 200개 이상의 프로젝트에 배분되었다. 청년층 사이에서 애국주의를 고취하는 회의, 애국주의 교육에 관한 전문가 워크숍, 애국주의적으로 설계된 교과서, 비디오게임, 박물관 전시회, 음악 콘서트, 시와 민속예술, 스포츠 및 자동차 행사, 전국을 순회하는 '선동열차'agitpoezd처럼 볼셰비키 전통의 영향을 받은 활동 등 이러한 프로젝트의 절반은 명확하게 정의되지 않은 애국주의 교육의 개발에 관련된 것이며, 주로 방법론적·교육적 목적을 갖는다. 또한 이 프로그램은 "도덕적 가치의 회복에서 토대를 이루는 적절한 재생산 행위와 가족을 이루려는 의지에 관한 청년층 교육"을 장려하려는 의도를 갖기도 한다.[118] 제안된 다른 계획들은 직접적으로 군대와 연관되어 있어 제2차 세계대전에서의 위대한 전투와 종전 60주년에 대한 역사적 기념, 전사자를 숭배하는 카자크 전통의 장려, 다양한 군부대로의 참여 초대 등을 포함하고 있다. 현대적 사건으로는 두 가지만이 언급되고 있는데, 그것은 2009년 소비에트 군대의 아프가니스탄 철군 20주년 기념일과 2010년 다게스탄에서의 무장 병력에 대한 승리 10주년 기념일이며, 후자만이 유일하게 체첸전을 조심스럽게 언급하고 있다.

이 프로그램은 서유럽이나 북미에서는 시민교육이라고 일컬어질

118 Ibid., p.37.

만한 활동을 전혀 포함하고 있지 않다. 이 문서는 애국주의 교육 이념을 공식화하면서 국가기관에 대해 전혀 소개하고 있지 않으며, 3개 정부기구 간의 분리, 시민의 권리와 책임, 정치적·사회적 참여, 투표를 해야 하는 도덕적 의무 등을 언급하고 있지 않다. 궁극적으로는 자기 나라를 위해서 죽는 존재로서 시민의 의무는 수차례에 걸쳐 다루어지고 있지만, 시민의 권리는 전혀 존재하지 않는다. 이렇듯 개인은 **시민**citizen이라기보다는 국가의 **백성**subject으로 이해되고 있다. 국가가 의무적으로 시민의 권리를 존중하도록 하고 그 대가로 시민의 봉사를 요구하도록 하는 사회계약의 개념에 대해서는 조금도 언급되고 있지 않다. 러시아의 애국주의 교육은 시민권 문제와는 완전하게 분리되어 있다고 할 수 있는데, 이는 프로그램 활동 어디에서도 언급되지 않고 있다. 게다가 '소수민족', 특별히 시베리아 소수민족을 위한 일부 민속예술 경연을 예외로 하면 국가의 연방 구조나 민족적 다양성도 문서에서는 거의 언급되고 있지 않다. 더구나 이 프로그램은 마치 이슬람은 존재하지 않는 것처럼 정교회를 유일한 종교로 지칭한다. 예를 들어 형제국 우크라이나 및 벨라루스와의 우호 관계에 헌정된 기념물 부근에서 열린 슬라브 청년 축제처럼, 문화적·역사적 언급은 결코 시민적 의미에서 러시아적인 것이 아니라 전적으로 에스노문화적인 의미에서 러시아적이다.

군사화된 애국주의의 주력 기관

이러한 부처 간 프로그램의 실행은 애국주의 부활을 위한 세 개의 주요 기관, 즉 국가군사문화역사센터Rosvoenotsentr, 러시아 유소년을 위한 시민애국교육센터Rospatriottsentr, 러시아방위스포츠기구ROSTO, Rossiiskaia oboronnaia sportivno-tekhnicheskaia organizatsiia에 배정되었다. 옐친 치하이던 1997

년에 창립된 군사문화역사센터는 러시아해상역사문화센터의 재편 이후 국방부의 제안으로 설립되었다. 이 센터의 임무는 참전용사 단체를 지원하고 특히 러시아의 군사적 영광의 날들이나 5월 9일에 관련된 축하 행사들을 배경으로 하여 기념할 만한 군사적 활동을 조직하는 것이다. 또한 이 센터는 "러시아 육해군의 영웅적 역사와 전사의 전통을 전달하기" 위해 언론과 협력할 예정이다.[119]

1994년에 설립된 이 센터의 출판사 아름프레스Armpress는 다양한 군사 부대를 소개하는 포스터와 DVD, 군 휴일에 관한 교육용 소책자, 러시아 군대의 위대한 전투나 군 영웅, 특히 수보로프Alexander Suvorov, 쿠투조프Mikhail Kutuzov, 주코프Gregori Zhukov 3인방에 관한 서적 등을 포함하는 폭넓은 범위의 군대 선전 자료를 출간한다.[120] 이러한 모든 교육용 자료는 학교, 박물관, 도서관의 애국주의 교육 전문가뿐만 아니라 권력 부처의 청년 채용 담당자를 위한 것이다.[121] 또한 군사문화역사센터는 월간지 『조국의 애국자』Patriot otechestva를 발행하는데, 이 잡지는 바로 소비에트 애국주의 문화로부터 기대할 수 있는 내용을 모두 겸비하고 있어 애국주의를 가르치는 교사들의 일상적 경험에 대한 이야기, '부정적 현상으로부터의 보호' 방법, '국가의 집단적 창조성의 독특한 업적'(공장이나 기술)의 소개, 현대 군대와 주요 역사적 전투에서의 성인전 등을 포함하고 있다.[122]

---

119 이 센터의 웹사이트 http://www.rosvoencenter.mt.ru/ (accessed 2009.4.23) 참조.
120 알렉산드르 수보로프는 오스만제국에 대한 여러 전투에서 승리를 거둔 것으로, 미하일 쿠투조프는 1812년 나폴레옹의 군사 원정에서 그의 군대를 패배시킨 것으로 유명하며, 그레고리 주코프는 제2차 세계대전 때 소련군의 위대한 영웅이었다. 그는 스탈린그라드를 구해 냈고 레닌그라드 포위 공격을 뚫어 냈으며 베를린에서 나치 독일의 항복을 받아낸 것으로 신망을 받는다.
121 http://www.armpress.info/about.htm (accessed 2009.4.23).
122 http://www.armpress.info/patriot.htm (accessed 2009.4.23).

군사문화역사센터는 참전용사는 물론 청년층도 대상으로 하는 반면에, 러시아 유소년을 위한 시민애국교육센터는 그 명칭이 말해 주는 바와 같이, 보다 젊은 세대에 전적으로 전념한다. 2001년 애국주의 교육에 관한 첫번째 프로그램에 의해 교육부의 직접적인 책임하에 설립된 이 센터의 주요 목표는 이 프로그램에 관여하는 다양한 부처들, 특히 러시아연방 각 주체에서 이를 시행하기로 되어 있는 지역 센터들을 조정하는 것이다. 또한 이 센터는 러시아공군기념센터, 소련 및 러시아연방 영웅재단, 군사기념협회와 협력하기도 한다.

이 센터의 임무는 "청년층에게 사회 활동에 참여하고 국가의 이익을 수호할 것을 권장하는 것"이며 또한 사회에서 "도덕성과 인본주의 이념, 국가의 문화적·정신적 유산의 보존과 발전"을 강화하는 것이다.[123] 이러한 수사적 발언을 벌이는 것을 넘어 이 센터는 군사적 기념 활동, 특히 제2차 세계대전 전장 수색대poiskovye otriady와 매년 1만 명 이상의 성인과 청소년을 불러 모으는 주요 기념 수비대vakhta pamiati를 운영하기도 한다. 이 센터는 학교가 군사·스포츠 게임(자르니차Zarnitsa, 오를료녹Orlenok, 포베다Pobeda)을 조직하는 것에 도움을 주고 특별히 이러한 게임을 다루는 『젊은 신병이여, 앞으로!』라는 제목의 안내서나 군사 고고학과 무기 조작 기초에 관한 교육용 소책자를 출판하고 있다. 또한 이 센터는 소련 몰락 이후 없어졌다가 1999년 중등학교에 재도입된 군사 준비 과정을 위한 교과서를 출판하기도 한다.[124]

---

123 http://www.patriot-rf.ru/center/index.html (accessed 2009.4.23).
124 S. L. Webber, "La jeunesse et la sphère militaire en Russie: une zone (dé-)militarisée?" in A. Le Huérou and E. Sieca-Kozlowski (eds.), *Culture militaire et mobilisation patriotique dans la Russie de Vladimir Poutine* (Paris: Karthala, 2008), pp.171~192.

이 두 기관 모두 러시아방위스포츠기구와 긴밀하게 협력하면서 활동하는데, 이 기구는 1920~1930년대에 다양한 소비에트 군사기관들이 합병된 이후 1951년에 설립된 육해공군자원원조협회DOSAAF, Dobrovol'noe obshchestvo sodeistviia armii aviatsii i flotu의 후신으로서 1991년에 설립되었다. 이 단체는 군산복합체 및 미래의 군사기술 전문가를 양성하는 권력 부처와 깊숙이 관련되어 있다. 회원이 300만 명 이상인 이 기구는 국가의 경제·방위 잠재력을 강화하기 위해 스포츠 및 기술 활동(항공, 자동차, 탱크, 선박, 군사기술)을 통해 젊은 세대에게 군 복무를 준비시키는 것을 전문으로 한다. 이 기구는 다양한 국가기관의 요청에 따라 매년 60만 명의 할당 인력을 군 전문 직종에 추천한다. 또한 이 단체는 약 1,000여 개의 군사·스포츠 클럽을 운영하며 러시아를 대표하는 최고의 운동선수들을 관리하기도 한다.[125] 따라서 제2차 세계대전에 초점을 맞추는 애국주의 교육과 프로그램이 애초부터 군사적 성격을 띠는 이유의 일부는, 전적으로 군대를 중심으로 하고 군산복합체와 관련이 있는 기관들이 그 실행을 책임지는 전통에 의해 설명될 수 있다.

국방부와 안보기관의 출판물

국방부와 안보기관이 펴내는 출판물의 역할은 군사화된 애국주의의 고취라는 맥락에서 고려될 필요가 있다. 소비에트 시기로부터 전해져 온 권력 부처들은 거의 10여 종의 연방 신문을 보유하면서 출판계에서 비교적 널리 활동 중이다. 대부분은 전문적인 독자(경찰, 세관원 등)를 대상으로 하고, 폭넓은 독자층의 마음을 끌려는 시도는 거의 하지 않는다.

---

125 이 단체의 웹사이트 http://www.rosto-dosaaf.ru (accessed 2009.4.23) 참조.

2000년에 정보 안보 독트린이 채택된 이후로 중앙정부는 특히 군대와 관련된 국가 정보에 대한 통제에 많은 주의를 기울이고 있고, 군사 신문이 활황 중이다.[126]

국방부는 이러한 저널 4종을 발행하고 있다. 첫번째로, 1994년에 창간된 『군사선집』 Armeiskii sbornik은 기관 내부 문제에 초점을 맞춘다. 이 저널은 보통 고위 간부와의 인터뷰 및 이런저런 하위 부서에 대한 상세한 소개로 시작한다. 그다음에 이 저널의 대부분은 '권위의 실행'이라는 섹션에서 기술적 군사 전투를 다룬다. 두번째로, 2004년에 창간되어 군대의 현재 상태와 국가안보 문제를 전문으로 하는 『러시아군사논평』 Rossiiskoe voennoe obozrenie은 기술혁신, 국제협력, 군 내부 개혁과 현대화(계약직 군인과 교육)를 다루며, 주로 민간인 독자들을 위해 기획되었다고 할 수 있다. 세번째로, 『군사역사저널』 Voenno-istoricheskii zhurnal은 기사의 거의 절반을 소련군, 그 주요 전투, 제2차 세계대전, 특히 1인칭 이야기와 참전용사의 추억에 할애하는 역사 평론지이다. 지면의 나머지 절반은 18~19세기 제국군, 그 전투, 기관, 주요 인물들을 논의하는 데 할애된다. 마지막으로, 『군사사상』 Voennaia mysl'은 일반 대중을 위해 군사 교리의 이론적 문제들에 우선적으로 초점을 맞춘다.

역설적이게도 이 저널들 모두에서 애국주의 테마는 아주 작은 비중을 차지하고 있다. 비록 이 저널들이 국가의 안전을 보장하고 훌륭한 시민을 형성한다고 여겨지는 민족의 은유라는 지위로 군대를 치켜세우긴 하지만, 군대와 사회를 연결시키는 수단으로서 애국주의 교육을 다

---

126 E. Sieca-Kozlowski, "Du contrôle de l'information militaire au contrôle de la sociéte: les enjeux politiques des transformations des médias militaires", in A. Le Huérou and E. Sieca-Kozlowski (eds.), Culture militaire et mobilisation patriotique dans la Russie de Vladimir Poutine, pp.97~122.

루는 기사는 거의 싣지 않는다. 동시에 미래의 충원 방법에 관한 문제는 거의 제기되지 않는다. 2005~2007년에 이 4종의 국방부 저널들은 합쳐서 애국주의 프로그램과 기념 수비대에 관한 기사 한 편,[127] 애국주의 노래 경연과 관련된 다른 기사 한 편,[128] 학교 군사 박물관의 전통에 대해 논한 또 다른 기사 한 편만을 실었을 뿐이다.[129] 또한 이 저널들은 군대에 정교회 사제가 주재하는 것의 긍정적인 측면을 논의하는 기사 세 편,[130] 소비에트 해방자에게 헌정된 역사적 기념물을 둘러싼 2007년 러시아-에스토니아 위기 시에 친대통령 청년단체 '우리들의'가 전개한 행위를 지지하는 기사 두 편만을 게재했을 뿐이다.[131]

그렇지만 애국주의 문제를 보다 직접적으로 다루고 일정한 형태의 사회와의 상호작용을 대체로 지지하는 것으로 보이는 『장교』Oftsery라는 저널도 있다. 이 저널은 '러시아의 장교들'Oftsery Rossii이라는 단체의 주요 출판물인데, 공식적으로 이 단체는 어떤 부처로부터도 독립적으로 존재하며, "국가 지도부가 러시아 장교 군단의 복지와 사회적 지위를 개선하려는 목적의 사회적 프로그램을 실현하는 것에 도움을 주는 것"을 그 목표로 한다.[132] 이 단체는 고아, 과부, 참전용사에게 도움을 주는 것 같

---

127 "Vakhta Pamiati. Dorogi Voiny", *Armeiskii sbornik*, no.7 (2005), p.5.
128 "Vozrozhdenie Rossii – velikaia natsiolnal'naia ideia", *Rossiiskoe voennoe obozrenie*, no.5 (2006), http://www.mil.ru/info/1070/11620/23134/17644/index.shtml (accessed 2009.4.23).
129 "Voenno-patrioticheskoe vospitanie", *Voenno-istoricheskii zhurnal*, no.8 (2007), pp.39~46.
130 A. Yu. Glubev, "K voprosu o patrioticheskom vispitanii v Rossii i v ee vooruzhennykh silakh", *Voennaia mysl'*, no.2 (2007), pp.47~56; A. Yu. Glubev, "Problema poiska ideinoi osnovy dlia razvitiia Rossiiskoi armii", *Voennaia mysl'*, no.3 (2007), pp.66~71; V. M. Kotkov, "Armiia i tserkov': opyt sotrudnichestva", *Voennaia mysl'*, no.9 (2005), pp.37~41.
131 예를 들어 *Rossiiskoe voennoe obozrenie*, no.4 (2007), p.43; *Voenno-istoricheskii zhurnal*, no.5 (2007).
132 http://www.oficery.ru/category/progamma_oficery_rossii_o_fonde (accessed 2009.4.23).

은 특별한 임무 외에도 스포츠 활동을 조직하고 사람들에게 군사 직업을 소개하며 애국주의 정서를 강화함으로써 "파시즘, 외국인혐오증, 그리고 다른 형태의 극단주의"와 싸우고자 한다.[133] 이 단체의 저널은 군대뿐만이 아니라 국방부, 내무부, 법무부, 검찰, 경찰, 안보기관 등 모든 권력 부처를 전문적으로 다루는 첫번째 저널인데, 이때 그 목적은 또다시 "이러한 직업의 명예를 높이는 것"이다.[134] 이 저널은 군대의 영역인 외부적 위험을 다루는 사설보다는 경찰과 안보기관의 특권적 영역인 범죄율의 상승에 맞서 시민들을 보호할 필요성을 강조하는 사설을 많이 싣는다. "법과 법을 수호하는 이들의 신문"이라는 이 저널의 부제와 익명의 상업적 후원자가 많이 존재한다는 사실은 이 저널이 권력 부처 구성원, 소위 실로비키siloviki에 의해 통제되고 있다는 것을 말해 준다.

이 저널은 매호 섹션 전체를 국내정책 문제에 할애한다. 그 주요 주제는 이주·무역·조직범죄인데, 이러한 문제들은 이들 간에 존재한다고 주장되는 연관성을 강조하는 방식으로 논의된다. 저널에서 다루어지는 문제들은 실제로는 군대보다는 경찰 구성원들에게 훨씬 더 흥미로운 것들이다. 이 저널의 특징은 제2차 세계대전 중의 소련의 업적을 찬양하는 데 국한되지 않고, 소련과 동구권 간의 과거의 긴장 관계(1956년 부다페스트 봉기, 1968년 프라하의 봄, 아프가니스탄 개입, 동독 주둔 소련군 철수) 같은 논쟁적인 문제나 러시아가 관여하고 있는 현재의 분쟁(체첸전, 나고르노-카라바흐 분쟁, 조지아나 몰도바와의 긴장 관계)을 보다 많이 다루는 역사 섹션을 가진다는 점이다. 또한 이 저널은 신화적인 아마존

---

[133] http://www.oficery.ru/category/progamma_oficery_rossii_o_fonde (accessed 2009.4.23).
[134] http://www.offecers-magazin.ru/main (accessed 2009.4.23).

인, 바이킹, 중세 유럽의 십자군 같은 고대의 전사들과 러시아를 연관시키는 대중적인 전설을 인정하기도 한다. 따라서 이 저널은 군사 전문가 스스로에 의해서 운영되고 있지 않으며, 안보 연구에 아마추어적인 흥미를 갖고 있는 폭넓은 여론의 관심사 부근에 위치하려는 시도를 한다.

'러시아의 장교들' 웹사이트에는 '깃발' stiag이라는 다른 단체와 밀접하게 연관된 애국주의 교육에 관한 특별 섹션이 포함되어 있다. 후자의 단체는 스스로를 "조직, 정보 제공, 교육을 목적으로 하는 군사적·애국주의적 교육단체"라고 표현한다.[135] 2007년에 약 40개의 지역 애국주의 단체들이 설립한 '깃발'은 정교회의 영향을 받은 애국주의를 옹호한다. 그 웹사이트는 여러 종교적 상징을 전시하고 있으며, 애국주의와 신앙 간의 관계가 자명한 것으로 표현되고 있다. 또한 이 사이트는 아이들에게 애국주의 교육을 시작해야 하는 나이를 논의하고 공식 담론에서 정교회에 부여된 미미한 역할에 대해 불만을 제기하는 여러 기사들과 『젊은 영웅의 학교』라는 소책자를 출판하기도 한다.[136] 이러한 문서의 저자들은 정교회만이 러시아-시민 군대를 진정한 러시아-에스닉 군대로 변모시키고 조국의 위대한 중세 영웅들의 도덕적 가치를 회복할 능력을 가진다고 주장한다.[137] '깃발'은 러시아 여러 지역에서 정교회의 영향을 받은 몇몇 군사·애국주의 단체들이나 자원 준군사 순찰대들druzhina과 협력하고 있다.

이렇듯 역설적으로 애국주의 테마는 국방부와 직접적으로 연관

---

[135] http://www.stjag.ru (accessed 2009.4.23).
[136] "V kakom vozraste nado nachinat' vospityvat' zashchitnikov Otechestva", http://www.stjag.ru/article.php?nid=29270 (accessed 2009.4.23).
[137] "Pravoslavnoe soderzhanie russkogo patriotizma", http://www.stjag.ru/article.php?nid=29214 (accessed 2009.4.23).

된 저널에서는 그다지 눈에 띄지 않는 반면에, 『장교』와 유관단체에서는 지배적인 특징을 이룬다. 이러한 예는, 권력층이 조장하는 애국주의적인 분위기가 — 권력층이 이를 매우 명백하게 환영한다 하더라도 — 군대뿐만이 아니라 다른 권력 부처, 특히 안보기관에 의해 추동되고 있다는 몇몇 지방 연구자들의 가정을 뒷받침해 준다고 할 수 있다.[138] 소비에트 시기에 KGB가 러시아 민족주의 이데올로기를 고취하는 데 참여한 사실은 이미 잘 알려져 있다.[139] 그 자신이 연방보안국 출신이기도 한 푸틴과 가까운 이들의 역할, 그리고 애국주의를 지지한 첫 번째 기구인 대통령 행정실에서 이들의 지위 상승은, 비록 이러한 가설이 후속 연구나 보다 명확한 조사 없이는 입증될 수 없다 하더라도, 이를 확인시켜 주는 역할을 한다. 군대를 포함하는 권력 부처가 전체적으로 애국주의 프로그램의 제도적 중심이라고 한다면, 대통령 행정실 또한 다른 영향력 채널을 통해 이러한 프로그램을 추진하려고 한다.

군사화된 애국주의를 고취하는 문화적 방식

애국주의 테마를 고취하는 데 있어서 언론은 결정적인 역할을 한다. 푸틴이 집권한 이래로 대체로 텔레비전은 크렘린의 통제를 받게 되었고 국가가 자신의 메시지를 전파하는 주요 수단이 되었다. 독립성을 유지하고 있는 몇몇 신문(예를 들면 『노바야 가제타』Novaia Gazeta)이나 라디오 방송(예를 들면 '모스크바의 메아리'Ekho Moskvy)이 있기는 하다. 그러나 대부분의 텔레비전 뉴스나 정치 분석 프로그램은 친크렘린적인 입장을

---

138 러시아에서 국가안보기관을 전문적으로 다루는 익명의 연구자와 인터뷰를 실시했다.
139 V. Shnirel'man, *Intellektual'nye labirinty: ocherki ideologii v sovremennoi Rossii* (Moscow: Academia, 2004), pp.239~241.

취하고 있고 애국주의를 고취하는 역할을 맡고 있는 것으로 알려져 있다. 이때 주목할 만한 프로그램에는 미하일 레온티예프Mikhail Leontiev(푸틴이 좋아하는 사회자 중 한 명이라고 한다)의 「그러나」와 「거대 게임」, 알렉세이 푸슈코프Alexei Pushkov의 「추신」, 안드레이 카라울로프Andrei Karaulov의 「진실의 순간」, 엘레나 피사레바Elena Pisareva의 「러시아의 견해」 등이 있다. 특히 「스스로 판단하라」, 「사람들은 알고 싶어 한다」, 「결투」[140] 같은, 정치적 인물이 사회자나 방청객의 질문에 답하는 몇몇 토크쇼들도 역시 중립성이 결여된 것으로 알려져 있다. 그렇지만 애국주의의 유포는 제한된 시청자에게만 이르는 정치 방송에 국한되지 않는다. 사실상 이는 특히 애국주의적·외국인혐오적 고정관념을 보급하기 위해 스캔들 이야기에 초점을 맞추는 여러 방송을 통해 텔레비전 프로그램 편성의 모든 영역에 영향을 미친다.

2003~2004년 이후로 소비에트 시대부터 일종의 독자적인 장르를 이루고 있는 애국주의 콘서트에 점점 더 많은 방송시간이 주어지고 있다. 이러한 콘서트는 계획적으로 다양한 군사 부대에 대한 직업별 축하 행사, 러시아의 군사적 영광의 날들, 그리고 2월 23일, 5월 9일, 6월 12일, 11월 4일 같은 다른 주요 국경일과 동시에 열린다. 또한 콘서트는 가스프롬Gazprom 같은 대기업 기념일에 조직되고 국가의 성공을 상징적으로 표현하며 제1채널에서 저녁 황금시간대를 차지한다. 사회학자 베라 즈베레바Vera Zvereva의 연구는, 이러한 콘서트들이 모두 호화로운 개회사, 묵념의 시간 같은 의식적 행위, 상징적 배경으로서 애국주의적이고 군

---

140 「결투」 프로그램의 제목은 문자 그대로 하면 '장애물로'(k bar'eru)인데, 이는 참여자가 그 뒤에서 일단 결투의 시작을 선언하는 장애물이라는 의미에서 그러하다. 이 제목을 설명해 준 미샤 가보위치에게 감사의 말씀을 드린다.

사적인 물건, 주요 정치 인사나 버라이어티 가수(즉 에스트라다estrada)의 참석 등과 같은 유사한 의식상의 특징을 공유한다는 것을 보여 준다. 이러한 행사 중에 사용되는 주제는 다시 에스닉 러시아 정체성이라고 여겨지는 것과 밀접하게 연관되어 있으며, 슬라브 농민이나 카자크 의상을 입은 민요 그룹, 러시아 시골의 양식화된 연출, 정교회에 대한 반복적인 암시 등을 포함한다. 또한 유명한 영화나 노래를 통해 소비에트 과거도 들어가게 된다.[141]

2005년에 크렘린은 나치 독일에 대한 승전 60주년을 기념하여 '별'이라는 새로운 연방 텔레비전 채널을 출범시켰다. 채널의 명칭은 소비에트 및 이후의 러시아군 신문 『붉은 별』Krasnaia zvezda을 가리킨다. 2001년 첫번째 애국주의 교육 프로그램에서 언급되어 국방부에 의해 추진된 '별' 채널은 공식적으로는 광고 수입으로 자금을 제공받으며, 따라서 상업적 목적으로 존재한다. 하지만 이 채널은 스스로를 러시아의 "첫번째 애국주의 국가 텔레비전 채널"이라고 표현하며 "국가 유산의 보존을 위한, 새로운 세대의 애국주의 교육을 위한······ 조국을 위한 도구"가 되는 것을 그 목적으로 한다.[142] 이 채널의 최고 경영자가 설명한 바에 따르면, "자기 나라에 헌신적인 사람만이 국가의 이익과 조화롭게 살아가고 자기 나라를 수호하며 현재의 현실을 풍부하게 이해할 수 있다".[143] 자체 계산에 따르면, 이 채널이 다큐멘터리를 상영하고 기록 보관소 영

---

141 V. Zvereva, "Televizionnye prazdnychnye kontserty: ritorika gosudarstvennogo natsionalizma", in M. Laruelle(ed.), *Sovremennye interpretatsii russkogo natsionalizma*, pp.318~335.
142 "Patrioticheskii kanal 'Zvezda' nachnet veshchanie s mul'tfil'mov, muzyki i kino", http://www.media-online.ru/indes.php3?id=7286; S. Savushkin, "I ne nado gororit' o tuposti voennykh", *Novaia gazeta*, http://2005.novayagazeta.ru/nomer/2005/25n/n25n-s37.shtml (accessed 2009.4.23).
143 http://www.tvzvezda.ru/tv/about/ (accessed 2009.4.23).

상을 보여 줌으로써 군 그 자체에 할애하는 방송시간은 10%에 불과하다. 나머지 시간은 소비에트 고전 영화(주로 전쟁과 관련된 영화나 전쟁의 재연), 음악 행사, 만화영화의 재방송에 배분된다.[144] 이 새로운 채널이 출범할 때 사장은 특히 노골적으로 폭력적이거나 성적인 성격을 띠거나 "러시아인을 야만인이나 도적으로 묘사하는" 서구의 제작물은 거의 보여 주지 않겠다고 말했다.[145] 보다 지적인 '문화' Kul'tura 채널처럼 '별' 채널도 소비에트 과거와 관련된 문화적 합의에 기반하고 있다.

사실상 픽션은 애국주의 메시지를 보급시키는 주요 수단 중 하나이다. 1990년대 후반 이후로 러시아에서 제작된 TV 시리즈는 경찰, 군대, 정보기관과 관련된 테마에 점점 더 초점을 맞추고 있다. 2000년대에는 군사 픽션에 대한 대중적 관심의 표시로서 이러한 시리즈의 시청자가 증가했다. 그 예로는 다음과 같은 것들을 들 수 있다. 체첸인과 이들의 동맹 이슬람주의자들과 싸우는 엘리트 부대에 관한 시리즈「특수부대」(2002), 특수부대의 다양한 군사적 업적을 보여 주는 「신사도」(2002~2003), 아프가니스탄과 체첸에서 복무한 카자크계 직업군인의 이야기를 바탕으로 한「사르마트」(2004), 나치 독일에서 활동한 소련군 엘리트 부대의 희생을 기리는 시리즈「파괴공작원」(2004), 제2차 세계대전 동안 정교회와 적군 간의 협력을 강조하는「범죄인 부대」(2004), 수보로프 군사학교 청년 생도들의 모험을 이야기하는「사관생도」(2006), 징집병과 장교들의 일상생활에서 벌어지는 여러 모험과 재미있

---

144 S. L. Myers, "Red Star Over Russian Airwaves: Military TV Network", *New York Times*, February 11, 2005, p.A4; J. Bransten, "Russia: Patriotic TV Channel Nearing Launch, But Will Anyone Watch?", *RFE/RL Newsline*, http://www.rferl.org/reports/mm/2005/02/5-240205.asp (accessed 2009.4.23).

145 "Patrioticheskii kanal 'Zvezda' nachnet veshchanie s mul'tfil'mov, muzyki i kino".

는 일화를 바탕으로 한 「병사들」(2006).

영화에 대해서도 같은 점을 발견할 수 있다. 2000년대 초 이래로 애국주의 영화는 새로운 활력을 얻었고, 1996년에 설립되어 군대와 연관된 다양한 자선단체의 재정 지원을 받는 애국주의영화지원재단Fond podderzhki patrioticheskogo kino을 통해 국가의 지원을 받고 있다고 할 수 있다.[146] 2009년 이후로 특별 재정 덕택에 교육부는 "인본주의, 영성, 애국주의, 그리고 러시아 민족들의 다른 전통적 가치의 이념"에 바탕을 둔 영화를 위임할 수 있기까지 하다.[147] 또한 애국주의 영화의 주역 중 한 명인 니키타 미할코프는 제2차 세계대전 이후부터의 소련의 훌륭한 제작물들을 영화로 리메이크할 것을 제안하고 있다. 이러한 영화의 경우로는 연방보안국의 직접적인 재정 지원을 받아 2008년에 개봉한 「묵시록 코드」를 들 수 있는데, 이 영화는 그 자체가 정보요원의 업적을 이야기하기 위한 것이었고, 현재 러시아의 스타 중 한 명이 연기했다. 많은 작품들이 제2차 세계대전을 다루고 있다면, 아프가니스탄 및 체첸 분쟁에 초점을 맞추고 있는 다른 작품들도 있는데, 이들은 은유적인 형태로 국가의 현재 상태에 대한 성찰을 제공한다.[148] 모델과 시나리오는 대체로 정형화되어 있다. 전쟁은 신성하고 영원한 러시아의 이름으로 수행되는 정당한 명분으로 표현되고, 러시아 병사는 정직함과 고결함을 구현하며, 적은 악마나 동물의 특성을 나타낸다. 하지만 이전의 소비에트 영화와는 달리 포스트소비에트 애국주의 영화는 종종 군사 위계 조직의

---

146 이 재단의 웹사이트 http://www.patriotfilm.ru (accessed 2009.4.23) 참조.
147 A. Zaitseva, "Novoe kino Rossii: patriotizm za gosden'gi", *BBC Russia News*, http://nes.bbc.co.uk/gi/russian/russia/newsid_7712000/77221514.stm (accessed 2009.4.23).
148 B. Beumers, "Myth-making and Myth-taking: Lost Ideals and the War in Contemporary Russian Cinema", *Canadian Slavonic Papers*, vol.42, no.1-2 (2000), pp.171~189.

무능력을 암시하며, 항상 러시아 정신의 위대함을 가장 잘 전달하는 인물로 그려지는 평범한 병사와는 대조적으로 제2차 세계대전 중에 정보기관이 수행한 부정적인 역할을 때로는 넌지시 언급하기도 한다.[149]

아프가니스탄과 체첸을 다루는 영화들은 특히 이슬람교와 기독교 간의, 이슬람교도의 불필요한 폭력과 러시아인의 천성적인 평화주의 간의 대립에 관한, 다양한 최신식의 마니교적인 견해를 결합한다. 카프카스 민족들을 타고난 전사로 표현하는 이러한 영화들은 여기에서는 평범한 병사가 아니라 영국의 SAS에 해당하는 특수부대spetsnaz로 묘사되는 러시아의 군사력에 환호를 보낸다.[150] 전사는 모험 영화에서 있을 수 있는 유일한 근거로서 출연하는데, 여기에서 전사는 어려운 환경에서도 아름다운 사랑 이야기를 실행할 수 있는 담대한 마음을 가진 영웅으로 묘사된다. 현대 러시아 영화 사회학자 율리야 리데르만Yulia Liderman에 따르면, 이러한 상황은 부분적으로는 오락 영화가 부족한 탓으로 돌릴 수 있다.[151] 그렇지만 이러한 애국주의 영화의 물결이 성공한 주요한 이유는 이러한 영화가 국민의 대다수가 알고 있고 높이 평가하는 소비에트 시기의 이야기에 의거하고 있기 때문일 것이다.[152] 유사한 방식으

---

149 D. Gillespie, "Confronting Imperialism: The Ambivalence of War in Post-Soviet Film", in S. Webber and J. Mathers(eds.), *The Military and Society in Post-Soviet Russia* (Manchester: Manchester University Press, 2005), pp.80~93.

150 D. Gillespie, "Defense of the Realm: The 'New' Russian Patriotism on Screen", *The Journal of Power Institutions in Post-Soviet Societies*, no.3 (2005), http://ww.pipss.org/document369.html (accessed 2009.4.23).

151 Yu. Liderman, "Kurs na patriotism i otvet rossiiskogo kinematografa v 2000-e gody: Novye biudzhety, novye zhanry, novye fil'my o voine", in M. Laruelle(ed.), *Sovremennye interpretatsii russkogo natsionalizma*, pp.289~317.

152 M. Gabowitsch, *Le spectre du fascisme. Le nationalisme russe et ses adversaires, 1987-2007* (Ph.D., Paris: EHESS, 2007), pp.80~122.

로 러시아에서는 25~49세의 연령대에서 진정한 문학적 현상이 발견되고 있는데, 서구 픽션의 테마와 유사한 테마를 재생산하지만, 민족의 이름으로 주인공의 희생이 이루어진다는 점에서 여기에 애국주의가 겹쳐진 액션 소설boeviki이 바로 그것이다.[153] 크렘린이 오랫동안 찾아 온 애국주의적 합의를 일으키는 유일한 방식은 또다시 소비에트 시기의 문화적 배경에 의한 것이고, 이러한 맥락에서 전적으로 남성적이고 마초적인 형태로서이다.

제2차 세계대전에 대한 대중적 관심과 스탈린의 복권
논리적으로 애국주의의 군사화는, 군대는 민족을 구현한다는 생각과 전쟁은 민족의 힘이 스스로에게나 세상에 드러나게 되는 독특한 순간이라는 가정에 입각해 있다. 러시아 역사에서 민족과 전쟁 간의 이러한 친밀한 관계의 상징은 물론 제2차 세계대전이다. 1941년 6월 소련이 참전하게 되자 스탈린은 "전우들이여!"가 아니라 "나의 형제자매들이여"라고 시작하는 유명한 연설을 시작했고, 이로써 러시아 민족의 저항의 동력으로서 민족감정을 되살려 낸 반면에, 다른 소비에트 민족들은 부차적인 지위로 격하되었다. 일련의 대규모 억압이 끝난 뒤인 전후 시기에 소련공산당은 러시아 역사의 핵심적인 순간이자 사회주의 체제의 굳건함에 대한 확인으로 특징지을 수 있는 소위 대조국전쟁의 신화화를 통해 자신의 권위를 공고히 하려고 했다. 1990년대에 소비에트 문화

---

153 B. Dubin, "The Action Thriller (boevik) in Contemporary Russia", in S. Lovell and B. Menzel (eds.), *Reading for Entertainment in Contemporary Russia. Post-Soviet Popular Literature in Historical Perspective* (Munich: Verlag Otto Sagner, Arbeiten und texte zur Slavistik, band 78, 2005), pp. 101~116.

의 여러 요인들이 신랄한 문제 제기를 받거나 시대에 뒤떨어진 것으로 되어 버린 데 반해, 제2차 세계대전의 이미지는 이러한 모든 상황적 변화를 헤쳐 나올 수 있었다.

1990년대 초반의 설문조사에서든, 2000년대 후반의 설문조사에서든, 응답자의 약 80%가 대조국전쟁을 이제까지의 러시아 역사에서 최대 사건이라고 생각한다는 점이 확인된다. 비록 청년층은 1941년 6월 22일 나치 부대의 소비에트 영토 침공 같은 정확한 날짜에 구세대보다 그다지 정통하지 못하지만,[154] 사회계급과 연령에 관계없이 국민들은 대체로 이 전쟁을 러시아 역사의 주요 사건이라고 여긴다. 이 사건으로 창출된 통일성 앞에서 다른 주요한 역사적 순간들은 바로 그 합의를 이루어 내지 못한다는 점 때문에 의미가 퇴색한다고 할 수 있다. 따라서 전소 러시아여론조사센터와 레바다센터가 정기적으로 실시한 국가의 10가지 주요 시대에 관한 사회학 설문조사에서 혁명 이전의 과거에 대해서는 단 한 차례도 언급되지 않았는데, 이는 너무나 멀리 떨어져 있고 복잡한 감정을 불러일으키기 때문이다. 또한 20세기 말의 대립적인 사건들도 점차 잊혀져 가고 있다. 1990년대의 여론조사에서 두드러지게 나타났던 1991년 8월 쿠데타는 더 이상 상위 10가지 역사적 참조 사항으로 언급되지 않아 페레스트로이카나 심지어는 소련의 붕괴처럼 참조 목록에 존재하지 않게 되었다. 시간이 흐름에 따라 목록상에서 순위가 오른 유일한 것은 1961년 유리 가가린Yuri Gagarin의 우주비행인데(1989년 31%에서 1999년 54%로),[155] 이는 냉전이 되돌아왔다는 감정과 미국과의

---

154 A. Petrova, "22 iiunia – nachalo voiny", *Fond obshchestvennogo mneniia*, http://bd.fom.ru/report/map/of022202 (accessed 2009.4.23).

기술 경쟁 때문이다.

제2차 세계대전은 갈수록 더 민족주의적인 용어로 묘사된다. 그 국제적인 맥락이 일부 삭제되어 연합국에 대한 언급이 명확하지 않을 뿐만 아니라 소련이 외부의 도움 없이도 전쟁에서 승리할 수 있었을 것이라는 생각이 대두되고 있다. 또한 이 사건에 대해서 엄밀하게 러시아적인 특성이 증가하고 있다. 즉, 러시아인이 실제로 전투에 참여한 거의 유일한 민족이었다는 주장과 함께 다른 소비에트 민족들의 역할은 갈수록 더 부인되고 있는 것이다. 게다가 약 2,500만 명에 이르는 소련인의 대규모 피해에 대한 분석은 전쟁과 고통 간의 연관성을 강화시키는 역할을 하고 있다. 인명 피해는 사람들의 고통에도 불구하고 이에 환호를 보내는 러시아 민족의 영웅주의를 반영한다고 알려져 있다. 사회학자 레프 구드코프가 설명하는 바와 같이, 제2차 세계대전은 오늘날 부정적으로 인식되는 개념인 국가나 권력층을 언급하지 않고도 개인들이 자신들의 이야기를 할 수 있도록 해준다. 그 주된 감정은 서유럽 사람들과는 달리 러시아인들은 고난과 갈등과 고통의 시기에 자신들의 진정한 특성을 드러낸다는 것이다.[156] 이를 통해 이들이 러시아 정체성에 대해 갖고 있는 견해가 곧바로 확실하게 드러나는데, 이 러시아 정체성에는 인내, 삶의 어려움에 대한 저항, 영성, 집단주의, 환대의 마음 등의 특징이 포함된다.[157]

제2차 세계대전 중의 사상자 규모는 소련의 잘못된 운영이나 스탈

---

155 L. D. Gudkov, "Pobeda v voine: k sotsiologii odnogo natsional'nogo simvola", in L. D. Gudkov, *Negativnaia identichnost': Stati 1997-2002 gg.* (Moscow: NLO, 2002), p.21.
156 Ibid., p.39.
157 L. D. Gudkov, "Struktura i kharakter natsional'noi identichnosti v Rossii", *ibid.*, p.135.

린의 군사 준비 부족과는 점점 더 관련성이 없는 것으로 되어 가고 뜻밖의 '독일의 침공'에 러시아가 놀란 것으로 설명되고 있다.[158] 그렇다면 사건에 대한 이러한 해석은 러시아가 희생국이라는 일반적인 견해를 뒷받침해 주게 된다. 응답자 2명 중 1명은 모스크바가 핀란드, 발트 3국, 폴란드를 침공할 수 있도록 해준 몰로토프-리벤트로프 조약[독소 불가침조약]과 그 비밀 의정서에 대해 들어본 적이 없다. 이 역사적 사건을 알고 있는 사람들 가운데 많은 이들은 그것이 허위 선전 문서였다거나 히틀러의 전술 중 하나였다고 믿거나, 전쟁 준비를 보다 철저히 하기 위해서 소련이 이러한 양보를 하는 것 외에는 다른 선택의 여지가 없었다는 소비에트 시기의 설명에 귀를 기울인다.[159] 게다가 페레스트로이카 시기 동안 표현의 자유에서 핵심적인 역할을 했던 1930년대의 대규모 탄압은[160] 점차 집단적 기억에서 지워져 가고 있다. 1989년에는 응답자의 36%가 이를 20세기 러시아 역사의 주요 사건이라고 간주했는데, 1999년에는 그 수치가 11%로 떨어졌고,[161] 2003년에는 1%로 내려앉았다.[162] 보다 일반적으로는 응답자의 3분의 2가 러시아는 역사적으로 침략자의 역할을 한 적이 없고 그보다는 끊임없이 공격을 받은 나라라고 여긴다.[163] 기억의 담론에서 차르 제국의 식민지 정복은 존재하지 않고, 이로 인한 몇몇 민족들의 고통은 전적으로 부인된다. 즉, 러시아인만이

---

158 L. D. Gudkov, "Pobeda v voine: k sotsiologii odnogo natsional'nogo simvola", *ibid.*, p.41.
159 L. D. Gudkov, "'Pamiat'' o voine i massovaia identichnost' rossiian", *Pamiat' o voine 60 let spustia. Rossiia, Germaniia, Evropa* (Moscow: NLO, 2005), p.102.
160 M. Ferretti, *La memoria mutilata: la Russia ricorda* (Milan: Corbaccio, 1993).
161 L. D. Gudkov, "Pobeda v voine: k sotsiologii odnogo natsional'nogo simvola", p.21.
162 L. D. Gudkov, "'Pamiat'' o voine i massovaia identichnost' rossiian", p.94.
163 L. D. Gudkov, "Struktura i kharakter natsional'noi identichnosti v Rossii", p.139.

집단적인 고통을 자랑할 수 있다는 것이다.[164]

제2차 세계대전과 소연방에 대한 이러한 긍정적인 견해는 스탈린의 복권이라는 당연한 결과를 수반한다. 군사 역사, 대안 역사, 반유대주의적 음모 같은 러시아 출판계의 번창하는 분야에서 많은 서적이 스탈린을 다루고 있다. 세계 무대에서 러시아의 지위를 보장해 준 위대한 전략가로 표현되는 '민족의 아버지'는 문학 영역에서 중요한 위치를 차지한다.[165] 또한 그는 여론조사에서도 인기가 높다. 1989년에는 응답자의 12%가 스탈린을 모든 국가의 모든 시기에서 주요 인물이라고 간주했는데, 1999년에는 그 수치가 35%에 이르렀다.[166] 2000년에 스탈린은 "20세기 러시아의 가장 훌륭한 지도자"로 지명되었고, 2003년에는 러시아 역사에 있어서 그의 긍정적인 역할에 대한 평가가 53%에 이르렀다.[167] 청년 세대도 이러한 견해에 있어서 뒤처지지 않아서 16~29세 인구의 56%가 스탈린에게는 "과보다 공이 많다"고 생각한다.[168] 마지막으로, 선거 캠페인의 일환으로 2003년 가을에 실시된 설문조사에서 응답자의 4분의 1 이상이 2004년 3월 대선에 스탈린이 출마한다면 그에게 표를 던지겠다고 말했다.

---

164 E. Thomson, "Discourse, Empire and Memory in Postcommunist Russia", *New Zealand Slavonic Journal*, vol.37 (2003), pp.155~164.
165 V. Oskotskii, *Polemika: Stalinizm, ksenofobiia i antisemitizm v sovremennoi russkoi literature* (Moscow: Academia, 2005).
166 B. Dubin, "Dve daty i eshche odna: Simvoly proshlogo kak indeks otnosheniia rossiian k peremenam", *Vestnik obshchestvennogo mneniia*, no.5 (2006), pp.18~26.
167 L. D. Gudkov, "Stalin i prochie: Figury vysshei vlasti v konstruktsii 'proshlogo' sovermennoi Rossii", in B. Dubin, *Zhit' v Rossii na rubezhe stoletii. Sotsiologicheskie ocherki i razrabotki* (Moscow: Progress-Traditsiia, 2007), p.348.
168 S. E. Mendelson and T. P. Gerber, "Failing the Stalin Test", p.2; S. E. Mendelson and T. P. Gerber, "Soviet Nostalgia: An Impediment to Russian Democratization", *Washington Quarterly* (Winter 2005-2006), pp.83~96.

지배 엘리트는 이러한 스탈린 숭배를 영리하게 지속한다. 2004년 모스크바에 있는 무명용사의 묘 앞에서 푸틴은, 종전 60주년 기념일을 준비하고 "스탈린그라드 수호자들의 영웅적 행위에 대한 존경심을 건설하며 러시아 국가의 역사를 보존하기 위해서" 볼고그라드의 명칭을 스탈린그라드로 바꿀 것을 요청했다.[169] 2005년 3월에 볼고그라드 시는 한 발 더 나아가 제2차 세계대전의 승자로서 루스벨트 및 처칠과 함께 스탈린 동상을 세우기로 결정하기까지 했다.[170] 실제로 크렘린은 이 공산당 지도자와 푸틴을 신중하게 비교한다. 2004년에 통합러시아의 두마 대변인 보리스 그리즐로프는 스탈린의 묘에 헌화하면서 어려운 시기에 스탈린이 러시아에 기여한 바를 잊지 말자고 대중에게 요청했고, 러시아가 역사적으로 또 다른 중대한 시기에 처해 있으며 그 어느 때보다도 권위주의적인 지도자를 필요로 한다는 점을 암시했다.[171] 그렇지만 화해의 논리는 양보가 이루어져야 한다고 요구하기도 한다. 즉, 모스크바 재판 70주년 기념행사가 열린 2007년에 푸틴은 스탈린 체제의 숙청으로 희생된 사람들에게 헌정된 주요 기념지인 부토보Butovo를 방문한 것이다.[172]

2008년에 '러시아의 이름'Imia Rossii이라는 텔레비전 방송은 민족을

---

169 "President Restores Name 'Stalingrad' to Moscow War Memorial", *RFE/RL Newsline*, http://www.hri.org/cgi-bin/brief?/news/balkans/rferl/2004/04-07-23.rferl.html#11 (accessed 2009.4.23).
170 "Stalin Monument to Be Erected by V-Day", *RFE/RL Newsline*, http://www.hri.org/cgi-bin/brief?/news/balkans/rferl/2005/05-05-10.rferl.html#15 (accessed 2009.4.23).
171 L. D. Gudkov, "Pamiat" o voine i massovaia identichnost' rossiian", p.96.
172 S. Kishkovsky, "Putin Visits Memorial to Victims of Stalinist Great Terror", *International Herald Tribune*, October 31, 2007, www.rusnet.nl/news/2007/10/31/currentaffairs01.shtml (accessed 2009.4.23).

가장 잘 구현하는 러시아의 역사적 인물 50명의 목록을 작성했다. 약 500만 명의 시청자들이 자신들이 좋아하는 역사적 인물에게 표를 던지는 동안 많은 정치·종교·문학 인사들이 이러저러한 인물을 내세우는 데 참여했다.[173] 세 명의 승자 알렉산드르 네프스키, 표트르 스톨리핀 Petr Stolypin, 스탈린은 러시아 역사에 대한 역설적인 견해를 반영한다. 네프스키가 서구의 침공에 맞선 저항을, 스탈린이 1945년 승리를 거둔 러시아를 구현한다면, 농업 개혁으로 유명한 니콜라이 2세의 수상이자 혁명 이전 러시아 자본주의의 주요 상징인 스톨리핀의 존재는 대체로 예상하지 못한 것이었다. 시청자들은 스탈린과 스톨리핀에게 동시에 표를 던짐으로써 스탈린에 대한 향수가 공산주의에 유리한 이데올로기적인 용어에 의해서가 결코 아니라 그보다는 국가의 '자본주의 이전' pre-capitalism 국면을 긍정적으로 언급하기 시작한 정체성 합의로서 표현될 수 있다고 지적한 것이다. 이렇듯 역설적이게도 소련에 대한 기억의 무마가 스탈린의 복권으로 이어지게 된다.

---

[173] http://www.nameofrussia.ru/ (accessed 2009.4.23) 참조.

결론

정치적 자세로서의 민족주의

페레스트로이카 시기 및 1990년대 초반에 러시아 사회는 심각한 이데올로기 갈등으로 산산조각이 났는데, 이때 지나치게 보수적이고 진행 중이던 자유주의적 변화에 대해 열정적이지 않다고 여겨진 여론에 대해 정치계급은 눈에 띄게 경멸적인 태도를 보였다. 이에 대한 반응으로서 1990년대 후반에 등장한 민족주의의 자세는 화해를 이루어 내는 것을 그 목표로 했다. 민족주의 덕택에 지도자들과 국민들은 통일성을 되찾았다고 주장할 수 있게 되었다. 페레스트로이카 이후로 처음으로 정치계급은 국민과 같은 언어로 이야기하고 있으며 사회가 동의하는 사회에 대한 견해를 제안하고 있다. 따라서 민족주의는 아래로부터의 동의 없이 위로부터 강제로 부과된 현상으로 이해될 수 없다. 그와는 반대로 권력층 자신이 사회와의 공통의 언어를 찾으려 하고 있었고 사회의 요구를 정체성에 대한 필요성의 측면에서 해석하게 되었기 때문에 움직임은 반대 방향으로 일어났다고 할 수 있다. 적어도 부분적으로는 이로써 국민이 오랫동안 기다려 온 합의적 분위기를 구현하는 푸틴에게 충성의 표를 던진 것이나 야당이 더 이상 경쟁적인 사회적 프로젝트를 제시하지 못하는 제한된 정치적 지형을 오히려 순응적으로 받아들인 것이 설명될 수 있다. 게다가 이러한 민족주의적 자세는 공공선의 중재자로서의 국가와 지배 엘리트 간의 혼란을 가중시킨다. 즉, 국민들과 주요 지도자들 간의 정체성 모색은 선거 대의기구에 부여된 중요성을 약화시켜 통합러시아가 크게 도전받지 않은 분야를 차지할 수 있게 해주고 있는 것이다.

따라서 민족주의는 고차원적인 전략적 꼬리표에 비유될 수 있는데, 이 꼬리표의 획득은 공인된 정치적 레퍼토리를 관리하기 위해 이를 이용하는 크렘린에 의해 통제되고 있다. 즉 민족주의적 자세를 거부하는 것은 공적 영역으로부터의 자기 배제를 초래하지만, 권력층은 자신만이 유일하게 민족주의적 자세의 내용을 결정할 권리가 있다고 여기기 때문에 이 자세를 공표하는 것 또한 매우 어려운 일이 될 수 있는 것이다. 따라서 통합러시아, 공산당 같은 소위 건설적 반대파, 사라져 버린 '조국' 당으로부터 생겨난 반체제 운동단체들, 불법이주반대운동 같은 원외 환경 사이에서 말과 상징과 자세를 둘러싼 전쟁이 벌어지고 있다. 이러한 전쟁에서의 주된 이해관계는 서로 경쟁하는 민족주의 간의 경계는 말할 것도 없고 '진정한' 민족주의와 '거짓된' 민족주의 간의 경계는 어디인지를 결정하는 능력이다. 이로 인해서 조용히 넘어갔을 수도 있는, 흑백논리에 따라 이분법적으로 애국자와 비애국자를 분리시키는 구분 때문에 가려져 있는, 대통령 기구를 지지하는 이들과 지지하지 않는 이들 사이에서 러시아 정치 무대를 실제로 구성하고 있는 구분이 가능해진다. 따라서 '관리 민주주의'managed democracy는 '관리 민족주의'managed nationalism를 발생시킨다. 즉, 크렘린은 민족주의적 요구를 창출하는 동시에 자신이 조장하지 않았거나 통제할 수 없는 민족주의적 동원은 모두 포섭하거나 제거하려고 하는 것이다.

민족주의적 자세는 심지어 지배 엘리트 사이에서의 정치적 반대파도 숨길 수 있다. 하지만 이들을 없애는 것만으로는 충분하지 않다. 사실상 통합러시아는 마치 소련공산당처럼 여러 비공식 분파, 이익집단, 전문가 조직, 이데올로기 신념을 포괄하는 다당제 정당이 되었다. 이러한 합의적 분위기가 숨기고 있는 것은 국가기구에서 역할을 맡는 것만이 이러한 각각의 행위자들이 진짜 게임의 규칙을 따르는 것을 보장해 줄 수 있다는 것이다.

지배 이데올로기로서의 민족주의?

민족주의는 맑스나 부르디외가 이해한 정확히 그러한 의미에서 지배 이데올로기가 되었다. 지배는 권력관계를 가리는 이데올로기로써 특정 사회집단의 소외를 감춘다는 점에서 더욱더 효과적이다. 민족주의는 권력을 대표하기 위한 정당성을 조작함으로써 사회질서를 정당화한다. 즉, 국민들이 매우 부당하다고 분개한, 1990년대에 시행된 경제체제가 그 이후로 정당화된 것이다. 실제로 푸틴의 정치적 부활은 시장경제를 합법화하는 것을 그 핵심적인 사항으로 한다. 1990년대의 다른 요인들에 대해서는 의문이 제기된 데 반해, 시장경제 규칙, 기업 운영권, 사적 소유의 원칙에 대해서는 이의가 제기되지 않았다. 비록 권력의 재집중화는 거대 부문의 기업들, 특히 에너지 관련 기업들이 다시 국가 및 안보기관의 통제를 받게 되었다는 것을 의미하기는 하지만, 그럼에도 불구하고 이들은 소비에트 시기 동안 보편적이었던 (계획을 이행해야 한다는) 논리보다는 (이윤을 창출해야 한다는) 자본주의적 상업 논리의 지배를 계속해서 받고 있다. 이때 더 이상 자급자족 경제로서가 아니라 여타 세계와의 상호작용 내에서만 러시아 경제를 생각할 수 있다는 점에서 과거로의 회귀가 일어났다고 상상하는 것은 착각이다.

따라서 민족주의는 공과 사의 혼란을 조장함으로써 가장 유리한 정치적·관료적·경제적 기능을 분할하는 데 성공한 지배계급의 이해관계를 정당화한다. 민족주의가 지배 이데올로기라는 것은 그 보수적인 기본 골격으로 입증된다. 즉, 민족주의가 초점을 맞추는 것 중의 하나는 도덕과 가치의 문제인 것이다. 그러나 민족주의가 가족·이성애·종교라는 전통적 규범을 존중하라는 여러 호소를 포함하기는 하지만, 민족주의가 러시아 사회의 자율성을 표현할 수는 없으며 국가에게는 현대 러시아의 사회 현실, 문화적 다양성, 다양한 생활양식을 이해할 능력이 없다는 것을 드러내기도 한다. 게다가 이러한 소외를 통한 지배는 주장하는 것처럼 그렇게 강력하지 않다. 크렘린은 더 이상 소비에트 시대에 그렇게 했던 방식으로 사회를 구상하지 못한다. 즉, 그 강제력만큼이나 폭력을 합법화할 권리도 제한을 받게 된 것이다. 지배 엘리트는 새로운 억압 기구를 실행하는 데 드는 비용이 지나치게 클 것이라고 생각한다. 이때 또다시 러시아는 스탈린 체제로의 회귀라고 하는 것과는 거리가 상당히 멀다. 국경은 개방되어 있고, 새로운 기술이 강력하게 존재하고 있으며, 찾아내려는 용기를 가진 이들은 여전히 공정한 정보를 이용할 수 있다. 2005년의 사회운동 같은 대규모 사회운동, 중간계급에 영향을 미치는 국제경제의 하락, 사회적 불만의 표시로서 이주 유출의 재개에 대한 전망은 크렘린을 다음에는 도무지 어찌할 바를 모르는 것처럼 보이게 될 위험에 빠뜨릴 것이다.

민족에 대한 원칙 없는 이데올로기?

비록 크렘린의 정치공학자들에게 상상력과 혁신적인 능력이 없는 것은 결코 아니지만, 합의를 건설할 레퍼토리로 이용할 수 있는 것은 제한되어 있다고 할 수 있다. 조국이라는 상징을 복원하고 애국주의 '브랜드'를 제도화한 크렘린은 여기에 원칙적인 표현을 부여하는 것에 대해서는 망설이는 듯이 보인다. 크렘린은 민족주의를 장기적으로 정치 영역을 구성하는 능력에 있어서 결정적인 요인으로 이해한다. 올바른 것이든 그렇지 않은 것이든 상황을 이렇게 해석하는 것은 통합러시아를 담론적으로 경직된 위치에 빠뜨릴 위험이 있는데, 이는 지배 엘리트 사이에서 내부 알력을 일으키거나, 정치적인 문구를 다시 배우고 싶어 하지 않고 새로운 주입식 교육을 거절할지도 모르는 사회의 거부 반응을 유발할 수 있는 것이다.

지금까지 크렘린에 의해 추진된 애국주의는 대체로 내용물 없이 무엇이든 담을 수 있는 용기에 불과하다는 것이 밝혀졌다. 이반 데미도프가 말하는 바와 같이, 권력층은 '애국주의의 척도'를 제정하려는 의도를 갖고 있지 않다.[1] 즉, 크렘린의 지도 아래 화해의 역학을 받아들이는 그 순간부터 민족에 관한 어떠한 담론도 그 이론적 가정에 관계없이 발언권을 갖게 되는 것이다. 이러한 불명확한 애국주의가 옹호하는 테마는 다음과 같이 매우 일반적인 것들이다. 러시아가 다시 국제 무대에서 영향력 있는 강대국이 되는 것, 외교·에너지·군사 영역에서 다른 세계 강

---

[1] I. Demidov, "Ivan Demidov o russkom voprose i politicheskom 'patriotizmometre'", *Russkii proekt*, http://www.rus-proekt.ru/nrpc/2930.html (accessed 2007.10.15).

국들과 동등한 자격으로 발언하는 것, 근외와 관련된 문제에 대한 결정권을 수호함으로써 제국적 전통을 현대화하는 것, 친출산정책을 시행함으로써 취약한 인구 상황을 보호하는 것, 러시아의 러시아화에 대한 금기를 제거함으로써 국가가 재중앙집권화되는 것, 국가 자체의 통일성에 대한 위협으로 인식되는, 중앙권력을 훼손하려는 모든 시도를 중지시키는 것, 정치체제의 차이나 국경의 변경을 넘어서는 국가의 역사적 연속성을 중시하는 것. 하지만 이러한 일반성의 차원이 소진되면 합의는 무너지고 다양한 의견이 나타나게 된다.

지배 엘리트는 두 가지 핵심적인 문제, 즉 이주정책과 민족정책에 집중하기도 하고 이에 대해 의견이 갈리기도 한다. 두 가지 문제 모두 외교·국내 정책의 선택에 다르게 영향을 미치는 민족 정체성에 대한 분명한 정의를 내리는 것에 관련된다. 사실 이 두 문제 모두 **이론적일** 뿐만 아니라 **실제적인** 방식으로도 러시아의 민족 정체성 문제를 제기한다. 실제로 러시아의 연방적 성격이 차츰 러시아화의 선언에 유리한 방향으로 지워져 버리고 있어 러시아인(루스키)을 러시아의 이름이 유래한 민족이라고 선포하는 법안이 출현하는 결과가 초래될 수도 있다. 이러한 러시아화는 여러 목적을 감추고 있다. 첫째, 러시아가 점점 더 ─ 지금까지 러시아 역사에서 존재한 적이 없는 ─ 민족적ethnic 고국이라는 관점으로 상상되고 있다는 점에서 이것은 민족적 긍정의 행위이다. 둘째, 이것은 민족국가가 탁월한 근대적 기본 골격이라고 인식되는 정상화의 발전 경로이다. 그리고 셋째, 이것은 국가의 정치적·경제적 효율성에 대한 보장으로 해석되는데, 그 논리는 중앙집권화가 근대화의 한 요인이라는 것이다.

국가의 민족적 다양성 문제가 뒷전으로 밀려나면서 북카프카스 문제를 교착 상태에 빠뜨리고 있는 반면에, '러시아의 러시아성'은 이주 현상에 의해 약화되고 있다. 정치계급은 이 문제에 대해서 의견이 갈린다. 즉, 어떤 이들에게는 러시아의 강대국으로서의 지위가 개방적인 이주정책에 의해 뒷받침되어야 하는 반면에, 다른 이들은 러시아와 그 이름이 유래한 민족이 이주자의 홍수로 인해 침몰할 위험에 처해 있다고 여긴다. 크렘린은 위험을 분산시키기 위해 양쪽 편에 걸쳐 있다. 즉, 수백만 명의 외국인 노동자의 정착을 촉진하는 새로운 법안이 작성되는 반면에, 권력층은 국가의 러시아화의 필요성에 대한 담론을 확산시키고 있는 것이다. 그러나 러시아에 대한 자민족중심적인 견해와 제국적 견해 간의 딜레마라고 하는 것은 '민족국가'와 '제국'이라는 용어가 나란히 다시 쓰이게 됨에 따라 또다시 무의미한 것이 되고 마는데, 이 두 용어 모두 그 추상적 성격 때문에 일축된 개념인 시민적civic 러시아rossiiskii 민족에 반대되는 것으로서 이해된다. 그보다 이때 유효한 것은 이러저러한 방식으로 자신의 '러시아성'을 주장하는 모든 이들에게 일정한 지위가 보장되는 동심원 논리이다. 여기에서 에스닉 러시아인은 내핵을 이루고, 토착 소수민족들(여기에서도 또다시 더 많은 동심원이 있어 예를 들어 시베리아 민족들은 북카프카스 민족들보다 중심에 보다 가까이 있다), 구소비에트 공화국에 정착하여 러시아어를 쓰는 '디아스포라', 전 세계의 러시아인 이주자 공동체, 러시아로 초청되어 와서 일을 하고 있고 이러한 이주라는 수단으로 유라시아 공간의 조종자로서의 모스크바의 역할을 유지시켜 주고 있는 독립국가연합 국가 국민들이 그 뒤를 따른다.

순응주의 혹은 사회적 동원으로서의 민족주의?

민족주의는 단순한 정치적 자세 훨씬 이상의 것이다. 민족주의는 사회적 정당성의 구성을 가능하게 해주는 일반적인 표지이다. 오늘날 러시아에서 민족주의는 정치적으로 올바른 것의 이데올로기적 갑옷으로서 고취되고 있지만, 현대 러시아 체제의 모순을 피할 수는 없다. 애국주의 선언은 국민 개개인이 확실하게 게임의 규칙을 받아들인다는 순응주의적 제스처이다. 국가의 정치적·경제적 지향에 대한 논의가 사실상 존재하지 않게 되거나 공적 영역에서 적절하지 않은 것으로 결정되기 때문에 이것은 일종의 비정치화를 의미하게 된다. 실제로 러시아 국민 개개인은 자신의 애국주의를 선언함으로써, 사생활이 공적인 것의 영향을 받지 않거나 일상생활에서 관행을 변경할 필요 없이도 공적인 것에 대한 관심을 표명하게 된다. 이러한 양면적인 사회계약이 기능한다면 그것은 본질적으로 그 암묵적인 성격 때문이다. 즉, 국민들은 국가의 간섭 없이 자신의 사생활에 투자할 권리를 얻는 대가로 정치 영역을 지배 엘리트에게 포기하라는 권유를 받고 있는 것이다.

그렇지만 화해의 과정이라는 이름으로 국민들을 비정치화하려는 크렘린의 의도는 사회를 재동원하려는 자신의 바람과 상충된다. 통합러시아는 자신에게 유리하도록 어떻게든 사회가 재정치화되지 않고는 자신의 장기적인 정치적 프로젝트가 실현될 수 없다는 것을 이해하고 있다. 크렘린은 수치심과 자기 비하를 거부하는 것에 찬성하는데, 이는 경제 부흥을 촉진하거나(예를 들어 특히 농업 부문에서의 국가적 우선 프로젝트) 자급자족적인 바탕 위에서 사회를 재조직하는 것을 목적으로 한다. 말하자면, 민족주의는 국민들에게서 스스로 '일어설' 능력을 일깨우는 것을 목적으로 하는데, 이는 예를 들어 자발적으로 군 복무를 마치는 것, 아이를 갖는 것, 연장자들과 하나가 되는 것, 음주를 그만두는 것, 자선 행위에 참여하는 것, 이렇게 하는 것이 이러한 사회적 영역에서 국가가 거의 완전하게 부재하다는 것은 말할 것도 없고 무능력하다는 것을 만회하기 위해서라는 것 등을 의미한다.

비정치화하면서 또한 동원하는 이러한 순응주의는 심각한 적대감을 감추고 있고, 예를 들어 청년층의 애국주의 선언과 이들의 대규모 군 복무 거부 간의 불일치에서 명백하게 드러나듯이, 국가가 의도하는 대로 사회를 주조할 수 있다는 것을 보장해 주지 않는다. 그렇다면 크렘린과 가까운 이론가 예고르 홀모고로프 Egor Kholmogorov가 주장하는 바와 같이, "민족주의[가] 민족과 함께 일하는 특별한 기술"이라고 하더라도,² 이것이 러시아 국가가 정말로 사회가 택하는 방향을 통제할 수 있다는 것을 의미하는 것일까? 지배 권력이 민족주의와 관련된 사회적 요구를 선동했다기보다는 이에 응답했다는 점에서 지배 권력은 사회적 요구가 사회 전체로 퍼져 나가는 것을 통제할 수도, 민족주의 그 자체가 사회적 실천의 변화를 결정짓거나 만들어 내는 정도를 알아낼 수도 없을 것이다. 민족주의의 합의적 성격은 부분적으로는 착각이다. 즉, 크렘린이 선택한 목표와 국민들의 바로 그 진정한 기대 간의 수렴은 아마도 일시적인 것에 불과할 것이다. 러시아 국민들은 민족적 서사를 복원하려는 권력층의 의지를 매우 높이 평가하는 듯이 보이지만, 이것이 국민들은 새로운 동원 이데올로기의 이름으로 희생을 할 각오가 되어 있다는 것을 의미하는 것은 결코 아니다.

2 E. Kholmogorov, *Russkii natsionalist* (Moscow: Evropa, 2006), p.134.

신화화된 소련에 대한 향수로서의 민족주의

현대의 국가 민족주의는 니콜라이 1세(1825~1855)의 통치기에 세르게이 우바로프가 정립한 19세기의 '전제정, 민족성, 정교회'라는 유명한 3원칙의 영향을 직접적으로 받았다. 우바로프는 이 세 가지 용어로써 차르 체제의 원칙, 즉 정치·민족·종교 영역에서의 그 보수적인 성격을 정의했다. 우바로프는 로마노프 왕조에 대한 충성을 중심으로 하는 국가 민족주의의 굳건한 지지자였다. 그의 3원칙은, 역시 민족 정체성을 찾고 있었지만 민족의 근원으로서 민중에 우선순위를 둔 슬라브주의자들과 뚜렷한 대조를 이뤘다. 또한 국가를 중심으로 하여 새롭게 작동하기 시작한 민족주의 이데올로기는 민중, 민족ethnicity, 혹은 인종을 강조하는 흐름들과도 부분적으로 반대되는 것으로 여겨진다. 사실상 크렘린은 일국사회주의론과 권위주의적 근대화론이 확립된 1930년대에 탄생한 소비에트 애국주의 전통의 직접적인 후계자이다.[3] 이는 1934년에 스탈린이 소련을 조국이라고 정의한 것이나 그가 '어머니 루시'matushka-Rus'를 이야기한 것과 완벽하게 들어맞는데, 그는 러시아의 독특함을 옹호하는 이들을 불쾌하게 하지 않았을 표현으로 이러한 이야기를 한 것이었다.[4]

소비에트 노스탤지어는 민족주의적 합의를 구성하는 내용을 이룬다. 그럼에도 불구하고 복원되는 것은 공산주의 체제가 아니라 **나라와**

---

[3] A. Vishnevskii, *Serp i rubl'. Konservativnaia modernizatsiia v SSSR* (Moscow: OGI, 1998).
[4] V. Voronkov and O. Karpenko, "Patriotizm kak natsionalizm (post)sovetskogo cheloveka", in M. Laurelle(ed.), *Sovremennye interpretatsii russkogo natsionalizma* (Stuttgart: Ibidem Verlag, 2007), pp.81~128.

그 일상적인 문화, 국경이다. 소비에트를 지시하는 대상은 전 국민이 공유하는 축적된 기억으로부터 취해진다. 이것은 사회적·이데올로기적 분리, 그리고 정도가 덜하기는 하지만, 연령 집단들 간의 차이까지도 초월한다. 곧 러시아를 이끌 젊은 세대에게는 소비에트 체제가 전적으로는 아니라고 하더라도 사실상 거의 알려져 있지 않다. 유리 레바다가 설명하는 바와 같이, 이러한 젊은이들은 "어떤 것도 선택하지 않았고, 치열하게 싸운 뒤에 얻은 것은 아무것도 없으며, 어떤 것에도 적응할 필요가 전혀 없다. …… 지난 세기가 완전히 끝난 뒤 이들은 기본적으로 (제도화된) 사회적 기억을 갖지 않는 첫번째 실용주의자 세대를 이룬다".[5] 이러한 젊은이들에게 소비에트 과거는 특히 멀리 떨어진 것으로 생각된다. 즉, 이들은 스탈린부터 브레즈네프까지 공산주의 러시아의 다양한 시기에 대해 다소 동일한 방식으로 생각하고, 공산주의에 결집하거나 이를 거부함으로써 야기되던 개인적인 고통이나 가족 간의 이산을 알지 못한다. 이러한 체제에의 정서적 관여가 부재하고 기억의 무마가 더욱 진행됨에 따라 소련은 대체로 비정치화된 민족적 상상에 포함될 수 있게 되었는데, 이러한 상상에서 스탈린은 단지 제2차 세계대전의 승자이자 권력의 정점에 있던 러시아의 구현일 뿐이다.

    소비에트를 지시하는 대상은 체제의 성격, 스탈린 체제의 억압, 러시아의 우월적 지위의 모호함 같은 소연방에 내재된 모순과 이에 대한 해석을 지워 없애기에 충분할 정도로 유연한 범위의 기호를 제공한다. 이런 식으로 모든 사람들이 소비에트 시기로부터 민족적·군사적·시민

---

[5] Yu. Levada, "'Rupture de générations' en Russie", *The Tocqueville Review/La Revue Tocqueville*, vol.23, no.2 (2002), Republished by CERI(2007), p.34.

적 영웅에 대한, 기본적인 신화(제2차 세계대전이나 우주 정복)에 대한, 문화 제작물(영화, 버라이어티쇼, 고전문학)에 대한 동일한 합의를 공유할 수 있게 된다. 통합을 추구하면서 소비에트의 유산을 이용함으로써 크렘린은 그렇게 하지 않으면 어떻게 표현할지 알지 못했을 사회적 동원 능력을 보여 줄 수 있었다. 게다가 '백지장'tabula rasa 담론에도 불구하고 소비에트 체제 그 자체도 이전 체제와의 일종의 연속성을 재창출할 수 있었다. 즉, 소비에트 체제는 특히 소련의 가치와 모순되지 않는다고 선언된 러시아의 위대함을 주제로 한 역사적 재구성을 통해 특정한 차르 체제 과거를 사실상 복원했던 것이다. 확실히 이러한 살균은 정치적 특수성이 지워진 제국적 과거 일부가 군주정에 대한 향수를 자극하지 않으면서 소련과 함께 현대의 역사적 상상 속으로 돌아올 수 있도록 길을 열어 주는 데 도움이 되었다.

이렇듯 반대되는 것들을 화해시키자는 생각이 역사적 시대, 정치적·도덕적 가치, 이데올로기적·민족적 영웅 간의 극복하기 힘든 분열의 감정보다 우선하게 되었다. 사회학 연구에 따르면, 예를 들어 스탈린과 사하로프 두 사람 모두에게 중요성을 부여하면서 아무런 모순도 느끼지 않는 것이 가능하다는 것을 확인할 수 있다. 실제로 민족의 상징자원의 구성은 외부 관찰자가 합리적이라고 할 만한 논리에는 부응하지 않는다. 기억의 합의를 창출하기 위해 참고할 만한 어떤 것들은 전면에 내세우고 다른 것들은 흐릿하게 하는 방법에 의해서 민족감정은 가능해진다. 프랑스나 미국에서의 통합에 대한 인상과 역사적 연속성도 같은 논리를 따르며, 마찬가지로 인위적이고 모순적이라고 보일 수 있다. 그럼에도 불구하고 현대 러시아의 맥락에서 합의의 기초를 이루는 것은, 의견 차이란 자연스러운 것이고 사회계약의 일부를 이룬다는 정서가 아니라, 사회뿐만 아니라 권력층으로부터도 유래하는 일종의 자기 검열의 부활이다. 그리고 이것은 민족의 정당성과 민족을 구현하는 대상물에 대한 규범적 담론을 내면화하도록 동기를 부여한다.

서구화의 원동력으로서의 민족주의?

그렇지만 이러한 민족주의를 과거에 대한 숭배에 지나지 않는다고 여기는 것은 편파적일 것이다. 왜냐하면 이 민족주의는 특정한 운명 공동체를 미래에 투영하려고도 하기 때문이다. 원외 집단들로부터 공산당에 이르기까지 반대파가 격찬했던 1990년대의 민족주의와 통합러시아의 민족주의 사이에 주요한 차이점을 찾을 수 있는 것은 바로 이러한 점에 있어서일 것이다. 소비에트 혹은 차르 체제 과거를 향하는 첫번째 민족주의는 패자들의 민족주의이다. 이 민족주의는 1990년대 초 개혁의 결과로서 발생한 빈곤화와 포스트소비에트 세계에 대한 거부감을 표현한다. 이는 합의의 한 형태를 나타내는 것이 아니라 정체성 가치에 환호함으로써 사회적 어려움을 보상해 줄 필요성을 표현한다. 이와는 반대로 통합러시아의 만족스러운 민족주의는 승자들, 지난 20년의 변화로부터 이득을 얻은 이들의 민족주의다. 이 민족주의는 현재의 상황에 대한 만족감을 표명하고 진행 중인 개혁에 대해 지지를 보내며 유망한 미래를 최대한 이용하고자 하는 바람을 드러낸다. 첫번째 유형의 민족주의는 아직 사라지지 않았다. 스킨헤드나 불법이주반대운동의 발전에서 이를 찾아볼 수 있는 것이다. 자신의 주요한 투쟁 테마였던 민족 정체성이 권력층에 의해 되살아난 후 이 첫번째 민족주의는 자신만의 담론 분야를 정복하고 이로써 자신만의 독자적인 공적 영역을 확보하려는 목적으로 두번째 목표, 즉 이주 문제로 초점을 옮겼다. 그럼에도 불구하고 러시아에서도 전반적으로 타민족혐오증이 증가함에 따라 이 첫번째 민족주의의 사회적으로 '비정상적인' 성격이 점차 지워져 버리는 결과가 나타나기도 한다.[6] 사실상 이 민족주의는 두번째 승자들의 민족주의와 일정하게 겹치는 경향이 있는데, 이는 첫번째 민족주의가 현재 민족주의의 다성악 구조에서 자신의 목소리가 들리도록 하는 데 점점 더 어려움을 겪고 있다는 것을 의미한다.

크렘린의 민족주의는 페레스트로이카의 유산도, 심지어는 1990년대 자유주의적 개혁의 유산도 폐기하지는 않지만, 그 가장 현저한 특성을 지워 버리면서 더 이상 서구를 '따라잡을' 필요성을 중심으로 하지 않는 '장기 지속' 내에서 이러한 유산에 의미를 부여한다. 이러한 맥락에서 소련이 존재하지 않게 된 이유는 냉전에서의 패배가 아니라 러시아 국민들 스스로 소련이 비효율적이라고 판단했기 때문이라는 블라디슬라프 수르코프의 주장은 논쟁의 대상이 된 옐친의 유산을 국가의 역사적 과정에 통합시키려는 의지를 보여 준다. 이러한 가정은 러시아 국가는 정치적 단절을 넘어서는 근본적인 역사적 연속성을 지닌다는 확신에 각인되어 있다. 러시아의 '본질'은 제국, 공산주의 체제, 대통령제 공화국 등의 정치체제가 아니라 국가의 위대함, 국제 무대에서의 지위, 이웃 국가들에 대한 영향권의 존재, 세계적 사명감에 있다고 논의되는 한 그러한 단절은 적절치 않은 것으로 여겨진다. 따라서 명확하게 정의된 관념들의 집합을 함축하는 의미에서는 이데올로기에 대해 논의하기

---

6 E. Pain, "Xenophobia and Ethnopolitical Extremism in Post-Soviet Russia: Dynamics and Growth Factors", *Nationalities Papers*, vol.35, no.5 (2007), pp.895~911.

가 어렵지만, 일련의 일관된 가정 및 세계관의 점진적인 구성에 대해서는 주목하지 않을 수 없다.

또한 지난 20년간 '러시아 이념'에 관한 담론이 분명하게 서구화되었다는 점을 언급할 필요가 있겠다. 서구와 동양 사이에, 자본주의와 사회주의 사이에 놓여 있는 러시아의 위치를 기반으로 하는, 러시아의 '특수한 길' Sonderweg에 대한 이론은 여전히 널리 받아들여지고 있다. 그렇지만 이와 동시에 이러한 이론은 ─ 이를 주장하는 집단에 따라서 ─ 유럽과의 기원 공동체 혹은 운명 공동체 이념과 경쟁하거나 중첩된다. 첫째, 이처럼 민족주의 논쟁 스펙트럼에 유럽이 도입된 것은 가장 급진적인 운동단체들이 적의 축을 서구에서 이주자로 대신하는 데 성공한 탓으로 돌릴 수 있다. 실제로 이주 유입과 '문명의 충돌'에 대한 공포로 인해 러시아와 서구의 대립을 다른 관점에서 볼 수 있게 되었다. 즉, '백색 세계'의 내부적 투쟁으로서 러시아와 서구의 대립은 외부로부터의 보다 큰 위험으로 위협에 처하게 되면 일괄적으로 다루어져야 하는 것이다. 따라서 더 이상 두긴은 러시아 민족주의 원칙의 서구화를 주장하는 유일한 인물이 아니다. 즉, 현재 그는 화이트 파워를 자신들의 모델로 삼으면서 미국 문화의 특정한 부문이나 서유럽 극우파와 대화 관계를 수립하고 싶어 하는 운동단체들과 경쟁하고 있는 것이다.

또한 러시아 민족주의의 유럽화가 심화되고 있다는 것은 대통령 정당에게서 공명을 얻은, 러시아가 유럽에 속한다는 크렘린의 담론에서도 인식할 수 있다. 강대국으로서의 러시아를 주장하는 것은 러시아의 아시아적 속성에 관한 유라시아주의 이론과 밀접한 관련이 있다고 생각하는 일부 연구자들의 의견과는 반대로, 러시아 권력층은 유럽에 뿌리를 둔 강대국을 주장한다. 정확히 말하자면, 크렘린은 유럽연합에 종속되지 않으면서 유럽 문화의 일부가 되고, 미국과 같은 관점을 갖지 않으면서 세계화된 경제를 발전시키며, 일본이나 중국의 경우처럼 독특한 문화를 보존하면서 세계 지도자 클럽에 가입하는 것이 가능하다고 주장한다. 또한 이데올로기적 발언의 유럽화는 진행 중인 용어상의 변화에서도 명백하게 드러난다. 공식 담론은 여전히 애국주의 대 민족주의라는 소비에트식 구분을 사용하고 있다면, 이러한 용어상의 경계는 변화하는 과정 중에 있다. 홀모고로프가 말하는 바와 같이, 크렘린과 가까운 이론가 중 점점 더 많은 이들이 "민족주의에서 러시아인의 권리를 발견하기"를 바라고 있다.[7] **민족주의**라는 금기의 훼손은 또다시 러시아 민족 담화의 양면적인 서구화를 입증해 준다.

    이러한 내재적 모순 덕택에 크렘린은 과거의 위대함 및 1945년의 승리에 초점을 맞춘 소비에트 노스탤지어와 21세기 세계화의 선두에서 러시아가 주도적인 역할을 맡아야 한다는 요구를 혼합한 논쟁적인 주장을 내세운다. 이러한 결합은 합의를 이룬 상징적 대상물에 대한 옹호를 중심으로 하여 사회의 재통합을 고무하기 위한 것이다. 따라서 이것은 정치권력이 끊임없이 모순을 조종하면서 다양한 정체성 전략을 가지고 장난하고 있다는 인상을 준다. 즉, 내·외부의 적들에 둘러싸인 요새로서의 러시아, 제국과 신앙이라는 역사적 가치에 얽매여 있는 러시아에 대한 암시가, 세계의 리더십에서 새로운 역할을 획득하려고 하는 개방되어 있고 세계화된 러시아에 대한 확신과 결합되어 있는 것이다. 이에 따라 크렘린은 러시아의 내부적 통합과 국가적 자율성의 보호 간의 갈등을 끊임없이 처리해야만 한다. 이러한 민족 정체성의 영역에서

---

7 E. Kholmogorov, *Russkii natsionalist*, p.7.

미국의 다문화주의 경험으로 인해서 따라야 하는 모델이자 비교할 만한 가치가 있는 형제-적은 미국이지 민족 정체성의 극복을 꿈꾸고 있는 유럽연합이 아니라고 주장하는 일부 러시아 정치계급이 품고 있는 감정이 한층 강화되고 있다. 예를 들어 '러시아를 믿고 너 자신을 믿어라' 라는 슬로건은 민족주의의 개인화를 상징하며 시민의 성공을 통해 국가적 성공을 이룬다는 미국적 원칙을 모델로 한 것이라고 할 수 있다.

이렇듯 일견 역설적으로 보일 수도 있지만, 크렘린은 민족주의를 근대화·정상화·서구화라는 러시아의 세 가지 목표를 이루기 위한 도구로서 해석한다. 이러한 '계몽된 애국주의'enlightened patriotism는 위로부터의 근대화를 촉진시키는 것을 그 목적으로 하는데, 이 근대화는 소련의 영향을 받았지만 자본주의 모델을 따르기도 하는 것이다. 또한 민족주의에 대해 민족국가로의 이행 및 제국적 기억으로의 회귀와 동일시되는 정상화 과정을 가속화하라는 요구가 제기되기도 한다. 마지막으로, 민족주의는 간접적인 서구화, 그것이 표트르 대제하에서 한때 일어났던 것처럼 군사적 혹은 권위주의적 방식으로 이루어진다고 하더라도, 그러한 서구화를 주장한다. 민족 정체성은 시민들이 자신들의 불화를 통치하는 능력에 있다는 — 사람은 무언가 공유하는 것이 있는 바로 그러한 이들과 논쟁을 벌인다 — 중세에 출현한 서유럽 모델은 현대의 러시아 문화에서는 당연시될 수 없다. (정치적·문화적·이데올로기적) 분리가 집단성을 위태롭게 하고 있고 민족 정체성을 강화하기보다는 오히려 파열시키고 있다는 감정이 아주 널리 퍼져 있다. 따라서 러시아에서 현재의 사회계약은, 의견과 이해관계의 충돌은 자연스러운 것이라는 생각을 기반으로 하는 것이 아니라, 서로를 화해시킬 필요성을 인식함에 따라 합의를 이루기 위해 모두가 기울이는 노력을 기반으로 하고 있다. 이 때문에 러시아는 원칙적으로 서구의 가치를 받아들일 수 없다는 본질주의의 함정이나 독특하고 시간을 초월한 것으로 여겨지는 사회 모델에 비해 러시아가 단순히 뒤처져 있는 것은 그저 시간문제일 뿐이라는 선형적이고 지시적인 함정을 모두 피해서 이 민족주의라는 현상은 이해되어야 한다. 공존하도록 호출받고 있는 것은 다양한 근대성과 시민권 양식이다.

참고문헌

- 이 자료는 본문의 각주에 등장하는 문헌들을 묶은 것으로, 저자가 표기된 문헌을 한데 묶었고, 저자가 표기되지 않은 기사나 선전물 등은 뒤에 따로 묶었다. 저자명은 '이름+성' 순으로 표기되어 있다.
- 러시아어 문헌에 한하여 대괄호 안에 한국어 번역 제목을 병기해 주었다.
- 동일한 인물이 다른 철자로 표기된 경우가 있는데, 이는 러시아인 저자 스스로 여러 로마자 표기를 혼용해서 썼기 때문이다. 발표된 원문에서의 표기를 따르는 것을 원칙으로 했다.

A. Agadjanian, "Breakthrough to Modernity, Apologia for Traditionalism: The Russian Orthodox View of Society and Culture in Comparative Perspective", *Religion, State & Society*, vol.31, no.4 (2003), pp.327~346.

_____, "Pluralisme religieus et identité nationale en Russie", *International Journal on Multicultural Societies*, vol.2, no.2 (2001).

_____, "Revising Pandora's Gifts: Religious and National Identity in the Post-Soviet Societal Fabric", *Europe-Asia Studies*, vol.53, no.3 (2001), pp.473~488.

A. Aslund, "Putin's Lurch toward Tsarism and Neo Imperialism: Why the United States Should Care", *Demokratizatsiya*, vol.16, no.4 (2008), pp.398~400.

A. B. Evans Jr., "Putin's Legacy and Russia's Identity", *Europe-Asia Studies*, vol.60, no.6 (2007), pp.899~912.

A. Barnes, "Russia's New Business Groups and State Power", *Post-Soviet Affairs*, vol.19, no.2 (2003), pp.155~186.

A. Belov, "Russkii proekt Edinoi Rossii ia vosprinimaiu kak svoiu lichnuiu pobedu", http://www.nr2.ru/moskow/102854.html (accessed 2009.4.23) [『나는 통합러시아의 러시아 프로젝트를 나 자신의 개인적인 승리로 이해한다』].

A. Blum, "Individu, famille et population en Russie", in M.-P. Rey, A. Blum, M. Mespoulet, A. de Tinguy and G. Wild(eds.), *Les Russes de Gorbatchev à Poutine* (Paris: Armand Colin, 2005).

A. Chadaev, *Putin. Ego ideologiia* (Moscow: Evropa, 2006) [『푸틴, 그의 이데올로기』].

A. Chadaev and V. Bykova(eds.), *Tekhnologiia sozdaniia partii* (Moscow: Evropa, 2007) [『정당 건설 기술』].

A. D. Smith, *Theories of Nationalism* (London: Gerard Duckworth, 1971).

A. Dieckhoff, "Nationalisme politique contre nationalisme culturel?", in A. Dieckhoff and C. Jaffrelot(eds.), *Repenser le nationalisme. Théories et pratiques* (Paris: Presses de

Sciences Po., 2006).

A. Heinrich, "Under the Kremlin's Thumb: Does Increased State Control in the Russian Gas Sector Endanger European Energy Security?", *Europe-Asia Studies*, vol.60, no.9 (2008), pp.1539~1574.

A. Ingram, "A Nation Split into Fragments: The Congress of Russian Communities and Russian Nationalist Ideology", *Europe-Asia Studies*, no.4 (1999), pp.687~704.

A. Isaev, *Edinaia Rossiia, partiia russkoi politicheskoi kul'tury* (Moscow: Evropa, 2006) [『통합러시아, 러시아 정치문화의 정당』].

A. Kokoshin, *Natsional'naia bezopasnost' i voennaia moshch' Rossii* (Moscow, 1995) [『국가안보와 러시아의 군사력』].

A. Kozenko and M. Krasovskaia, "Natsionalisty stroiat evropeiskoe litso", *Kommersant*, http://www.kommersant.ru/doc.aspx?DocsID=912162&NodesID=2 (accessed 2009.4.23) [『유럽적인 모습을 만들고 있는 민족주의자들』].

A. Lebed', *Ideologiia zdravogo smysla* (Moscow: Rus'Film, 1997) [『상식의 이데올로기』].

_____, *Za derzhavu obidno* (Kirov: Viatskoe slovo, 1995) [『강대국 유감』].

A. Le Huérou, A. Merlin, A. Regamey and S. Serrano, *Tchétchénie: une affaire intérieure?* (Paris: Autrement/CERI, 2005).

A. Leonova, "Electoral Choice, Cultural Capital and Xenophobic Attitudes in Russia 1994-2006", in M. Laruelle(ed.), *Russian Nationalism and the National Reassertion of Russia* (London: Routledge, 2009), pp.145~166.

_____, "Nastroenie ksenofobii i elektoral'nye nastroenii v Rossii v 1994-2003 gg.", *Vestnik obshchestvennogo mneniia*, vol.72, no.5 (2004), pp.83~91 [『1994~2003년 러시아의 외국인혐오증 정서와 유권자 정서』, 『여론 통보』].

_____, "Nepriiazn' k migrantam kak forma samozashchity", *Otechestvennye zapiski*, vol.19, no.4 (2004), http://www.strana-oz.ru/?numid=19&article=921 (accessed 2009.4.23) [『자기만족의 형태로서의 이주자에 대한 적의』, 『조국 수기』].

A. Levinson, "'Kavkaz' podo mnoiu: Kratkie zametki po formulirovaniiu i prakticheskomu ispol'zovaniiu 'obraza vraga' v otnoshenii 'lits kavkazskoi natsional'nosti'", in L. D. Gudkov(ed.), *Obraz vraga* (Moscow: OGI, 2005), pp.276~301 [『내 밑의 '카프카스': '카프카스 민족 인물들'과의 관계에 있어서 '적 이미지'의 형성과 실제적 이용에 관한 소고』, 『적 이미지』].

_____, "Que pensent et disent les Russes de leur pouvoir", in A. Merlin(ed.), *Où va la Russie?* (Bruxelles: Editions de l'Université de Bruxelles, 2007).

A. Lieven, *Chechnya: Tombstone of Russian Power* (New Haven: Yale University Press, 1999).

A. Lukin, "Putin's Regime: Restauration or Revolution?", *Problems of Post-Communism*, vol.48, no.4 (2001), pp.38~48.

A. Mitrofanov, *Istoriia LDPR, istoki i fakty* (Moscow: n.p., 2007) [『자민당의 역사, 근원과 사실』].

A. Mitrofanova, *Politizatsiia "pravoslavnogo mira"* (Moscow: Nauka, 2004) [『'정교회 세계'의 정치화』].

A. Morozov, "Chto stoit za kanonizatsiei Nikolaia II?", *Nezavisimaia gazeta*, http://www.ng.ru/ideas/2008-08-12/1_nikolai.html (accessed 2009.4.23) [「니콜라이 2세 시성의 배후에는 무엇이 있는가?」, 『독립신문』].

A. N. Savel'ev, *Obraz vraga: Rosologiia i politicheskaia antropologiia* (Moscow: Belye al'vy, 2007) [『적 이미지: 인종학 및 정치적 인류학』].

_____, "Poslednyi vek belogo mira" (2004), www.savelev.ru/article/show/?id=1918&t=1 (accessed 2009.4.23) [「백색 세계의 마지막 세기」].

_____, *Rasovyi smysl russkoi idei* (Moscow: Belye al'vy, 2000) [『러시아 이념의 인종적 의미』].

_____, *Vremia russkoi natsii* (Moscow: Knizhnyi mir, 2007) [『러시아 민족의 시대』].

A. Nevzorov, "Ia ne ponimaiu, pochemu Piter stal 'stolitsei ksenofobii'", *Argumenty i Fakty*, http://gazeta.aif.ru/online/aif/1328/11_01 (accessed 2009.4.23) [「나는 왜 페테르가 '외국인혐오증의 수도'가 되었는지 이해할 수 없다」, 『논쟁과 사실』].

A. Nikitin and J. Buchanan, "The Kremlin's Civic Forum: Cooperation or Co-optation for Civil Society in Russia?", *Demokratizatsiya*, vol.10, no.2 (2002), pp.147~165.

A. Okara, "Sovereign Democracy: A New Russian Idea or PR Project?", *Russia in Global Affairs*, vol.5, no.3 (2007), pp.8~20.

A. Petrova, "22 iiunia-nachalo voiny", *Fond obshchestvennogo mneniia*, http://bd.fom.ru/report/map/of022202 (accessed 2009.4.23) [「6월 22일-전쟁의 시작」, 『여론재단』].

A. Rogachevski, *A Biographical and Critical Study of Russian Writer Eduard Limonov* (Lewiston-New York: Edwin Mellen Press, Studies in Slavic Language and Literature 20, 2003).

_____, "The National Bolshevik Party(1993-2001): A Brief Timeline", forthcoming.

A. S. Makarychev, "Politics, the State, and De-Politicization: Putin's Project Reassessed", *Problems of Post-Communism*, vol.55, no.5 (2008), pp.62~71.

A. Stent, "Reluctant Europeans: Three Centuries of Russian Ambivalence toward the West", in R. Legvold(ed.), *Russian Foreign Policy in the 21st Century and the Shadow of the Past* (New York: Columbia University Press, 2007), pp.393~439.

A. Tarasov, "Le phénomène skinhead en Russie, un malaise jeune en cours de politisation?", in M. Laruelle(ed.), *Le rouge et le noir. Extrême droite et nationalisme en*

Russie (Paris: CNRS-Éditions, 2007), pp.173~188.

_____, "Meniaiushchiesia skinkhedy: Opyt nabluzhdeniia za subkul'turoi", *Druzhba narodov*, no.11 (2006), http://scepsis.ru/library/id_1000.html (accessed 2009.4.23) [「변화하는 스킨헤드: 하위문화 관찰의 경험」, 『민족 우호』].

_____, *Natsi-skiny v sovremennoi Rossii* (Moscow: Moskovskoe biuro po pravam cheloveka, 2004), http://scepsis.ru/library/id_605.html (accessed 2009.4.23) [『현대 러시아의 나치-스킨헤드』].

A. Titkov, *Party No.4 Rodina: Whence and Why* (Moscow: Panorama, 2006).

A. Tsygankov, *Russia's Foreign Policy: Change and Continuity in National Identity* (Lanham, MD: Rowman & Littlefield Publishers, 2006).

_____, "Vladimir Putin's Vision of Russia as a Normal Great Power", *Post-Soviet Affairs*, vol.21, no.2 (2005), pp.132~158.

_____, *Whose World Order? Russia's Perception of American Ideas after the Cold War* (Notre Dame: University of Noter Dame Press, 2004).

A. Umland, "The Post-Soviet Extreme Right", *Problems of Post-Communism*, vol.44, no.4 (1997), pp.53~61.

_____, "Zhirinovski in the First Russian Republic: A Chronology of the Development of the Liberal-Democratic Party of Russia 1991-1993", *Journal of Slavic Military Studies*, vol.19, no.2 (2006), pp.193~241.

A. V. Ivanchenko and A. E. Liubarev, *Rossiiskie vybory ot perestroiki do suverennoi demokratii* (Moscow: Aspekt Press, 2007) [『페레스트로이카부터 주권민주주의까지 러시아의 선거』].

A. Verkhovski, "L'orthodoxie politique dans la vie publique russe: l'essor d'un nationalisme antiséculaire", in M. Laruelle and C. Servant(eds.), *D'une édification l'autre: Socialisme et nation dans les pays (post)communistes* (Paris: Petra, 2007), pp.287~321.

A. Verkhovskii, *Antiekstremistskoe zakonodatel'stvo i ego primenenie* (Moscow: SOVA, 2007), http://xeno.sova-center.ru/29481C8/9CCB151 (accessed 2009.4.23) [『반극단주의 법 및 그 적용』].

_____, "Iavliaetsia-li Hizb ut-Tahrir ekstremistskoi organizatsii?", in A. Verkhovskii(ed.), *Tsena nenavisti* (Moscow: SOVA, 2005), pp.92~110 [「이슬람해방당은 극단주의 조직인가?」, 『증오의 대가』].

_____, "Islamofobiia posle 11 sentiabria", in A. Verkhovskii, E. Mikhailovskaia and V. Pribylovskii(eds.), *Rossiia Putina*, pp.135~145 [「9·11 이후의 이슬람혐오증」, 『푸틴의 러시아』].

_____, "Pochemu sleduet otmenit' reshenie o zaprete NBP", http://xeno.sova-center.

ru/29481C8/99C0ACC (accessed 2009.4.23) [「왜 민족볼셰비키당 금지 결정을 철회해야 하는가」].

_____, *Politicheskoe pravoslavie: Russkie pravolavnye natsionalisty i fundamentalisty, 1995-2001* (Moscow: SOVA, 2004) [『정치적 정교회: 러시아정교도 민족주의자 및 근본주의자, 1995~2001년』].

_____, "Politizirovannaia pravoslavnaia obshchestvennost' i ee mesto v russkom natsionalizme", in M. Laruelle(ed.), *Russkii natsionalizm v politicheskom prostranstve (issledovaniia po natsionalizmu)* (Moscow: INION, French-Russian Center for Research in Human and Social Sciences, 2007), pp.180~199 [「정치화된 정교회 공동체와 러시아 민족주의에서의 그 위치」, 『정치적 공간에서의 러시아 민족주의(민족주의 연구)』].

_____, "Religiia i konstruirovanie rossiiskoi 'natsional'noi idei' v nachale novogo veka", in A. Verkhosvkii(ed.), *Demokratiia vortikali* (Moscow: SOVA, 2006) [「새로운 세기 초 종교와 러시아 '민족 이념'의 구성」, 『수직적 민주주의』].

_____, *Religion et "idée nationale" dans la Russie de Poutine*, Les Cahiers Russie, no.3 (2006), p.18.

_____, "Tserkovnyi proekt rossiiskoi identichnosti", in M. Laruelle(ed.), *Sovremennye interpretatsii russkogo natsionalizma* (Stuttgart: Ibidem Verlag, 2007), pp.171~188 [「교회의 러시아 정체성 프로젝트」, 『러시아 민족주의의 현대적 해석』].

A. Verkhovskii(ed.), *Iazyk vrazhdy protiv obshchestva* (Moscow: SOVA, 2007) [『반사회적 증오의 언어』].

_____, *Levye v Rossii: Ot umerennykh do ekstremistov* (Moscow: Institut eksperimental'noi sotsiologii, 1997) [『러시아의 좌파: 온건파로부터 극단주의자까지』].

A. Verkhovskii and V. Pribylovskii, *Natsional-patrioticheskie organizatsii v Rossii* (Moscow: Panorama, 1996) [『러시아의 민족-애국주의 조직』].

A. Verkhovskii, A. Papp and V. Pribylovskii, *Politicheskii ekstremizm v Rossii* (Moscow: Panorama, 1996) [『러시아의 정치적 극단주의』].

A. Verkhovskii, E. Mikhailovskaia and V. Pribylovskii, *Politicheskaia ksenofobiia: Radikal'nye gruppy, predstavleniia liderov, rol' tserkvi* (Moscow: Panorama, 1999) [『정치적 외국인혐오증: 급진적 단체, 지도자들의 인식, 교회의 역할』].

A. Verkhovsky, "Political Commentary: Ultra-Nationalists in Russia at the Onset of Putin's Rule", *Nationalities Papers*, vol.28, no.4 (2000), pp.707~722.

A. Vichnevski, "Une superpuissance sous-peuplée. La Russie en 2013", *Le Débat*, no.130 (2004), pp.63~77.

A. Vishnevskii, *Serp i rubl'. Konservativnaia modernizatsiia v SSSR* (Moscow: OGI,

1998) [『낫과 루블: 소련의 보수적 근대화』].

A. Yu. Glubev, "K voprosu o patrioticheskom vispitanii v Rossii i v ee vooruzhennykh silakh", *Voennaia mysl'*, no.2 (2007), pp.47~56 [「러시아와 그 군대에서의 애국주의 교육 문제에 관하여」, 『군사사상』].

_____, "Problema poiska ideinoi osnovy dlia razvitiia Rossiiskoi armii", *Voennaia mysl'*, no.3 (2007), pp.66~71 [「러시아군 발전을 위한 이념적 기초 모색의 문제」, 『군사사상』].

A. Zaitseva, "Novoe kino Rossii: patriotizm za gosden'gi", *BBC Russia News*, http://nes.bbc.co.uk/gi/russian/russia/newsid_7712000/77221514.stm (accessed 2009.4.23) [「러시아의 새로운 영화: 국고에 의한 애국주의」].

A.-M. Thiesse, *La création des identités nationales: Europe XVIIIe-XXe siècle* (Paris: Seuil, 1999).

_____, "Les identités nationales, un paradigme transnational", in A. Dieckhoff and C. Jaffrelot (eds.), *Repenser le nationalisme. Théories et pratiques* (Paris: Presses de Sciences Po., 2006).

B. Admiraal, "A Religion for the Nation or a Nation for the Religion? Putin's Third Way for Russia", in M. Laruelle (ed.), *Russian Nationalism and the National Reassertion of Russia* (London: Routledge, 2009), pp.203~217.

_____, "Failing Freedom: Parties, Elites and the Uncertainty of Religious Life in Russia", in C. Marsh (ed.), *Burden or Blessing* (Boston: Institute of Religion, Culture and World Affairs, 2004).

B. Anderson, *Imagined Communities: Reflections on the Origin and Spread of Nationalism* (New York: Verso, 1983).

B. Beumers, "Myth-making and Myth-taking: Lost Ideals and the War in Contemporary Russian Cinema", *Canadian Slavonic Papers*, vol.42, no.1-2 (2000), pp.171~189.

B. Dubin, "Dve daty i eshche odna: Simvoly proshlogo kak indeks otnosheniia rossiian k peremenam", *Vestnik obshchestvennogo mneniia*, no.5 (2006), pp.18~26 [「두 개의 숫자와 그리고 하나 더: 변화에 대한 러시아인의 태도의 지표로서의 과거에 대한 상징」, 『여론 통보』].

_____, "Litso epokhi: brezhnevskii period v stolknoveniiakh razlichnykh otsenok", *Monitoring obshchestvennogo mneniia: ekonomicheskie i sotsial'nye peremeny*, no.3 (2003), pp.25~32, www.ecsoman.edu.ru/images/pubs/2006/11/13/0000294315/04-dubin-25-32.pdf (accessed 2009.4.23) [「시대의 얼굴: 다양한 평가가 충돌하는 브레즈네프 시기」, 『여론 모니터링: 경제적·사회적 변화』].

_____, "Orthodoxy in a Social Context", *Russian Social Science Review*, vol.39, no.3 (1998), pp.40~52.

_____, "Religion, the Church, and Public Opinion", *Russian Social Science Review*, vol.39, no.6 (1998), pp.51~67.

_____, "The Action Thriller (boevik) in Contemporary Russia", in S. Lovell and B. Menzel(eds.), *Reading for Entertainment in Contemporary Russia. Post-Soviet Popular Literature in Historical Perspective* (Munich: Verlag Otto Sagner, Arbeiten und texte zur Slavistik, band 78, 2005), pp.101~116.

_____, *Zhit' v Rossii na rubezhe stoletii. Sotsiologicheskie ocherki i razrabotki* (Moscow: Progress/Traditsiia, 2007).

B. Dubin and L. D. Gudkov, "Nevozmozhnyi natsionalizm. Ritorika nomenklatury i ksenofobiia mass", in M. Laruelle(ed.), *Russkii natsionalizm v politicheskom prostranstve (issledovaniia po natsionalizmu)* (Moscow: INION, French-Russian Center for Research in Human and Social Sciences, 2007), pp.276~310 [「불가능한 민족주의: 노멘클라투라의 수사와 대중의 외국인혐오증」, 『정치적 공간에서의 러시아 민족주의(민족주의 연구)』].

B. Kernen, "Putin and the Parliamentary Election in Russia: The Confluence (sliianie) of Russian Political Culture and Leadership", *East European Quarterly*, vol.38, no.1 (2004), pp.85~107.

_____, "The Russian Parliamentary Election of 1993: A Quasi-Historical Interpretation in Light of the 1995 Elections", *East European Quarterly*, vol.30, no.2 (1996), pp. 235~250.

B. Lo, *Vladimir Putin and the Evolution of Russian Foreign Policy* (London: Chatham House Papers, 2003).

C. Browning, "Reassessing Putin's Project: Reflections on IR Theory and the West", *Problems of Post-Communism*, vol.55, no.5 (2008), pp.3~13.

C. Fairbanks, "Russia under Putin. Comments on 'One Step Forward, Two Steps back.' The Feodal Analogy", *Journal of Democracy*, vol.11, no.3 (2000), pp.34~36.

C. Geertz, *The Interpretation of Culture* (New York: Basic Books, 1973).

C. Gurin, "'Russkaya Respublika': We Sentenced Nikolai Girenko to Death", *Eurasia Daily Monitor*, vol.41, no.1 (June 2004), http://www.jamestown.org/publications_ details.php?volume_id=401&issue_id=3001&article_id=2368165 (accessed 2006.9.18).

C. Jaffrelot, "Les modèles explicatifs de l'origine des nations et du nationalisme. Revue critique", in G. Delannoi and P. A. Taguieff(eds.), *Les théories du nationalisme. Nation, nationalité, ethnicité* (Paris: Kimé, 1991).

_____, "Pour une théorie du nationalisme", in A. Dieckhoff and C. Jaffrelot(eds.), *Repenser le nationalisme. Théories et pratiques* (Paris: Presses de Sciences Po.,

2006).

_____, *The Hindu Nationalist Movement and Indian Politics* (New York: Columbia University Press, London: Hurst, 1996).

C. King and N. J. Melvin, *Nation Abroad: Diaspora Politics and International Relations in the Former Soviet Union* (Oxford: Westview Press, 2000).

C. Marsh, "Orthodox Christianity, Civil Society, and Russian Democracy", *Demokratizatsiya*, vol.13, no.3 (2009), pp.449~462.

C. Marsh(ed.), *Burden or Blessing: Russian Orthodoxy and the Construction of Civil Society and Democracy* (Boston: Institute of Religion, Culture and World Affairs, 2004).

D. Averre, "Russian Foreign Policy and the Global Political Environment", *Problems of Post-Communism*, vol.55, no.5 (2008), pp.29~39.

D. Colas, *Races et racismes de Platon à Derrida* (Paris: Plon, 2004).

D. Dubrovskii, "'Chto s nauchnoi tochki zreniia ponimaetsia...' Ili kak eksperty delaiut ksenofobiiu naukoi", in A. Verkhovsky(ed.), *Russkii natsionalizm: ideologiia i nastroenie* (Moscow: SOVA, 2006), pp.122~138 [「'학문적인 관점에서 이해되는 것은……' 혹은 전문가들이 외국인혐오증을 학문으로 만드는 방식」, 『러시아 민족주의: 이념 및 정서』].

D. Gillespie, "Confronting Imperialism: The Ambivalence of War in Post-Soviet Film", in S. Webber and J. Mathers(eds.), *The Military and Society in Post-Soviet Russia* (Manchester: Manchester University Press, 2005), pp.80~93.

_____, "Defense of the Realm: The 'New' Russian Patriotism on Screen", *The Journal of Power Institutions in Post-Soviet Societies*, no.3 (2005), http://ww.pipss.org/document369.html (accessed 2009.4.23).

D. Hammer, "Vladimir Osipov and the Vetche Group(1971-1974): A Page from the History of Political Dissent", *The Russian Review*, no.4 (1984), pp.355~375.

D. Laitin, *Identity in Formation: The Russian-speaking Populations in the Near Abroad* (Ithaca-London: Cornell University Press, 1998).

D. Rogozin, *Vrag naroda* (Moscow: Algoritm, 2006) [『인민의 적』].

D. Slider, "Pskov Under LDPR: Elections and Dysfunctional Federalism in One Region", *Europe-Asia Studies*, vol.51, no.5 (1999), pp.755~767.

D. Trenin, *Getting Russia Right* (Washington, D.C.: Carnegie Endowment for International Peace, 2007).

_____, *Integratsiia i identichnost'. Rossiia kak "novyi zapad"* (Moscow: Evropa, 2006) [『통합과 정체성. '새로운 서구'로서의 러시아』, 바로 윗 문헌의 러시아어 원본].

_____, "Southern Watch: Russia's Policy in Central Asia", *Journal of International*

Affairs, vol.56, no.2 (2003), pp.119~131.

_____, *The End of Eurasia: Russia on the Border Between Geopolitics and Globalization* (Washington, D.C.: Carnegie Endowment for International Peace, 2002).

D. White, "Victims of a Managed Democracy? Explaining the Electoral Decline of the Yabloko Party", *Demokratizatsiya*, vol.15, no.2 (2007), pp.209~229.

E. B. Shestopal, T. N. Pishcheva, E. M. Gikavyi and V. A. Zorin, "The Image of V. Putin in the Consciousness of Russia's Citizens", *Russian Social Science Review*, vol.46, no.1 (2005), pp.37~64.

E. Bacon, "Church and State in Contemporary Russia: Conflicting Discourses", in R. Fawn and S. White(eds.), *Russia After Communism* (London-New York: Routledge, 2002), pp.97~116.

E. Gellner, *Nations and Nationalism* (Ithaca: Cornell University Press, 1983).

E. Hobsbawm, *Nations and Nationalism since 1780: Programme, Myth, Reality* (Cambridge: Cambridge University Press, 1992).

E. Kholmogorov, *Russkii natsionalist* (Moscow: Evropa, 2006) [『러시아 민족주의자』].

E. Klepikova and V. Solov'ev, *Zhirinovsky: Russian Fascism and the Making of a Dictator* (Reading, MA: Addison/Wesley, 1995).

E. Lukas, *The New Cold War: How the Kremlin Menaces both Russia and the West* (London: Bloomsbury, 2008).

E. Mikhailovskaia, "Fraktsiia Rodina v kontekste natsionalisticheskogo diskursa v gosudarstvennoi Dume", in M. Laruelle(ed.), *Russkii natsionalizm: sotsial'nyi i kul'turnyi kontekst* (Moscow: NLO, 2008) [『국가 두마의 민족주의 담론의 맥락에서 본 '조국'』, 『러시아 민족주의: 사회적·문화적 맥락』].

_____, "Govoriashchii Putin: Informatsiia k razmyshleniiu", in A. M. Verkhovskii, E. V. Mikhailovskaia and V. V. Pribylovskii(eds.), *Rossiia Putina: pristrastnyi vzgliad* (Moscow: Panorama, 2003), pp.4~78 [『말하는 푸틴: 고찰을 위한 정보』, 『푸틴의 러시아: 편파적인 시선』].

E. O. Khabenskaia, "Etnicheskie stereotipy v SMI: ksenofobiia i tolerantnost'", in T. Baraulina, O. Karpenko(eds.), *Migratsiia i natsional'noe gosudarstvo* (Saint Petersburg: Tsentr nezavisimykh sotsiologicheskikh issledovanii, 2004) [『대중매체의 민족적 편견: 외국인혐오증과 톨레랑스』, 『이주와 민족국가』].

E. Pain, "Dinamika etnopoliticheskogo ekstremizma", in V. Tishkov and E. Fillipova(eds.), *Ehnicheskaia situatsiia i konflikty v gosudarstvakh SNG i Baltii: Ezhegodnyi doklad Seti etnopoliticheskogo monitoringa i rannego preduprezhdeniia konfliktov* (Moscow: Institut etnologii i antropologii, 2004), pp.19~30 [『에스노정치적 극단주의의 역동성』, 『CIS 및 발트 국가들의 민족적 상황 및 갈등: 민족 정치 모니터

링 및 갈등 조기 경보 네트워크 연간 보고서』].

_____, "Pochemu pomolodela ksenofobiia", *Nezavisimaia gazeta*, October 14, 2003 [「외국인혐오증은 왜 젊어졌는가」,『독립신문』].

_____, "Xenophobia and Ethnopolitical Extremism in Post-Soviet Russia: Dynamics and Growth Factors", *Nationalities Papers*, vol.35, no.5 (2007), pp.895~911.

E. Primakov, "The Second Stage of the Russian Recovery Has Started", *Mercury Club*, http://www.voltairenet.org/article145298.html (accessed 2009.4.23).

E. Sieca-Kozlowski, "Du contrôle de l'information militaire au contrôle de la sociéte: les enjeux politiques des transformations des médias militaires", in A. Le Huérou and E. Sieca-Kozlowski(eds.), *Culture militaire et mobilisation patriotique dans la Russie de Vladimir Poutine* (Paris: Karthala, 2008), pp.97~122.

E. Sytaia, "Ocherednoi proekt geopolitiki", *Nezavisimaia gazeta*, October 18, 1996 [「당면한 지정학 프로젝트」,『독립신문』].

E. Thomson, "Discourse, Empire and Memory in Postcommunist Russia", *New Zealand Slavonic Journal*, vol.37 (2003), pp.155~164.

E. V. Mikhailovskaia(ed.), *Rossiia Putina. Ruiny i rostki oppozitsii* (Moscow: Panorama, 2005) [『푸틴의 러시아: 반대의 잔재와 맹아』].

E. Vovk, "Patrioticheskoe vospitanie: slovom ili delom?", *Fond obshchestvennogo mneniia*, http://bd.fom.ru/report/map/d040530 (accessed 2009.4.23) [「애국주의 교육: 말로 혹은 행동으로?」,『여론재단』].

E. Wilson Rowe and S. Torjesen, *The Multilateral Dimension in Russian Foreign Policy* (London: Routledge, 2008).

F. Daucé, *La Russie postsoviétique* (Paris: Repères, 2008).

_____, *L'État, l'armée et le citoyen en Russie post-soviétique* (Paris: L'Harmattan, 2001).

_____, "L'institution militaire face à la pluralité religieuse dans l'état russe", *Journal on multicultural Societies*, vol.2, no.2 (2001), http://www.unesco.org/most/vl2n2dau.htm (accessed 2009.4.23).

F. Daucé and E. Sieca-Kozlowski, *Dedovshchina in the Post-Soviet Military: Hazing of Russian Army Conscripts in a Comparative Perspective* (Stuttgart: Ibidem Verlag, 2006).

F. Hill, *In Search of Great Russia: Elites, Ideas, Power, the State, and the Pre-Revolutionary Past in the New Russia, 1991-1996* (Ph.D., Cambridge: Harvard University, 1998).

G. Delannoi, *Sociologie de la nation: Fondements théoriques et expériences historiques* (Paris: Armand Colin, 1999).

G. Delannoi and P. A. Taguieff(eds.), *Les théories du nationalisme. Nation, nationalité, ethnicité* (Paris: Kimé, 1991),

G. Flikke, "Patriotic Left-Centrism: The Zigzags of the Communist Party of the Russian Federation", *Europe-Asia Studies*, vol.51, no.2 (1999).

G. Frazer and G. Lancelle, *Absolute Zhirinovsky: A Transparent View of the Distinguished Russian Statesman* (New York: Penguin, 1994).

G. Gill, "Nationalism and the Transition to Democracy: the Post-Soviet Experience", *Demokratizatsiya*, vol.14, no.4 (2006), pp.613~626.

G. Kozhevnikova, "Leto 2008: Antiekstremizm: real'nost' i imitatsiia", http://www.polit.ru/institutes/2008/09/25/summer08.html (accessed 2009.4.23) [『2008년 여름: 반극단주의: 현실과 모방』].

_____, *Iazyk vrazhdy v predvybornoi agitatsii i vne ee. Monitoring pressy: sentiabr' 2003-mart 2004* (Moscow: SOVA, 2004) [『선거 전 선동에서의, 그리고 그 밖의 증오의 언어: 언론 모니터링 2003년 9월부터 2004년 3월까지』].

_____, *Radikal'nyi natsionalizm v Rossii: proiavleniia i protivodeistviia: Obzor sobytiia 2004 goda* (Moscow: SOVA, 2004), http://xeno.sova-center.ru/29481C8/4E77E70 (accessed 2009.4.23) [『러시아의 급진적 민족주의: 현상과 대응: 2004년 사건 개관』].

_____, *Radikal'nyi natsionalizm v Rossii i protivodeistvie emu v 2006 g.* (Moscow: SOVA, 2006), http://xeno.sova-center.ru/29481C8/8F76150 (accessed 2009.4.23) [『2006년 러시아의 급진적 민족주의 및 이에 대한 대응』].

_____, *Radikal'nyi natsionalizm v Rossii i protivodeistvie emu v 2007 g.* (Moscow: SOVA, 2007), http://xeno.sova-center.ru/29481C8/A91EC67 (accessed 2009.4.23) [『2007년 러시아의 급진적 민족주의 및 이에 대한 대응』].

G. M. Easter, "The Russian State in the Time of Putin", *Post-Soviet Affairs*, vol.24, no.3 (2008), pp.199~230.

G. M. Hahn, "Opposition Politics in Russia", *Europe-Asia Studies*, vol.46, no.2 (1994), pp.305~335.

G. Robert, "Palimsestes ou âmes mortes? La russification des marques européennes de grande consommation", *La Russie et l'Europe: autres et semblables* (Paris: Sorbonne, 2007), http://institut-est-ouest.ens-lsh.fr/spip.php?article129 (accessed 2009.4.23).

G. Vitkovskaia and A. Malashenko, *Neterpimost' v Rossii. Starye i novye fobii* (Moscow: Carnegie Tsentr, 1999) [『러시아의 불관용: 오래된 그리고 새로운 혐오증』].

G. W. Lapidus, "Between Assertiveness and Insecurity: Russian Elite Attitudes and the Russia-Georgia Crises", *Post-Soviet Affairs*, vol.23, no.2 (2007), pp.138~155.

G. Ziuganov, *Geografiia pobedy: Osnovy rossiiskoi geopolitiki* (Moscow: n.p., 1999) [『승

리의 지리학: 러시아 지정학의 기초』].

_____, *Sovremennaia russkaia ideia i gosudarstvo* (Moscow: Obozrevatel', 1995) [『현대 러시아 이념 및 국가』].

_____, *Sviataia Rus' i koshcheevo tsarstvo: Osnovy russkogo dukhovnogo vozrozhdeniia* (Moscow: Rezerv, 2003) [『성스러운 루시와 불사의 세계: 러시아의 정신적 부흥의 기초』].

_____, *Vera i vernost': Russkoe pravoslavie i problemy vozrozhdeniia Rossii* (Moscow: Izd. KPRF, 1999) [『신앙과 신의: 러시아 정교회와 러시아 부흥의 문제』].

H. Balzer, "Managed Pluralism: Vladimir Putin's Emerging Regime", *Post-Soviet Affairs*, vol.19, no.3 (2003), pp.189~227.

H. Duquenne, "Le déclin des formations communistes?", *Kiosque du CERI* (Paris: CERI, May 2006), http://www.ceri-sciencespo.com/archive/mai06/arthd.pdf (accessed 2009.4.23).

_____, "Les Mouvements extrémistes en Russie", *Le Courrier des pays de l'Est*, no.1060 (2007), pp.70~86.

H. E. Hale, "The Origins of United Russia and the Putin Presidency: The Role of Contingency in Party-System Development", *Demokratizatsiya*, vol.12, no.2 (2004), pp.169~194.

_____, *Why Not Parties in Russia: Democracy, Federalism, and the State* (Cambridge: Cambridge University Press, 2006).

H. H. Schröder, "Yeltsin and the Oligarchs: The Role of Financial Groups in Russian Politics between 1993 and July 1998", *Europe-Asia Studies*, vol.51, no.6 (1999), pp.957~988.

H. Kohn, *Nationalism, Its Meaning and History* (Princeton: D. van Nostrand Company, 1955).

H. Philips, "Leaving the Past Behind: The Russian Presidential Elections of 1996", *Kennan Occasional Papers*, no.273 (1999).

I. Chubais, *Ot russkoi idei k idee novoi Rossii* (Moscow: CITIS, 1996) [『러시아 이념으로부터 새로운 러시아의 이념까지』].

I. Demidov, "Ivan Demidov o russkom voprose i politicheskom 'patriotizmometre'", *Russkii proekt*, http://www.rus-proekt.ru/nrpc/2930.html (accessed 2007.10.15) [「이반 데미도프가 러시아 문제와 정치적 '애국주의 척도'에 대하여」, 『러시아 프로젝트』].

I. Kliamkin and L. Shevtsova, *Vnesistemnyi rezhim Borisa II: nekotorye osobennosti politicheskogo ravitiiia postsovetskoi Rossii* (Moscow: Carnegie Tsentr, 1999) [『보리스 2세의 제도 외적 체제: 포스트소비에트 러시아 정치 발전의 몇몇 특징』].

I. Kurilla, "Civil Activism Without NGOs: The Communist Party as a Civil Society Substitute", *Demokratizatsiya*, vol.10, no.2 (2002), pp.392~400.

I. Logvinenko, *The Politics of Electoral Reform in the Russian State Duma, 1993-2005* (Thesis, Villanova University, 2007).

I. M. Kliamkin and V. V. Lapkin, "Russkii vopros v Rossii", *Polis*, no.5 (1995) [「러시아의 루스키 문제」, 『폴리스』].

I. Mel'nikov and G. Kulikov, *Ocherednye zadachi KPRF* (Moscow: ITRK KPRF, 2000) [『러시아연방공산당의 당면 과제』].

I. Papkova, "The Russian Orthodox Church and Political Party Platforms", *Journal of Church and State*, vol.49, no.1 (2007), pp.117~135.

I. Torbakov, "Putin's New Deal: Kremlin Plays Up Nationalist Card", *Eurasia Daily Monitor*, vol.3, no.93, May 12, 2006, http://jamestown.org/edm/article.php?article_id=2371076 (accessed 2009.4.23).

Iu. Medvekov, O. Medvekov and G. Hudson, "The December 1993 Russian Election: Geographical Patterns and Contextual Factors", *Russian Review*, vol.55, no.1 (1996), pp.80~99.

Iu. Tiurin, "Lovushka natsionalizma", *Agenstvo politicheskikh novostei*, http://www.apn.ru/opinions/article8480.htm (accessed 2009.4.23) [「민족주의의 함정」, 『정치뉴스 통신사』].

Iu. Zarakhovitch, "Iz Rossii s nenavist'iu", *InoSMI*, www.inosmi.ru/translation/221317.html (accessed 2009.4.23) [「증오를 품고 있는 러시아로부터」].

J. A. Hall, "Nationalisms: Classified and Explained", *Daedalus*, no.122 (1993).

J. B. Dunlop, "Alexander Barkashov and the Rise of National Socialism in Russia", *Demokratizatsiya*, no.4 (1996), pp.519~530.

J. B. Urban, "The Russian Left and the French Paradigm", *Demokratizatsiya*, vol.11, no.1 (2003), pp.79~85.

J. Bransten, "Russia: Patriotic TV Channel Nearing Launch, But Will Anyone Watch?", *RFE/RL Newsline*, http://www.rferl.org/reports/mm/2005/02/5-240205.asp (accessed 2009.4.23).

J. Dunlop, "Reintegrating 'Post-Soviet Space'", *Journal of Democracy*, vol.11, no.3 (2000), pp.39~47.

_____, *Russia Confronts Chechnya: Roots of a Separatist Conflict* (Cambridge-London: Cambridge University Press, 1998).

J. Garrard and C. Garrard, *Russian Orthodoxy Resurgent: Faith and Power in the New Russia* (Princeton-Oxford: Princeton University Press, 2008).

J. M. Godzimirski, "Putin and Post-Soviet Identity. Building Blocks and Buzz Words",

Problems of Post-Communism, vol.55, no.5 (2008), pp.14~27.

J. R. Millar, "Reading Putin in Russian and Soviet Literature", *Problems of Post-Communism*, vol.54, no.5 (2007), pp.52~56.

J. R. Raviot, "Le triomphe de l'ordre établi", *Le Courrier des Pays de l'Est*, no.1004 (2000), pp.4~26.

J. Russel, "Mujahedeen, Mafia, Madmen: Russian Perceptions of Chechens during the Wars in Chechnya, 1994-1996, 1999-2000", *Journal of Communist Studies & Transition Politics*, no.1 (2002), pp.73~96.

J. Scanlan, "The Russian Idea from Dostoevskii to Ziuganov", *Problems of Post-Communism*, vol.43, no.4 (1996), pp.35~43.

J. T. Ishiyama and R. Kennedy, "Superpresidentialism and Political Party Development in Russia, Ukraine, Armenia and Kyrgyzstan", *Europe-Asia Studies*, vol.53, no.8 (2001), pp.1177~1191.

J. Urban and V. Solovei, *Russia's Communists at the Crossroads* (Boulder, CO: Westview, 1997).

J. W. Kipp, "A. Lebed: The Man, his Program, and his Political Prospects", *Problems of Post-Communism*, vol.46, no.5 (1999), pp.55~63.

_____, "The Political Ballet of General Aleksandr Lebed", *Problems of Post-Communism*, vol.43, no.4 (1996), pp.43~54.

J. W. Riggs and P. J. Schraeder, "Russia's Political Party System as a (Continued) Impediment to Democratization: The 2003 Duma and 2004 Presidential Elections in Perspective", *Demokratizatsiya*, vol.13, no.1 (2005), pp.141~151.

J.-F. Bayart, *L'illusion identitaire* (Paris: Fayard, 1996).

J.-R. Raviot, "Comprendre le nouveau régime ruse", *Strates*, no.12 (2006), http://strates.revues.org/document1662.html (accessed 2009.4.23).

_____, *Démocratie à la russe. Pouvoir et contre-pouvoir en Russie* (Paris: Ellipses, 2008).

_____, *Qui dirige la Russie?* (Paris: Lignes de repères, 2007).

K. Crane, D. J. Peterson and O. Oliker, "Russian Investment in the Commonwealth of Independent States", *Eurasian Geography and Economics*, vol.46, no.6 (2005), pp.405~444.

K. Deutsch, *Nationalism and Social Communication. An Inquiry into the Foundation of Nationality* (Cambridge: MIT press, 1953).

K. Kaariainen and D. Furman, *Religioznost' v Rossii v 90e gody: Starye tserkvi, novye veruiushchie* (Saint Petersburg-Moscow: Letnii Sad, 2000) [『1990년대 러시아의 종교성: 오래된 교회, 새로운 신자』].

K. N. Kostiuk, "The Russian Orthodox Church and Society: Moral Cooperation or Ethical Conflict?", *Russian Social Science Review*, vol.44, no.4 (2003), pp.59~77.

K. Rousselet, "L'Église orthodoxe russe entre patriotisme et individualisme", *XXe siècle. Revue d'historie* (April, 2000), pp.13~24.

_____, "L'église orthodoxe Russe et le territoire", *Revue d'études comparatives Est-Ouest*, no.4 (2004), pp.149~171.

_____, "Le mouvement des fraternités orthodoxes en Russie", *Revue d'études comparatives Est-Ouest*, no.3-4 (1993), pp.121~138.

_____, "Les enjeux du pluralisme religieux en Russie post-soviétique", *International Journal on Multicultural Societies*, vol.2, no.2 (2001), pp.57~77.

L. A. Faller, "Ideology and Culture in Ugandan Nationalism", *American Anthropologist*, vol.3, no.4 (1991).

L. Back, "Aryans Reading Adorno: Cyber-Culture and Twenty-First Century Racism", *Ethnic and Racial Studies*, vol.25, no.4 (2002), pp.628~651.

L. Belin, "Sergei Baburin: Leftist Looking for a Home", *RFE/RL*, n.d., http://www.rferl.org/specials/russianelection/bio/baburin/asp (accessed 2009.4.23).

L. Borusia, "Patriotizm kak ksenofobiia (rezul'taty oprosa molodykh moskvichei)", *Vestnik obshchestvennogo mneniia*, vol.74, no.4 (2004), pp.58~70 [「외국인혐오증으로서의 애국주의(모스크바 청년층 설문조사 결과)」, 『여론 통보』].

L. D. Gudkov, "Dynamics of Ethnic Stereotypes", *Russian Social Science Review*, vol.37, no.4 (1996), pp.54~65.

_____, "Ethnic Phobias in the Structure of National Identification", *Russian Social Science Review*, vol.39, no.1 (1998), pp.89~104.

_____, "Kompleks zhertvy. Osobennosti massovogo vospriiatiia rossiianami sebia kak etnonatsional'noi obshchnosti", *Monitoring obshchestvennogo mneniia*, vol.41, no.3 (1999), pp.47~60 [「희생자 콤플렉스: 에스노민족적 공동체로서의 자신에 대한 러시아인의 대중적 인식의 특징」, 『여론 모니터링』].

_____, *Negativnaia identichnost'. Stati 1997-2002 gg.* (Moscow: NLO, 2004) [『부정적 정체성: 1997~2002년 논문』].

_____, "'Pamiat' o voine i massovaia identichnost' rossiian", *Pamiat' o voine 60 let spustia. Rossiia, Germaniia, Evropa* (Moscow: NLO, 2005) [「전쟁에 대한 '기억'과 러시아인의 대중적 정체성」, 『60년 후 전쟁에 대한 기억. 러시아, 독일, 유럽』].

_____, "Pobeda v voine: k sotsiologii odnogo natsional'nogo simvola", in L. D. Gudkov, *Negativnaia identichnost': Stati 1997-2002 gg.* (Moscow: NLO, 2002) [「전쟁에서의 승리: 한 국가적 상징의 사회학」, 『부정적 정체성: 1997~2002년 논문』].

_____, "Smeshchennaia agressiia. Otnoshenie rossiian k migrantam", *Vestnik obshchestvennogo mneniia*, vol.80, no.6 (2005), pp.60~77 [「전치된 공격: 이주자에 대한 러시아인의 태도」, 『여론 통보』].

_____, "Stalin i prochie: Figury vysshei vlasti v konstruktsii 'proshlogo' sovermennoi Rossii", in B. Dubin, *Zhit' v Rossii na rubezhe stoletii. Sotsiologicheskie ocherki i razrabotki* (Moscow: Progress-Traditsiia, 2007) [「스탈린 기타 등등: 현대 러시아의 '과거' 구성에 있어서 최고 권력자」, 『세기의 전환기에 러시아에서 살기: 사회학 연구 논집』].

_____, "Struktura i kharakter natsional'noi identichnosti v Rossii", *Negativnaia identichnost'. Stati 1997-2002 gg.* (Moscow: NLO, 2004) [「러시아 민족 정체성의 구조와 특성」, 『부정적 정체성: 1997~2002년 논문』].

L. Jonson, *Vladimir Putin and Central Asia: The Shaping of Russian Foreign Policy* (London: I. B. Tauris, 2004).

L. March, "Rossiiskie levoradikaly v postkommunisticheskuiu epokhy", in M. Laruelle(ed.), *Russkii natsionalizm v politicheskom prostranstve (issledovaniia po natsionalizmu)* (Moscow: INION, French-Russian Center for Research in Human and Social Sciences, 2007), pp.100~120 [「탈공산주의 시대의 러시아 극좌파」, 『정치적 공간에서의 러시아 민족주의(민족주의 연구)』].

_____, *The Communist Party in Post-Soviet Russia* (Manchester: Manchester University Press, 2002).

L. Rucker and G. Walter, "Russie 2003: Sous contrôle, mais pour quoi faire?", *Le Courrier des Pays de l'Est*, no.1041 (2004).

M. A. Weigle, "On the Road to the Civic Forum: State and Civil Society from Yeltsin to Putin", *Demokratizatsiya*, vol.10, no.2 (2002), pp.117~146.

M. Angenot, *Les idéologies du ressentiment* (Montreal: XYZ, 1997).

M. Ferretti, *La memoria mutilata: la Russia ricorda* (Milan: Corbaccio, 1993).

M. Gabowitsch, "Combattre, tolérer ou soutenir? La société russienne face au nationalisme russe", in M. Laruelle(ed.), *Le rouge et le noir. Extrême droite et nationalisme en Russie* (Paris: CNRS-Éditions, 2007), pp.67~96.

_____, "L'Asie centrale dans la sphère publique en Russie: la grande absence", *Cahiers d'études sur la Méditerranée et la monde turco-iranien (CEMOTI)*, no.34 (2002), pp.77~99.

_____, *Le spectre du fascisme. Le nationalisme russe et ses adversaires, 1987-2007* (Ph. D., Paris: EHESS, 2007).

M. Grigor'ev, *Kondopoga. Chto eto bylo* (Moscow: Evropa, 2007) [『콘도포가. 이것은 무엇이었는가』].

M. Guibernau and J. Hutchinson(eds.), *Understanding Nationalism* (Cambridge: Polity

Press, 2001).

M. Kramer, "Russian Policy Toward the Commonwealth of Independent States: Recent Trends and Future Prospects", *Problems of Post-Communism*, vol.55, no.6 (2008), pp.3~19.

M. L. Roman, "Making Caucasians Black. Moscow since the Fall of Communism and the Racialization of Non-Russians", *Journal of Communist Studies & Transition Politics*, vol.18, no.2 (2002), pp.1~27.

M. Laruelle, "Alternative Identity, Alternative Religion? Neo-Paganism and the Aryan Myth in Contemporary Russia", *Nations and Nationalism*, vol.14, no.2 (2008), pp.283~301.

_____, "La question des Russes du proche-étranger in Russie (1991-2006)", *Étude du CERI*, no.126 (May 2006).

_____, "Les 'Russes' de l'étranger proche': le thème diasporique et ses lobbies en Russie", *Revue d'études comparatives Est-Ouest*, no.4 (2008), pp.5~28.

_____, "Rethinking Russian Nationalism: Historical Continuity, Political Diversity, and Doctrinal Fragmentation", in M. Laruelle(ed.), *Russian Nationalism and the National Reassertion of Russia* (London: Routledge, 2009), pp.13~48.

_____, *Russian Eurasianism: An Ideology of Empire* (Washington, D.C.: Woodrow Wilson Press/Johns Hopkins University Press, 2008).

M. Laruelle and S. Peyrouse, *Les Russe du Kazakhstan. Identités nationales et nouveaux états dans l'espace post-soviétique* (Paris: Maisonneuve & Larose, 2004).

M. Leeper, *The Schism of the Russian Orthodox Church and the Canonization of Nicholas II and the Royal Family* (Ph.D., Arlington: University of Texas, 2001).

M. M. Sokolov, *Samopredstavlenie organizatsii v russkom radikal'nom natsionalisticheskom dvizhenii* (Ph.D., Saint Petersburg, 2003) [『러시아 급진적 민족주의 운동단체의 자아인식』].

M. Mathyl, "Nationalisme et contre-culture jeune dans la Russie de l'après-perestroïka", in M. Laruelle(ed.), *Le rouge et le noir. Extrême droite et nationalisme en Russie* (Paris: CNRS-Editions, 2007), pp.115~137.

M. McFaul, "One Step Forward, Two Steps Back", *Journal of Democracy*, vol.11, no.3 (2000), pp.19~33.

_____, "Political Parties", in M. McFaul, N. Petrov and A. Ryabov(eds.), *Between Dictatorship and Democracy. Russian Post-Communist Political Reform* (Washington, D.C.: Carnegie Endowment for International Peace, 2004), pp.105~134.

M. McFaul and N. Petrov, "What the Elections Tell Us", *Journal of Democracy*, vol.15, no.3 (2004), pp.20~31.

M. Moshkin, "Ch'ia Moskva? Korichnevyi voskhod", *Moskovskii komsomolets*, http://www.mk.ru/numbers/1898/article64155.htm (accessed 2009.4.23) [「누구의 모스크바인가? 갈색의 상승」, 『모스크바 콤소몰레츠』].

M. Sapper, "Povsednevnost' voinstvennosti v Rossii: nasledie militarizovannogo sotsializma", *The Journal of Power Institutions in Post-Soviet Societies*, no.3 (2005), http://www.pipss.org/documenet381.html [「러시아에서 호전성의 일상성: 군사화된 사회주의의 유산」].

M. Varga, "How Political Opportunities Strengthen the Far Right: Understanding the Rise in Far-Right Militancy in Russia", *Europe-Asia Studies*, vol.60, no.4 (2008), pp.561~579.

M. Wyman and S. White, "Public Opinion, Parties, and Voters in the December 1993 Russian Election", *Europe-Asia Studies*, vol.47, no.4 (1995), pp.591~615.

M. Zherebyatev, "Russian National Unity: A Political Challenge for Provincial Russia", *Eurasia Daily Monitor*, vol.5, no.6 (1999).

N. A. Kosolapov, "An Integrative Ideology for Russia", *Russian Social Science Review*, vol.37, no.1 (1996), pp.60~96.

N. Jackson, *Russian Foreign Policy and the CIS: Theories, Debates and Actions* (London: Routledge, 2003).

N. K. Gvosdev, "The New Party Card? Orthodoxy and the Search for Post-Soviet Russian Identity", *Problems of Post-Communism*, vol.47, no.6 (2000), pp.29~38.

N. Kevorkova, "Institut Gellera ne obnaruzhil skinkhedov v byvshikh sovetskikh respublikakh", *Gazeta*, no.197, http://www.gzt.ru/society/2006/10/26/21007.html (accessed 2009.4.23) [「겔러 연구소, 구소련 공화국에서 스킨헤드를 찾아내지 못하다」].

N. M. Girenko, *Etnos, kul'tura, zakon* (Saint Petersburg: Carillon, 2004) [『에스노스, 문화, 법률』].

N. Mitrokhin, "Infrastruktura podderzhki pravoslavnoi eskhatologii v sovremennoi RPC. Istoriia i sovremennost'", in M. Laruelle(ed.), *Russkii natsionalizm v politicheskom prostranstve (issledovaniia po natsionalizmu)* (Moscow: INION, French-Russian Center for Research in Human and Social Sciences, 2007), pp.200~254 [「현대 러시아정교회의 정교적 종말론 지지 기반, 역사 및 현대성」, 『정치적 공간에서의 러시아 민족주의(민족주의 연구)』].

_____, *Klerikalizatsiia obrazovaniia v Rossii* (Moscow: Institut grazhdanskogo analiza, 2005) [『러시아 교육의 성직화』].

_____, "Liubov' bez udovletvoreniia: Russkaia pravoslavnaia tserkov' i rossiiskaia armiia", *The Journal of Power Institutions in Post-Soviet Societies*, no.3 (2005), http://www.pipss.org/ducument401.html (accessed 2009.4.23) [「만족 없는 사랑: 러시아정교회와 러시아 군대」].

_____, "Ot Pamyati k skinhedam Luzhkova: Ideologiia russkogo natsionalizma v 1987-2003 gg.", *Neprikosnovennyi zapas*, no.31 (2003), pp.37~43 [「파먀트로부터 루시코프의 스킨헤드까지: 1987~2003년 러시아 민족주의 이데올로기」, 『비상용품』].

_____, *Russkaia pravoslavnaia tserkov': sovremennoe sostoianie i aktual'nye problemy* (Moscow: NLO, 2004) [『러시아정교회: 현대적 상황과 실질적 문제』].

N. Munro, "Russia's Persistent Communist Legacy: Nostalgia, Reaction, and Reactionary Expectations", *Post-Soviet Affairs*, vol.22, no.4 (2006).

N. Petrov, "Siloviki in Russian Regions: New Dogs, Old Tricks", *The Journal of Power Institutions in Post-Soviet Societies*, no.2 (2005), http://www.pipss.org/document331.html (accessed 2009.4.23).

N. Petrov and D. Slider, "Putin and the Regions", in D. H. Herspring(ed.), *Putin's Russia. Past Imperfect, Future Uncertain* (Lanham, MD: Rowman & Littlefield Publishers, 2005), pp.237~258.

N. Romanovich, "Democratic Values and Freedom 'Russian Style'", *Russian Social Science Review*, vol.45, no.1 (2004), pp.42~48.

O. Karpenko, "Kak i chemu ugrozhaiut migranty? Iazykovye igry s 'gostiami iz iuga' i ikh posledstviia", in T. Baraunlina and O. Karpenko(eds.), *Migratsiia i natsional'noe gosudarstvo* (Saint Petersburg: Tsentr nezavisimykh sotsiologicheskikh issledovanii, 2004), pp.62~84 [「이주자는 어떻게 그리고 무엇을 위협하는가?: 남쪽으로부터의 손님'이라는 언어유희와 그 결과」, 『이주와 민족국가』].

_____, "'Suverennaia demokratiia' dlia vnutrennego i naruzhnogo primeneniia", *Neprikosnovennyi zapas*, vol.51, no.1 (2007), http://magazines.russ.ru/nz/2007/1/kar15.html (accessed 2009.4.23) [「내·외부적 적용을 위한 '주권민주주의'」, 『비상용품』].

O. Kryshtanovskaya and S. White, "Putin's Militocracy", *Post-Soviet Affairs*, vol.19, no.4 (2003), pp.289~306.

P. A. Taguieff, *L'illusion populiste. De l'archaïque au médiatique* (Paris: Berg International, 2002).

_____, *Sur la nouvelle droite. Jalons d'une analyse critique* (Paris: Descartes & Cie, 1994).

P. A. Taguieff(ed.), *Le retour du populisme* (Paris: Universalis, 2004).

P. Birnbaum, *Sociologie des nationalisme* (Paris: PUF, 1997).

P. Danilin, N. Kryshtal' and D. Poliakov, *Vragi Putina* (Moscow: Evropa, 2007) [『푸틴의 적』].

P. Duncan, "The Fate of Russian Nationalism: The Samizdat Journal Vetche Revisited", *Religion in Communist Lands*, no.1 (1988), pp.36~53.

P. L. Glanzer, "Russian Orthodoxy, the Russian Ministry of Education, and Post-Communist Moral Education", in C. Marsh(ed.), *Burden or Blessing* (Boston: Institute of Religion, Culture and World Affairs, 2004), pp.53~60.

P. Legendre, "Minorities Under Siege: The Case of St. Petersburg", *Human Rights First*, June 2006.

P. Milza, *L'Europe en chemise noire: Les extrêmes droites en Europe de 1945 à aujourd'hui* (Paris: Flammarion, 2002).

R. Clem, "Russia's Electoral Geography: A Review", *Eurasian Geography and Economics*, vol.47, no.4 (2006), pp.381~406.

R. Davis, *Soviet History in the Yeltsin Era* (London: Macmillan, 1997).

R. Donaldson, *The Foreign Policy of Russia: Changing Systems, Enduring Interests* (Armonk, N.Y.: M. E. Sharpe, 1998).

R. E. Kanet(ed.), *Russia: Re-emerging Great Power* (Houndmills: Palgrave Macmillan, 2007).

R. O. Freedman, "Putin and the Middle East", *Demokratizatsiya*, vol.10, no.4 (2002), pp.508~527.

R. Otto, "Gennadi Ziuganov, the Reluctant Candidate", *Problems of Post-Communism*, vol.46, no.5 (1999), pp.37~47.

R. Rose, "Is Russia Becoming a Normal Society?", *Demokratizatsiya*, vol.15, no.4 (2007), pp.75~86.

R. Rose and E. Tikhomirov, "Understanding the Multi-Party Choice: The 1995 Duma Election", *Europe-Asia Studies*, vol.49, no.5 (1997), pp.799~824.

R. Rose, N. Munro and S. White, "Voting in a Floating Party System: The 1999 Duma Election", *Europe-Asia Studies*, vol.53, no.3 (2001), pp.419~443.

R. Rose, N. Munro and W. Mishler, "Resigned Acceptance of an Incomplete Democracy: Russia's Political Equilibrium", *Post-Soviet Affairs*, vol.20, no.3 (2004), pp.195~218.

R. Rose, W. Mishler and N. Munro, *Russia Transformed: Developing Popular Support for a New Regime* (Cambridge: Cambridge University Press, 2006).

R. S. Clem and P. R. Craumer, "Redrawing the Political Map of Russia: The Duma Election of December 2003", *Eurasian Geography and Economics*, vol.45, no.4 (2004), pp.241~261.

R. Sakwa, "Putin's Leadership: Character and Consequences", *Europe-Asia Studies*, vol.60, no.6 (2008), pp.879~897.

_____, "Russia's 'Permanent' (Uninterrupted) Elections of 1999-2000", *Journal of*

Communist Studies & Transition Politics, vol.16, no.3 (2000).

_____, "The CPRF: The Powerlessness of the Powerful", in A. Bozoki and J. Ishiyama (eds.), *A Decade of Transformation: Communist Successor Parties in Central and Eastern Europe* (Armonk, N.Y.: M. E. Sharpe, 2002), pp.240~267.

R. Sil and C. Chen, "State Legitimacy and the (In)significance of Democracy in Post-Communist Russia", *Europe-Asia Studies*, vol.56, no.3 (2004), pp.347~368.

R. V. Daniels, "Evguenii Primakov, Contender by Chance", *Problems of Post-Communism*, vol.46, no.5 (1999), pp.27~36.

S. A. Tiushkevich, "Mogushchii istochnik patriotizma", in *Patriotizm - odin iz reshaiushchikh faktorov bezoposnosti rossiiskogo gosudarstva* (Moscow: Ekonomicheskaia literatura, 2006) [「애국주의의 강력한 원천」, 『애국주의는 러시아 국가안보의 결정적인 요인들 중 하나』].

S. Belikov, *Skinkhedy v Rossii* (Moscow: Academia, 2005) [『러시아의 스킨헤드』].

S. Charnyi, "Ksenofobiia, migrantofobiia i radikal'nyi natsionalizm na vyborakh v Moskovskuiu gorodskuiu dumu" (Moscow: Moskovskoe biuro po pravam cheloveka, n.d.), www.antirasizm.ru/english_rep_019.doc (accessed 2009.4.23) [「모스크바 시 두마 선거에서의 외국인혐오증, 이주자혐오증, 급진적 민족주의」].

S. D. Shenfield, *Russian Fascism: Traditions, Tendencies, Movements* (New York-London: M. E. Sharpe, 2001).

S. E. Hanson and J. S. Kopstein, "Paths to Uncivil Societies and Anti-Liberal States: A Reply to Shenfield", *Post-Soviet Affairs*, no.4 (1998), pp.369~375.

_____, "The Weimar/Russia Comparison", *Post-Soviet Affairs*, no.3 (1997), pp.252~283.

S. E. Mendelson and T. P. Gerber, "Failing the Stalin Test", *Foreign Affairs*, vol.85, no.1 (2006).

_____, "Soviet Nostalgia: An Impediment to Russian Democratization", *Washington Quarterly* (Winter 2005-2006), pp.83~96.

S. Filatov and R. Lunkin, "Statistika rossiiskoi religioznosti, magiia tsifr i neodnoznachnaia real'nost'", *Sotsiologicheskie issledovaniia*, no.4 (2005), pp.35~45, http://www.starlightsite.co.uk/keston/russia/articles/june2005/09Statistics.html (accessed 2009.4.23) [「러시아 종교성 통계, 수치의 마술과 다의적인 현실」, 『사회학연구』].

S. G. Simonsen, "Alexandr Barkashov and Russian National Unity: Blackshirt Friends of the Nation", *Nationalities Papers*, no.4 (1996), pp.625~639.

_____, "Marching to a Different Drum? Political Orientations and Nationalism in Russia's Armed Forces", *Communist Studies and Transition Politics*, vol.17, no.1 (2001), pp.43~64.

_____, "Nationalism and the Russian Political Spectrum: Locating and Evaluating the

Extremes", *Journal of Political Ideologies*, vol.6, no.3 (2001), pp.262~288.

S. G. Simonsen, *Pain of Partition: Nationalism, National Identity, and the Military in Post-Soviet Russia* (Oslo: PRIO, 2001).

S. Glaz'ev, "K voprosu ob ideologii organizatsii", http://ww.glazev.ru/print.php?article=87 (accessed 2006.9.4) [『조직의 이데올로기 문제에 관하여』].

_____, "Soprotivlenie, partnerstvo ili soglashatel'stvo", *Rossiia*, http://www.glazev.ru/position_glazev/1608 (accessed 2006.9.4) [『저항, 파트너십 혹은 협조주의』].

S. Golunov, "Hitler's Cause Is Alive in Former Stalingrad", *PONARS Policy Memo* no.408 (Washington, D.C.: CSIS, 2006).

S. Hanson and C. Williams, "National Socialism, Left Patriotism or Superimperialism? The 'Radical Right' in Russia", in S. Ramet(ed.), *The Radical Right in Eastern Europe* (University Park: Penn State Press, 1999), pp.257~277.

S. Hanson, "Instrumental Democracy: The End of Ideology and the Decline of Russian Political Parties", in V. Hesli and W. Reisinger(eds.), *Elections, Parties, and the Future of Russia* (Cambridge: Cambridge University Press, 2003), pp.163~185.

_____, "Sovietology, Post-Sovietology, and the Study of Postcommunist Democratization", *Demokratizatsiya*, vol.11, no.1 (2003), pp.142~149.

S. Ipsa-Landa, "Russia's Preferred Self-Image and the Two Chechen Wars", *Demokratizatsiya*, vol.11, no.2 (2003), pp.305~319.

S. K. Wergen and A. Konitzer, "Prospects for Managed Democracy in Russia", *Europe-Asia Studies*, vol.59, no.6 (2007), pp.1025~1047.

S. Kishkovsky, "Putin Visits Memorial to Victims of Stalinist Great Terror", *International Herald Tribune* (October 31, 2007), www.rusnet.nl/news/2007/10/31/current affairs01.shtml (accessed 2009.4.23).

S. L. Myers, "Red Star Over Russian Airwaves: Military TV Network", *New York Times* (February 11, 2005), p.A4.

S. L. Webber, "La jeunesse et la sphère militaire en Russie: une zone (dé-)militarisée?" in A. Le Huérou and E. Sieca-Kozlowski(eds.), *Culture militaire et mobilisation patriotique dans la Russie de Vladimir Poutine* (Paris: Karthala, 2008), pp.171~192.

S. Lebedev, *Russkie idei i russkoe delo. Natsional'no-patrioticheskoe dvizhenie v Rossii v proshlom i nastoiashchem* (Saint Petersburg: Aleteiia, 2007) [『러시아 이념과 러시아의 임무. 러시아 민족-애국주의 운동의 과거와 현재』].

S. Levitsky and L. A. Way, "The Rise of Competitive Authoritarianism", *Journal of Democracy*, vol.13, no.2 (2002), pp.51~65.

S. M. Hashim, *Frozen Transition: The KPRF as Semi-Loyal Opposition in Russia's Post-*

Soviet Transition (Thesis, Pennsylvania State University, 2000).

S. Mozgovoy, "Vzaimootnosheniia armii i tserkvi v Rossiiskoi Federatsii", *The Journal of Power Institutions in Post-Soviet Societies*, no.3 (2005), http://www.pipss.org/ducument390.html (accessed 2009.4.23) [「러시아연방군과 교회의 상호관계」].

S. Oates, "The 1999 Russian Duma Elections", *Problems of Post-Communism*, vol.47, no.3 (2000), pp.3~14.

S. Prozorov, "Russian Conservatism in the Putin Presidency: The Dispersion of a Hegemonic Discourse", *Journal of Political Ideologies*, vol.10, no.2 (2005), pp.121~143.

S. Reznik, *The Nazification of Russia: Antisemitism in the Post-Soviet Era* (Washington, D.C.: Challenge Publications, 1996).

S. Rock, "Making Saints or How to Rewrite History: Orthodox Nationalist Heroes in Post-Soviet Russia", *VII Association for the study of Nationalities Conference* (Harriman Institute, Columbia University, April 3-5, 2003).

_____, "'Militant Piety': Fundamentalist Tendencies in the Russian Orthodox Brotherhood Movement", *Religion in Eastern Europe*, vol.22, no.3 (2002), http://www.georgefox.edu/academics/undergrad/departments/soc-swk/ree/rock_mpf_01.html (accessed 2009.4.23).

S. Savushkin, "I ne nado gororit' o tuposti voennykh", *Novaia gazeta*, http://2005.novayagazeta.ru/nomer/2005/25n/n25n-s37.shtml (accessed 2009.4.23) [「군인들의 어리석음에 대해 말할 필요 없다」, 『노바야 가제타』].

S. Shenfield, "The Weimar/Russia Comparison: Reflections on Hanson and Kopstein", *Post-Soviet Affairs*, no.4 (1998), pp.355~368.

S. Sokolovski, "Essentsializm v rossiiskom konstitutsionnom prave (na primere termikologii, ispol'zuemoi v konstitutsiiakh respublik v sostave RF)", in M. Laruelle (ed.), *Russkii natsionalizm: sotsial'nyi i kul'turnyi kontekst* (Moscow: NLO, 2008), pp.184~232 [「러시아 헌법의 본질주의(러시아연방 구성 공화국 헌법에서 사용되는 용어를 예로 하여)」, 『러시아 민족주의: 사회적·문화적 맥락』].

S. Stepanishchev and S. Charnyi, "Natsionalizm, ksenofobiia, antisemitizm v gosudarstvennoi dume RF"(Moscow: Moskovskoe biuro po pravam cheloveka, s.d.), www.antirasizm.ru/publ_038.doc (accessed 2009.4.23) [「러시아연방 국가 두마에서의 민족주의, 외국인혐오증, 반유대주의」].

_____, "O proiavleniiakh neonatsizma v strane, pobedivshei fashizm" (Moscow: Moskovskoe biuro po pravam cheloveka, 2005), http://www.interethnic.org/News/080205_4.html (accessed 2009.4.23) [「파시즘에 승리한 나라에서의 네오나치즘 현상에 관하여」].

S. W. Rivera and D. W. Rivera, "The Russian Elite under Putin: Militocratic or Bourgeois?",

Post-Soviet Affairs, vol.22, no.2 (2006), pp.125~144.

S. White, "Ten Years On, What Do the Russians Think?", Journal of Communist Studies & Transition Politics, vol.18, no.1 (2002), pp.35~50.

S. White and I. McAllister, "Dimensions of Disengagement in Post-Communist Russia", Journal of Communist Studies and Transition Politics, vol.20, no.1 (2004), pp.81~94.

_____, "Putin and his Supporters", Europe-Asia Studies, vol.55, no.3 (2003), pp.383~399.

T. F. Remington, "Majorities without Mandates: The Russian Federation Council since 2000", Europe-Asia Studies, vol.55, no.5 (2003), pp.667~691.

_____ "Putin, the Duma, and Political Parties", in D. H. Herspring, Putin's Russia: Past Imperfect, Future Uncertain (Lanham, MD: Rowman & Littlefield, 2005), pp.31~54.

T. J. Colton, "Understanding Iurii Luzhkov", Problems of Post-Communism, vol.46, no.5 (1999), pp.14~26.

T. Kutkobets and I. Kliamkin, "Russkie idei: Postsovetskii chelovek", Nezavisimaia gazeta, January 16, 1997 [「러시아 이념: 포스트소비에트 인간」, 『독립신문』].

T. Kuzio, "'Nationalising States' or Nation Building? A Critical Review of the Theoretical Literature and Empirical Evidence", Nations and Nationalism, vol.7, no.2 (2001), pp.135~154.

T. Parland, "Russia in the 1990s: Manifestations of a Conservative Backlash Philosophy", in C. J. Chulos and T. Piirainen(eds.), The Fall of an Empire, the Birth of a Nation: National Identities in Russia (Burlington: Ashgate, and Helsinki: University of Helsinki, 2000), pp.116~140.

_____, The Extreme Nationalism Threat in Russia: The Growing Influence of Western Rightist Ideas (London & New York: Routledge Curzon, 2004).

T. Poliannikov, "Russie: la logique de l'autoritarisme", Le Courrier des pays de l'Est, no.1049 (2005).

T. Remington, "Patronage and the Party of Power: President-Parliament Relations Under Vladimir Putin", Europe-Asia Studies, vol.60, no.6 (2008), pp.959~987.

U. Backes, "L'extrême droite: Les multiples facettes d'une catégorie d'analyse", in P. Perrineau (ed.), Les croisés de la sociéte ferme é. L'Europe des exrêmes droites (Paris: Aube ed., 2001).

V. A. Zolotarev, "Slovo k chitateliam", in Patriotizm - dukhovnyi sterzhen' narodov Rossii (Moscow: Ekonomicheskaia literatura, 2006) [「독자들에게 전하는 말」, 『애국주의는 러시아 민족의 정신적 중추』].

V. Chaplin, "Orthodoxy and the Societal Ideal", in C. Marsh(ed.), Burden or Blessing:

Russian Orthodoxy and the Construction of Civil Society and Democracy (Boston: Institute of Religion, Culture and World Affairs, 2004), pp.31~36.

V. D. Solov'ev, "Regressivnyi sindrom. Varvary na razvalinakh III Rima", *Politicheskii klass*, no.2 (2005) [「퇴행적 신드롬: 제3의 로마의 폐허 위에 있는 야만인」, 『정치계급』].

V. Gel'man, "From 'Feckless Pluralism' to 'Dominant Power Politics': The Transformation of Russia's Party Politics", *Demokratizatsiya*, vol.13, no.4 (2006).

_____, "Le parti dominant en Russie: Quelles perspectives?", in A. Merlin (ed.), *Où va la Russie?* (Bruxelles: Éditions de l'Université de Bruxelles, 2007).

_____, "Party Politics in Russia: From Competition to Hierarchy", *Europe-Asia Studies*, vol.60, no.6 (2008), pp.913~930.

_____, "Political Opposition in Russia, Is It Becoming Extinct?", *Russian Social Science Review*, vol.46, no.4 (2005), pp.5~30.

_____, "Political Opposition in Russia: A Dying Species?", *Post-Soviet Affairs*, vol.21, no.3 (2005), pp.226~246.

V. I. Mukomel' and E. A. Pain (eds.), *Tolerantnost' protiv ksenofobii. Zarubezhnyi i rossiiskii opyt* (Moscow: Academia, 2005) [『외국인혐오증에 대한 톨레랑스. 해외 및 러시아의 경험』].

V. Ivanov, *Antirevoliutsioner. Pochemu Rossii ne nuzhna "oranzhevaia revoliutsiia"* (Moscow: Evropa, 2006) [「반혁명가: 러시아가 '오렌지 혁명'을 필요로 하지 않는 이유」].

_____, *Partiia Putina: Istoriia "Edinoi Rossii"* (Moscow: Olma, 2008) [『푸틴의 정당: 통합러시아의 역사』].

V. Likhachev, *Natsizm v Rossii* (Moscow: Panorama, 2002) [『러시아의 나치즘』].

_____, *Politicheskii antisemitizm v sovremennoi Rossii* (Moscow: Academia, 2007) [『현대 러시아의 정치적 반유대주의』].

_____, *Simvolika i atributika skinkhedov* (Moscow: Moskovskoe biuro po pravam cheloveka, n.d.), http://www.antirasizm.ru/publ_021.php (accessed 2009.4.23) [『스킨헤드의 상징과 특성』].

V. M. Kotkov, "Armiia i tserkov': opyt sotrudnichestva", *Voennaia mysl'*, no.9 (2005), pp.37~41 [「군대와 교회: 협력의 경험」, 『군사사상』].

V. Martiianov, "Mnogopartiinaia partiia vlasti", *Neprikosnovennyi zapas*, vol.43, no.3 (2007) [「다당제 권력당」, 『비상용품』].

V. O. Kazantsev, *Prioritetnye natsional'nye proekty i novaia ideologiia dlia Rossii* (Moscow: Vagrius, 2007) [『국가적 우선 프로젝트와 러시아의 새로운 이데올로기』].

V. Oskotskii, *Polemika: Stalinizm, ksenofobiia i antisemitizm v sovremennoi russkoi literature* (Moscow: Academia, 2005) [『논쟁: 현대 러시아 문학에서의 스탈린주의, 외국인혐오증, 반유대주의』].

V. Paramonov and A. Strokov, *The Evolution of Russia's Central Asian Policy* (Defence Academy of the United Kingdom: Central Asia Series, 2008).

V. Pasynkova, "The Communist Party in Contemporary Russia: Problems of Transformation", *Perspectives on European Politics and Societies. Journal of Intra-European Dialogue*, vol.6, no.2 (2005), pp.237~248.

V. Pribylovski, "The Attitude of National-Patriots Toward Vladimir Putin in the Aftermath of March 26, 2000", in A. Verkhovski, E. Mikhailovskaia and V. Pribylovski, *National-Patriots, Church, and Putin* (Moscow: Panorama, 2011).

V. Pribylovskii, "Natsional-patrioticheskie partii, organizatsii i gruppy v 1994-1999 gg.", http://www.anticompromat.ru/nazi-p/naz99.html (accessed 2009.4.23) [『1994~1999년 민족-애국주의 정당, 조직, 단체』].

_____, "Nezametnyi raskol", *Russkaia mysl'*, no.4229 (1998) [「눈에 띄지 않는 분열」, 『러시아 사상』].

V. Pribylovskii and G. Tochkin, "Natsional-patioty na regional'nykh vyborakh v 2000-2005 gg.", in M. Laruelle(ed.), *Russkii natsionalizm v politicheskom prostranstve (issledovaniia po natsionalizmu)* (Moscow: INION, French-Russian Center for Research in Human and Social Sciences, 2007), pp.137~150 [「2000~2005년 지방선거에서의 민족-애국주의자들」, 『정치적 공간에서의 러시아 민족주의(민족주의 연구)』].

V. Ryzhkov, "Tranzit zapreshchen: Edinaia Rossiia kak KPSS light", *Neprikosnovennyi zapas*, vol.43, no.3 (2007) [「금지된 이행: 가벼운 소련공산당으로서의 통합러시아」, 『비상용품』].

V. S. Sobkin and E. V. Nikolashina, "Otnoshenie moskovskikh podrostkov k migrantam: kul'turnaia distantsiia, vremennye sdvigi, natsional'naia samoidentifikatsiia", in V. S. Sobkin(ed.), *Sotsiokul'turnye transformatsii podrostkovoi subkul'tury* (Moscow: Tsentr sotsiologii obrazovaniia, 2006), pp.19~31 [「모스크바 청소년의 이주자에 대한 태도: 문화적 거리, 시간적 층위, 민족적 자아 정체성」, 『청소년 하위문화의 사회문화적 변화』].

V. Shlapentokh, *How Russians See Themselves Now: In the Aftermath of the Defeat in Chechnya* (Brussels: NATO, Special Adviser for Central and Eastern European Affairs Brief, December 4, 1995).

_____, "Putin as Flexible Politician. Does He Imitate Stalin?", *Communist and Post-Communist Studies*, vol.41, no.2 (2008), pp.205~216.

V. Shnirel'man, "Chistil'shchiki moskovskikh ulits". *Skinkhedy, SMI i obshchestvennoe mnenie* (Moscow: Academia, 2007) [『'모스크바 거리 청소부'. 스킨헤드, 대중매체 그리고 여론』].

_____, *Intellektual'nye labirinty: ocherki ideologii v sovremennoi Rossii* (Moscow: Academia, 2004) [『지적 미로: 현대 러시아 이데올로기론』].

_____, "Les nouveaux aryens et l'antisémitisme: D'un faux manuscrit au racisme aryaniste", in M. Laruelle (ed.), *Le rouge et le noir. Extrême droite et nationalisme en Russie* (Paris: CNRS-Editions, 2007), pp.189~224.

_____, 'Tsepnoi pes rasy': divannaia rasologiia kak zashchitnitsa 'belogo cheloveka' (Moscow: SOVA, 2007), http://xeno.sova-center.ru/29481C8/9EB7A7E [『'사슬에 매인 인종의 개': '백인'의 보호자로서의 추밀원 인종학』].

V. Sperling, "The Last Refuge of a Scoundrel: Patriotism, Militarism and the Russian National Idea", *Nations and Nationalism*, vol.9, no.2 (2003), pp.235~253.

V. Surkov, "General'naia liniia", *Moskovskie novosti*, no.7 (1324), March 3-9, 2006, pp.10~11 [「일반 노선」, 『모스크바 뉴스』].

_____, "Kontseptsiia suverennoi demokratii apelliruet k dostoinstvu rossiiskio natsii", http://www.edinoros.ru/news.html?id=115114 (accessed 2009.4.23) [「러시아 민족의 가치에 호소하는 주권민주주의 개념」].

_____, "Nasha rossiiskaia model' demokratii nazyvaetsia suverennoi demokratiei", http://www.er.ru/news.html?id=111148 (accessed 2007.10.12) [「우리 러시아의 민주주의 모델은 주권민주주의」].

_____, "Natsionalizatsiia budushchego (paragrafy pro suverennuiu demokratiiu)", http://www.edinoros.ru/news.html (accessed 2009.4.23) [「미래의 민족화(주권민주주의에 관하여)」].

_____, "Suverenitet - eto politicheskii sinonim konkurentosposobnost'", in N. Garadzha (ed.), *Suverenitet* (Moscow: Evropa, 2006) [「주권 - 이것은 경쟁력의 정치적 동의어」, 『주권』].

V. V. Naumkin, *Radical Islam in Central Asia: Between Pen and Rifle* (Lanham, MD: Rowman & Littelfield, 2005).

V. V. Putin, "Ideologiei v Rossii dolzhen stat' patriotizm", *Gazeta.ru*, www.gazeta.ru/2003/07/17/box_3248.shtml (accessed 2009.4.23) [「러시아의 이데올로기는 애국주의가 되어야 한다」].

_____, "Nam nuzhno grazhdanskoe obshchestvo, pronizannoe patriotizmom", www.lawmix.ru/content.php?id=182 (accessed 2009.4.23) [「우리에게는 애국주의가 스며든 시민사회가 필요하다」].

_____, "Rossiia na rubezhe tysiacheletiia", *Nezavisimaia gazeta*, http://www.ng.ru/poltics/1999-12-30/4_millenium.html (accessed 2009.4.23) [「새 천 년의 경계에 선

러시아」,『독립신문』].

_____, "Vystuplenie na robochei vstreche po voprosam mezhnatsional'nykh i mezhkonfessional'nykh otnoshenii", http://www.putin2004ru/putin/press/4023D 18A?session (accessed 2009.4.23) [민족 간 - 종교 간 관계 문제에 관한 실무 회담 발표문」].

_____, "Zachem ia vozglavil spisok 'Edinoi Rossii'", http://www.kreml.org/media/1654 63628?mode=print (accessed 2009.4.23) [「내가 통합러시아 명부의 선두에 선 이유」].

V. Voronkov and O. Karpenko, "Patriotizm kak natsionalizm (post)sovetskogo cheloveka", in M. Laurelle(ed.), *Sovremennye interpretatsii russkogo natsionalizma* (Stuttgart: Ibidem Verlag, 2007), pp.81~128 [「(포스트)소비에트 인간의 민족주의로서의 애국주의」,『러시아 민족주의에 대한 현대적 해석』].

V. Zhirinovskii, *Chechnia vsegda budet v sostave Rossii* (Moscow: Izdanie Liberal'no-demokraticheskoi partii Rossii, 2001) [『체첸은 영원히 러시아의 일부일 것이다』].

_____, *Kavkaz - iarmo Rossii* (Moscow: Izdanie Liberal'no-demokraticheskoi partii Rossii, 2001) [『카프카스는 러시아의 굴레』].

_____, *Poslednii brosok na iug* (Moscow: Pisatel', 1993) [『남쪽으로의 마지막 돌진』].

_____, *Sarancha* (Moscow: Izdanie Liberal'no-demokraticheskoi partii Rossii, 2002) [『메뚜기』].

V. Zvereva, "Televizionnye prazdnychnye kontserty: ritorika gosudarstvennogo natsionalizma", in M. Laruelle(ed.), *Sovremennye interpretatsii russkogo natsionalizma* (Stuttgart: Ibidem Verlag, 2007), pp.318~335 [「텔레비전 기념일 콘서트: 국가 민족주의의 수사」,『러시아 민족주의의 현대적 해석』].

W. Allensworth, "Aleksandr Lebed's Vision for Russia", *Problems of Post-Communism*, vol.45, no.2 (1998), pp.51~58.

W. Clark, "Russia at the Polls, Potemkin Democracy", *Problems of Post-Communism*, vol.51, no.2 (2004), pp.22~29.

W. D. Jackson, "Fascism, Vigilantism, and the State: The Russian National Unity Movement", *Problems of Post-Communism*, vol.46, no.1 (1999), pp.34~42.

W. Helleman(ed.), *The Russian Idea: In Search of a New Identity* (Bloomington: Slavica Publishers, 2004).

W. Korey, *Russian Anti-Semitism, Pamyat, and the Demonology of Zionism* (Chur, Switzerland: Harwood Academic Publishers for the Vidal Sassoon International Center for the Study of Antisemitism, Jerusalem, The Hebrew University of Jerusalem, 1995).

Y. Abdurakhmanov, "Ideological Orientations of the Russian Electorate in State Duma Elections", *Perspectives of European Politics and Society*, vol.6, no.2 (2005),

pp.209~235.
Y. Hamant, *Alexander Men, un témoin pour la Russie de ce temps* (Paris: Mame, 1993).
Y. M. Brudny, *Reinventing Russia: Russian Nationalism and the Soviet State, 1953-1991* (Cambridge-London: Harvard University Press, 2000).
Yu. Levada, "'Rupture de générations' en Russie", *The Tocqueville Review/La Revue Tocqueville*, vol.23, no.2 (2002), Republished by CERI(2007).
_____, "What the Polls Tell Us", *Journal of Democracy*, vol.15, no.3 (2004), pp.43~51.
Yu. Liderman, "Kurs na patriotism i otvet rossiiskogo kinematografa v 2000-e gody: Novye biudzhety, novye zhanry, novye fil'my o voine", in M. Laruelle(ed.), *Sovremennye interpretatsii russkogo natsionalizma* (Stuttgart: Ibidem Verlag, 2007), pp.289~317 [2000년대 애국주의 노선과 러시아 영화의 응답: 새로운 예산, 새로운 장르, 새로운 전쟁영화」, 『러시아 민족주의의 현대적 해석』].
Z. Barany, *Democratic Breakdown and the Decline of the Russian Military* (Princeton: Princeton University Press, 2007).
Z. Knox, "Russian Orthodoxy, Russian Nationalism, and Patriarch Akeksii II", *Nationalities Papers*, vol.33, no.4 (2005), pp.533~545.
_____, *Russian Society and the Orthodox Church: Religion in Russia after Communism* (London-New York: Routledge Curzon, 2005).
_____, "The Symphonic Ideal: The Moscow Patriarchate's Post-Soviet Leadership", *Europe-Asia Studies*, vol.55, no.4 (2003), pp.575~596.
Z. Knox, P. Lentini and B. Williams, "Parties of Power and Russian Politics: A Victory of the State over Civil Society?", *Problems of Post-Communism*, vol.53, no.1 (2006), pp.3~14.

"6 noiabria 2007: rasprostraneno zaiavlenie Patriarkha po povodu reform obrazavaniia", http://vera.impt.ru/nes/refobr07.html (accessed 2009.4.23) [「2007년 11월 6일: 교육개혁에 관한 총대주교구의 성명서 발표」].
Agitator Edinoi Rossii: Voprosy, otvety, politicheskie poniatiia (Moscow: Evropa, 2006) [『통합러시아의 선동자: 질문, 응답, 정치적 개념』].
"AK-47 Inventor Says Conscience Is Clear", *CBS News*, http://www.cbsnews.com/stories/2007/07/06/world/main3025193.shtml?source=RSSattr=World_3025193 (accessed 2009.4.23).
"Al'ians kommunistov i natsional-radikalov krepnet", http://www.polit.ru/bbs/2006/04/10.als.html (accessed 2009.4.23) [「공산주의자들과 급진적 민족주의자들의 동맹이 강화되다」].
"And Backs Defense Ministry's Request to Restore the Red Star", *RFE/RL Newsline*,

November 27, 2002.

"Chtoby vyzhit' -nam nado spokoino i uverenno oshchushchat' sebia russkim", http://www.narochnitskaia.ru/cgi-bin/main.cgi?item=1r200 (accessed 2009.4.23) [「살아남기 위해서는 우리는 조용히 그리고 확실히 자신을 러시아인이라고 느껴야 한다」].

"Dialog tsivilizatsii' na Rodose", *Novyi konservatizm v Rossii*, http://neocon.sova-center.ru/25F21B4/28F837B/2C6C19C (accessed 2009.4.23) [「로도스에서의 '문명의 대화'」, 『러시아의 새로운 보수주의』].

"Dmitri Rogozin osudil planiruemmuiu v 2006 g. amnistiiu nelegal'nykh migrantov", *Regnum.ru*, http://www.regnum.ru/news/moskva/541341.html (accessed 2009.4.23) [「드미트리 로고진, 2006년 예정된 불법이주자 사면을 비난하다」].

Dni voinskoi slavy Rossii: Khrestomatiia (Moscow: Izd. Patriot, 2006) [『러시아의 군사적 영광 기념일: 선집』].

"DPNI rekomenduet", http://dpni.org/articles/dpni_rekom/1325/ (accessed 2007.10.12) [「불법이주반대운동의 추천」].

"Duma Approves Restoring Soviet Anthem", *Eurasian Daily Monitor*, vol.6, no.229, http://jamestown.org/publications_details.php?volume_id=23&issue_id=1918&article_id=17859 (accessed 2007.10.15).

"El'tsyn o 'natsional'noi idee", *Nezavisimaia gazeta*, July 1, 1996 [「옐친, 민족 이념에 대하여」, 『독립신문』].

"Evraziiskii soiuz mologezhi nashel v Rossii novogo uchenogo-shpiona", *News.ru*, http://www.newsru.com/russia/19jun2007/esm.html (accessed 2009.4.23) [「유라시아청년동맹, 러시아에서 새로운 학자-스파이를 찾아내다」].

"FSB ne nashla kriminala v spiske 'vragov natsii'", *Grani.ru*, http://ww.kolokol.ru/Society/Xenophobia/d.114431.html?rm=sform (accessed 2009.4.23) [「연방보안국, '민족의 적들' 명단에서 범죄 사건을 찾지 못하다」].

"FSB ne nashla sostava prestupleniia v opublikovanii spiska 'vragov natsii'", *Ekho Moskvy*, November 15, 2006 [「연방보안국, '민족의 적들' 명단의 출판에서 범죄 성립 요건을 찾지 못하다」, 『모스크바의 메아리』].

"Gosduma snimet organicheniia na ispol'zovanie flaga Rossii", *Rosbalt.ru*, http://www.rosbalt.ru/2008/06/24/496992.html (accessed 2009.4.23) [「국가 두마, 러시아 국기 사용 제한을 철회하다」].

"Gosudarstvennaia programma 'Patrioticheskoe vospitanie grazhdan Rossiiskoi Federatsii na 2001-2005 gg.'", http://www.ng.ru/oficial/doc/postan_rf/122_1.shtm (accessed 2009.4.23) [「'2001~2005년 러시아연방 시민 애국주의 교육' 국가 프로그램」].

"Gosudarstvennaia programma 'Patrioticheskoe vospitanie grazhdan Rossiiskoi Federatsii na 2006-2010 gg.'", http://www.ng.ru/oficial/doc/postan_rf/122_1.shtm (accessed

2009.4.23) [「'2006~2010년 러시아연방 시민 애국주의 교육' 국가 프로그램」].

"Grazhdane novoi Rossii: kem oni sebia oshchushchaiut i v kakom obshchestve khoteli by zhit'" (Moscow: Institut kompleksnykh sotsial'nykh issledovanii Rossiiskoi akademii nauk, 2005), http://www.russia-today.ru/2005/no_01/01_topic_1.htm (accessed 2009.4.23) [「새로운 러시아의 시민들: 그들은 자신을 누구라고 생각하고 어떤 사회에서 살고 싶어 하는가」].

"Introduction of section 'Où va la Russie de Poutine?'", *Le Débat*, no.130 (2004).

"Krakh chetvertogo internatsionalizma", *Izvestiia*, August 28, 1993 [「네번째 국제주의의 붕괴」].

"Migrantokratsiia", http://dpni.org/articles/analitika/4552/ (accessed 2007.10.12) [「이주자 정치체제」].

"Militsiia liubit nasilie", *Gazeta.ru*, http://gazeta.ru/2006/02/15/oa_188849.shtml (accessed 2009.4.23) [「폭력을 사랑하는 경찰」].

"Miting antifashistov: mneniia", *Grani.ru*, http://grani.ru/Poltics/Russia/m.113544.html (accessed 2009.4.23) [「안티파시스트의 집회: 의견」].

"Natsionalizm i ksenofobiia", *Levada Center*, http://www.levada.ru/press/ 2007082901.html (accessed 2009.4.23) [「민족주의와 외국인혐오증」].

"New Banner for Military Taken Up", *RFE/RL Newsline*, June 5, 2003.

"Nuzhno-li legalizovat' noshenie oruzhiia?", http://dpni.org/articles/obshhestvo/ 4789/ (accessed 2007.10.12) [「무기 소지를 합법화할 필요가 있는가?」].

Obshchestvennoe mnenie 2004. Ezhegodnik (Moscow: Levada-Centr, 2004) [『여론 2004. 연보』].

Obshchestvennoe mnenie 2005. Ezhegodnik (Moscow: Levada-Centr, 2005) [『여론 2005. 연보』].

Obshchestvennoe mnenie 2006. Ezhegodnik (Moscow: Levada-Centr, 2006) [『여론 2006. 연보』].

"Oranzhevye svastiki Russkogo marsha", *Pravda*, http://www.pravda.ru/politcs/parties/ 21-10-2006/200825-0 (accessed 2009.4.23) [「러시아행진의 오렌지 스와스티카」].

Orthodox Press Service, no.290, http://www.orthodoxpress.com/index.php?action= article&group=display&numero=290&page=4 (accessed 2009.4.23).

"Osnovy sotsial'noi kontseptsii russkoi pravoslavnoi tserkvi", 2000, http://www.patriarchia.ru/db/text/141422.html (accessed 2009.4.23) [「러시아정교회의 기본적 사회 개념」].

"Partiia rossiiskikh regionov sobralas', chtoby reshit' sud'bu Rodiny", http://www.polit.ru/nes/2004/02/15/rodinapart_print.html (accessed 2009.4.23) [「러시아지역당, '조국'의 운명을 결정짓기 위해 소집되다」].

"Patrioticheskii kanal 'Zvezda' nachnet veshchanie s mul'tfil'mov, muzyki i kino", http://www.media-online.ru/indes.php3?id=7286 [「애국주의 채널 '별', 만화·음악·영화 방송을 시작하다」].

Patriotizm - dukhovnyi sterzhen' narodov Rossii (Moscow: Ekonomicheskaia literatura, 2006) [『애국주의는 러시아 민족의 정신적 중추』].

"Patriotizm: kriterii i proiavleniia", *Fond obshchestvennogo mneniia*, http://db.fom.ru/report/cat/man/patriotizm/dd064825 (accessed 2007.10.15) [「애국주의: 범주 및 현상」, 『여론재단』].

"Plan meropriiatii patrioticheskoi napravlennosti", 2005, http://ww.ed.gov.ru/files/materials/1640/plan_meropr_2005.doc (accessed 2009.4.23) [「애국주의적 방향의 정책 계획」].

"Politicheskie molodezhnye organizatsii", *Levada Center*, http://www.levada.ru/press/2005090502.html (accessed 2009.4.23) [「청년 정치조직」].

Pravoslavie i patriotizm: Materialy nauchno-prakticheskoi koferentsii Sobora pravoslavnoi intelligentsii, 26-27 marta 2004 (Saint Petersburg: Aleteiia, 2005) [『정교회와 애국주의: 정교도인텔리회의의 학술-실무 회의 자료집, 2004년 3월 26~27일』].

"Pravoslavnoe soderzhanie russkogo patriotizma", http://www.stjag.ru/article.php?nid=29214 (accessed 2009.4.23) [「러시아 애국주의의 정교회적 내용」].

"President Restores Name 'Stalingrad' to Moscow War Memorial", *RFE/RL Newsline*, http://www.hri.org/cgi-bin/brief/news/balkans/rferl/2004/04-07-23.rferl.html#11 (accessed 2009.4.23).

Prioritetnye natsional'nye proekty: Tsifry, fakty, dokumenty (Moscow: Evropa, 2007) [국가적 우선 프로젝트: 수치, 사실, 문서』].

"Problemy migratsii?", *Materik*, no.131, http://www.materik.ru/index.php?year=2005&month=10&day=1 (accessed 2006.6.12) [「이주 문제?」, 『대륙』].

"Prochat v glavy soveta po natsional'noi ideologii", http://www.businesspress.ru/newspaper/article_mId_33_aId_286900.html (accessed 2009.4.23) [「국가이데올로기협의회 수반으로 예정되다」].

"Putin Approval Stands at 72 percent in Russia", *Angus Reid Global Scan: Polls and Research*, Levada Center, http://www.angus-reid.com/polls/index.cfm/fuseaction/viewItem/itemID/11551 (accessed 2009.4.23).

"Putin Lauds Church Role as Patriarch Marks 10 Years" *Johnson's Russia List*, #4359, June 9, 2000.

"Putin nadeetsia, chto pravoslavie ukrepit Rossiiu", *Interfax*, January 7, 2000 [「푸틴, 정교회가 러시아를 강화시켜 주길 기대하다」].

"Putin prizval zashchishchat' 'korennoe naselenie' RF ot migrantov", *CentrAsia*, http://

www.centrasia.ru/newsA.php4?st=1160078700 (accessed 2009.4.23) [「푸틴, 러시아 '토착 주민'을 이주자로부터 보호할 것을 호소하다」].

"Putin: Natsisty ugrozhaiut Rossii", *Komsomol'skaia pravda*, http://www.businesspress.ru/newspaper/article_mId_40_aId_365464.html (accessed 2009.4.23) [「푸틴: 나치스트가 러시아를 위협한다」, 『콤소몰 프라우다』].

"Rossiia trebuet ot Gruzii vernut' rakety", *Gala.Net*, http://news.gala.net/?cat=&id=157469 (accessed 2009.4.23) [「러시아, 조지아로부터 로켓의 반환을 요구하다」].

"Rossiia: chem gordimsia, chego stydimsia?", *Fond obshchestvennogo mneniia*, http://db.fom.ru/report/cat/man/patriotizm/d020608 (accessed 2007.10.15) [「러시아: 우리는 무엇을 자랑스러워 하고 무엇을 부끄러워 하는가?」, 『여론재단』].

Rossiiskoe voennoe obozrenie, no.4 (2007) [『러시아군사논평』].

"Russia, Ukraine, Belarus Leaders Recall WWII Unity", *Reuters*, May 3, 2000.

"Russia's Putin Visits Mount Athos Monastic Community", *The Pen Forum on Religion and Public Life*, http://pewforum.org/news/displays/php?NewsID=5335 (accessed 2009.4.23).

"Russkie i predstaviteli drugikh korennykh narodov Rossii dolzhny poluchat' grazhdanstvo RF avtomaticheski", *Delovaia pressa*, http://businesspress.ru/newspaper/article_mid_33_aid_361175.html (accessed 2009.4.23) [「루스키와 러시아의 다른 토착 민족은 자동적으로 러시아연방 시민권을 받아야 한다」, 『비즈니스 신문』].

"Russkoe budushchee: v zashchitu etnonatsionalizma", http://dpni.org/articles/analitika/2690/ (accessed 2007.10.12) [「러시아의 미래: 에스노민족주의의 수호」].

"Rynki bez inostrantsev", *VTSIOM Press Vypusk*, no.603, December 21, 2006 [「외국인 없는 세상」, 『VTSIOM 보도자료』].

"Sergei Ivanov poblagodaril Russkuiu Pravoslavnuiu Tserkov' za vklad v patrioticheskoe vospitanie", *Itar-TASS*, April 13, 2005 [「세르게이 이바노프, 애국주의 교육에 공헌한 것에 대해 러시아정교회에 감사의 말을 하다」].

"Stalin Monument to Be Erected by V-Day", *RFE/RL Newsline*, http://www.hri.org/cgi-bin/brief/news/balkans/rferl/2005/05-05-10.rferl.html#15 (accessed 2009.4.23).

"Strategiia natsional'nogo razvitiia: Interv'iu s koordinatorom 'Edinoi Rossii' po natsional'noi politike i vzaimodeistviiu s religioznymi ob"edineniiami Abdul-Khakimom Sultygovym", http://www.edinoros.ru/news.html?id=116791 (accessed 2009.4.23) [「국가 발전 전략: 통합러시아 민족 정책 및 종교단체와의 상호작용 조정위원 압둘-하킴 술티고프와의 인터뷰」].

"Sudebnaia statistika po 282 stat'e UK RF", www.xeno.sova-center.ru/29481C8/578A75E (accessed 2009.4.23) [「러시아연방 형법 282조에 따른 재판 통계」].

"Surkov poobeshchal spasti srednii klass ot krizisa", *Lenta.ru*, http://www.lenta.ru/

news/2008/11/28/middle/ (accessed 2009.4.23) [「수르코프, 중간계급을 위기로부터 구해 내겠다고 약속하다」].

Suverennaia demokratiia: Ot idei k doktrine (Moscow: Evropa, 2007) [『주권민주주의: 이념으로부터 교리까지』].

"The Foreign Policy Concept of the Russian Federation", http://www.maximsnews.com/news20080731russiaforeignpolicyconcept10807311601.htm (accessed 2009.4.23).

"V kakom vozraste nado nachinat' vospityvat' zashchitnikov Otechestva", http://www.stjag.ru/article.php?nid=29270 (accessed 2009.4.23) [「몇 세에 조국의 수호자들을 교육하기 시작해야 하는가」].

"V Ul'ianovske rozhaiut patriotov", *Pravda.ru*, http://www.pravda.ru/news/society/25-06-2007/229466-rodi-0 (accessed 2007.10.17) [「울리야노프스크는 애국자 출산 중」].

"Vakhta Pamiati. Dorogi Voiny", *Armeiskii sbornik*, no.7 (2005) [「기념수비대. 전쟁의 길」, 『군사선집』].

"Vladimir Putin otmetil rol' kazachestva v vospitanii patriotizma", *Pravda*, http://www.pravda.ru/news/politics/29-05-2007/226065-putin-0 (accessed 2009.4.23) [「블라디미르 푸틴, 애국주의 교육에서 카자크인의 역할을 언급하다」].

Voenno-istoricheskii zhurnal, no.5 (2007) [『군사역사저널』].

"Voenno-patrioticheskoe vospitanie", *Voenno-istoricheskii zhurnal*, no.8 (2007), pp.39~46 [「군사-애국주의 교육」, 『군사역사저널』].

"Vozrozhdenie Rossii - velikaia natsiolnal'naia ideia", *Rossiiskoe voennoe obozrenie*, no.5 (2006), http://www.mil.ru/info/1070/11620/23134/17644/index.shtml (accessed 2009.4.23) [「러시아의 부흥은 위대한 민족 이념」, 『러시아군사논평』].

"Vsled za blokom 'Rodina' Soiuz pravoslavnykh grazhdan", Portal.credo, http://www.portal-credo.ru/site/print.php?act=news&id=18353 (accessed 2009.4.23) [「선거 연합 '조국'의 뒤를 이은 정교도시민연합」].

옮긴이 후기

번역은 어려운 작업이다. 익히 들어 알고 있다고 생각했던 사실이지만, 실제로 번역 일에 착수하고 나서 직접 느끼면서 경험한 어려움은 그저 막연히 알던 바와는 그 종류와 정도가 확연히 다른 것이었다. 다른 나라의 언어로 쓰인 다른 사람의 생각과 주장을 그 내용은 달라지지 않도록 하면서 원래의 언어와는 다른 언어의 적절한 표현 방식으로 옮기는 일은 때로는 우직한 단순노동을, 때로는 팽팽한 정신노동을 필요로 했고, 그래서 일정한 시간을 들이지 않고서는 일정한 분량이 완성되지 않는 지난한 작업이었다. 번역을 제대로 하려면 저자가 책을 쓰는 데 들인 만큼의 많은 시간을 역자도 책을 번역하는 데 들여야 한다는, 오래전 모스크바에서 한 선배가 했던 말이 떠올랐다. 번역을 전문으로 하여 먹고사는 사람은 아니지만, 통번역이 저평가되고 있는 한국의 현실이 새삼 안타깝게 느껴졌다. 번역의 어려움으로 번역의 미흡함을 변명 삼으려는 것은 아니다. 없기를 바라지만 있을지도 모르는, 잘못된 혹은 어색한 번역은 모두 전적으로 역자의 책임이다.

이 책은 마를렌 라뤼엘의 *In the Name of the Nation: Nationalism and Politics in Contemporary Russia*(2009)를 옮긴 것이다. 러시아 민

족주의 문제를 현실과 동떨어진 추상적인 이념이나 활동으로서가 아니라 정치적 과정과 관계 속에서 나타나는 구체적인 현상이자 구성물로서 분석했고, 따라서 러시아 민족주의 문제를 주제로 한 연구서임에도 불구하고 러시아 정치현실의 흐름과 특성을 알 수 있게 해주기도 한다. 러시아를 전공하는 학생이나 연구자에게 일독을 권하고 싶은 책이다. 개인적으로는 관점과 견해가 크게 다르지 않은 역량 있는 저자의 글을 읽고 번역할 수 있어서 행운이자 다행이었다.

용어와 관련해서 간략히 언급할 점이 있다. 이 책에서 나는 ethnicity를 '민족'으로, ethnic을 '민족적' 혹은 '에스닉'으로 옮겼다. 이 용어들이 다르게 번역되는 경우가 빈번하다는 것을 알고 있고, 이 번역 문제와도 관련해서 여러 편의 논문이 잇달아 발표되고 있기까지 하다는 것도 알고 있다. 그렇지만 거칠게 말하자면, 대체로 한국에서 '민족'이라는 단어로 이해되는 것은 외모에서 드러나는 공통의 생물학적인 혹은 인종적인 특성, 공통의 조상과 혈연, 공통의 언어와 문화, 역사라고 할 수 있을 텐데, 이러한 개념을 지칭하는 영어 단어로 적합한 것은 nation보다는 ethnicity이다. 즉 우리는 '민족'이 nation의 번역어라고 알고 있고 그렇게 사용하고 있지만, 실제 우리의 현실에서 '민족'이라는 단어가 의미하는 것은 ethnicity에 가깝다는 것이 나의 생각이다. 결혼이나 귀화를 통해 한국 국적을 취득한 타국 출신의 한국 국민(시민)을 한민족으로는 쉽게 받아들이지 못하는 우리의 사고는 분명 '민족'을 ethnicity의 개념으로 이해하는 데서 비롯된 것이다.

사실 후기를 쓰고 싶지 않은 마음이 더 강했다. 꼭 써야 할 정도로 하고 싶거나 해야 할 말이 있지 않았고, 역자가 번역으로 말을 하면 되는 것이지 굳이 후기를 덧붙여 독자의 읽는 수고를 더할 필요가 있을까

싶었기 때문이다. 마음을 바꾼 것은 감사의 말을 적어야겠다는 생각이 들어서이다. 지면에서 활자를 통해 전하는 감사의 표현은 의미가 있을 것이라고 생각되었다. 우선 슬라비카 총서 작업에 참여하여 좋은 책을 번역할 기회를 제공해 준 최진석 박사님께 감사의 말을 전해드리고 싶다. 힘든 번역이었지만, 그래도 연구자에게 좋은 책을 번역하는 작업은 보람도 있고 해야 하는 일 중의 하나이기도 하다는, 번역을 시작할 때의 생각에는 변함이 없다. 그러한 번역의 기회와 경험을 최진석 박사님이 아니었으면 갖지 못했을 것이다. 그리고 번역을 꼼꼼하게 점검하고 다듬는 수고를 아끼지 않은, 박태하 팀장님을 비롯한 그린비출판사 편집진에게도 감사의 마음을 전해드리고 싶다. 책을 만드는 일은 공동 작업이라는 것을 그린비출판사 편집진의 보이지 않는 성실함을 통해서 확실하게 알게 되었다. 마지막으로 자식이라는 이유만으로 역자가 쓰는 모든 글을 읽어 주시는, 멀리 계신 어머님께 감사의 말을 전해드리고 싶다. 그렇지 않아도 읽는 사람이 몇 안 되는 논문이라는 딱딱한 글을 쓰는 내게 꾸준한 독자가 있다는 것이 얼마나 큰 힘이 되는지, 얼마나 고마운 일인지 알려드리고 싶다.

찾아보기

|ㄱ, ㄴ, ㄷ|

가가린, 유리(Yuri Gagarin) 331
가누슈키나, 스베틀라나(Svetlana Gannushkina) 110
가보위치, 미샤(Mischa Gabowitsch) 72, 325
가이다르, 예고르(Egor Gaidar) 55, 95, 157, 176~177, 212
강대국(Derzhava) 197
검은 100인단(Chernaia sotnia) 97, 100, 286
겔만, 블라디미르(Vladimir Gel'man) 51~52
고국(Otechestvo) 226, 229
고국-전러시아 선거 연합 229
고귀한 삶을 위하여(Za dostoinuiu zhizn') 운동 184, 195
고르바초프, 미하일(Mikhail Gorbachev) 8, 55
공동체 의식(sobornost') 21, 168~169
공정러시아(Spravedlivaia Rossiia) 152, 189~191, 239
구드코프, 레프(Lev Gudkov) 90~91
구밀료프, 레프(Lev Gumilev) 167
구세주(Spas) 채널 197, 300
구신스키, 블라디미르(Vladimir Gusinski) 37
9·11 61, 63, 78
국가군사문화역사센터(Rosvoenotsentr) 316~317
국가안보요원의 날(12월 19일) 126, 252
국가이데올로기협의회(Sovet po natsional'noi ideologii) 236
국가 자본주의 42
국가적 우선 프로젝트 240~241

국가회의(Gosudarstvennyi sovet) 51
군대지지운동(Dvizhenie v podderzhku armii) 164
그라초프, 파벨(Pavel Grachev) 220~221, 301
그리즐로프, 보리스(Boris Gryzlov) 39, 335
근외 러시아인 61, 192
글라주노프, 일리야(Ilia Glazunov) 213
글라지예프, 세르게이(Sergei Glazev) 184, 192, 194
글라지체프, 뱌체슬라프(Viacheslav Glazychev) 243
글린카, 미하일(Mikhail Glinka) 273
기독교부활연합(Soiuz "Khristianskoe vozrozhdenie") 96
기렌코, 니콜라이(Nikolai Girenko) 110, 124, 129
나로츠니츠카야, 나탈리야(Natalia Narochnitskaia) 195~196, 201~204, 300
나자르바예프, 누르술탄(Nursultan Nazarbaev) 57
남오세티야 57
『내일』(Zavtra) 67, 104
네브조로프, 알렉산드르(Alexander Nevzorov) 124
네프스키, 알렉산드르(Alexander Nevski) 277, 336
넴초프, 보리스(Boris Nemtsov) 232
노동러시아(Trudovaia Rossiia) 135, 155
노동모스크바(Trudovaia Moskva) 155
노멘클라투라(nomenklatura) 30, 210
『노바야 가제타』(Novaia Gazeta) 324

농업당(Agrarnaia partiia Rossii) 157
다닐레프스키, 니콜라이(Nikolai Danilevski) 167
다른 러시아(Drugaia Rossiia) 운동 135
다비덴코, 블라디미르(Vladimir Davidenko) 197
대(大)러시아(Velikaia Rossiia) 143
대조국전쟁 331
대통령 행정실 40, 51, 127, 189, 233, 241
데도프쉬나(dedovshchina) 309
데리파스카, 올레그(Oleg Deripaska) 186
데미도프, 이반(Ivan Demidov) 300, 341
독립국가연합(CIS) 55, 57
돈스코이, 드미트리(Dmitri Donskoi) 277
됴무슈킨, 드미트리(Dmitri Demushkin) 117
두긴, 알렉산드르(Alexander Dugin) 106~107, 145~148, 166, 221, 300
두브로프카 극장 인질 사태 35
듀크, 데이비드(David Duke) 115~116
드로비제바, 레오카디야(Leokadia Drobizheva) 67
드미트리예프스키, 스타니슬라프(Stanislav Dmitrievski) 129
디야첸코, 타티야나(Tatiana Diachenko) 41

| ㄹ |

라도네시 형제단(Radonezhskoe bratstvo) 287
라브로프, 세르게이(Sergei Lavrov) 297
라스푸틴, 발렌틴(Valentin Rasputin) 96
라자렌코, 일리야(Ilia Lazarenko) 101
라히모프, 무르타자(Murtaza Rakhimov) 229
러시아공동체회의(Kongress russkikh obschin) 143, 190, 192~193
러시아공산주의노동자당(Rossiiskaia kommunisticheskaia rabochaia partiia) 95, 155~156
러시아공화국(Russkaia respublika) 110

러시아기독교민주당(Rossiiskaia khristiansko-demokraticheskaia partiia) 196
러시아무프티위원회(Sovet muftiev Rossii) 301
러시아민족강대국정당(Natsional'no-derzhavnaia partiia Rossii) 109, 146~148
러시아민족공화당(Natsional'no-respublikanskaia partiia Rossii) 96, 98
러시아민족군단(Russkii natsional'nyi legion) 98
러시아민족애국연합(Narodno-patrioticheskii soiuz Rossii) 167
러시아민족연합(Russkii natsional'niy soiuz) 100, 115
러시아민족우호대학(RUDN) 121
러시아민족통합(Russkoe natsional'noe edinstvo) 68, 102~103, 105, 108, 112, 115, 132~133
러시아민족회의(Russkii national'nyi sobor) 95
러시아방위스포츠기구(ROSTO) 316, 319
러시아범민족연합(Rossiiskii obshchenarodnyi soiuz) 99, 196
러시아부흥당(Partiia vozrozhdeniia Rossii) 165
러시아부흥연합(Soiuz vozrozhdeniia Rossii) 192
러시아사회주의통합당(Sotsialisticheskaia edinaia partiia Rossii) 168, 184
러시아소비에트연방사회주의공화국 55
러시아어의 해(2007년) 61~62
러시아연방공산당(Kommunisticheskaia partiia RSFSR) 154~155
　~과 유대인 문제 171
　~과 정교회 169
　~의 선거 전술 162~163
　~의 언론 159
　~의 유권자층 160~161

~의 이데올로기 분파 161~162
러시아 유소년을 위한 시민애국교육센터
(Rospatriottsentr) 316, 318
러시아의 날(6월 12일) 275
러시아의 목적(Russkaia tsel') 115
러시아의 민주선택(Demokraticheskii vybor
Rossii) 33, 212, 214
러시아의 부흥(Russkoe vozrozhdenie) 197
러시아의 선택(Vybor Rossii) 81
러시아의 애국자(Patrioty Rossii) 165, 185
러시아의 의지(Russkaia volia) 110
러시아의 이름(Imia Rossii) 336
러시아의 장교들(Oftsery Rossii) 321
러시아인민공화당(Rossiiskaia narodno-
respublikanskaia partiia) 221
러시아인민연합(Soiuz russkogo naroda)
97, 192
러시아인을 위한 러시아(Rossiia dlia
russkikh) 73
러시아자유민주당(Liberal'no-
demokraticheskaia partiia Rossii) 81,
154~155, 298
　　~의 득표 결과 172~173
　　~과 공산당의 차이 175, 180~181
러시아작가연합(Soiuz rossiiskikh pisatelei)
100
러시아정교회 281
　　~와 국가 291~299
　　~와 군대 300~304
　　~와 학교 304
「러시아정교회의 기본적 사회 개념」(Osnovy
sotsial'noi kontseptsii russkoi pravoslavnoi
tserkvi) 288~289, 304
러시아정당(Russkaia partiia) 101
러시아종교간위원회(Mezhreligioznyi sovet
Rossii) 293
러시아주의(Russism) 99~100
러시아지역당(Partiia rossiiskikh regionov)
184

러시아-체첸우호협회(Obshchestvo
rossiisko-chechenskoi druzhby) 129
러시아통합·화합당(Partiia rossiiskogo
edinstva i soglasiia) 212
러시아행동(Russkoe deistvie) 115
러시아행진(Russkii Marsh) 94, 132,
144~150
레바다센터 67, 73
레베데프, 알렉산드르(Alexander Lebedev)
186
레베데프, 이고르(Igor Lebedev) 180
레베드, 알렉산드르(Alexander Lebed) 96,
192, 214, 219~223
레온티예프, 미하일(Mikhail Leontiev) 325
레토프, 예고르(Egor Letov) 106
로고진, 드미트리(Dmitri Rogozin) 39,
184~186, 190~193, 221
로디오노프, 예브게니(Evgeni Rodionov)
302
로디오노프, 이고리(Igor Rodionov) 221,
301
로흘린, 레프(Lev Rokhlin) 164
루고보이, 안드레이(Andrei Lugovoi) 180
루만체프, 드미트리(Dmitri Rumiantsev) 110
루스키/로시스키(russkii/rossiiskii) 22, 84,
258, 261~262
루시민족사회주의정당(Natsional-
sotsialisticheskaia partiia Rusi) 108
루시코프, 유리(Yuri Luzhkov) 125, 132,
148, 219, 223~226, 298
루츠코이, 알렉산드르(Alexander Rutskoi)
95, 155, 197, 212, 226
루카셴코, 알렉산드르(Alexander
Lukashenko) 225, 296
리데르만, 율리야(Yulia Liderman) 329
리모노프, 에두아르드(Eduard Limonov)
102, 106, 134~135, 188
리센코, 니콜라이(Nikolai Lysenko) 96~99,
101~102

리시코프, 니콜라이(Nikolai Ryzhkov) 172, 221
리트비넨코, 알렉산드르(Alexander Litvinenko) 63, 180

| ㅁ, ㅂ |

마스하도프, 아슬란(Aslan Maskhadov) 129
마슬류코프, 유리(Yuri Masliukov) 228
마이단(Maidan) 248
마카쇼프, 알베르트(Albert Makashov) 95~98, 157, 164, 171
마피아 111~112
말리슈킨, 올레그(Oleg Malyshkin) 173
매킨더, 해퍼드(Sir Halford Mackinder) 167
메드베데프, 드미트리(Dmitri Medvedev) 49~50, 159, 240
멘, 알렉산드르(Alexander Men) 283~284
모스크바의 메아리(Ekho Moskvy) 324
모스크바 총대주교구 29, 283~291
몰로토프-리벤트로프 조약 333
미닌, 코즈마(Kozma Minin) 280
미로노프, 보리스(Boris Mironov) 109
미로노프, 세르게이(Sergei Mironov) 189
미트로파노프, 알렉세이(Aleksei Mitrofanov) 124
미할코프, 니키타(Nikita Mikhalkov) 273, 328
미할코프, 세르게이(Sergei Mikhalkov) 273~274
민족 간 증오의 선동에 관한 형법 282조 128~130
민족구국전선(Front natsional'nogo spaseniia) 96
민족민주사회운동(Natsional-demokraticheskoe sotial'noe dvizhenie) 109
민족볼셰비키당(Natsional-bol'shevistskaia partiia) 68, 102, 106, 112, 128, 132~134
민족볼셰비키전선(Natsional-bol'shevistskii front) 133
민족사회주의협회(Natsional-sotsialisticheskoe obshchestvo) 110, 133
민족애국전선(Natsional'no-partioticheskii front) 97
민족의 의지(Narodnaia volia) 148, 184, 193, 197
민족전선(Natsional'nyi front) 101
민족주의
~에서 어휘의 조작 21
~와 애국주의 252
~와 열등감 13~14
~와 정상성 9~10
~의 두 모델 17~18
~의 사회계약적 성격 24~25
관리 ~ 338
시민적 ~와 에스닉 ~ 18~19
유럽화된 ~ 151
민족 통합의 날(11월 4일) 145, 279~280
밀레니엄 선언 249
밀로셰비치, 슬로보단(Slobodan Milošević) 156
바렌니코프, 발렌틴(Valentin Varennikov) 201
바르카쇼프, 알렉산드르(Alexander Barkashov) 68, 96, 98, 102
바바코프, 알렉산드르(Alexander Babakov) 186
바부린, 세르게이(Sergei Baburin) 98~99, 149, 185, 196~197, 203
바실리예프, 드미트리(Dmitri Vasiliev) 97
바타긴, 알렉산드르(Alexander Vatagin) 183
반극단주의법 127~128
반대자들의 행진(Marsh Nesoglasnykh) 135~136
백색 세계(Belyi mir) 100
베네트인연합(Soiuz Venedov) 116
베레조프스키, 보리스(Boris Berezovsky) 37, 41, 228, 253

베르호프스키, 알렉산드르(Alexander Verkhovski) 287
베버, 막스(Max Weber) 52
베슬란 학교 인질 사태 35
벨랴예프, 유리(Yuri Beliaev) 99, 109
벨로프, 알렉산드르(Alexander Belov) 136~137, 141~142, 146~147, 149~150, 205
별(Zvezda) 채널 300, 326
보고몰로프, 발레리(Valeri Bogomolov) 279
보로비예프, 블라디미르(Vladimir Vorobiev) 305
보야르(Boyar) 245
볼로딘, 뱌체슬라프(Viacheslav Volodin) 39
볼로신, 알렉산드르(Alexander Voloshin) 41, 253
북대서양조약기구(NATO) 57
불랑제주의 153
불법이주반대운동(Dvizhenie protiv nelegal'noi immigratsii) 69, 94, 136, 147~149, 298
　~의 어휘와 강령 138~139
　~의 이데올로기에 대한 거부 137~138
　~의 전략 141~142
브도빈, 알렉세이(Aleksei Vdovin) 100~101
비대칭적 연방 31, 36
비코프, 아나톨리(Anatoli Bykov) 222
BTC 파이프라인 60
빈듀코프, 니콜라이(Nikolai Bindiukov) 161

|ㅅ|
사라토프, 게오르기(Georgi Saratov) 216
사벨리예프, 안드레이(Andrei Saveliev) 101, 191, 198~199
사실주의자연합(Soiuz realistov) 197
새 이정표(Novye vekhi) 217
색깔혁명 63, 145, 179, 246~248
생명당(Rossiiskaia partiia zhizni) 189
샤이미예프, 민티메르(Mintimer Shaimiev) 229

샤파레비치, 이고르(Igor Shafarevich) 96, 147
샤흐라이, 세르게이(Sergei Shakhrai) 212
성세르기러시아민족연합(Sviato-Sergievskii soiuz russkogo naroda) 147
세르비아 폭격 58
세미긴, 겐나디(Gennadi Semigin) 165, 185
세바스티야노프, 알렉산드르(Alexander Sevastianov) 109~110, 124, 149
세친, 이고르(Igor Sechin) 186
셀레즈뇨프, 겐나디(Gennadi Seleznev) 161, 164, 233~234
소비에트 노스탤지어 271~275, 346~349
솔제니친, 알렉산드르(Alexander Solzhenitsyn) 98, 249
쇼이구, 세르게이(Sergei Shoigu) 230
수르코프, 블라디슬라프(Vladislav Surkov) 186, 253~259, 350
수보로프, 알렉산드르(Alexander Suvorov) 317
슈메이코, 블라디미르(Vladimir Shumeiko) 215
슈틸마르크, 알렉산드르(Alexander Shtilmark) 96~97
슐라펜토흐, 블라디미르(Vladimir Shlapentokh) 270
스미스, 앤서니(Anthony Smith) 13
스베슈니코프, 블라디슬라프(Vladislav Sveshnikov) 195
스와스티카(Swastika) 116
스코코프, 유리(Yuri Skokov) 192~193, 221
스쿠를라토프, 발레리(Valeri Skurlatov) 197
스킨헤드 68, 71, 113, 146
　~ 관련 통계 118
　~에 대한 권력층의 모호한 태도 124~126
　~에 대한 사법적 대응 127~131
　~와 반유대주의 범죄 123
　~와 음악 117~118
　~ 운동의 부르주아화 119~120

~의 몇 가지 경향들 113
~의 폭력 행위들 121~123
러시아 ~의 역사 114~116
상트페테르부르크의 ~ 123
스탈린, 이오시프(Iosif Stalin) 334~336
스탈린그라드 335
스탈린그라드 전투 278
스테를리고프, 알렉산드르(Alexander Sterligov) 95~96
스테파신, 세르게이(Sergei Stepashin) 229
스톨리핀, 표트르(Pyotr Stolypin) 336
슬라브언론인연합(Slavianskii soiuz zhurnalistov) 109
슬라브연합(Slavianskii soiuz) 116~117, 148
시로파에프, 알렉세이(Aleksei Shiropaev) 99
시모노비치, 레오니드(Leonid Simonovich) 147, 286
신유라시아주의 106, 146, 166
실로비키(siloviki) 321

| ㅇ |

아가자냔, 알렉산드르(Alexander Agadjanian) 288
아름프레스(Armpress) 317
아브데예프, 블라디미르(Vladimir Avdeev) 199
아스타피예프, 미하일(Mikhail Astafiev) 96, 196
아자리야 57
아크슈치츠, 빅토르(Viktor Aksiuchits) 196
아프가니스탄 침공 56
안드레예바, 니나(Nina Andreeva) 95
안보회의(Sovet bezopasnosti) 51
안필로프, 빅토르(Viktor Anpilov) 95~98, 155~157
알렉산드로프, 알렉산드르(Alexander Alexandrov) 273
알렉시 2세(Alexi II) 279, 284, 296

알크스니스, 빅토르(Viktor Alksnis) 193, 197~198, 204
압하지야 57
애국주의 21~22, 269
~와 영화 328~330
~와 픽션 327~328
~ 교육 프로그램 311~316
애국주의영화지원재단(Fond podderzhki patrioticheskogo kino) 329
애국주의 진영(patrioticheskii lager') 93
액션 소설(boeviki) 330
야누코비치, 빅토르(Viktor Yanukovich) 62
야블로코(Yabloko) 34, 81, 135, 214
야블린스키, 그리고리(Grigori Yavlinski) 38, 121
야세네보 포그롬 126
야코블레프, 블라디미르(Vladimir Yakovlev) 229
야쿠닌, 글레프(Gleb Yakunin) 99
양심의 자유와 종교단체에 관한 법 292
연금수령자정당(Rossiiskaia partiia pensionerov) 189
연방관구/연방주체 36, 40
연방보안국(FSB) 42
연방회의(Sovet Federatsii) 35~36
연합시민전선(Obedinennyi grazhdanskii front) 135
영웅 도시 312
예멜리야노프, 발레리(Valeri Emelianov) 97
예브로파(Evropa) 125
옐친, 보리스(Boris Yeltsin) 20, 30, 35, 55, 211
500인 서신 204
오시포프, 블라디미르(Vladimir Osipov) 96, 99
올리가르히(oligarch) 7, 32, 41, 200, 228
외국인혐오증 23, 65~66
~과 경쟁의식 89
~과 빈곤 83~84

~과 연령 85~57
~ 관련 설문조사 68~74
요안(Ioann) 대주교 285
우리들의(Nashi) 126, 149, 321
우리 집 러시아(Nash dom-Rossiia) 214, 226
우바로프, 세르게이(Sergei Uvarov) 169, 346
우즈베키스탄이슬람운동(O'zbekiston islomiy harakati) 59
우크라이나 56
우파연합(Soiuz pravykh sil) 33~34, 135
우파행진(Pravyi marsh) 145~146
위계적 다원주의 307
유라시아(Evraziia) 194
유라시아경제공동체(EEC) 204
유라시아연합(Evraziiskii soiuz) 57
유라시아청년동맹(Evraziiskii soiuz molodezhi) 67, 145~147
유럽안보협력기구(OSCE) 37
유사 헌정주의(para-constitutionalism) 51
유센코, 빅토르(Viktor Yushchenko) 62
이바노프, 비탈리(Vitali Ivanov) 247
이바노프, 세르게이(Sergei Ivanov) 297
이바노프, 이고리(Igor Ivanov) 297
이바노프-수하레프스키, 알렉산드르(Alexander Ivanov-Sukharevski) 99
이사예프, 안드레이(Andrei Isaev) 245, 264
이슬람해방당(Hizb ut-Tahrir) 128
이슬람혐오증 78~79
『이정표』(Vekhi) 217
이주자혐오 131~132
인민민족당(Narodnaia natsional'naia partiia) 99~100, 115
인민의원(Narodnyi deputat) 193
일류힌, 빅토르(Viktor Iliukhin) 162, 171
일린, 이반(Ivan Il'in) 168 300
1991년 8월 보수 쿠데타 95
1993년 10월 유혈 사태 30~31, 98, 104, 106, 156~157
1998년 경제위기 32~33, 228

| ㅈ, ㅊ |

자리풀린, 파벨(Pavel Zarifullin) 145
자유정당(Partiia Svobody) 109
자카예프, 아흐메드(Akhmed Zakaev) 129
자툴린, 콘스탄틴(Konstantin Zatulin) 192, 225~226, 298
장교연합(Soiuz ofitserov) 109
적갈 연합 95
전(全)러시아(Vsia Rossiia) 229~230
전러시아군주제센터정당(Vserossiiskaia partiia monarkhicheskogo tsentra) 97
전세계러시아민족회의(Vsemirnyi russkii narodnyi sobor) 195
전연방공산주의볼셰비키당(Vsesoiuznaia kommunisticheskaia partiia bol'shevikov) 95
정교도시민연합(Soiuz pravoslavnykh grazhdan) 195
정교회기수연합(Soiuz pravoslavnykh khorugvenostsev) 147~148, 286
정교회부활정당(Partiia pravoslavnogo vozrozhdeniia) 97
정교회형제단(Soiuz pravoslavnykh bratstv) 286
정상 국가 9
정신적 유산(Dukhovnoe nasledie) 167~168
정체성주의적 환상 27
제국행진(Imperskii marsh) 147
제2차 세계대전 332~333
제3의 길 106~107, 219~220
조국(rodina) 10, 22
조국(정당) 124, 152, 182~183, 191, 298
~과 권력층과의 관계 187~188
~과 반유대주의 문제 203~204
~과 외국인혐오증 204~205
~의 이주정책 202
~의 초국가 건설 강령 201~202
~의 해체와 유산 207~208

조국 수호자의 날(2월 23일) 277
조국 영웅의 날(12월 9일) 277
조린, 블라디미르(Vladimir Zorin) 293
조지아 57
주가노프, 겐나디(Gennadi Ziuganov) 38, 96, 98, 155~159, 161, 168~170
주보프, 드미트리(Dmitri Zubov) 143
주코프, 게오르기(Georgii Zhukov) 213
주코프, 그레고리(Gregori Zhukov) 317
즈베레바, 베라(Vera Zvereva) 325
지리노프스키, 블라디미르(Vladimir Zhirinovsky) 38~39, 98, 170, 175~179, 198
집단안보조약기구(CSTO) 61
차다예프, 알렉세이(Aleksei Chadaev) 236
차리치노 포그롬 88, 126
청년친위대(Molodaia Gvardiia) 149
체르노미르딘, 빅토르(Viktor Chernomyrdin) 55, 157, 212
체르니체프, 세르게이(Sergei Chernychev) 243
체첸전/체첸사태 31~33, 53, 78, 102, 220
최고소비에트(Verkhovnyi Sovet) 104
추바이스, 아나톨리(Anatoli Chubais) 41, 200
추바이스, 이고리(Igor Chubais) 217
추예프, 알렉산드르(Alexander Chuev) 196, 203
치간코프, 안드레이(Andrei Tsygankov) 65

| ㅋ, ㅌ, ㅍ, ㅎ |

카디로프, 람잔(Ramzan Kadyrov) 53
카라울로프, 안드레이(Andrei Karaulov) 325
카스파로프, 가리(Garry Kasparov) 132, 135
카시모프스키, 콘스탄틴(Konstantin Kasimovski) 100~101
카시야노프, 미하일(Mikhail Kasianov) 135
카프카스인 혐오증(Caucasophobia) 74~75
칼라슈니코프, 미하일(Mikhail Kalashnikov) 274
칼라슈니코프, 세르게이(Sergei Kalashnikov) 175
코르차긴, 빅토르(Viktor Korchagin) 101
코소보 위기 58
코솔라포프, 리차르트(Richard Kosolapov) 161~162
코슈투니차, 보이슬라브(Vojislav Koštunica) 296
코스티코프, 뱌체슬라프(Viacheslav Kostikov) 215
코지레프, 안드레이(Andrei Kozyrev) 227
코코신, 안드레이(Andrei Kokoshin) 218, 242
콘도포가 사태 69, 79, 90, 122, 136, 148, 199
콘드라텐코, 니콜라이(Nikolai Kondratenko) 171, 188
쿠라예프, 안드레이(Andrei Kuraev) 195
쿠르기냔, 세르게이(Sergei Kurginian) 169
쿠르스크 전투 278
쿠르스크 호 침몰 사고 46
쿠리야노비치, 니콜라이(Nikolai Kurianovich) 180
쿠치마, 레오니드(Leonid Kuchma) 296
쿠투조프, 미하일(Mikhail Kutuzov) 317
쿠프초프, 발렌틴(Valentin Kuptsov) 39, 156, 161
큐클럭스클랜(KKK) 115
크라시코프, 아나톨리(Anatoli Krasikov) 291
크레스티얀킨, 요안(Ioann Krestiankin) 294
크루토프, 알렉산드르(Alexander Krutov) 196
키리옌코, 세르게이(Sergei Kirienko) 158
키릴(Kirill) 대주교 284, 305
탈라킨, 아르툠(Artiom Talakin) 116
테레호프, 스타니슬라프(Stanislav Terekhov) 109
토크마코프, 세묜(Semion Tokmakov) 115, 124
통합러시아 37, 49, 51~52, 209, 234, 298

~와 국가의 융합 239~240
~의 독트린 264
의회에 대한 ~의 통제 39
튤킨, 빅토르(Viktor Tiulkin) 95, 155
트란스니스트리아 57
트레닌, 드미트리(Dmitri Trenin) 8~9
트로피모프, 예브게니(Evgeni Trofimov) 264
티모셴코, 율리야(Yulia Timoshenko) 62
티슈코프, 발레리(Valeri Tishkov) 110
파먀트(Pamyat) 97~98, 102, 147
파블로프, 니콜라이(Nikolai Pavlov) 203
파블로프스키, 글레프(Gleb Pavlovski) 243
파인, 에밀(Emil Pain) 110
파테예프, 세르게이(Sergei Fateev) 218
88연합여단(Obedinennye brigady 88) 114
페론주의 153~154
평화를 위한 동반자 관계(Partnership for Peace) 57
포그롬(pogrom) 70
포드베료즈킨, 알렉세이(Aleksei Podberezkin) 167~168, 184
포자르스키, 드미트리(Dmitri Pozharski) 280
포포프, 가브릴(Gavril Popov) 223
포퓰리즘 21, 152~153
폴리트코프스카야, 안나(Anna Politkovskaia) 110~111
푸슈코프, 알렉세이(Alexei Pushkov) 325
푸자드운동 153~154
푸틴, 블라디미르(Vladimir Putin) 20, 35, 40, 50, 187, 211, 236~237, 249~253, 294~295
　　~과 애국주의 250~251
　　~에 대한 개인숭배 47~48
　　~의 대중적 인기 46

푸틴 없는 러시아(Rossiia bez Putina) 135
프로하노프, 알렉산드르(Alexander Prokhanov) 166, 198
프리드만, 미하일(Mikhail Fridman) 253
프리마코프, 예브게니(Evgeni Primakov) 175, 219, 227~228, 232
프리마코프 독트린 58, 227~228
피사레바, 엘레나(Elena Pisareva) 325
피와 명예(Blood & Honor) 114, 117
필라토프, 블라디미르(Vladimir Filatov) 218
필리포프, 블라디미르(Vladimir Filippov) 305
하리토노프, 니콜라이(Nikolai Kharitonov) 159, 165
하샤뷰르트 협정 32, 132, 218
하스불라토프, 루슬란(Ruslan Khasbulatov) 212
함께가는(Idushchie vmeste) 126
해머스킨(Hammerskins) 114, 117
해외러시아정교회(Russkaia Pravoslavnaia Tserkov' zagranitsei) 284
행정 자원 40, 50
헌정민주당(Konstitutsionno-demokraticheskaia partiia) 96
헌팅턴, 새뮤얼(Samuel Huntington) 79
혁명야당(Revoliutsionnaia oppozitsiia) 106
호도르코프스키, 미하일(Mikhail Khodorkovski) 37, 174
혼합혐오증 81
홀모고로프, 예고르(Egor Kholmogorov) 345
황금사자(Zolotoi lev) 101
황화 139, 151
흐리스토포로프, 알렉산드르(Alexander Khristoforov) 124